Jürgen Pasch

Software-Entwicklung im Team

Mehr Qualität durch das dialogische Prinzip bei der Projektarbeit

Mit einem Geleitwort von
Ernst Denert
und einem Vorwort von
Christiane Floyd

Springer-Verlag
Berlin Heidelberg New York
London Paris Tokyo
Hong Kong Barcelona
Budapest

Jürgen Pasch
SAP AG
Neurottstraße 16
D-69190 Walldorf

Mit 56 Abbildungen

ISBN-13:978-3-540-57228-2 e-ISBN-13:978-3-642-78513-9
DOI: 10.1007/978-3-642-78513-9

Die Deutsche Bibliothek – CIP-Einheitsaufnahme
Pasch, Jürgen: Kooperative Software-Entwicklung im Team: mehr Qualität durch das dialogische Prinzip bei der Projektarbeit/Jürgen Pasch. – Berlin; Heidelberg; New York; London; Paris; Tokyo; Hong Kong; Barcelona; Budapest: Springer, 1994
Teilw. zug.: Berlin, Techn. Univ., Diss., 1991 u.d.T.: Pasch, Jürgen: Dialogischer Software-Entwurf
ISBN-13:978-3-540-57228-2

Umschlaggestaltung: Konzept & Design, Ilvesheim
Satz: Reproduktionsfertige Vorlage vom Autor
SPIN 1012545 33/3140 – 5 4 3 2 1 0 – Gedruckt auf säurefreiem Papier

Das Geleitwort

Software-Engineering will eine Ingenieur-Disziplin sein. Dieser Anspruch ist schon 1968 artikuliert worden, als auf der »Geburts-« Konferenz in Garmisch der Name des Gebiets geprägt wurde. Prof. F. L. Bauer erinnert sich in einem Artikel anläßlich des 25. Jahrestages dieser epochalen Veranstaltung: »Verärgert darüber, daß am Ende nicht mehr als ein weiteres rein wissenschaftliches Projekt herauskommen könnte, bemerkte ich eines Tages: 'The whole trouble comes from the fact that there is so much tinkering with software. It is not made in a clean fabrication process, which it should be.' Als ich feststellte, daß dies einige meiner akademischen Kollegen schockierte, setzte ich mit dem Ausspruch nach: 'What we need, is software engineering.' Das schlug ein.« (Informatik Spektrum, Oktober 1993).

Die Ernst Denert-Stiftung hat ihren *Software-Engineering-Preis* erstmals 1992 vergeben, und zwar an Dr. Jürgen Pasch für seine an der Technischen Universität Berlin erstellte Dissertation *Dialogischer Software-Entwurf*. Sie liegt nun in überarbeiteter Form als Buch vor.

Es behandelt die sozialen Aspekte des Software-Entwurfsprozesses und ist somit eine psychologische bzw. eine soziologische Arbeit. Technische Themen spielen nur am Rande eine Rolle. Ist das Software-Engineering? Ist das eine Ingenieur-Disziplin?

Ja, denn nach meinem Verständnis darf sich Software-Engineering nicht auf Software-Technik — i.e. Methoden und Werkzeuge zur Software-Entwicklung — beschränken, sondern muß das Management von Software-Projekten gleichrangig einbeziehen. Organisation, Planung, Kontrolle und vor allem die Führung sind wichtig, der Erfolg eines Projektes hängt davon oft stärker ab als von der Technik.

Führung wirkt durch Kommunikation; ein guter Projektleiter sorgt für stimulierende Kommunikation, im Team und nach außen. *Jürgen Pasch* hat sich mit einem speziellen Aspekt davon befaßt, nämlich mit der Frage, welche Formen der Kommunikation und Interaktion in einem Team auftreten, das ein Softwaresystem entwirft, und welche dem Ergebnis besonders förderlich sind. Er hebt den symmetrischen Dialog als den erfolgversprechendsten Weg hervor, gestützt auf sozialwissenschaftliche Theorien und empirisch verifiziert. In einem umfangreichen Versuch mit Studentengruppen hat er seine Thesen überprüft und bestätigt.

In der Buchfassung wurden die theoretischen sozialwissenschaftlichen Teile der Dissertation weggelassen und — teilweise sicherlich Widerspruch hervorrufende — Ausführungen über das neue Modegebiet Computer Supported Cooperative Work (CSCW) hinzugefügt. Das Buch ist dadurch lesbarer, interessanter und nützlicher geworden, für den Informatiker an der Hochschule ebenso wie für den Softwarepraktiker. Das sprachliche Niveau und die lesefreundliche Gestaltung machen die Lektüre angenehm.

Ernst Denert

Das Vorwort

Das Erscheinen dieses Buches erfüllt mich mit großer Freude. Ich halte die hier behandelten Fragestellungen für grundlegend in der Software-Entwicklung: Wie arbeiten Teams zusammen? Wie können wir die Zusammenarbeit in Teams fördern? Software entsteht bekanntlich im Zusammenwirken von Menschen. Die von den Beteiligten vollzogenen Prozesse der Kommunikation und Entscheidungsfindung prägen die Produkte. Wollen wir das Gelingen von Projekten und das Zustandekommen von Software-Qualität gewährleisten, so ist es unerläßlich, bei den kooperativen Erkenntnisprozessen zwischen den Beteiligten anzusetzen. Methoden, Werkzeuge und Organisationsmodelle sind müßig, ja sogar kontraproduktiv, wenn sie diesen Zusammenhang nicht berücksichtigen. Hier finden sich Grundlagen zum Verständnis und Ansätze zu einem sinnvollen Vorgehen in Projekten. - Ich habe aber auch persönliche Gründe zur Freude. Mit dem Autor verbindet mich eine langjährige Zusammenarbeit, die schließlich zu seiner von mir betreuten Promotion geführt hat. Dieses Buch ist eine Überarbeitung der Dissertation. Ich weiß, wieviel Engagement hier eingegangen ist, wieviel Literaturstudium und interdisziplinäre Theoriebildung der Autor geleistet und welche Schwierigkeiten er bewältigt hat, bis er seine Ergebnisse in so ausgereifter Form vorlegen konnte. Ich gratuliere ihm herzlich dazu.

Aus meiner Sicht läßt sich die Geschichte dieses Buches bis zu einer Projektlehrveranstaltung an der Technischen Universität Berlin 1978/79 zurückverfolgen. Ich war damals neu als Professorin und Jürgen Pasch Student in einer von mir geleiteten Projektgruppe von circa 15 Personen, die parallel zu vier ähnlichen Projektgruppen arbeitete. Dieses studentische Projekt wurde für mich zu einer Schlüsselerfahrung. Wir waren mit den damals aktuellen Ansprüchen der Software-Technik angetreten, aufbauend auf ein strenges Phasenmodell, mit Schwerpunkt auf einer weitgehend formalen Spezifikation, die in ein arbeitsteilig entwickeltes Programmsystem von circa 40 000 Codezeilen umgesetzt werden sollte. Und wir hatten für alle Gruppen einen verbindlichen Zeitplan vorgegeben, der sich über zwei Semester erstreckte.

Doch mitten im ersten Semester passierte in unserer Gruppe etwas: Wir begannen miteinander zu diskutieren in einem Ausmaß, das uns alle erstaunte. Wir hatten so viel zu diskutieren, daß wir mit dem Zeitplan ins

Schleudern kamen. Schon waren die anderen tief in der formalen Spezifikation, da waren wir noch bei den Unzulänglichkeiten der Anforderungsdefinition. Wir fanden immer neue Lücken und Widersprüche und entschieden gemeinsam, wie wir damit umgehen würden. Dann befaßten wir uns ausgiebig mit dem Entwurf. Wir verwarfen vorgelegte Vorschläge und wendeten bewußt Kriterien zur Verbesserung an. Wir diskutierten auch die Bedeutung dieser Kriterien für unseren konkreten Fall. Und revidierten mehrfach unsere Ergebnisse. Schließlich — es war schon spät im ersten Semester — stabilisierte sich eine von uns gemeinsam getragene Architektur. Spezifizieren konnten wir nur noch das Notwendige und das nur teilformalisiert. Wir überprüften aber die Konsistenz des Entwurfs durch Rollenspiele. Und wir bildeten eine übergeordnete Gruppe, die die Spezifikation sehr sorgfältig prüfte ...

Die Pointe dieser Geschichte war, daß das Projekt in überzeugender Weise gelungen ist. Im zweiten Semester führten die durch Diskussionen beim Entwurf »verlorene« Zeit zu erheblichen Einsparungen bei der Implementierung. Das Projektteam »verkörperte« den Entwurf, so daß in der Testphase nur wenig Reibungsverluste auftraten. Schließlich lag am Semesterende (und das ist ein sehr harter Termin an der Universität!) eine ausgetestete Ausbaustufe vor. Rückblickend möchte ich unseren Erfolg auf folgende Elemente zurückführen: Wir haben uns *Grundlagen* für die gemeinsame Arbeit *geschaffen*, wir haben Lösungsvorschläge einzelner als *Perspektiven geklärt und gekreuzt*, wir haben ein *vernetztes, kohärentes Verständnis herausgebildet* und uns als Gruppe die verwendeten Methoden, die gemeinsamen Konventionen und unsere Arbeitsergebnisse *angeeignet*.

Jürgen Pasch war dabei nicht nur Teilnehmer, vielmehr hat er das Projekt wesentlich mitgetragen und -gestaltet und schon damals etliche Vorschläge zur Förderung der Kommunikation selbst eingebracht und umgesetzt. Auf dieser Basis wurde er Tutor und später wissenschaftlicher Mitarbeiter in unserer Forschungsgruppe, die im Lauf der Jahre den Ansatz STEPS in der Software-Technik ausgearbeitet und erprobt hat. Im Unterschied zur traditionellen Software-Technik stellt STEPS kooperative Erkenntnisprozesse im Entwicklungsteam sowie zwischen Entwickler/innen und Benutzer/innen in den Mittelpunkt und ordnet die Verwendung von Methoden und Werkzeugen in diese übergreifende Sichtweise ein. Als STEPS-Ko-Autor hat Jürgen Pasch wichtige methodische und technische Beiträge erbracht, die er auch in der außer-universitären Praxis erproben konnte. In der Lehre hat er zahlreiche studentische Projekte mit zunehmender Eigenständigkeit geleitet. Schließlich hat er sich auf die kommunikativen Prozesse im Team konzentriert und Projektlehrveranstaltungen dafür als empirische Basis verwendet.

Ich möchte hier nicht im einzelnen die Entstehungsgeschichte dieses Buchs nachzeichnen, sondern lieber zu den Fragen Stellung nehmen, die die Relevanz und die wissenschaftliche Einordnung der hier dargestellten Ergebnisse betreffen.

Zunächst: Wie verhalten sich positive Einzelerfahrungen in Gruppen, die wir alle da und dort machen, zu einer allgemein lehrbaren Vorgehensweise? Alle, die in oder mit Gruppen arbeiten, sei es in der Ausbildung oder im Betrieb, in der Therapie oder in der Familie, wissen, daß jede Gruppe anders, jeder Gruppenprozeß einmalig ist. Das erkennen wir voll an. Wir würden aufgrund unserer Erfahrungen niemals in Anspruch nehmen, daß wir — durch welche Vorgehensweise auch immer — das Gelingen eines Gruppenprozesses garantieren können. Nein, wir haben kein Rezept. Vielmehr geht es darum, durch sorgfältige Beachtung des kommunikativen Prozesses, durch teilnehmende Beobachtung und durch gemeinsame Reflexion Bedingungen herzustellen, die das Zustandekommen erwünschter Entwicklungen begünstigen. Wir sprechen daher davon, daß wir kooperative Erkenntnisprozesse bei der Software-Entwicklung *fördern*. Das aber macht in vielen Fällen den ganzen Unterschied.

Dann: Inwieweit können Erfahrungen aus studentischen Projekten auf die Praxis übertragen werden? Natürlich gibt es gundlegende Unterschiede zwischen Lehrprojekten an der Universität und »echten« Projekten im Betrieb. Man ist nur probeweise zusammen. Der kommerzielle Druck fällt weg. Es gibt nicht einmal Kunden, nur die Lehrpersonen mit ihrem fingierten Auftrag. Schon aus Altersgründen geht man spielerisch miteinander um. Ein Professor ist doch etwas anderes als ein Chef. Man muß noch nicht an seine langfristige Existenzsicherung denken, schließlich kann man auch aus mißlungenen Projekten etwas lernen. Und so weiter. Dennoch gibt es wichtige Gemeinsamkeiten: Knappe Ressourcen, verbindliche Termine, unklare Problemstellungen, Verständigungsschwierigkeiten und unterschiedliche Sichtweisen, Rivalitäten in der Gruppe. Ich halte die Universität für ein Experimentierfeld über kommunkative Prozesse. In der Lehre haben wir die einmalige Gelegenheit mehrere Gruppen parallel am gleichen System nach der gleichen Methode arbeiten zu lassen. Nur so können wir die technisch-methodischen Aspekte von den kommunikativen trennen. Die Universität bietet auch den Rahmen, neuartige Vorgehensweisen zu erproben und ihre Konsequenzen auszuloten. Ich meine die Übertragbarkeit der Ergebnisse ist in einigen Bereichen gewährleistet, die mit der Praxis genügend Ähnlichkeit aufweisen, vor allem wie hier, im Entwurf.

Schließlich: Gehört eine Behandlung kommunikativer Prozesse bei der Software-Entwicklung zur Informatik? Ihr traditionelles Selbstverständnis beschränkt sich auf formale und technische Aspekte der Software-Entwicklung und läßt die Prozesse zwischen den Menschen weitgehend außer acht. Umgekehrt liefern die Psychologie und die Soziologie allgemeine Grundlagen zum Verständnis kommunikativer Prozesse, befassen sich aber nicht konkret mit der Software-Entwicklung. Hier war wissenschaftliche Pionierarbeit zu leisten, indem Brücken zwischen unterschiedlichen Wissenschaften, Theorieansätzen und Methoden geschlagen wurden. Ich rechne die Ergebnisse eindeutig der Software-Technik zu, weil sie einen konstruktiv umsetzbaren Beitrag zur Organisation von Software-Entwicklungsprojekten leisten. Aber dann muß die Informatik sich wandeln: von der Software-Bürokratie zum moderierten Software-Diskurs.

Doch lassen wir endlich den Autor zu Wort kommen.

Christiane Floyd

Das Inhaltsverzeichnis

Der Prolog:
Perspektivität bei der Software-Entwicklung
Ein Fallbeispiel 1

1 Die Einführung 7

2 Ein Problem:
Die Software-Bürokratie 19

3 Die Tradition:
Projekte aus der Sicht der Software-Technik 29

3.1 Das Scheitern der großen DV-Projekte 31
3.2 Software-Technik als Ausweg aus der Software-Krise 32
3.3 Kommunikation und arbeitsteilige Projektarbeit 37
3.4 Die autokratische Organisationsstruktur 40
3.5 Die demokratische Organisationsstruktur 45
3.5.1 »Egoless programming« 47
3.5.2 Die demokratische Programmierergruppe 48
3.6 Weiterführende Literatur 51

4 Die Alternative:
Die prozeßorientierte Sichtweise der Software-Entwicklung 55

4.1 Die STEPS-Sichtweise der Software-Entwicklung 56
4.1.1 Die Kritik der Produktionssicht 57
4.1.2 Software-Entwicklung als Design 59
4.1.3 Umsetzung in STEPS: Evolutionäre Software-Entwicklung 60
4.1.4 Ein zyklisches Projektmodell 62
4.1.5 Situationsspezifische Strategien 68
4.1.6 Koordination der Zusammenarbeit im laufenden Projekt 69
4.1.7 Prototyping 72
4.2 Programmieren als Theoriebildung nach Naur 73
4.3 Weiterführende Literatur 77

5 Die Theorie:
Dialogischer Software-Entwurf 79

5.1 Zur Problemstellung: Die dialogische Entwurfssituation 82
5.2 Grundlinien sozialen Handelns in der Entwurfssituation 85
5.2.1 Perspektivität als zentrale Voraussetzung des Handelns 86
5.2.2 Die Hauptmomente des Handelns in der Entwurfssituation 88
5.2.3 Soziale Kognition als Argumentationsprozeß 90
5.3 Asymmetrischer und symmetrischer Dialog 92
5.3.1 Monopolisierte argumentative Dialoge 92
5.3.2 Asymmetrischer und symmetrischer Dialog in der Entwurfssituation 93
5.4 Die allgemeine Handlungsorientierung 96
5.5 Die soziale Handlungsorientierung 100
5.6 Dialogischer Entwurf ist wechselseitiges Erwägen und Widersprechen 102
5.7 Kooperatives Lernen und die Erfahrung des Neuen 103
5.8 Weiterführende Literatur 107

6 Die Praxis:
Dialogischer Software-Entwurf 109

6.1 Aufbau der Untersuchung 110
6.1.1 Subjekte und ihr Vorwissen 110
6.1.2 Methodische Anleitung für den Software-Entwurf 111
6.1.3 Das zu bearbeitende Problem 118
6.1.4 Vorgehen und Datenbasis 121
6.2 Argumentative Dialoge und Modelle beim Software-Entwurf 123
6.2.1 Asymmetrischer Entwurfsdialog 124
6.2.2 Abgebrochener symmetrischer Entwurfsdialog 131
6.2.3 Symmetrischer Entwurfsdialog 137
6.3 Strukturbildung beim Software-Entwurf 142
6.3.1 Das Schichtenkonzept 143
6.3.2 Das Menükonzept 147
6.3.3 Das Konzept nach der Gliederung der Aufgabenbeschreibung 150
6.3.4 Das Konzept der stufenweisen Abstraktion 153
6.4 Gestaltungskonflikte in objektiven Problemsituationen 156
6.4.1 Ein typisches Ostinato 156
6.4.2 Die Auflösung einer objektiven Problemsituation mit einem Argument als Kompromiß 158
6.4.3 Die Auflösung objektiver Problemsituationen durch Einsicht 159
6.5 Gelingen des argumentativen Dialogs und Programmqualität 161
6.6 Weiterführende Literatur 164

7 Die Konsequenz:
Mehr Selbstorganisation in Projekten 167

7.1 Grundzüge der Selbstorganisation in Projektgruppen 169
7.1.1 Perspektive einnehmen und kreuzen 169
7.1.2 Grundlagen der Zusammenarbeit legen und erneuern 170
7.1.3 Gemeinsames Verständnis fördern 171
7.1.4 Rollen definieren, wahrnehmen und austauschen 171
7.1.5 Einbezüglichkeit und Vernetzung realisieren 172
7.1.6 Inkrementelles Vorgehen planen und absichern 172
7.1.7 Milieu zur Zusammenarbeit bilden und lebendig erhalten 173
7.2 Die interaktive und sich selbst organisierende Projektgruppe ... 174
7.2.1 Projektetablierung 176
7.2.2 Die Rollen in der interaktiven Projektgruppe 180
7.3 Die Interaktionskompetenz der Projektmitglieder verbessern 182
7.3.1 Der personenzentrierte Ansatz der Dialogführung 182
7.3.2 Aktives Zuhören 183
7.3.3 Der kontrollierte Dialog 185
7.3.4 Das Blitzlicht 186
7.3.5 Eine Situationsdefinition 187
7.3.6 Die Gruppenprozeßanalyse 188
7.4 Dialogische Konfliktbewältigung 192
7.4.1 Einübung in den Konfliktdialog 192
7.4.2 Die Jeder-gewinnt-Methode 193
7.4.3 Supervision 196
7.5 Eine zusammenfassende Bemerkung 198
7.6 Weiterführende Literatur 199

8 Die Hoffnung:
Kooperative Projektarbeit und Computerunterstützung 201

8.1 Elektronische Postsysteme 202
8.2 Koordinationsunterstützungssysteme 207
8.3 Autorenunterstützungssysteme 210
8.4 Sitzungsunterstützungssysteme 215
8.5 Abschließende Bemerkungen 220
8.6 Weiterführende Literatur 221

Die Anhänge 223

Anhang A:
Aufgabenbeschreibung für das Programmierpraktikum:
Werkzeuge für Modula-2 223
Anhang B:
Konventionen zu den Transskripten 228
Anhang C:
Das Interview mit Ymir, Odin, Vili und Ve 228
Anhang D:
Das Interview mit Heid, Hanglöm und Fridthjof 234
Anhang E:
Das Interview mit Fenja und Menja 238
Anhang F:
Der Originalentwurf von Fenja, Menja und Frodi 243

Das Literaturverzeichnis 245

Das Autorenverzeichnis 259

Das Stichwortverzeichnis 263

Unser Kopf ist rund,
damit das Denken die
Richtung wechseln kann.

Francis Picabia

Der Prolog: Perspektivität bei der Software-Entwicklung Ein Fallbeispiel

Zur Einstimmung auf dieses Buch bringe ich ein Fallbeispiel aus meiner Erfahrungswelt, welches mich sehr geprägt hat und das einige der in diesem Buch behandelten Themen einführt.

Ein Freund von mir hatte ein Kleinanzeigenverwaltungssystem für eine spezielle Anzeigenzeitung geschrieben, in der private Kleinanzeigen kostenlos erscheinen. Sie erscheint dreimal die Woche mit einer Auflage von etwa 40 000 Exemplaren. Zur Erfassung stehen 15 Bildschirmarbeitsplätze zur Verfügung, an denen im Wechsel etwa 60 Mitarbeiter an 7 Tagen in der Woche Anzeigen eintippen, die entweder auf einem Coupon oder per Telefon (direkt oder auf einem Anrufbeantworter) eingehen. Sein Programm verkörpert das »funktionale Rückgrat« dieser Zeitung, weil die Zeitung damit unglaublich schnell auf den ungeheuren Durchsatz an Kleinanzeigen reagieren kann; innerhalb von zwei Jahren wuchs das Stammpersonal von drei auf über sechzig Mitarbeiter. Das Konzept ist europaweit kopiert worden.

Irgendwann unterbreitete mein Freund mir den Vorschlag, Studenten von mir könnten die rechnergestützte Verwaltung der gewerblichen Anzeigen als Diplomarbeit übernehmen. Ich sagte spontan zu, denn für alle Seiten ergaben sich Vorteile.

Durch meine Beteiligung an dem Projekt würde ich so ein Beispiel aus der Praxis für meine Lehrveranstaltung Software-Engineering-Projekt gewinnen, könnte die Aufgabennetze von meinem Kollegen Keil-Slawik an einem größeren Beispiel erproben und partizipative Systementwicklung — über die bisher in unserer Forschungsgruppe nur theoretisiert wurde — in der wirtschaftlichen Praxis ausprobieren. Drei Diplomanden fanden sich schnell für dieses Projekt, sie waren sofort Feuer und Flamme und hatten die feste Aussicht auf Anstellung bei der Zeitung. Jedoch gerieten sie nach zwei, drei Monaten in eine desolate Situation. Sie produzierten Unmengen von Papier, um mich vom angeblichen Projektfortschritt zu überzeugen; es gelang ihnen aber nicht, ihren Mißmut zu verbergen. Einer stieg aus der Arbeit aus. In der Zeitung spürte ich auch Spannungen der Mitarbeiter gegenüber den Diplomanden. Was war passiert? Am besten schildern die Studenten mit ihren eigenen Worten, wie sie die Situation nachträglich beurteilen:

»Die Umsetzung der partizipativen Systementwicklung, die intensiv auf die Wünsche der Benutzer eingehen sollte, hat insgesamt zu unwahrscheinlichen Schwierigkeiten geführt. Die nur schwer erkennbaren Hierarchien in der Zeitung und die widersprüchlichen Anforderungen und Erwartungen blockierten uns regelrecht. ... Die Gruppe unserer Gesprächspartner war nicht homogen. Sie besaßen unterschiedliche bzw. keine EDV-Kenntnisse. Das einzige ihnen bekannte EDV-System war das Verwaltungssystem für private Kleinanzeigen, das sie als vorbildlich ansahen. Die Gesprächspartner verwendeten unterschiedliche Termini und hatten widersprüchliche Vorstellungen von dem zukünftigen System. ... Die Leiterin der Werbeabteilung fand es wichtiger, mit uns über das zukünftige System zu diskutieren, als uns die existierenden Abläufe zu erläutern. ... Über die Umstellung der Arbeitsorganisation machte sie sich im Gegensatz zu uns wenig Gedanken. Die Arbeitsorganisation sollte sich an die Erfordernisse der installierten EDV anpassen. ... Die von uns entworfenen Aufgabennetze wurden vom Systementwickler der Zeitung wie ein Datenmodell interpretiert. Er ließ sich nicht weiter auf das Beschreibungsmittel der Aufgabennetze ein. ... In Diskussionen mit der Geschäftsleitung der Zeitung über konkrete Bereiche der Werbeabteilung, z.B. über das Konzept der Rabattvergabe, wurden von der Geschäftsleitung völlig neue Konzepte entworfen. ... Im nachhinein stellte sich heraus, daß unsere Bemühungen, diese neuen Vorschläge zu adaptieren, überflüssig waren, da die Geschäftsleitung nicht autorisiert war, ein anders geartetes Rabattkonzept in der Werbeabteilung einzuführen. ... Wir versuchten alles, was an Anforderungen an uns herangetragen wurde, in das System zu integrieren. Dabei gingen wir von der Annahme aus, daß die Bearbeiter in der Werbeabteilung ja wüßten, welchen Anforderungen das System genügen sollte. Erst mit der Zeit merkten wir, daß die formulierten Anforderungen oft widersprüchlich und ungenau waren und das System zu einer nicht mehr beherrschbaren Komplexität anwachsen ließen.... Inzwischen traten an der Uni, bei der Erstellung der Anforderungsdefinition, verschiedene Mängel unserer Anforderungsermittlung zu Tage. Beim Versuch, die von uns verwendeten Fachbegriffe exakt zu definieren, tauchten viele synonyme Begriffe auf: Zum Beispiel waren die Begriffe »Sonderrabatt« und »Kombinationsrabatt« synonym. Der »Kundenrabatt« oder »Nasenrabatt« stellte sich als Fehlinformation heraus. Auch stellte sich heraus, daß die Beziehungen zwischen einigen wesentlichen Objekten unklar waren. Zum Beispiel mußte der Begriff »Abschluß« für die Zusammenfassung der Aufträge eines Kunden definiert werden. ... Die Zeitung hatte nach Beendigung der Anforderungsermittlung kein Interesse mehr an dem Dokument Anforderungsdefinition. Man wollte vielmehr, daß wir endlich mit dem Programmieren anfangen, was sie als wesentliche Aufgabe von Software-Entwicklern ansahen.«

Um die Situation zu entflechten, arrangierte ich als Außenstehender ein Treffen mit allen Beteiligten. Ich gebrauchte dazu den Vorwand, einige strittige Fachfragen zu klären. Bei dem Treffen hatte ich eine Art Erweckungserlebnis. Während der Diskussion des Rabattwesens der Zeitung stellte sich heraus, daß der Firmenleiter, die Leiterin der Werbeabteilung, der Systementwickler und die Studenten völlig verschiedene Vorstellungen über das Rabattwesen der Zeitung besaßen.

> Sie argumentierten aneinander vorbei, so als benutzten sie keine gemeinsame Sprache. Als ich sie darauf hinwies, waren sie zutiefst verwirrt. Außerdem wurde mir klar, daß die Leute von der Zeitung und die Studenten keine explizit besprochene konsensuale Situationsdefinition besaßen. *Jeder interpretierte die Situation aus seiner Perspektive.* Die Beteiligten konnten aber offensichtlich nicht ihre Perspektiven zusammenfallen lassen, um so zu Symbolen gemeinsamer Bedeutung zu gelangen.

Die Zeitungsleute legten ihre Firmensituation zugrunde und kannten das Vorgehen von Software-Entwicklern nur aus der Perspektive meines Freundes, der Systementwicklung »quick and dirty« betreibt und damit auch Erfolge vorweisen kann. Die Perspektive der Diplomanden richtete sich ausschließlich nach der Situation an der Uni und dem, was sie bisher dort gelernt hatten: Sie wollten unbedingt eine vollständige Anforderungsdefinition erstellen, die aber die Zeitungsleute in dieser Form nicht verstanden und die deshalb als Kommunikationsmedium ungeeignet war.

Faktisch wollten die Akteure sich also nicht mit der Perspektive der anderen »anfreunden«, keiner wollte die Perspektive des anderen *übernehmen*. Alle Beteiligten waren von »ihrer Mauer der Selbstverständlichkeiten« umgeben.

Mir wurde klar, daß sich die Situation nur grundlegend ändern würde, wenn ich als Außenstehender die Perspektiven über eine *neue Situationsdefinition* zur Interaktion bringen würde. Die Diplomanden müßten das heiß ersehnte Programm in Form eines Prototypen erstellen und dabei möglichst schnell ihre Defizite im Umgang mit Unify, Unix und C bereinigen. Die Zeitungsleute sollten so die Kompetenz der Diplomanden achten lernen und erkennen, daß das bisherige Vorgehen dazu nützlich war.

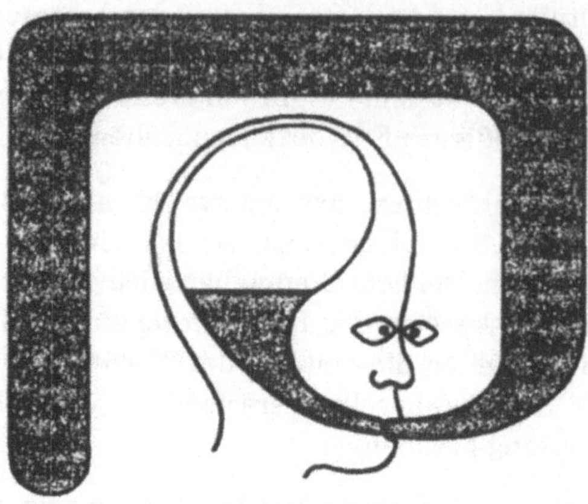

Abb. 1: Die Mauer der Selbstverständlichkeiten (Westerlund, Sjöstrand (1981)

Als Ausweg aus dieser prekären Situation definierte ich eine allgemein verbindliche »Projektsprache« und handelte mit den Beteiligten eine dreiphasige Prototypingstrategie (vgl. Abb. 2) aus.

Die Prototypingstrategie war speziell auf die Situation zugeschnitten und sah folgendes vor: In der ersten Phase wird schnell mit den Werkzeugen von Unify ein Prototyp erstellt, der Anzeigen aufnehmen und verwalten kann, d.h. das für die Mitarbeiter unsäglich mühselige Arbeiten mit den acht riesigen Karteikästen wird endlich automatisiert: Die Diplomanden lernen Unify und Unix kennen. In der zweiten Phase soll ein Dialogwerkzeug entwickelt werden, das es ermöglicht, interaktive Systeme mit einer komfortablen Benutzerschnittstelle auszustatten: Die Diplomanden lernen die Programmiersprache C kennen und können das Werkzeug anderen Projekten innerhalb der Firma zur Verfügung stellen. In der dritten Phase gehen schließlich die Erfahrungen der Benutzer des Prototyps in die Entwicklung des eigentlichen Produktionssystems mit ein.

Die »**Projektsprache**« entwickelte ich aus den bisherigen Unterlagen, Gesprächen und aufgrund eines Aufsatzes der Leiterin der Werbeabteilung über ihre bisherige Vorgehensweise. Ich entfernte Synonyme und Homonyme und legte sie den Beteiligten in Form eines Glossars vor. Nach einigen redaktionellen Änderungen akzeptierten sie es alle als Grundlage des weiteren Vorgehens. Die Zeitungsleute und die Diplomanden traten mit Hilfe der Projektsprache wieder in einen Dialog und konnten sie zur Ausarbeitung eines Datenmodells verwenden. Das Datenmodell war die wichtigste Voraussetzung für die Entwicklung des Produktionsprototypen. Letztlich wendeten sie die Prototypingstrategie erfolgreich an. Die Diplomanden arbeiten heute noch in der Firma.

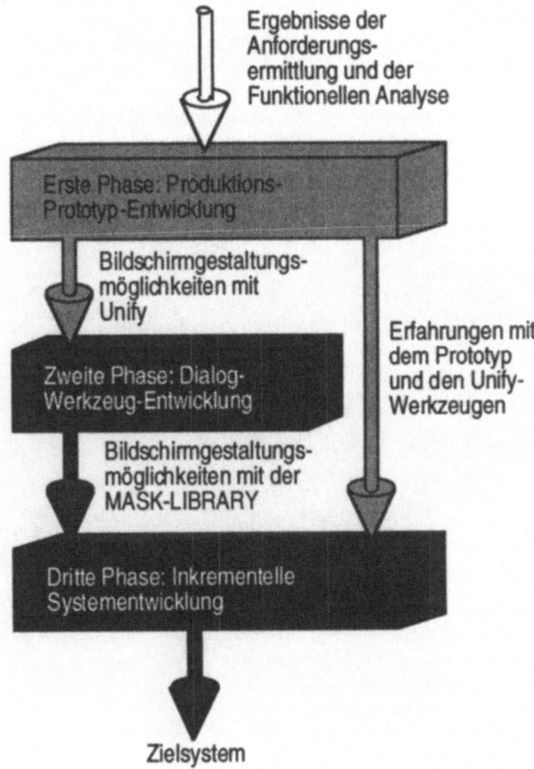

Abb. 2: Dreiphasige Prototypingstrategie

Das Beispiel veranschaulicht, daß die wechselseitige Koordination von Handlungen nur durch die wechselseitige Interpretation der miteinander interagierenden Akteure auf der Basis von Situationsdefinitionen möglich ist. Entsprechend müssen Handlungen aus der Perspektive eines Akteurs immer unter Berücksichtigung seiner subjektiven Interpretation der Situation untersucht werden. Dieses gilt ganz besonders für die in dieser Arbeit untersuchte Entwurfssituation.

I think the most important single effort
we can mount is to develop ways
to grow great designers.

Frederick Brooks in
»No Silver Bullet.
Essence and Accidents of
Software Engineering«.

1 Die Einführung

Das im Fachgebiet Software-Engineering etablierte Projektverständnis beruht auf hierarchischen Teammodellen und funktionaler Arbeitsteilung, wobei eine lineare Folge von Phasen vorgeschrieben wird. Die Produktstruktur dient im Sinne der Top-down-Entwicklung als Richtschnur für den Prozeßablauf und die Projektorganisation. Die *Kommunikation* zwischen den Beteiligten soll *geregelt* und *minimiert* werden. Nach diesem Verständnis ist der eigentlich kreative Anteil der Arbeit — der Entwurf der Software-Architektur — von »great designers« zu leisten, die in der Regel allein arbeiten und Vorgaben für die anderen Beteiligten machen, die dann nur noch Ausführende sind.

Verbreitete Probleme sind ein *fragmentiertes Projektverständnis* und mangelnde Akzeptanz der Beteiligten mit schädlichen Folgen für die Qualität der Produkte. Der einzelne Software-Entwickler erlebt häufig seine Arbeit als partialisiert. Symptomatisch ist die Herausbildung einer informellen Projektkultur um die offizielle Organisation herum, damit wichtige Informationen überhaupt direkt kommuniziert werden.

Diese Probleme sind seit den 60er Jahren bekannt und waren ein wesentlicher Aspekt der damals proklamierten *Software-Krise*, die zur Entstehung des Fachgebietes Software-Engineering Anlaß gegeben hat. Schon damals hat es kontroverse Diskussionen zwischen einer formal orientierten Mehrheit — die sich durchgesetzt hat — und einer kritischen Minderheit gegeben. Durch die auf diesem Verständnis basierende Projektpraxis konnten jedoch die oben geschilderten Probleme nicht überwunden werden, sie dauern vielmehr bis in die Gegenwart unvermindert fort.

Gegenstand dieses Buches ist deshalb das sinnvolle Arbeiten in Teams nach den Erfordernissen gemeinsamer Erkenntnis und Entscheidungsfindung sowohl beim **Software-Entwurf** als auch bei der **Projektgestaltung**. Dieses

Buch bietet eine theoretische wie auch eine empirische Fundierung von Gruppenarbeit und Selbstorganisation bei der Software-Entwicklung und zeigt, wie diese praktisch mit dem von mir entwickelten Teammodell der »interaktiven und sich selbst organisierenden Projektgruppe« eingeführt und verbessert werden können. Anhand von Beispielen aus einer Untersuchung werden die Formen der *Kommunikation*, *Kooperation* und *Konfliktaustragung* der Beteiligten von Entwurfsprozessen analysiert, die Bedeutung von Informations- und *Modellmonopolen* bei der Software-Entwicklung diskutiert und der *symmetrische Dialog* als der erfolgversprechendste Weg ausgewiesen.

Es wird für jeden nachvollziehbar demonstriert, wie der *soziale Prozeß* die *Qualität* des Produktes beeinflußt hat.

Dabei geht es um die Entstehung eines *gemeinsamen Wissens*, welches die Software-Entwickler zu gemeinschaftlichem Handeln und einzelne zum Handeln im Sinne der Gruppe befähigen. Das ist die Basis für das *Teammodell* der »interaktiven und sich selbst organisierenden Projektgruppe« , die auf die Verbesserung der Interaktionskompetenz ihrer Mitglieder, der Herausbildung eines gemeinsam getragenen Projekt- und Produktverständnisses, situativer Projektgestaltung und auf das Gelingen von Entwurfsdialogen ausgerichtet ist.

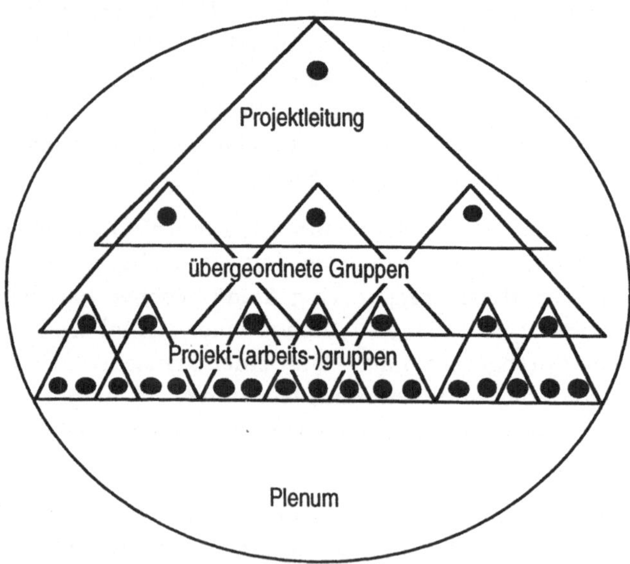

Abb. 3: Die interaktive und sich selbst organisierende Projektgruppe

Zu diesem Thema wurde ich durch meine Erfahrung bei der Anleitung von Lehrprojekten motiviert. Im Verlauf von annähernd zehn Jahren habe ich an der Technischen Universität Berlin Projekte durchgeführt, in denen Gruppen von maximal 15 Studenten ein Jahr lang, ausgehend von einer Anforderungsdefinition, gemeinsam eine Aufgabe bearbeiteten und dabei ca. 30 000 - 40 000 Zeilen Programm-Code sowie Entwicklungsdokumentation erstellten. Die Projekte waren dadurch charakterisiert, daß die Teilnehmer ein ganzheitliches Verständnis des Software-Entwurfes besaßen, weil dieser gemeinsam erstellt wurde. Die Projektgestaltung wurde durch ein wöchentlich tagendes Plenum gesteuert. Es diente zur interaktiven Entscheidungsfindung, Problemlösung, Planung und Koordination von Arbeitsgruppen und zeitweilig existierenden übergeordneten Gruppen (z.B. für die Qualitätssicherung, Test usw.) auf der Basis der Gleichberechtigung aller Mitglieder. Innerhalb der Projektgruppe rotierten ständig bestimmte Rollen für administrative Projektaufgaben. Dieses Organisationskonzept ist in Abb. 3 dargestellt, die Likert nachempfundenen Dreiecke bedeuten, daß Personen in mehreren Teams Mitglied sind.

In diesen Projekten habe ich den theoretischen und methodischen Ansatz der Software-Technik STEPS, in dessen Rahmen diese Arbeit entstanden ist, eingesetzt, erprobt, weiterentwickelt und verfeinert. STEPS, »Software-Technik für Evolutionäre Partizipative Systementwicklung«, ist seit 1978 unter der Leitung von Christiane Floyd an der Technischen Universität Berlin ausgearbeitet worden. Meine dort gesammelten Erfahrungen münden in die Ausgangsthese dieser Arbeit:

> Software-Entwicklung in Projekten ist nicht allein eine mathematische, technologische oder administrative Herausforderung, sondern ein komplexer *sozialer Gruppenprozeß*, in dem die dynamisch ablaufenden Verständigungsprozesse maßgeblich die Qualität des Produktes beeinflussen. Daraus müssen Schlußfolgerungen für den Software-Entwurf und die Projektgestaltung gezogen werden.

Die gängigen Methoden der Software-Technik sind nicht an der Situation des gemeinsamen Entwurfes orientiert. Genaugenommen sind diese Methoden monologisch, sie postulieren eine Pseudoobjektivität und unterstellen, daß die Prozesse des kognitiven Lernens und Gestaltens Prozesse eines einzelnen Software-Entwicklers sind. Zudem erkennen sie die Perspektive und die von den Software-Entwicklern schon erlernten Konzepte (Musterlösungen) zum Entwurf nicht an.

Wissenschaftlich gesehen verlangt die oben aufgestellte These, einen solchen sozialen Prozeß *analysieren*, *rekonstruieren* und *beschreiben* zu können und Konsequenzen für die Software-Technik aufzuzeigen. Die *Dynamik des Prozeßgeschehens* ist dabei von höchstem Interesse, da die Faktoren, die die Lebendigkeit des Prozesses beeinflussen, den Akteuren möglicherweise Einflußchancen auf den Prozeßverlauf gewähren. Und das ist dann der Schlüssel für eine konstruktive Verbesserung von Entwurfsprozessen.

Da die Software-Technik über keine Theorie verfügt, mit der man diesen Prozeß analysieren oder beschreiben könnte, spezialisiere ich in dieser Arbeit die *Theorie der Perspektivenübernahme* aus der Soziologie zu einer Theorie des dialogischen Entwurfes. Im wesentlichen charakterisiere ich dialogischen Software-Entwurf als eine spezielle Form von *Argumentation*.

Zur empirischen Untermauerung der Theorie des dialogischen Entwurfes habe ich eine projektbegleitende Felduntersuchung in einer meiner Lehrveranstaltungen — einem Programmierprojekt — vorgenommen. Es wurden umfangreiche Daten über 25 parallel arbeitende Studentengruppen mit ca. vier Mitgliedern aus verschiedenen Perspektiven gesammelt, die Aufschluß über

- den *Einfluß* der Art ihrer *Kommunikation* und *Kooperation* auf den Software-Entwurf und die *Qualität* der Implementierung geben sollten;
- die *Art* der *Strukturbildung* beim Software-Enturf geben sollten, da die Studenten zwar modulare Programmstrukturen kannten, selber aber noch keine entworfen hatten. Wichtig war mir hier herauszufinden, *woran* sich die Studenten bei der Strukturbildung der Software-Architektur orientieren würden.

In mehreren Vorlesungen habe ich zuvor eine methodische Anleitung zum Software-Entwurf gegeben und einschlägig bekannte Entwurfskriterien erläutert. Die Aufgabe war, einen bildschirmorientierten Editor mit der üblichen Funktionalität zu entwerfen und zu implementieren. Die Musterlösung umfaßte ca. 6 500 Zeilen Modula-2-Programm-Code. Erste Ergebnisse der Untersuchung veröffentlichte ich 1989.

Ich habe eine *projektbegleitende Feinanalyse* der Programmierprojekte *und* der entstandenen Programmsysteme vorgenommen, orientiert an den Perspektiven möglichst aller Akteure. Auf diese Weise kann ich detaillierte Angaben zur *Qualität* des Prozesses und des entstandenen Produktes und den Gebrauchswert seiner Struktur machen. Als Untersuchungsmethode wendete ich u.a. strukturierte *Gruppen*interviews an.

Nachfolgend gebe ich eine Zusammenfassung wichtiger Teile dieses Buches:

Jeder Software-Entwickler orientiert sich beim Entwerfen an **Musterarchitekturen** — seinem Erfahrungsschatz—, die er sich während der Praxis seines Arbeitens angeeignet hat. Erfahrungsgemäß können diese sehr unterschiedlich sein. Immer wieder zu bearbeitende Probleme wie Fehlerbehandlung, die Analyse von Lexemen, die Bildung von symbolischen Repräsentationen, die Typisierung von Objekten, die Benutzung von Prozedur-Bibliotheken und des Betriebssystems u.ä.m. führen zu unterschiedlichen Architekturen, die abhängig davon sind, aus was für einer Implementierungskultur man kommt und wie stringent und sauber die o.a. Konzepte umgesetzt werden. Leider fehlt in der Software-Technik ein Katalog von bewährten Musterarchitekturen oder Entwurfsmustern, die sich kombinieren lassen.

Eine der Haupttätigkeiten des Software-Entwurfes besteht darin, Entscheidungen zu treffen, wie vorhandene Konzepte angemessen *spezialisiert* werden können. Dazu gehört auch, Entwurfsmuster (Konzepte) so zu spezialisieren, daß sie für den neuen Gegenstandsbereich *innovativ* sind.

In der Entwurfssituation führen dann die Teilnehmer ein kreatives Wechselgespräch miteinander; es werden tradierte Entwurfsmuster vorgeschlagen, Fragen dazu gestellt, Bewertungen abgegeben und Gegenvorschläge gemacht. So gesehen müssen die Akteure beim dialogischen Entwurf das Einbringen ihrer Entwurfsmuster *sozial aushandeln* und gleichzeitig die Konzepte in Hinblick auf die anstehende technische Problemstellung spezialisieren.

Es entsteht dann an einer Tafel, einem Flip Chart oder auf einem Stück Papier ein *Modulabhängigkeitsgraph*, die Architektur der Software. Erst ganz am Ende der Entwurfssituation erstellen die Software-Entwickler arbeitsteilig eine Entwurfsspezifikation in Form von Modulspezifikationen und Schnittstellenbibliotheken.

Das Wechselgespräch beim Entwurf ist eine Form eines *argumentativen Dialoges*, ein Sonderfall des an *Verständigung orientierten sozialen Handelns*, bei der die Teilnehmer komplizierte interpersonelle Koordinationsprobleme bewältigen müssen. Diese Koordinationsprobleme ergeben sich aus dem Umstand, daß die Teilnehmer Vorschläge und Argumente nicht nur wechselseitig verstehen müssen, sondern sie diese auch wechselseitig bewerten und meist einer Kritik unterziehen.

Immer dann, wenn ein Software-Entwickler schon im voraus über ein tragfähiges Modell — hier den Entwurf — verfügt, besitzt er ein **Modellmonopol**, und die Software-Entwickler führen dann einen *asymmetrischen* Dialog. Alle Argumentationen werden sich dieses Modells als Verständigungsgrundlage bedienen, was dazu führt, daß dieser Entwurf immer weiter etabliert wird und die anderen Akteure ihre Konzepte und Perspektiven nicht einbringen können. Die Tragfähigkeit eines solchen Entwurfes kann von den Entwicklern nur noch aus der Kontrolle des Modellinhabers geprüft werden. Der Modellinhaber hat dabei natürlich das

Interesse, daß sein Modell nicht verändert wird. Dieses kann leicht die Ursache für soziale Konflikte in der Gruppe werden.

Wie die Ergebnisse meiner Untersuchung zeigen, besteht hier auch die Gefahr, daß ein »fauler Kompromiß« entsteht: Die Akteure beseitigen ihre Konflikte, indem allen Akteuren mehr oder weniger Modellmacht zugestanden wird. Sie kommunizieren über den Entwurf aber nur so lange, bis zwei oder mehrere Modellmonopole nebeneinander existieren, d.h. die Akteure zerschneiden den Gegenstandsbereich und teilen ihn unter sich auf, ohne die Kohärenz des Entwurfes detailliert zu erörtern. Typisch für solche Entwürfe ist die Redundanz an Algorithmen, Typen und Objekten und die unnötig langen Weglängen des Kontrollflusses, da die Entwickler viel zu früh beim Entwurf auseinandergegangen sind.

Der dialogische Entwurf muß aber ein *symmetrischer Dialog* sein, bei dem alle Beteiligten gleichermaßen ihre Konzepte und Argumente einbringen können.

Die Entwickler verwenden dabei Techniken wechselseitigen Erwägens und Widersprechens, mithilfe derer sie ihre vorgeschlagenen Konzepte verstehen und ständig kritisieren. Das dabei entstehende gemeinsame Wissen über den Entwurf (eine kollektiv verfügbare *Argumentationsstruktur*) steuern die Beteiligten über argumentative Widersprüche. Unter diesen Voraussetzungen steht ein dialogisch erstellter Entwurf natürlich einem erheblichen Validierungsdruck in Form von Gegenargumenten gegenüber, einem Validierungsdruck, den ein monologisch erstellter Entwurf schon allein quantitativ hinsichtlich der Anzahl der Gegenargumente im Entstehungsprozeß wohl kaum ausgesetzt ist.

Wie sieht nun das Zahlenverhältnis von symmetrischen und asymmetrischen Entwurfsdialogen in der Untersuchung aus? Dieses ist in der Abb. 4 dargestellt. Für das Programmierpraktikum haben sich 25 Gruppen gebildet, von denen 2 Gruppen schon zu Anfang aufgaben. Von den 23 untersuchten Gruppen haben 17 Gruppen einen symmetrischen und 6 Gruppen einen asymmetrischen Entwurfsdialog geführt. Von den letztgenannten Gruppen waren 2 Gruppen erfolgreich, d.h. die Modellinhaber haben ihr Modell implementieren können. Für 2 Gruppen bedeutete dies die Katastrophe, denn bei ihnen ist der Modellinhaber nach der Entwurfsphase in der Arbeitsgruppe nicht mehr aktiv gewesen, und die anderen Mitglieder waren nicht in der Lage, seinen Entwurf umzusetzen. In den restlichen beiden Arbeitsgruppen haben sich die Mitglieder mit den Modellinhabern über ihre Arbeitsgruppensituation derartig zerstritten, daß sehr wenig zustande gekommen ist, weil die Modellinhaber alleine nicht das ganze Programmsystem implementieren konnten. Die Gruppen, die einen symmetrischen Entwurfsdialog geführt haben, hatten keine solche Schwierigkeiten.

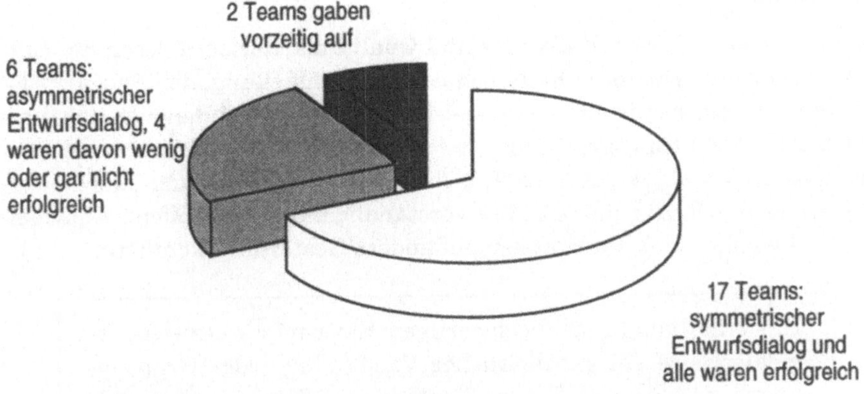

Abb. 4: Symmetrische und asymmetrische Entwurfsdialoge in Zahlen

Jetzt tauchen unweigerlich folgende zentrale Fragen auf: Können so einen symmetrischen Dialog nur Partner führen, die in einem Harmonieverhältnis zueinander stehen? Ist so ein Dialog überhaupt möglich, wenn es Rivalität zwischen den Dialogpartner gibt? Bezogen auf die Teams meiner Untersuchung konnte ich feststellen, daß Rivalität sozusagen das Salz in der Suppe war. Mittels der Rivalität befinden sich die Teams sachbezogen in einem Spannungsverhältnis, welches dem Entwurfsprozeß Vitalität verleiht. Vorgestellte Ideen werden dadurch ausgiebig hinsichtlich ihrer Tauglichkeit diskutiert, weiterentwickelt oder auch verworfen. Charakteristisch für diese Teams ist, daß während des Prozesses immer wieder Verhaltensweisen aufkommen, die zur Verständigung führen. Situationen, in denen der dialogische Entwurf etwas »heftig« gerät, empfinden die Beteiligten als völlig normal. Auffallend in diesen Teams ist die starke Identifizierung und das Gesamtverständnis der einzelnen Mitglieder mit dem erarbeiteten Entwurf. Was für Konflikte werden in solchen Gruppen hauptsächlich behandelt?

> In einem symmetrischen Entwurfsdialog werden vorwiegend *Gestaltungskonflikte* behandelt, wie die Ergebnisse meiner Untersuchung zeigen.

Die Problematik mit den Gestaltungskonflikten wird bisher in keinem Buch über Software-Entwurf behandelt. Ein grundlegender, aber immer wieder auftretender Gestaltungskonflikt ist beispielsweise das Problem Speicherplatz vs. Laufzeit. Will man wenig Speicherplatz benutzen, muß man die Daten immer wieder ein- und auslagern, was allerdings Zeit kostet. Stellt man viel Speicherplatz zur Verfügung, hat man die Daten im direkten und damit schnellen Zugriff. Ein weiterer Gestaltungskonflikt ist Effizienz vs. Information Hiding.

Die produktorientierten Entwurfs- und Qualitätskriterien müssen die Entwickler im Entwurfsprozeß bezüglich der Problemstellung, den Ausgangsdokumenten, Betriebsmitteln u.v.m. operationalisieren. Bei den sich dabei ergebenden Gestaltungskonflikten zeichnen sich aber keine Ja-/Nein-Entscheidungen ab, sondern es gibt fließende Übergänge und jede Bewertung ist graduell und nur situativ verständlich. Jede getroffene Entscheidung hat wiederum Auswirkungen auf andere Gestaltungskonflikte.

> Um einen qualitativ hochwertigen Entwurf zu erzielen, ist idealerweise ein ganzheitliches Verständnis jedes Gruppenmitgliedes für den Entwurf notwendig. Dieses Verständnis kommt nur in einem symmetrischen Entwurfsdialog zustande, wie aus meiner Untersuchung hervorgeht. Die Kohärenz und konzeptionelle Integrität von Entwurfsentscheidungen wird durch die Vielfalt der Gegenargumente im dialogischen Entwurf entscheidend gefördert.

Die im symmetrischen Entwurfsdialog entwickelte und kollektiv geltende Argumentationsstruktur enthält alle Argumente, die bei der Lösung von Gestaltungskonflikten erörtert wurden. Aus dem Ergebnis des Entwurfsprozesses, der Modularisierung und auch aus dessen Implementierung läßt sich durch Unbeteiligte nur ein Bruchteil dieser Argumentationsstruktur ableiten. Erschwerend kommt hinzu, daß es so gut wie unmöglich ist, diese Argumentationsstruktur umfassend zu dokumentieren. Außenstehende können sie nicht allein aufgrund von Dokumenten rekonstruieren. Eine Dokumentation ist somit in erster Linie für die Beteiligten nützlich.

Woran orientieren sich die Studenten bei der Strukturbildung? Die verwendeten Entwurfsmuster sind in Abb. 5 dargestellt, es handelt sich zum Teil um gelehrte Strukturen oder um vorhandene — bereits bekannte —Strukturen.

- 11 Teams geben an, sie wollen eine *Trennung des Steuer- und Datenflusses* erreichen, wie sie es in der Vorlesung gehört haben. Bei dreien dieser Entwürfe ist die (Ausgangs-) Musterarchitektur, die ich zur

Darstellung dieses Prinzips verwendet habe, spezialisiert worden und ein- oder mehrmals direkt im Entwurf wiederzuerkennen.

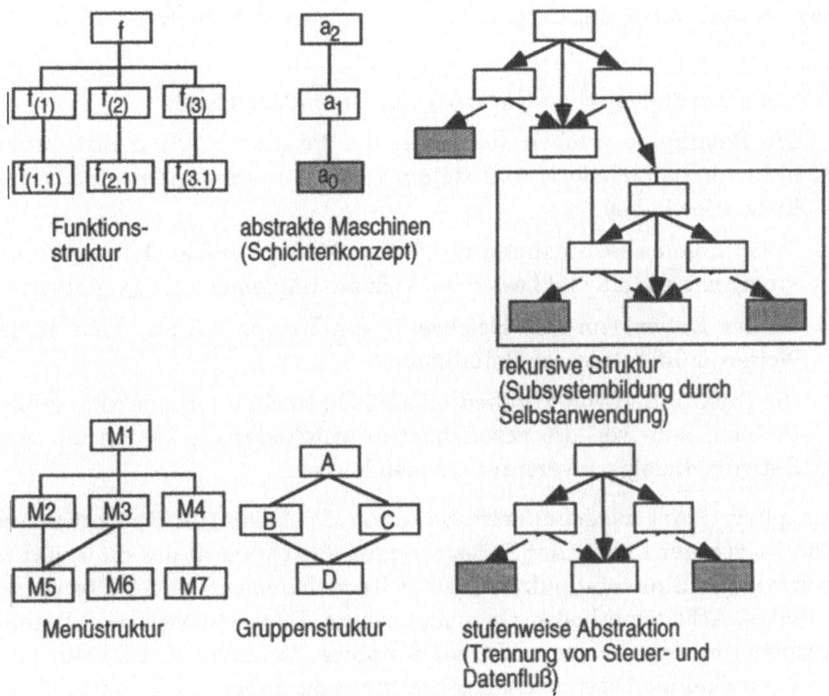

Abb. 5: Verwendete Entwurfsmuster bei der Strukturbildung

- Ein Team hat in zwei Schritten direkt ihre *Gruppenstruktur* auf ihre Modulstruktur abgebildet.
- Die *Menüstruktur* ihrer Benutzungsschnittstelle haben 2 Teams zu einer Modulstruktur spezialisiert.
- Ein Entwurf ist an dem *Schichtenkonzept der abstrakten Maschinen* ausgerichtet, was ich nicht gelehrt habe.
- Die Überraschung für mich ist, daß 8 Gruppen angeben, die funktionsorientierte *Gliederung der Aufgabenbeschreibung* — als das Naheliegendste — zu einer Modularisierung spezialisiert zu haben. Dies hatte ich überhaupt nicht beabsichtigt. Die Entwürfe sind aber tragfähig.

Folgendes hat sich gezeigt: Die beim dialogischen Entwurf Beteiligten können nicht nur das entwickelte Programmsystem aufgrund der Kenntnis und der Beherrschung von dessen Struktur verändern, erweitern und restrukturieren. Sie können auch alle diese Tätigkeiten im Hinblick auf die Verträglichkeit hinsichtlich der Lösung zurückliegender Gestaltungskonflikte prüfen. Sich neu ergebende Gestaltungskonflikte und deren Auswirkungen können sie ebenfalls bewerten, weil sie über die kollektiv geltende Argumentationsstruktur verfügen. *Diese Qualität ist ohne die Entwickler nicht möglich.*

Die Vorteile des dialogischen Entwurfes liegen auf der Hand:

- Die Beteiligten erleben später bei der Programmierung ihre Arbeit nicht als partialisiert, weil sie ein Gesamtverständnis des Software-Entwurfes haben.
- Daher können sie die ihnen zugeteilten Moduln und auch das gesamte Programmsystem viel besser entwickeln, implementieren und testen.
- Da der Entwurfsprozeß gleichzeitig ein Lernprozeß ist, dient er der Weiterqualifikation der Beteiligten.
- Die Fluktuation von Mitgliedern stellt in so einer Gruppe kein großes Problem dar, weil die verbleibenden Mitglieder die Neuen mit dem Entwurf dialogisch vertraut machen können.

Eine explizit sozial ausgehandelte *Situationsdefinition* für die Entwurfssituation ist von ganz zentraler Bedeutung für das Gelingen des dialogischen Entwurfes. Das Sinnverständnis — ein geltender Konsens — der Beteiligten über Rollen, Arbeitsmethodik, Gruppentermine, Denk-, Sprach- und Beteiligungschemata, akzeptables und unakzeptables Verhalten und Regeln über die zu entwickelnde Interaktion kennzeichnet die Situationsdefinition beim Entwurf. Erst danach stellt sich für die Beteiligten heraus, welche Interaktionen möglich sind und welche Bedeutung diese für ihre persönliche Zielorientierung haben.

Das Gelingen des dialogischen Entwurfs hängt natürlich von den individuellen Fähigkeiten und den Erfahrungen der Teilnehmer ab, aber insbesondere von deren *Interaktionskompetenz. Sie erleben die Software-Entwicklung als einen Prozeß der Konfliktverarbeitung.* Daher sind die Verbesserung der Interaktionskompetenz der Projektmitglieder und die Konfliktbewältigung in der Projektgruppe integrale Bestandteile der von mir im Kapitel 7 dieser Arbeit vorgeschlagenen Projektgestaltungsmaßnahmen.

Das Buch hat im weiteren folgenden Aufbau:

- In Kapitel 2 beschreibe ich den Einfluß von *Macht, Hierarchie* und *starren Methoden* auf die Projektarbeit, wie sie in großen DV-Abteilungen und Software-Häusern üblich ist. Programmierer leben in einer *Software-Bürokratie*, haben kein Gesamtverständis der Problemstellung und erleben ihre Arbeit als partialisiert.

- Kapitel 3 befaßt sich damit, daß der Einfluß von *Kommunikation*, *Kooperation* und *Konfliktaustragung* auf die Projektarbeit und die Produktqualität schon seit der Grundlegung des Fachgebietes Software-Technik kontrovers diskutiert wurde.
- Kapitel 4 stellt die *prozeßorientierte Sichtweise der Software-Entwicklung* vor. Es befaßt sich mit dem Entstehen von Programmqualität beim Entwurf, eingebettet in den Gesamtprozeß der organisierten Software-Entwicklung und der Projektgestaltung. Hier mache ich meinen fachlichen Ausgangspunkt — den Ansatz STEPS und die evolutionäre Software-Entwicklung — klar.
- Die folgenden Kapitel 5, Kapitel 6, Kapitel 7 und Kapitel 8 halte ich für die wichtigsten. Kapitel 5 beschreibt meine *Theorie des dialogischen Entwurfes*. In Kapitel 6 präsentiere ich die *Ergebnisse meiner Untersuchung* auf der Grundlage der Theorie des dialogischen Entwurfes.
- In Kapitel 7 stelle ich die *»interaktive und sich selbst organisierende Projektgruppe«* in den Mittelpunkt meiner Projektgestaltungsmaßnahmen, die auf die Verbesserung der Interaktionskompetenz ihrer Mitglieder und auf Konfliktbewältigung ohne Niederlagen ausgerichtet ist. Der Bürokratisierung soll entgegengewirkt werden
- Abschließend erörtere ich in Kapitel 8 Werkzeuge zur *»Computergestützten kooperativen Arbeit* (CSCW — Computer Supported Cooperative Work)« in Hinblick auf die Belange der »interaktiven und sich selbst organisierenden Projektgruppe« und ordne sie nach ihrem aktuellen Gebrauchswert ein.

Danksagung

Folgenden Personen bin ich für Hinweise, Ratschläge, kritische Diskurse, die readktionelle Durchsicht des Manuskripts und Unterstützung dankbar: Gabi Ambach, Astrid Beck, Ernst Denert, Christiane Floyd, Bertil Haack, Wolfgang Hesse, Peter Schnupp, Reinhard Keil-Slawik, Thorsten Spitta und Ursula Zimpfer.

Die Hierarchie ist eine Pyramide mit nach innen gekehrter Spitze.

Helmar Nahr

2 Ein Problem: Die Software-Bürokratie

Besonders in großen DV-Abteilungen herrscht noch immer eine *ergebnisorientierte* Sichtweise der »Software-Produktion« vor. Dort existieren umfangreiche, tiefgegliederte Projekthandbücher für Vorgehensweisen, Richtlinien, Checklisten und Vorschriften für die Software-Entwicklung, die eine Software-Bürokratie etablieren. Der Komplexität der zu erstellenden Produkte wird eine komplexe Bürokratie entgegengestellt. Eingebettet in eine starre *formale Organisationsstruktur* werden dem einzelnen Entwickler zahlreiche, ihm oft sinnlos vorkommende Aktivitäten und Ergebnisse abverlangt, die mit einer Software-Entwicklungsumgebung operationalisiert und verwaltet werden. Der Projektfortschritt wird dann häufig mit dem Durchsatz an Dokumenten gleichgesetzt.

Programmierer übernehmen sehr selten strategische, analytische und konzeptionelle oder spezifizierende Aufgaben. Da sie keine ganzheitliche Sicht über die komplexe Problemstellung haben, erleben sie häufig ihre Arbeit als partialisiert und entfremdet. Darüber hinaus spielen in der betrieblichen Praxis Qualifikationsmaßnahmen von Mitarbeitern häufig immer noch eine untergeordnete Rolle.

> Da die Programmierer nie am Entwurfsprozeß partizipieren, können sie sich weder eine ganzheitliches Verständnis der Problemstellung aneignen noch sich auf natürliche Weise weiterbilden, indem der Entwurfsprozeß als Lernprozeß verstanden wird. Auf diese Weise gehen wertvolle Informationen verloren, die nur durch informelle Kanäle von besonders kommunikationsfähigen Entwicklern (sogenannte »boundary spanners«) mit enormem Aufwand wiederbeschafft werden können.

Bei der Betrachtung der Organigramme großer Software-Häuser (vgl. Abb. 6), von DV-Abteilungen oder sogar einzelner Software-Projekte, fallen ihre hierarchischen Züge auf, 6-10 Hierarchiestufen sind keine Seltenheit.

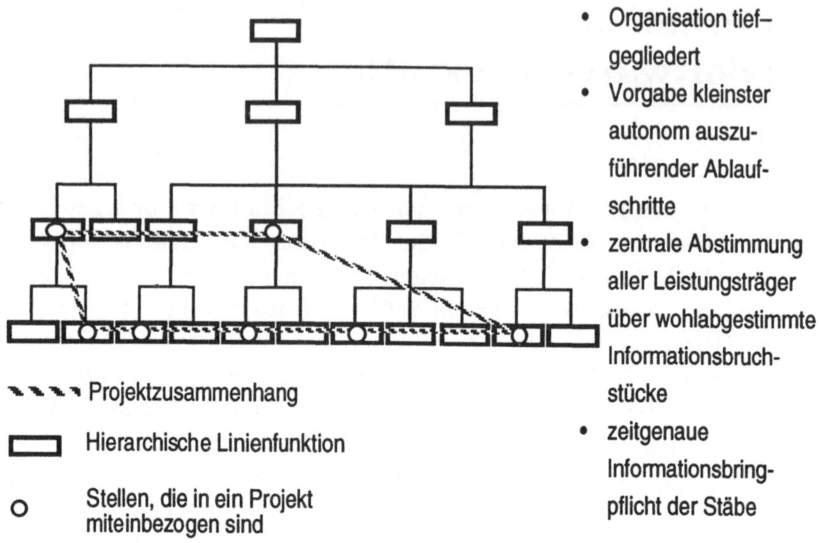

Abb. 6: Die Stab-/ Linienorganisation

Wo einzelne Entwickler die oben beschriebene Bürokratie eher auf den unteren Stufen der Hierarchie erleben, haben die Projektleiter spezielle Probleme mit den Hierarchen aus den oberen Bereichen. Hansel und Lomnitz konstatieren aufgrund des von ihnen durchgeführten Projektleiter-Trainings und der Beratungen, daß für die Projektleiter aus den unterschiedlichsten Unternehmen kein anderes Thema eine solche Bedeutung hat wie *der Einfluß von Macht und Hierarchie auf die Projektarbeit.* Es treten regelmäßig die gleichen pathogenen Situationen auf:

- Projektleiter aus einem Dienstleistungsunternehmen klagen: »Auf dem Papier haben wir zwar alle Kompetenzen, doch in der Praxis sieht das ganz anders aus, unsere Führung hält sich nicht daran.«
- Ein Projektleiter fragt: »Ich habe zwar die Verantwortung für das Projekt, aber keine Kompetenzen. Was kann ich tun?« Eine Antwort zur Lösung des Problems erwartet er nicht, denn er hat längst resigniert. Sein Chef hält die Klärung solcher Fragen in diesem Unternehmen für reine Zeitverschwendung.
- Ein Projektleiter steht vor folgendem Problem: »Die Mitarbeiter des Fachbereichs halten sich nicht an die vereinbarten Termine und ich

habe die Verantwortung. An das Management im Fachbereich komme ich nicht heran, und mein Chef ist nicht bereit, diesen Konflikt auszutragen.«

- In einem Workshop mit Projektleitern aus dem ORG/DV-Bereich wird kritisiert, daß wichtige Entscheidungen — z.B. der Einsatz von externen Beratern im Projekt - »oben getroffen werden«, ohne daß der Projektleiter vorab informiert wird oder gar mitentscheiden kann.
- Nach einer Sitzung des Projektteams, an der auch Mitglieder der Geschäftsführung teilgenommen haben, wird im »vertrauten Kreise« wieder einmal konstatiert: »Wenn 'die' dabei sind, kommen die wirklichen Probleme nicht auf den Tisch, da hält sich jeder bedeckt.«
- Die Geschäftsführung des gleichen Unternehmens teilt nach dieser Sitzung dem Berater mit: »Wir haben den Eindruck, daß sich die Mitarbeiter in diesen Sitzungen zurückhalten. Manchmal haben wir fast das Gefühl, die richten sich mit ihren Beiträgen überwiegend nach uns und nicht nach der Sache.«
- Der Leiter der ORG/DV eines größeren Unternehmens beklagt die Unselbständigkeit von Projektleitern: »Wir haben in den letzten Jahren sehr intensiv am Selbst- und Rollenverständnis der Projektleiter gearbeitet. Die Projektleiter haben Kompetenzen, die auch von fast allen Führungskräften aus den Fachabteilungen akzeptiert werden. Und dennoch: Mancher Projektleiter nutzt seine Kompetenzen nicht, es wird immer noch zu viel Zeit mit unproduktiven Rückversicherungen vertan.«

Das Problem von Macht und Autorität existiert offenbar nicht nur bei den Projektleitern, die wohl häufig zu »Projektleidern« werden, sondern auch bei höhergestellten Führungskräften bis zu den Entscheidungsträgern des jeweiligen Unternehmens. Beklagt wird die Ausstattung an Weisungs- und Entscheidungskompetenzen der Projektleitung für das eigene Projekt, die sich aus der organisatorischen Einbettung des Managements für Projekte in die funktionale Stammorganisation des Unternehmens ergibt. Aus der in Abb. 6 dargestellten Situation von Stellen, die in einem Projekt miteinbezogen sind, ergibt sich bei näherer Betrachtung, daß die Informationsbringpflicht und Abstimmungsprozesse zwischen den verschiedenen Abteilungen bis zur obersten Spitze gehen müssen.

Dies ist *zunächst* verwunderlich, halten doch mittlerweile viele Organisationstheoretiker hierarchische Organisationsformen für gänzlich ungeeignet zur Bewältigung von komplexen Arbeits- und Entscheidungsprozessen, die von ihrer »Natur« her einen kooperativen Arbeitsstil von den Beteiligten verlangen. Warum arbeiten also gerade Software-Entwickler — von der Öffentlichkeit als besonders flexibel und innovationsfreudig angesehen - »unter« solchen bürokratischen Hierarchien?

Die Betrachtung der »Wurzeln« der Bedeutung von Hierarchien in Organisationen (Firmen, makroskopisch betrachtet) verschafft hinsichtlich dieser Fragen etwas Klarheit. Ich stelle im nächsten Kapitel ausführlich dar, warum Software-Entwickler *für sich selbst* hierarchische Organisationsformen (Projekte, mikroskopisch betrachtet) entwickelten, die zwar von Anfang an heftig kritisiert wurden, aber auch heute noch Bestand haben.

Das griechische Wort »Hierarchie« bedeutet ungefähr: »Ordnung unter Priestern«. Historisch betrachtet ist Hierarchie ein fundamentales Konzept organisatorischen Handelns, das von der katholischen Kirche und dem Militär übernommen wurde. In Unternehmen wird diese Organisationsform auch als *Stab-/ Linienorganisation* (vgl. Abb. 6) bezeichnet, was ihre Herkunft vom Militär nochmals verdeutlicht.

Wie aus Abb. 6 ersichtlich, führt eine hierarchische Gliederung zu gewissen *Integrationsproblemen*, egal nach welchem Kriterium und welchen Prioritäten das Unternehmen funktional aufgeteilt ist. Dies ist dem Umstand zuzuschreiben, daß die Hierarchie — folgerichtig — trennt und eine gewisse horizontale Integration deshalb nur vertikal über eine übergeordnete Einheit zu erreichen ist. Hier liegt der Hauptproblempunkt: Erfolgreiche Projektarbeit *verlangt* eine horizontale Integration, da die Mitarbeiter bereichsübergreifend miteinander kooperieren müssen. Somit erweist sich das Einhalten traditioneller hierarchischer Wege als disfunktional. Erwünscht ist — nicht nur von Projektleitern — Entscheidungskompetenz dort, wo auch die fachliche Qualifikation für die Sache vorhanden ist.

Das offensichtliche Integrationsproblem versuchen Bürokraten häufig mit der *Matrixorganisation* zu klären. Mittels matrixförmiger Kommunikationswege sind sie bestrebt, gleichzeitig *zwei* Abhängigkeiten und Koordinationsbedürfnissen zu genügen (z.B. Produkt *und* Funktion oder Funktion *und* Produkt).

Abb. 7 zeigt, wie eine befristete, horizontal-dynamische Verantwortung die langlebige, hierarchisch-vertikale Linienfunktion überlagert. Damit sind aber die Probleme noch nicht gelöst, denn das Vertrauen in die Hierarchie als Grundlage der Organisation ist auch bei den meisten Vertretern der Matrixmodelle unverändert stark.

Wodurch zeichnen sich diese althergebrachten, rigiden, überstrukturierten Organisationen mit fehlender *Selbstorganisation* aus? Sie sind

- gegenüber ihrer *Umwelt leicht verletzlich*, weil sie starr und unveränderbar bleiben, Improvisationen ausschließen und letzte Lösungen anstreben und kontinuierliches Experimentieren und Widersprüchliches vermeiden;

- an den *Glauben ihrer Voraussagen gebunden*;
- durch *Bedingungen und Grenzen* gelenkt statt durch Chancen und Möglichkeiten;
- an *alte Handlungen gebunden* und fördern keine neuen;
- in der *Kultivierung von Permanenz verfangen*, statt Ungleichgewicht und Änderungen einzuführen, und sie bewerten dabei Althergebrachtes höher als Argumente;
- zu sehr *mit der Messung von Erfolg und Leistung beschäftigt*, anstatt Messungen qualitativer Art zuzulassen.

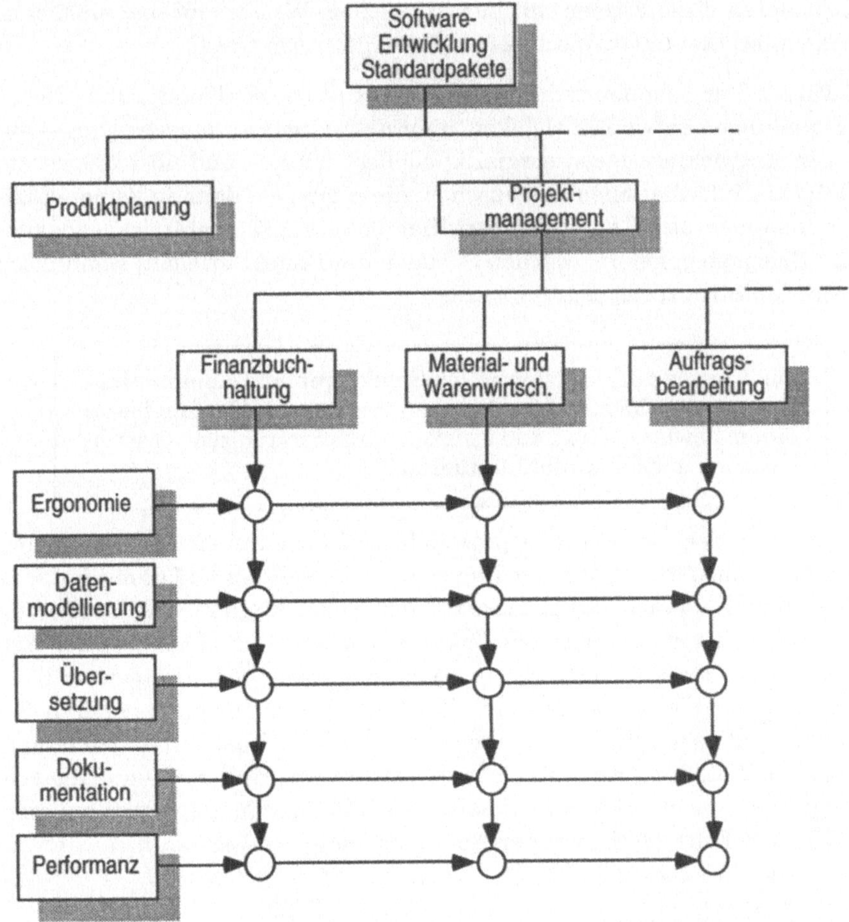

Abb. 7: Ausschnitt aus einer Matrixorganisation einer Software-Firma

Außerdem haben sich die Arbeits- und Entscheidungsprozesse in Unternehmen parallel zur technologischen Entwicklung grundlegend geändert, dies trifft im besonderen Maße für DV-Abteilungen zu. Diese können wegen ihrer Komplexität nur bewältigt werden, wenn auch auf den untersten Stufen der Hierarchie selbständig gedacht, *organisiert* und entschieden und über Abteilungs- und Ressortgrenzen hinweg kommuniziert und kooperiert wird.

Es zeigt sich, daß einige Manager die Bedeutung der Kommunikation als Management- und Gestaltungsmittel sehr wohl verstanden haben, denn Mintzberg hat in seiner Studie über »Was Manager wirklich tun« erkannt, daß persönliche Informationen, direkte sprachliche Berichterstattungen und Diskussionen mehr geschätzt werden als schriftliche Berichte, Memos oder andere formale, nicht-verbale Kanäle.

An dieser Stelle ergeben sich folgende Fragen: Wie kommen die Mitarbeiter der hierarchisch organisierten Unternehmen denn nun damit klar? Warum funktionieren diese Firmen mit bürokratischem Wasserkopf und eingebautem Konfliktpotential dennoch bis zu einem gewissen Grad?

Die Mitarbeiter behelfen sich mit einer Subkultur: Im »Untergrund« dieser DV-Abteilungen entwickelt sich eine *informelle Organisationsstruktur* — die von den Entwicklern meist sorgfältig gepflegt wird — und über die sie die wichtigsten Informationen austauschen, diese tauchen dann in keiner offiziellen Dokumentation auf. Weinberg hat bereits 1971 zahlreiche anekdotische Beispiele geliefert, welchen Schaden ein Projekt erleidet, wenn diese informellen Strukturen zerstört werden.

> Die Existenz dieser informellen Strukturen und Kommunikationsnetzwerke sowie das Brechen von Regeln scheinen bis zu einem gewissen Grad zu bewirken, daß hierarchische Organisationen überhaupt funktionieren.

Letztlich ist der Entwicklungsprozeß in Software-Entwicklungsprojekten also immer auch ein Prozeß der Interessenaushandlung und damit ein Prozeß der Konfliktverarbeitung. Diese von den Entwicklern in ihrer Bedeutung meist höher bewertete informelle Organisationsstruktur gegenüber der rigiden formalen Struktur ist auch ein Schlüsselerlebnis für mich gewesen, als ich in so einer DV-Abteilung gearbeitet habe. Die eingangs erwähnten Rezepte der Software-Bürokratie haben die Entwickler frustriert— »Ich muß ja hier für die Abteilung Software-Technik Kästchen ausfüllen.« — und die Projektleiter zum erfolgreichen Intrigieren beim höheren Management animiert — »Wenn wir die Methoden der Abteilung Software-Technik *nicht* anwenden, werden wir *schneller* fertig!«

Derzeit ist es in vielen Fachzeitschriften des Projektmanagements modern, »flache Strukturen« zu fordern, in diesem Zusammenhang fallen auch immer wieder die Begriffe Gruppenarbeit und schlanke Projektorganisation. Dabei sind die Erfahrungen mit Gruppenarbeit in Deutschland eher minimal, wohingegen Likert in den USA bereits in den 60er Jahren erste Forschungsergebnisse zum Thema Gruppenarbeit in der Wirtschaft vorlegen konnte.

Likert erforscht den Zusammenhang von Führungsstil von Vorgesetzten und Produktivität der Abteilung. Dabei stellt er fest, daß Abteilungen mit hoher Produktivität häufig einen Vorgesetzten haben, der einen persönlichen Führungsstil pflegt. Unter einem persönlichen Führungsstil versteht Likert, daß mit der Aufgabe auch die dazugehörenden Entscheidungsbefugnisse delegiert werden. Im Gegensatz zum persönlichen Führungstil meint der sachliche Führungsstil, daß der Vorgesetzte Problemlösungsmethoden an Untergebene vorgibt und sich damit beschäftigt, diese zu kontrollieren und auf Einhaltung der Vorschriften zu überprüfen. Aufgrund dieser Ergebnisse entwickelt Likert das Organisationsmodell der überlappenden Gruppen, das in Abb. 8 dargestellt ist.

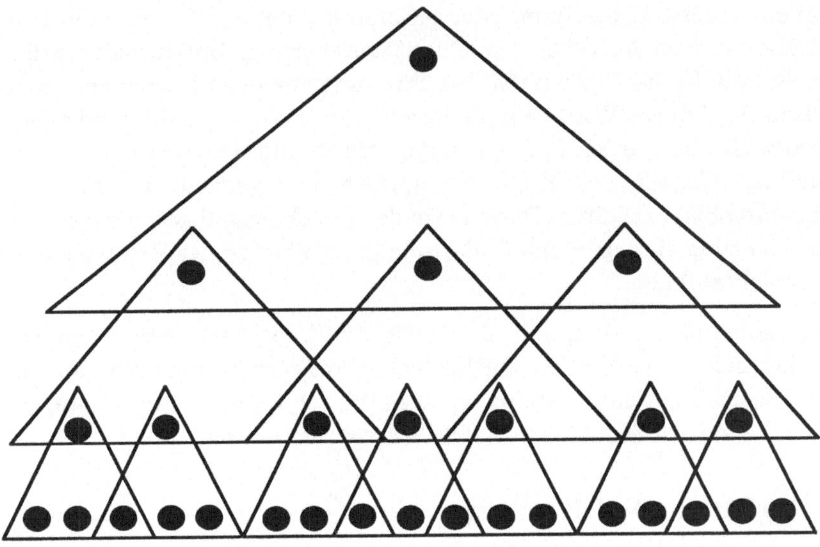

Abb. 8: Überlappende Gruppen nach Likert

Das Ziel ist die Verbesserung der Kommunikation zwischen den verschiedenen Hierarchieebenen als auch innerhalb einer Ebene. Dies wird mittels Teams erreicht, deren Mitglieder einerseits in einem Team Gruppenmitglieder sind und in einem anderen Team als Führer fungieren. Diese »Verbindungsglieder« sollen die vertikale Kommunikation in der Organisation fördern. Doppelmitgliedschaften auf horizontaler Ebene sind natürlich auch möglich. Die Hierarchie bleibt aber erhalten.

Alle Gruppenmitglieder sind für das Erreichen des Gruppenzieles verantwortlich und sollen an allen Entscheidungen partizipieren können. Mit der Stärkung des Gruppenbewußteins sollen Hilfsbereitschaft und Kommunikation gefördert und Konkurrenzbewußtsein minimiert werden. Allerdings — und jetzt kommt der Haken — trägt der jeweilige Vorgesetzte die Verantwortung für die Leistung der Gruppe gegenüber dem Unternehmen. Die *Verantwortung* bleibt also in der alten Hierarchie und wird nur scheinbar an die Gruppe delegiert. In Konfliktsituationen entscheidet deshalb der Führer der Gruppe.

Interessant für heutige Verhältnisse ist das Konzept der Verbindungsglieder, mit denen Projektgruppen koordiniert werden können. In Kapitel 7, in dem ich für *»Mehr Selbstorganisation«* mit einer *ganzheitlichen Projektorganisation* in Software-Entwicklungsprojekten plädiere, führe ich das Konzept der *übergeordneten Gruppe* ein, das auch Gebrauch von Verbindungsgliedern in verschiedenen Teams macht.

Die Vertreter in diesen übergeordneten Gruppen werden von dem Projektteam entweder fest bestimmt oder rotieren nach einem bestimmten Prinzip und übernehmen Aufgaben zur Qualitätssicherung, Entwurfsüberprüfung, zum systematischen Testen usf. Die Streuung des so vorhandenen zentralen Wissens wird durch Wiedereingliedern der Mitglieder in Projektarbeitsgruppen erreicht. So werden Projektgruppen als soziale Gruppen in ihrer *Selbststeuerungsfähigkeit* bekräftigt und müssen aber gegenüber ihrer Umwelt mehr *Autonomie* erhalten. Diese Form der Projektorganisation wirkt der Bürokratisierung entgegen und fördert die Identifikation des Projektteams mit der Projektaufgabe.

Die Auseinandersetzung über die in diesem Kapitel thematisierten Fragen ist schon seit der Geburt des Fachgebietes Software-Technik mit ganz unterschiedlichen Positionen geführt worden. Wie ich im nächsten Kapitel zeigen werde, haben sich jedoch immer die Technokraten durchgesetzt.

Weiterführende Literatur

Westerlund, G.; Sjöstrand, S.–E.: *Organsationsmythen.* Gunnar Westerlund und Sven-Erik Sjöstrand — zwei erfahrene Pioniere der angewandten Organisationspsychologie in Schweden — machen sich in diesem Buch daran, einige in der Organisationstheorie gängige Mythen und Märchen zu beleuchten. Anhand von »Gegenmythen« überzeugen sie auf leichte wie amüsante und sympathische Weise, daß solch allgemein akzeptierte Denkmodelle und Vorstellungen die Wirklichkeit entweder nur unvollständig und einseitig oder sogar falsch wiedergeben. Außerdem kommen sie mit einer Fülle von nachvollziehbaren Beispielen daher. Das Buch ist — trotz seines Alters — immer noch erhältlich und wirklich lesenswert und führt auf einfache Weise in die Materie ein. Klett–Cotta, 1981.

Weick, K. E.: *Der Prozeß des Organisierens.* Dieses Buch über das Organisieren ist etwas ungewöhnlich in Hinblick auf klassische Organisationslehren, obwohl es selbst längst ein Klassiker ist: Im Mittelpunkt des Buches steht die Frage, wie Organisationen ihre Umwelten und sich selbst verstehen. Die Grundlage des Organisierens sieht Karl Weick in der Einigung der Beteiligten darüber, was Wirklichkeit und was Illusion ist. Dieser Prozeß ist stets aktuell und selbstbezüglich ein Prozeß der sozialen Konsensbildung, der ein Gedächtnis und Projektionen erfordert, Regeln und Traditionen mit sich bringt. Mit seiner (Meta-) Theorie gibt Weick seinen Lesern einen Satz Rezepte an die Hand, so daß jeder seine eigene Organisationstheorie entwikkeln kann. Suhrkamp, 1985.

Womack, J. P. ; Jones, D. T.; Roos, D.: *Die zweite Revolution in der Automobilindustrie.* Seit die von den Autoren am MIT (**M**assachusfsetts **I**nstitute of **T**echnology) erstellte Vergleichsstudie die Wettbewerbsstärken der japanischen Automobilindustrie aufgezeigt hat und die dort angewandte Produktionsphilosophie von Krafcik als *Lean Production* bezeichnet wurde, ist dieser Begriff in aller Munde und es gibt einen Drang zum Schlanksein: schlanke Produktion, schlanke Verwaltung, schlanke Behörden, schlanke Software-Entwicklung. Es bleibt aber die Frage offen, ob die Automobil*produktion* mit der Software-*Entwicklung* vergleichbar ist. Campus, 1991.

Ich habe einen Pfeil in den Himmel geschossen,
und er ist steckengeblieben.
Großstadt-Graffito

3 Die Tradition: Projekte aus der Sicht der Software-Technik

3.1 Das Scheitern der großen DV-Projekte

3.2 Software-Technik als Ausweg aus der Software-Krise

3.3 Kommunikation und arbeitsteilige Projektarbeit

3.4 Die autokratische Organisationsstruktur

3.5 Die demokratische Organisationsstruktur

Abschnitt 3.1 befaßt sich mit der Geschichte der Software-Technik und der Projektgestaltung, die einhergeht mit der Entwicklung der ersten großen Software-Projekte in den USA, wo schmerzhafte Erfahrungen mit der Gestaltung dieser DV-Projekte gemacht werden. Beginnend in den 50er Jahren, nimmt die Größe der erstellten Software drastisch zu, während die gelieferten Programmsysteme immer unzuverlässiger arbeiten. Als Projektgestaltungsmaßnahme versucht man auf der organisatorischen Seite der Programmierung, unter dem Druck der enormen Expansion der DV-Industrie, das Defizit an Programmsystemen durch den Einsatz von Hunderten und Tausenden von Programmierern wettzumachen; eine Maßnahme, die humorige Zeitgenossen als »million monkey-«, »human wave-« oder auch »ant army approach« titulieren. Gegen Ende der 60er Jahre hat diese Entwicklung ihren Höhepunkt erreicht. Der Zustand, in dem sich die arbeitsteilige Software-Entwicklung befindet, geht als die *Software-Krise* in die Geschichte ein.

Abschnitt 3.2 befaßt sich mit der kontroversen Diskussion der Software-Krise. Hierzu werden Ende der 60er Jahre zwei Arbeitskonferenzen über Software Engineering in Garmisch und Rom einberufen. Viele der bis heute gültigen — und umstrittenen — Argumente werden dort leidenschaftlich erörtert. Einige der Teilnehmer halten die Probleme mit der Kommunikation, Kooperation und der Organisationsstruktur in Software-Entwicklungsprojekten für die Hauptursache der Software-Krise. Die anderen setzen ausschließlich auf die Entwicklung einer Software-Technologie, um der Software-Krise zu entkommen. Ich habe den Eindruck, daß sich an den dort erörterten Problemen bis heute nichts geändert hat. Jules Schwartz hat z.B. eine Untersuchung der großen DV-Projekte durchgeführt und belegt, daß er die beteiligten Software-Entwickler für das Kardinalproblem hält: Diese würden schlecht miteinander kommunizieren und niemand besäße ein Gesamtverständnis des entwickelten Systems.

Abschnitt 3.3 befaßt sich mit dem Zusammenhang von Aufgaben, Arbeitsteilung, der dazu nötigen Kommunikation und dem tatsächlichen Projektfortschritt. Frederick Brooks weist erstmals auf den fatalen Fehler hin, wenn bei der Planung von Projekten Menschen und (geplante Arbeits-) Monate gleichgesetzt werden und somit als austauschbar gelten. Bei Aufgaben, die arbeitsteilig erledigt werden können, muß die Kommunikation der Beteiligten untereinander, die sich aus der Abstimmung ihrer Teilaufgaben ergibt, zusätzlich zum eigentlichen Aufwand addiert werden. Werden mehr Menschen hinzugezogen, ist auch mehr Kommunikation über die Aufgaben erforderlich. Auf Brooks berufen sich vorwiegend diejenigen, die Kommunikation als Hemmnis bei der Software-Erstellung ansehen und deswegen Organisationsstrukturen favorisieren, die die Kommunikation zwischen den Entwicklern reduzieren helfen.

Mit dem *Chef-Programmierer-Team* (Abschnitt 3.4) machen Terry F. Baker und Harlan D. Mills den radikalsten Vorschlag zur Verringerung der Kommunikation in Programmierergruppen. Ihr *autokratisches Konzept* wird in den 70er Jahren vielerorts versuchsweise angewendet. Ein hochqualifizierter Experte führt — unterstützt von Assistenten — konzentriert das Projekt durch. Dabei wird in der Zeit parallel (Top-down) Arbeit deligiert, entworfen, programmiert und getestet.

Abschnitt 3.5 erörtert die *demokratische Organisationsstruktur* von Gerald Weinberg. Weinberg betrachtet Software-Entwicklung als einen komplexen sozialen Prozeß, wo die Kommunikation der Projektmitglieder untereinander die Hauptrolle spielt. Kernidee seiner unter der Bezeichnung »egoless programming« bekanntgewordenen demokratischen Organisationsstruktur ist, daß jeder mit jedem möglichst angstfrei und konstruktiv nicht nur über technische, sondern auch über soziale Probleme der Projektgruppe kommuniziert. Die Qualität der so erstellten Programme wird entscheidend verbessert, weil alle Programmierer gegenseitig ihre Programme begutachten und so mehr Fehler finden und sich insgesamt einzeln und als Gruppe stark mit ihrem Produkt identifizieren.

3.1 Das Scheitern der großen DV-Projekte

Angefangen hat alles in den frühen 50ern, mit der Entwicklung eines Radarsignale auswertenden Frühwarnsystems, dem Semi-Automatic Ground Environment Defense System (SAGE), das damals schwierigste und komplexeste DV-Projekt. Ausgangspunkt für SAGE ist ein am M.I.T entwickelter Flugsimulator, der schon Radardaten verarbeiten kann und als Prototyp dient. Als »Erweiterung« sollen jetzt 46 über Datenfernübertragung miteinander kommunizierende Befehlszentralen computerisiert werden. Rechner und Peripheriegeräte, die die erforderlichen Leistungen erbringen können, müssen erst noch von IBM entwickelt werden.

Die bis zu 2000 Programmierer, die für das Projekt herangezogen werden, müssen im ganzen Land buchstäblich von der Straße weg angeheuert werden — dabei gibt es zu dieser Zeit in den USA bestenfalls gerade soviele — und erhalten eine Ausbildung von erfahrenen Programmierern. Sowohl Ausbildung und Einsatz der Programmierer erfordern neue Techniken und Projektgestaltungsmaßnahmen. Diese beruhen auf einer (in dieser Form erstmaligen) *Trennung der konzeptionellen Arbeiten*, wie dem Entwurf des Programmsystems, den sogenannte Systemanalytiker durchführen, von den *Routineprogrammierarbeiten*, die zu den Aufgaben der meisten Programmierer gehören. Sobald technische Schwierigkeiten auftauchen oder Terminpläne nicht eingehalten werden können, stellt man zur »Verstärkung« neue Leute ein, die natürlich von den anderen erst eingearbeitet werden müssen, dies bringt erneute Kommunikations- und Managementprobleme mit sich, die wiederum zu Terminschwierigkeiten führen. Der dieser Maßnahme innewohnende Teufelskreis bleibt den meisten damaligen Managern verborgen.

Hosier, einer der maßgeblichen Entwickler des SAGE-Prototypen, an dem aber nur eine kleine Gruppe gearbeitet hat, berichtet in seiner Studie von den in SAGE entwickelten neuen Techniken und Managementmethoden:

- Von dem Wert einer zeitlichen Gliederung des Projektverlaufs durch Meilensteine, die vorschreiben, zu welchen festgesetzten Terminen Spezifikationen von Anforderungen, Programmschnittstellen sowie Programmteilen fertiggestellt sein sollten.
- Außerdem betont er die Vorteile einer Durchführbarkeitsstudie, von frühen Prototypen, um Performanzmessungen vorzunehmen, von Testplänen und separaten Testgruppen und eines Bibliothekars von technischen Dokumenten.
- Den Entwurf des Gesamtsystems soll eine möglichst kleine und (technisch) kompetente Gruppe von Systemanalytikern erstellen, deren Mitglieder möglichst gut miteinander kommunizieren können, was er

für schwierig, aber unerläßlich hält. Diese Gruppe muß zusammenbleiben, bis ein vollständiges Dokument vorliegt.

All dies wird Jahrzehnte später zum Grundwissen eines jeden Lehrbuches über Software Engineering. Trotzdem scheitert das SAGE-Projekt: Die geforderten neuen Rechner mit innovativer Ferritkern-Technologie produziert IBM sogar in Serie, aber die Software, die allein 250 Millionen Dollar verschlingt, versagt: Freund- und Feindflugzeuge, deren Bahnen sich kreuzen, können nicht unterschieden werden.

Später antwortet einer der Manager von SAGE auf die Frage, was er mit seinen jetzigen Erfahrungen denn anders machen würde, nach einigem Zögern, *er würde lediglich 12 gute Programmierer einstellen, die die ganze Arbeit machen sollten.* Sonst würde er nichts ändern.

In den 60er Jahren gibt es etwa 100 DV-Projekte, die in der Größe den Kosten, der methodischen Herangehensweise und den Schwierigkeiten mit denen von SAGE vergleichbar sind: Als bekannteste gelten die Betriebssysteme OS/360, CTSS und MULTICS, das Flugreservierungssystem SABRE und das bemannte Apollo-Raumfahrtprogramm. IBM's OS/360, z.B. wird von 1000 Programmierern erstellt, ist ein Jahr zu spät und enthält etwa 1000 bekannte Fehler. Jede weitere der 16 folgenden Ausgaben beinhaltet ebenfalls ca. 1000 Fehler.

3.2 Software-Technik als Ausweg aus der Software-Krise

Sorgen bereitet die Software-Krise besonders den Militärs. Deswegen organisiert der Wissenschaftsausschuß der NATO Ende der 60er Jahre zwei Arbeitskonferenzen mit dem bisher ungebräuchlichen, von dem Konferenzleiter Bauer ganz bewußt provokativ gewählten Titel *»Software-Engineering«*, mit dem ein Bezug zu der erfolgreichen, traditionellen Ingenieurdisziplin hergestellt werden soll.

Also treffen sich mit einem hehrem Anspruch im Tagungstitel Ende 1968 in Garmisch und Ende 1969 in Rom jeweils 50-60 Experten aus der Industrie und von den Hochschulen, um einen Ausweg aus der Software-Krise zu finden. Die geführten Diskussionen sind ungewöhnlich von Naur/Randell (Garmisch) und Buxton/Randell (Rom) gut dokumentiert. Themenschwerpunkte der Konferenzen sind Projektgestaltungsmaßnahmen vor dem Hintergrund der zurückliegenden großen DV-Projekte und der Stand der Kunst der Technologie. Hier machen Aron, Dijkstra, Hoare, Kolence, Perlis, Schwartz und Strachey, die aus der Industrie bzw. von Hochschulen kommen, wichtige Beiträge. Bemerkenswert an diesen Tagungen ist nicht nur, daß damals das bis heute gültige technologische Paradigma des neuen Fachgebietes Software-Technik begründet wird, mehr noch — der »heutige« Stand der Kunst ist eine Fortführung bzw. Ausdifferenzierung der dort vorgestellten Methoden, Techniken und Werkzeuge. Auch die Bewertung und Kritik dieser Technologie als Ausweg aus der (noch andauernden) Software-Krise hat nichts an Aktualität eingebüßt. Über die Frage nach dem Ausweg aus der Software-Krise zerspalten sich die Teilnehmer letztlich in zwei Lager (Praktiker und Theoretiker) und diese Kontrapositionen bestehen ebenfalls bis auf den heutigen Tag.

Zunächst führen die Teilnehmer mithilfe eines allgemeinen Phasenschemas eine Inhaltsbestimmung des neuen Fachgebietes durch. Allerdings konzentriert sich die Diskussion hauptsächlich auf Programmierung und Entwurf, eine feste Abgrenzung der einzelnen Phasen erfolgt nicht. Auch der Stand der Kunst der Technologie ist hauptsächlich auf die Bewältigung der Komplexität bei Entwurf und Programmierung ausgerichtet. Zwar gibt es auch Beiträge über den Einsatz der damals noch ungebräuchlichen Time-Sharing-Systeme, den Bedarf an genormten Software-Komponenten, Aspekte der Portabilität von Software und Kostenabschätzungen von DV-Projekten, jedoch ist eine der Sensationen in Garmisch das Konzept von Dijkstra — der damalige Vordenker der Informatik — zur Bewältigung der Komplexität: Das bei der Entwicklung des THE-Betriebssystems verwendete Programmgliederungsschema der *abstrakten Maschinen.* Dijkstra hält die Kunst des Programmierens für die Kunst des *Organisierens der Komplexität.*

Ausgehend von der Überlegung, daß die Funktion eines Betriebssystems letztlich darin besteht, eine weniger komfortable Maschine (die kahle Hardware) in eine komfortablere Maschine zu transformieren, behauptet Dijkstra, daß jedes große Programmsystem nach dem Organisationsprinzip *divide et impera* in eine Folge solcher Transformationen zerlegt werden kann. Die so konstituierte Aufrufstruktur entspricht einer hierarchischen Menge von Schichten und in Analogie zu einer Bibliothek von Subroutinen, in der jeder Subroutine eine gewisse Höhe zugeordnet ist, gilt folgendes:

- Eine Subroutine, die keine andere aufruft, hat die Höhe 0;
- eine Subroutine, die eine oder mehrere andere Subroutinen aufruft, hat eine Höhe, die um eins größer ist als die größte Höhe der aufgerufenen Subroutine.

So ergibt sich eine geordnete Folge von Maschinen $A_{[0]}$, $A_{[1]}$, ... $A_{[n]}$, wobei $A_{[0]}$ die gegebene Hardware ist und die Schicht i die Maschine $A_{[i]}$ in $A_{[i+1]}$ transformiert. Dijkstra betont, daß die Zerlegung in hierarchische Schichten nicht einer Zerlegung in der Zeit entsprechen muß; die endgültige Anordnung der Schichten des THE-Systems ist erst gegen Ende des Entwurfsprozesses — orientiert an der Abstraktion von unkomfortablen Hardwareeigenschaften — festgelegt worden.

Dijkstra fügt seine Ideen und seine Erfahrung mit Abstraktion zusammen und stellt unter dem Titel »Structured Programming« in Rom vor, welche Struktur ein Programmtext aufweisen sollte, so daß die Korrektheit des Programmes nachweisbar und die Verständlichkeit zwecks späterer Modifikationen möglichst einfach ist. Er weist ausdrücklich darauf hin, daß die abstrakten Maschinen eine strikte logische Ordnung haben, (»from top to bottom«), aber diese Ordnung radikal anders sein kann als sie in der Zeit entstanden ist.

Trotz der Hinweise von Dijkstra fällt auf, daß es den meisten Teilnehmern der Tagungen bei den Diskussionen unter dem Stichwort »sequencing the design process« weniger um eine *Strukturierung* als um eine *Linearisierung* und damit eine Mechanisierung des Entwurfs- und Testprozesses geht. Bezüglich des Entwurfes besteht das Hauptinteresse darin festzulegen, in welcher Reihenfolge Entwurfsentscheidungen zu treffen sind. Zwei Vorgehensweisen werden diskutiert: Top-down- und Bottom-up-Entwurf, wobei die Teilnehmer der Top-down-Vorgehensweise den Vorrang einräumen. So ist es nicht verwunderlich, daß sich der Top-down-Ansatz — sogar unter Berufung auf Dijkstra — schließlich für die Technokraten als die Zauberformel zum erfolgreichen Entwerfen, Testen, Programmieren, Organisieren und damit *als der eigentliche Ausweg aus der Software-Krise* entwickelt hat.

Die Praktiker unter den Teilnehmern sehen andere Probleme. Die Diskussion über Projektgestaltungsmaßnahmen orientiert sich vorwiegend an den Erfahrungen mit den zurückliegenden großen DV-Projekten. Schwartz hat dazu eine Untersuchung durchgeführt und belegt, daß die beteiligten Software-Entwickler das Kardinalproblem sind: Diese würden schlecht miteinander kommunizieren und niemand besäße ein Gesamtverständnis des entwickelten Systems. Er formuliert diesbezüglich acht Kernprobleme:

1. Keiner hat ein Gesamtverständnis der Problemstellung.
2. Die Programmierer kommunizieren schlecht miteinander.
3. Innerhalb einer Gruppe von Programmierern gibt es erhebliche Unterschiede in ihren Fähigkeiten.
4. Gute Programmierer sind kreativ. Sie sind aber auch in Situationen kreativ, die gar keine Kreativität erfordern.
5. Nicht-Programmierer verstehen die Programmierer nicht. Bekommen diese mehr Verantwortung, hält niemand sie davon ab, immer mehr Programmierer anzustellen.
6. Es ist sehr schwierig, von Programmierern den Projektfortschritt zu erfahren. Zudem sind die meisten Manager sehr leichtgläubig. Die

Methoden zur Vorhersage des Projektfortschritts sind unglaublich schlecht.

7. Die Tester eines Systems haben keine Methoden, die gewährleisten, daß das System umfassend getestet ist.
8. Kein Mensch kennt das Gesamtsystem oder seinen augenblicklichen Zustand.

An diesen Kernproblemen hat sich bis heute nichts geändert. Außerdem bemerkt er noch: »Ich muß zugeben, ich habe mich dauernd gefragt, ob diese Systeme so viele Leute benötigen, weil sie groß sind, oder ob diese Systeme so groß sind, weil so viele Leute an ihnen arbeiten..«

Die meisten Teilnehmer haben da längst keine Zweifel mehr. Sie weisen darauf hin, daß die besten existierenden Programmsysteme von weniger als 20 Programmierern geschrieben worden sind und schlagen vor, generell nur noch mit kleinen Gruppen aus erfahrenen Programmierern zu arbeiten. In der weiteren Diskussion sehen viele Teilnehmer in der Kommunikation der Software-Entwickler untereinander die zentrale Ursache für das Gelingen oder Scheitern eines Projektes. Dabei spielen die Anzahl der Projektmitglieder und ihre Kommunikationsbeziehungen untereinander bezüglich der Organisationsstruktur des Projektes eine wichtige Rolle. Es entstehen ganz unterschiedliche Auffassungen über die zu etablierende Organisationsstruktur:

- Perlis hält (als einer der ganz wenigen) den Einsatz von Hunderten von Programmierern für große DV-Projekte auch in Zukunft für unerläßlich. Er schlägt vor, eine geeignete Organisationsstruktur zu entwickeln, so daß ein Programmierer höchstens mit fünf anderen zu kommunizieren habe.
- Dijkstra u.a. meinen, so eine Organisationsstruktur müsse genau die Produktstruktur widerspiegeln, damit unnötige Kommunikation über Entscheidungsfindungen zwischen den Programmierern vermieden werde.
- Buxton führt aus, daß er (kleine) Gruppen grundsätzlich aus befreundeten Programmierern bilde, weil gerade so sichergestellt sei, daß alle miteinander kommunizieren würden.
- Kolence vertritt die Auffassung, daß sich bezüglich der derzeitigen miserablen Projektgestaltung nichts ändern würde, bevor der Entwurfsprozeß selbst nicht genauer untersucht werden würde.

Diese divergierenden Positionen werden ebenfalls bis auf den heutigen Tag diskutiert. Für die Technokraten unter den Teilnehmern sind die Probleme der Projektgestaltung mit der ersten Konferenz ausreichend abgehandelt, die zweite Konferenz soll »technischer« ausgerichtet sein, sie heißt deshalb auch »Software Engineering Techniques«. Die Herausgeber des Tagungsbandes der zweiten Konferenz beschreiben in ihrer Einführung den überraschenden, tatsächlichen Verlauf der zweiten Konferenz. Ein Mangel an Kommunikation zwischen den verschiedenen Sektionen der Teilnehmer spielt plötzlich eine dominante Rolle. Die Wahrnehmung dieser Kommunikationslücke und die Erkenntnis, daß diese gerade die Situation der realen Welt reflektiert, führt dann schließlich dazu, daß diese Kommunikationslücke selbst zum Hauptthema der Diskussion wird.

Bei der Lektüre des Tagungsbandes fällt zweierlei auf: Trotz der technischen Ausrichtung der Konferenzthemen rückt doch immer wieder der »Faktor Mensch« ins Licht der Betrachtung, wobei Theoretiker und Praktiker die Bedeutung der Projektgestaltung ganz unterschiedlich beurteilen. Besonders deutlich wird dies (ausgerechnet) bei der Diskussion, die unter dem Titel »The sources of problems in large systems« läuft, wo Aron, der einige DV-Projekte untersucht hat, klarmacht, daß er die Projektgestaltung für das Hauptproblem bei der Software-Entwicklung hält und nicht den Einsatz von Technologie.

Nur eine Seite weiter im Konferenzband verdeutlicht Hoare die andere Position. Er meint, daß alle Probleme technischer Natur sind. Wenn man weiß was man will und den nötigen technischen Hintergrund hat, dann gibt es keinen Grund, daraus ein großes Management-Problem zu machen. Offensichtlich — so Hoare —muß man seine Ressourcen kontrollieren können und persönlichen Einsatz zeigen, aber das ist schon alles.

Der Konflikt zwischen Theoretikern und Praktikern ist so deutlich, daß er unter dem Titel »Theory and Practice« Thema der Abschlußdiskussion wird. Strachey führt in einem längerem Redebeitrag aus, wie unwohl sich beide Parteien auf der Tagung fühlen. Er meint, Theoretiker und Praktiker müßten voneinander lernen. Praktiker sollen die neuen Programmiertechniken würdigen, andererseits müßten die Theoretiker aufgrund der Unterschiede zwischen universitärer und industrieller Software-Erstellung Projektgestaltung als Problem überhaupt anerkennen, auch wenn dieses an den Universitäten keine Rolle spiele. Zur Beseitigung des Dilemmas schlägt er vor, in einer gemeinsamen Anstrengung genügend große Pilotprojekte als Fallstudien wissenschaftlich zu untersuchen.

Den Vorschlag finden viele begrüßenswert, jedoch bezweifelt man seine Wirksamkeit. Dijkstra weist zunächst darauf hin, daß er sich selber weder für unpraktisch noch für nicht theoretisch halte und äußert Bedenken bezüglich der Verwertung der Ergebnisse dieser Fallstudien: Diese können ja für theoretisch gehalten und dann verworfen werden. Randell geht mit seiner Einschätzung noch weiter; er glaubt einfach nicht an den dazu notwendigen Willen beider Seiten. Eine konstruktive Einigung zwischen Theoretikern und Praktikern kommt auf dieser wohl — einmaligen — Diskussion nicht zustande. Fast unnötig zu erwähnen, daß dieser Konflikt zwischen Theoretikern und Praktikern bis heute besteht.

In der weiteren Entwicklung des Fachgebietes wird die Verbesserung von Projektgestaltung mit der Entwicklung von Organisationsstrukturen, die Managern größere Kontroll- und Koordinationsmöglichkeiten bieten, gleichgesetzt. Strukturierte Programmierung, Top-down-Entwurf und -Programmierung sowie eine darauf abgestimmte hierarchische, zentralisierte Organisationsstruktur zur *Reduktion der Kommunikation* zusammen mit einer noch zu entwickelnden geeigneten Werkzeugunterstützung und Methoden der Software-Entwicklung sind die Samenkörner und das *produktorientierte* Paradigma der Technokraten auf dem frisch bestellten Feld des Software Engineering. Dieses ist besonders deutlich in den Arbeiten von Boehm und Distaso sichtbar.

Die Verankerung des mechanistischen Top-down-Ansatzes in nahezu allen Bereichen der Software-Technik hat auch zeitgerechte Kritiker wie Parnas (wie schon erwähnt), Naur und Denning. Naur und Denning bezweifeln den Wert des Ansatzes, weil er dem menschlichen Problemlösen nicht angemessen ist (siehe dazu ausführlich Abschnitt 4.2).

Der Zeitgeist aber verlangt nach einem mechanistisch anwendbaren Problemlösungsverfahren, das die Produktstruktur zeitgleich mit der Problemstruktur verbindet, wie in den nächsten Abschnitten gezeigt wird.

3.3 Kommunikation und arbeitsteilige Projektarbeit

Brooks, der Manager des OS/360-Projektes hat seine Erfahrungen in »Essays on Software Engineering« einfließen lassen. Ausgehend von der Behauptung, die Maßnahmen nach dem zeitlichem Verzug eines Projektes seien die Hauptursache für das anschließende Scheitern des Projektes, weist er auf einen trügerischen Gedankenfehler hin, der der Einheit von Schätzung und Planung von DV-Projekten — dem Mensch-Monat (man-month) — innewohnt: Der Mensch-Monat impliziert, daß Menschen und Monate austauschbar seien. Gerät ein laufendes DV-Projekt in Verzug, dann glaubt man durch zusätzliche Mitarbeiter die Probleme lösen zu können, d.h. »fehlende Monate« sollen durch Hinzuziehen »neuer Menschen« ausgeglichen werden, um somit das Projekt zeitlich verkürzen zu helfen.

Die *Kosten* eines DV-Projektes variieren tatsächlich über dem Produkt, das sich aus der Anzahl der beteiligten Menschen und der Anzahl der benötigten

Monate ergibt. Der tatsächliche *Projektfortschritt* — behauptet Brooks — tut dies aber nicht. Menschen und Monate sind nur dann austauschbar, wenn — wie beim Erdbeerpflücken — eine Aufgabe derart aufgeteilt werden kann, daß zur Erledigung der Teilaufgaben keine Kommunikation erforderlich ist. Dieser Umstand trifft aber auf die Software-Entwicklung wegen der komplexen Beziehungen zwischen den einzelnen Software-Komponenten nicht zu.

Brooks betrachtet deswegen Aufgaben, Arbeitsteilung und die Kommunikation über die (Teil-) Aufgaben. Bei Aufgaben, die arbeitsteilig erledigt werden können, muß die Kommunikation der Beteiligten untereinander, die sich aus der Abstimmung ihrer Teilaufgaben ergibt, zusätzlich zum eigentlichen Aufwand addiert werden. Muß jeder sich separat mit jedem koordinieren, steigt der Kommunikationsaufwand mit $\frac{n \cdot (n-1)}{2}$. Drei Personen benötigen dreimal soviel paarweise Kommunikation wie zwei; vier brauchen schon sechsmal soviel wie zwei. Der zusätzliche Aufwand an Kommunikation kann dem gewünschten Effekt der Arbeitsteilung — der Zeitersparnis — voll entgegenwirken, wenn der Kommunikationsaufwand, der mit der Bewältigung einer individuellen Teilaufgabe verbunden ist, den eigentlichen Arbeitsaufwand übersteigt.

Peter Schnupp und Christiane Floyd haben dies aufgegriffen und den Zeitbedarf für ein Projekt durch ein Gesetz der folgenden Form beschrieben:

$$t \sim \frac{1}{n} + k\binom{n}{2} \approx \frac{1}{n} + k\frac{n^2}{2}$$

k = Kommunikationsaufwand

$$\binom{n}{2} = \frac{n \cdot (n-1)}{2} = A$$

A= Anzahl der paarweisen Kommunikation

Abb. 9 veranschaulicht diesen Umstand noch einmal graphisch.

Brooks verallgemeinert diese Zusammenhänge zu einem Gesetz:

»Der Einsatz zusätzlicher Arbeitskräfte bei bereits verzögerten Software-Projekten verzögert sie nur noch mehr.« (Brooks (1987); S. 22, Original: Brooks (1975); S. 25).

Zusätzliche Mitarbeiter müssen von den vorhandenen geschult und eingearbeitet werden, dadurch sinkt zunächst die Produktivität der »alten« Mitarbeiter. Die »neuen« Mitarbeiter benötigen mehr Anleitung, erhöhen den Kommunikationsaufwand und sind nicht mit dem Projekt vertraut.

Wenn eine Aufgabe nicht aufgeteilt werden kann, weil sie ganzheitlich sequentiell bearbeitet werden muß, bringt der Einsatz zusätzlicher Leute ebenfalls nichts. Viele Aufgaben bei der Software-Erstellung haben diese Charakteristik, z.B. wegen der sequentiellen Natur der Fehlerbeseitigung.

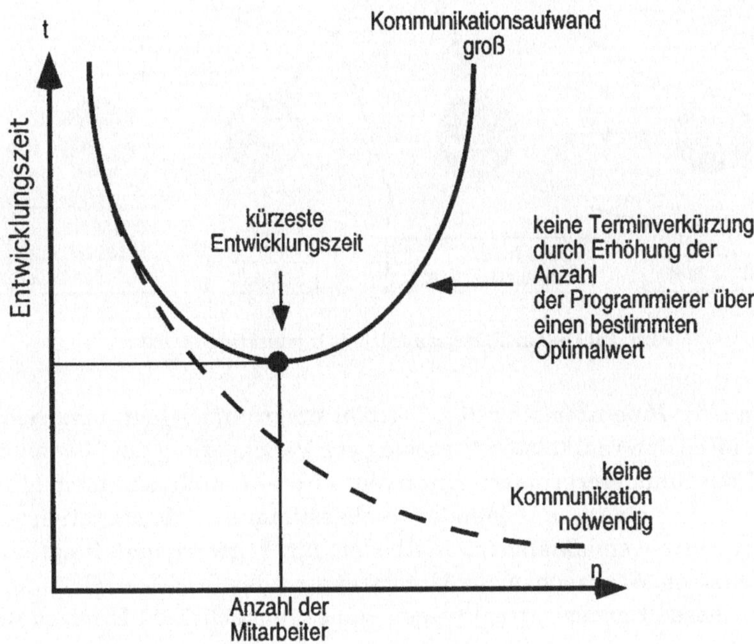

Abb. 9: Einfluß des Kommunikationsaufwandes auf den Gesamtaufwand

Brooks zeigt mit seinen Ausführungen die Zusammenhänge zwischen ganzheitlich zu lösenden Aufgaben, arbeitsteilig zu lösenden Aufgaben, die dazu nötige maximale Anzahl von Personen und die sich so konstituierende *natürliche* Projektdauer auf. Schädigend wirkt Kommunikation erst, wenn *zu viele* Personen an einem Projekt arbeiten. Besonders gefallen hat mir sein Hinweis auf den immanenten Zeitbedarf zur Durchführung »unteilbarer« Aufgaben; die Bedeutung dieser Erkenntnis hat die Fachwelt ihrerseits gegenüber dem Problem des zu hohen Kommunikationsaufwandes nicht genügend gewürdigt.

3.4 Die autokratische Organisationsstruktur

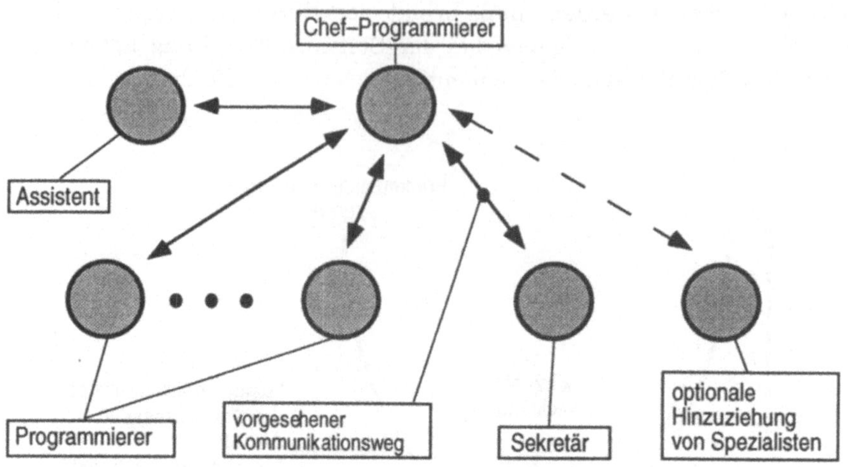

Abb. 10: Die Chef-Programmierer-Organisationsstruktur

Mit dem *Chef-Programmierer-Team* (chief programmer team) machen Baker und Mills den radikalsten Vorschlag zur Verringerung der Kommunikation in Programmierergruppen. Erstmalig wird — erprobt an einem Musterprojekt — eine aufeinander abgestimmte Kombination von Projektgestaltungsmaßnahmen, Methoden für Entwurf und Programmierung sowie von Werkzeugen zur Unterstützung der Projektabwicklung vorgestellt. Dieses Konzept erregt wegen seines (angeblichen) Erfolges Aufsehen.

Der Angelpunkt ist hier die *kontrollierte zentralisierte* Organisationsstruktur: Abgeleitet vom Chirurgen-Team führt ein hochqualifizierter Experte — unterstützt von Assistenten — konzentriert das Projekt durch. Dabei wird in der Zeit parallel (Top-down) Arbeit delegiert und das Programm entworfen, programmiert und getestet. Der Kern eines Chef-Programmierer-Teams (C-P-T) wird gebildet durch

- den *Chef-Programmierer*,
- den *Assistenten* und
- den *Sekretär*,

die permanente Mitglieder des Teams sind. Dieser Kern ist standardisiert, um dem Projekt Kontinuität in Hinsicht auf Programmierung und Dokumentation zu verleihen.

Der Chef-Programmierer (chief programmer) ist der Verantwortliche und führt alle technischen Aspekte der Entwicklung durch. Er entwirft das Programmsystem und implementiert dessen wesentliche Teile selbst. Andernfalls fordert er bei Bedarf zeitweilig drei bis fünf weitere Programmierer an, für die er die Spezifikationen schreibt und deren Programmteile er begutachtet und in das Programmsystem integriert. Er kennt also das gesamte Programmsystem und kontrolliert den Projektfortschritt.

Der Assistent (backup programmer) ist die rechte Hand des Chef-Programmierers, er unterstützt ihn beim Entwurf und Implementieren — unter der Aufsicht des Chef-Programmierers — und ist an allen wichtigen technischen Entscheidungen beteiligt. Zusätzlich recherchiert er bei technischen Problemen in der Literatur, bereitet den Testplan vor u.ä.m., damit der Chef-Programmierer sich voll und ganz auf seine Aufgaben konzentrieren kann. Er besitzt deswegen dieselbe Qualifikation wie der Chef-Programmierer, damit er ihn bei kurzfristigem oder dauerndem Ausfall ersetzen kann.

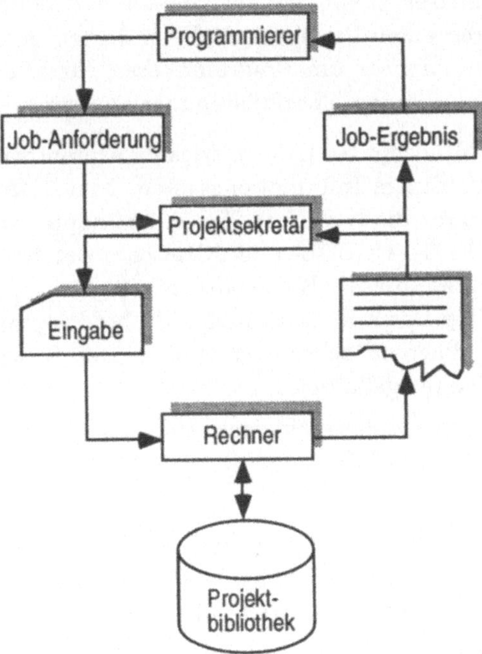

Abb. 11: Der Sekretär und die Projektbibliothek

Der Sekretär (programming secretary) übernimmt alle bürokratischen Teile der Arbeit (vgl. Abb. 11). Da damals mit Stapelverarbeitungssystemen gearbeitet wurde, erhält er die Programme, bringt sie zum Rechenzentrum, läßt sie dort ausführen und verwaltet die Listings, Statistiken und Programme in einer Bibliothek auf dem Rechner. Außerdem ist er für die Aufbereitung der Dokumentation verantwortlich. Da seine Tätigkeiten zu 90% aus einfachsten Verwaltungsarbeiten bestehen und sein Ausfall das Projekt aufhalten könnte, ersetzen Schnupp und Floyd ihn durch den *Projektverwalter*.

Der Projektverwalter führt eine *interaktiv bedienbare Projektbibliothek*, die es erlaubt, Dokumente zustandsorientiert zu verwalten. Zu seinen weiteren Aufgaben gehören:

- die Kontroll- und Informationsfunktion innerhalb des Teams,
- »die psychologisch menschliche Aufgabe des "Anmahnens" benötigter Bausteine, Testdaten und Dokumente,«
- die Änderungen und Erweiterungen der Projektbibliothek.

Ein Ausfall seiner Person — so Schnupp und Floyd — ist dann zwar störend, gefährdet aber nicht den Projektfortschritt, weil die (interaktive) Projektbibliothek weitergeführt wird.

Der Chef-Programmierer ist von den finanziellen, vertraglichen und Verwaltungsaufgaben durch einen Projektmanager entlastet; er erweitert bei Bedarf seine Gruppe *temporär* um Programmierer; für alle weiteren Spezialaufgaben kann er außerdem Spezialisten hinzuziehen.

Mills hat das C-P-T-Konzept bei IBM entwickelt; erprobt wurde es bei einem ehrgeizigen Projekt: Einem Informationssystem zum Auffinden und Anzeigen von Microfiches für die New York Times. In knapp zwei Jahren entstehen 83.000 Zeilen PL/1-, COBOL- und JCL-Code. Der Bericht über die erfolgreiche Anwendung dieses Konzeptes führt dazu, daß strukturierte Programmierung, Top-Down-Entwicklung und Chef-Programmierer-Team in der Praxis häufig synonym gebraucht werden. Der Erfolg des Konzeptes wird folgendermaßen festgehalten:

- Erfahrene Programmierer steigen nicht in Managerpositionen auf, sondern werden Chef-Programmierer und bleiben im Produktionsprozeß;
- 50% der Kosten und 25% der geplanten Zeit wurden eingespart;
- Während des fünfwöchigen Abnahmetests fand man nur 21 Fehler; im ersten Jahr des Einsatzes traten nur 25 Fehler auf.

Für größere Projekte schlägt Baker eine Erweiterung des Konzeptes vor:

- Den Entwurf des Gesamtsystems und die Implementierung einer ersten Ausbaustufe (nucleus) nimmt eine kleine Gruppe von Experten vor.

- Die Mitarbeiter werden jetzt zu Chef-Programmierern, bilden Teams und entwickeln ihre Teilsysteme weiter. Das Ursprungsteam integriert und testet das Gesamtsystem.
- Der Prozeß des Aufteilens wird so oft wie nötig auf den tieferen Zerlegungsebenen wiederholt.

Als eines der schlagendsten Argumente für das C-P-T-Konzept (in dieser ursprünglichen Form) wird die Durchgängigkeit des Entwurfes angesehen; da er nur von einer Person angefertigt wird, ist alles aus einem Guß. Die Qualität ist aber nicht nur durch die Güte der Implementierung bestimmt, die Angemessenheit der Benutzungsschnittstelle stellt ebenfalls ein wichtiges Qualitätsmerkmal dar. Die Gestaltung von Benutzungsschnittstellen und die Gestaltung von Programmsystemen sind aber grundverschiedene Tätigkeiten, die von einem Menschen nicht notwendig gleich gut beherrscht werden müssen. Schließlich fallen noch einige andere Nachteile ins Gewicht:

- Im Chirurgen-Team arbeiten Personen mit ganz unterschiedlicher Ausbildung und Qualifikationen (Chirurg, Anästhesist, OP-Schwester), währenddessen im Chef-Programmierer-Team (hinzugezogene) Programmierer mit unterschiedlicher Erfahrung arbeiten. Eine Operation dauert auch höchstens Stunden, während Projekte über Monate und Jahre gehen und keine zwei gleich sind. Die (hinzugezogenen) Programmierer haben keine Möglichkeit, sich über anspruchsvollere Aufgaben weiterzuqualifizieren oder zumindest die Motivation für die Arbeit zu stabilisieren. Mehr noch: Es kann nicht ausbleiben, daß die Entscheidungen des Chef-Programmierers hinterfragt oder kritisiert werden, die autokratische Organisationsstruktur sieht dies aber gerade nicht vor; die Entscheidungsbefugnis liegt allein beim Chef-Programmierer, Konfliktbewältigung kann gar nicht stattfinden. Erschwerend kommt hinzu, wie Yourdon ausführt, daß tatsächliche Chef-Programmierer charakterlich stark individualisiert erscheinen und zur Bewältigung der Kommunikationskomplexität gerade nicht in der Lage sind.
- Die faktische Personengebundenheit des Chef-Programmierers und des Assistenten an das Produkt ist fatal. Nach einem abgeschlossenen DV-Projekt möchte ein Chef-Programmierer sicherlich an neue Ufer und sich neuen, unbekannten Herausforderungen widmen. Wer soll dann Folgearbeiten, Fehlerbeseitigung und Erweiterungen an dem Programmsystem vornehmen, wenn nur zwei Personen es genau kennen?
- Wieviele (geniale) Chef-Programmierer gibt es überhaupt, als daß dieses Konzept insgesamt tragfähig wäre?

Wenn man dies bedenkt, fragt man sich unweigerlich, ob dieses so populäre Konzept in seiner ursprünglichen Form überhaupt angewendet worden ist. Schon bei Schnupp und Floyd fällt auf, daß dort Programmierer nicht zeitweise hinzugezogen werden, sondern offensichtlich dauerhafte Teammitglieder sind, was natürlich auch eine andere Arbeitsteilung erforderlich macht. Und so sind die Ergebnisse der Studie »Are the New Techniques Being Used?« von Holton, der 1976 die 23 größten Software-Häuser in Los Angeles dazu befragt, nicht weiter verwunderlich: Keines der Software-Häuser nutzte das Konzept, wie es formal beschrieben ist. Nur zwei setzten eine Projektbibliothek ein.

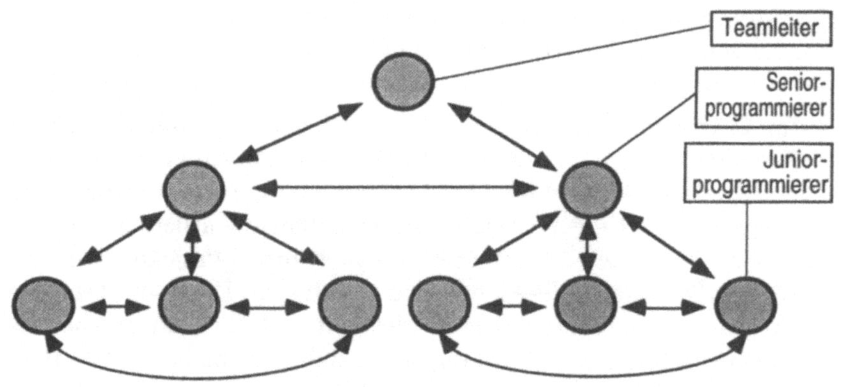

Abb. 12: Das »aufgeweichte« Chef-Programmierer-Team

Abb. 12 veranschaulicht eine hybride Organisationsstruktur nach den Ideen von Metzger, Shneiderman und Yourdon, das Mantei als »die kontrollierte dezentralisierte Organisationsstruktur« bezeichnet, weil die Programmierer mehr miteinander kommunizieren. Es soll die Schwächen des C-P-T-Konzeptes aufheben. Ganz offensichtlich, gemäß dem Vorschlag von Baker, wird auch die Durchführung größerer Projekte — ein häufig genannter Kritikpunkt am C-P-T-Konzept — angepeilt.

Der Teamleiter setzt die Ziele und verteilt die Aufgaben an die Gruppen. Jeder Seniorprogrammierer leitet ein Team, dessen Struktur sich wiederum an den durchzuführenden Aufgaben orientieren soll; außerdem ist er verantwortlich für die Informationen, die in die Gruppe gelangen sowie für die Kommunikation mit den anderen Seniorprogrammierern. Metzger schlägt vor, daß die Seniorprogrammierer vorwiegend an den Teamleiter berichten und daß die Teilgruppen nach Test, Wartung usw. aufgeteilt sind. Es ist denkbar, daß die Seniorprogrammierer die Spezifikationen für die Programmierer schreiben, die sie dann implementieren. Shneidermann und Yourdon empfehlen daher, daß die Untergruppen einen Programmaustausch zwecks Fehlerfindung betreiben.

Im Unterschied zum Chef-Programmierer-Team haben die Juniorprogrammierer größere Programmieraufgaben. Diese hierarchische Organisationsstruktur ist jedoch, Ziel- und Entscheidungsfindung betreffend, genauso »kontrolliert« wie das Chef-Programmierer-Team. Kurz gesagt, die Gruppen haben nicht genügend Autonomie gegenüber ihrer Umwelt. Konflikte sind wiederum vorprogrammiert, weil die Juniorprogrammierer nur gefilterte Informationen bekommen, nicht an (Entwurfs-) Entscheidungen partizipieren und die Kommunikation mit anderen Programmierern aus anderen Gruppen (offiziell) der Hierarchie über den jeweiligen Seniorprogrammierer folgen muß.

Gravierend ist auch noch, daß die Programmierer eine ihrer Situation angemessenen Organisationsstruktur nicht selber entwickeln können, sondern eine von außen kommende hinnehmen müssen. Dies zwingt die Leute aus den unteren Hierarchieebenen dazu, informelle Strukturen zu etablieren und über diese inoffiziellen Kommunikationsnetzwerke — häufig die wichtigsten und *ungeschönten* — Informationen auszutauschen (vgl. Kapitel 2).

Weinberg hat die Relevanz dessen genau erkannt und seine diesbezüglichen Erkenntnisse in sein im nachfolgenden Abschnitt beschriebenen Konzept der »demokratischen Organisationsstruktur« einfließen lassen.

3.5 Die demokratische Organisationsstruktur

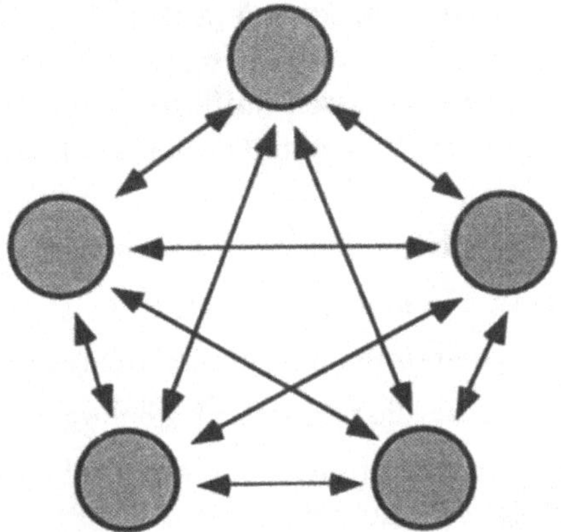

Abb. 13: Demokratisch dezentralisierte Organisationsstruktur

Weinberg plädiert genau anders herum als Mills und Baker: Er betrachtet Software-Entwicklung als einen komplexen sozialen und kognitiven Prozeß, in dem die Kommunikation der Projektmitglieder untereinander die Hauptrolle spielt. Kernidee seiner unter der Bezeichnung *»egoless programming«* bekanntgewordenen und oft mißverstandenen demokratischen Organisationsstruktur ist, daß jeder mit jedem möglichst angstfrei und konstruktiv nicht nur über technische, sondern auch über soziale Probleme der Projektgruppe kommuniziert. Die Stabilität der Gruppe und die Qualität ihrer Arbeit basiert auf dem Gruppenkonsens über Projektziele; diese werden demokratisch innerhalb der Gruppe gebildet, erörtert, festgelegt und etablieren das Projekt.

Folgende Vorteile sollen sich aus dieser Organisationsstruktur ergeben:

- Fehler werden besser gefunden;
- der tatsächliche Projektfortschritt ist besser feststellbar;
- die Fachkompetenz der Gruppe steigert sich von selbst;
- die Produktstruktur muß nicht an die Gruppenstruktur angepaßt werden, die Gruppe kann sich für »ihre« Produktstruktur entscheiden;
- Folgearbeiten am Produkt stellen keine Schwierigkeit dar;
- »Neue« Mitarbeiter werden ausgebildet und »alte« Mitarbeiter können sich fortbilden;
- personelle Wechsel führen zu keiner Katastrophe;
- die Projektleitung wird nach Befähigung für die jeweilige Aufgabe vergeben;
- die Arbeitszufriedenheit ist groß und bildet eine zusätzliche Motivationsquelle.

Weinberg begründet diese Behauptungen praktisch mit einer Fülle von Beispielen aus der Projektpraxis, die er in seinem Buch »The Psychology of Computer Programming« anekdotisch aufführt. Aus seinem Material leitet er sieben Faktoren ab, die das Leben und die Leistung einer Programmierergruppe prägen:

1. Die Variation der individuellen Stärken und Schwächen.
2. Die Art und Weise, wie Ziele gesetzt werden.
3. Die Struktur des zu erstellenden Programmsystems.
4. Die Führungsstruktur, die von außerhalb vorgeschlagen wird.
5. Das Geschlecht von bestimmten Projektmitgliedern und die Einstellung anderer Mitglieder zu diesem Geschlecht.
6. Die Kommunikationsverbindung des Teams zu seiner Umgebung.

7. Die technische Kompetenz oder Inkompetenz des Leiters.

Seine Argumentation, die ich im folgenden skizziere, schlägt einen Bogen von dem Verhalten des einzelnen Programmierers bis hin zu dem der Programmierergruppen. Damit hat Weinberg, wenn die von ihm vorgeschlagene Rotation der Projektleitung außer acht gelassen wird, vorweggenommen, was in neueren Arbeiten über Projektgestaltung ganzheitlich-situative Projektarbeit genannt wird, wo die psycho-sozialen Aspekte der Gruppenarbeit grundsätzlich mit einbezogen sind.

3.5.1 »Egoless programming«

Unter dem Stichwort »Error and Ego« beschreibt Weinberg Ursache und Auswirkungen des »property oriented« Programmierens. Nach seiner Auffassung möchten die meisten Programmierer alleingelassen werden und kreativ sein; die Identifikation des Programmierers mit seinem Programm ist die Folge; dem Programmierer gehört das Programm, er erweitert sein Ego um dieses Programm. Somit besteht eine Verbindung zwischen dem Programm und dem *Selbstbewußtsein* des Programmierers, welches einer Belastung ausgesetzt ist, wenn das Programm beurteilt wird. Im Falle des einzelnen Programmierers sind das die Fehler, die bei der Ausführung auftreten. Konsequenterweise müßte der Programmierer für sich selbst ungefähr so folgern: »Dieses Programm ist unvollkommen, es ist ein Teil von mir, eine Erweiterung meiner selbst. Ich bin ebenfalls unvollkommen«. Die Härte des Selbsturteils bedingt, daß es wenige Programmierer gibt, die es in dieser Form herbeiführen oder antizipieren. Woran liegt das?

Ein Programmierer, der sein Programm als eine Erweiterung seines Egos ansieht, findet nicht alle Fehler in seinem Programm, behauptet Weinberg. Das Programm wird unter dem Aspekt getestet, daß es korrekt läuft; die gegenteilige Grundeinstellung — Programme enthalten generell Fehler — würde schmerzhaft die »Unvollkommenheit« des Programmierers demonstrieren. Myers hält diese Einstellung ebenfalls für die Hauptursache der Fehlerhaftigkeit von Programmen, die von ihren Erstellern getestet werden.

Unter »egoless programming« versteht Weinberg die Öffnung des Programmierers gegenüber seinen Kollegen. Ganz selbstverständlich soll er seine Programme zur Fehlersuche weiterreichen und erklären, mit der Gewißheit, daß die anderen ohne seine Betriebsblindheit Fehler viel schneller finden als er selber; ebenso selbstverständlich ist es für die anderen, ihm die gefundenen Fehler nicht persönlich vorzuwerfen, da eben alle fehlerhaft programmieren und auch dieses Verfahren praktizieren. Wenn alle ihre Programme gegenseitig begutachten, werden nicht nur mehr Fehler entdeckt, die Kompetenz jedes einzelnen erstreckt sich auch über das gesamte Programmsystem.

Die schon eingangs im Abschnitt angeführten Vorteile liegen nun auf der Hand: Jeder lernt von jedem; neue Mitarbeiter können praktisch von jedem eingeführt werden; die Kompetenz und Motivation der Gruppe steigert sich von selbst; es ist leicht, realistische Schätzungen über den Projektfortschritt zu machen, weil mehrere Personen über die Programme Bescheid wissen; und die fatale Personenabhängigkeit von den (meist kritischen) Programmen ist abgeschafft.

»Egoless programming« setzt die Bereitschaft des Programmierers voraus, Kritik an seinem Programm nicht als Kritik an seinem Ego zu empfinden. Das ist aber nur möglich — führt Weinberg aus —, wenn die soziale Umgebung und das Wertesystem in dieser Umgebung (Programmiergruppe, DV-Projekt, Firma) restrukturiert oder — besser noch — von vornherein anders strukturiert werden. In herkömmlichen Programmierergruppen etabliert Kritik eine Hierarchie in der Gruppe, das erschwert die Kooperation. Schon allein die Arbeit, die ein Programmierer zugewiesen bekommt, verleiht oder entzieht Status.

3.5.2 Die demokratische Programmierergruppe

Als wichtigste Projektgestaltungsmaßnahme sieht Weinberg also das *gemeinsame Verfolgen von Gruppenzielen.* Fühlt ein Mitglied sich an diese Ziele nicht gebunden, z.B. weil es sich minderwertig gegenüber den anderen vorkommt, beeinträchtigt das den Gruppenerfolg. Die Gruppenleistung wird nicht in erster Linie vermindert, weil einer nichts leistet, sondern weil er keine Leistung für die Teile der anderen erbringt!

Es muß Konsens über die Arbeitsteilung, die Organisationsstruktur, die Kompetenzen und den *Sinn* des Ganzen bestehen. Wirklich »guten« Konsens über Gruppenziele erreicht die Gruppe nur, wenn sie sich ihre Ziele selber setzt und diese nicht von »außen« aufgebürdet werden. Die demokratische Erörterung bietet jedem Mitglied die Möglichkeit, seine Vorstellungen mit einzubringen und sich dann öffentlich zu den Gruppenzielen zu verpflichten.

Die *Führungsrolle* ist bei Weinbergs Vorschlag nicht an eine einzelne Person gebunden, sie rotiert entsprechend der Kompatibilität des Bedarfs nach den jeweiligen Fähigkeiten und Ideen der Mitarbeiter. Dabei hängt das Funktionieren einer demokratischen Gruppe nicht etwa von den »gleichen Führungseigenschaften« ihrer Mitglieder ab, so Weinberg, sondern das Bestimmende der Leitungsfunktion muß aus der *inneren Realität des Gruppenlebens entspringen* und nicht von außen aufgezwungen sein. Um diesen Ansprüchen zu genügen, sollten bei der Zusammensetzung einer Gruppe sowohl die Programmierfähigkeiten als auch die Führungseigenschaften und die Teamfähigkeit der Kandidaten berücksichtigt werden.

Weinberg vergleicht auch die autokratische und die demokratische Organisationsstruktur hinsichtlich der Probleme, die sich aus der *Kompetenz* und *Inkompetenz* ihrer Mitglieder ergeben. In der demokratischen Gruppe bleibt die Inkompetenz von Mitgliedern nicht lange unbemerkt, weil jedes Mitglied viele Möglichkeiten hat, die Ergebnisse der anderen zu begutachten. Wenn ausschließlich das Kriterium der Inkompetenz zählt, so Weinberg, ist die autokratische Organisationsstruktur (scheinbar) effektiver, weil dann das inkompetente Mitglied aus der Gruppe entfernt wird. Aber so ein Ausscheiden eines Mitgliedes aus der Gruppe hat keinen guten Effekt auf die Moral des Teams. Jedes noch so inkompetente Mitglied einer Gruppe kann trotzdem sehr beliebt bei den anderen sein.

Ein kompetentes Mitglied, daß nicht mit den anderen klarkommt, ist ein viel größeres Problem für die Gruppe als ein »durch-und-durch« inkompetentes Mitglied. In der autokratischen Gruppe würde so ein Mitglied nicht viel Kontakt auf der Basis der Arbeit mit den anderen haben, und solange dieses Mitglied mit dem Leiter klarkommt, stellt es kein Problem dar. Aber in der demokratischen Gruppe zerschneidet ein unsoziales Mitglied Kommunikationswege und ist ein immerwährendes Hindernis bei der Konsensbildung in der Gruppe.

Es gibt viele Möglichkeiten, wie eine Gruppe eines ihrer Mitglieder sozialisieren kann, wie es ebenso viele Möglichkeiten für unsoziales Verhalten gibt. Eine mögliche Quelle für ein solches Verhalten eines überdurchschnittlich talentierten Gruppenmitgliedes kann seine Ungeduld sein. Die anderen wiederum würdigen möglicherweise seine Vorschläge nicht oder sind nicht fähig, sie umzusetzen. Dieses Problem muß die Gruppe selbst lösen. Den Ausfall eines Mitgliedes verkraftet die demokratische Gruppe gut, die Arbeit kann umverteilt werden. Demokratische Gruppen sind wie ein Fluß, der immer noch derselbe Fluß bleibt, obwohl das Wasser wechselt.

Eine Gefährdung der ganzen Gruppe geht nach der Auffassung von Weinberg von Managern aus, die nicht am Produktionsprozeß teilnehmen. Das Separieren von Management und Programmierern schafft eine natürliche Feindschaft zwischen ihnen. Sie partizipieren nicht am Gruppenprozeß und haben oft nicht genügend technisches Wissen, um zu verstehen, was tatsächlich vor sich geht. Manager sind häufig karriereorientiert und können nicht akzeptieren, daß andere ihre Ziele über Geld und Prestige nicht teilen. Weinberg berichtet von dem Wechsel ganzer Gruppen — eine Solidargemeinschaft verhält sich anders als eine hierarchisch organisierte Gruppe — in andere Firmen, als diese den Druck des Managements ihrer Firma nicht mehr aushalten konnten.

Scacchi bedauert, daß Weinbergs Vorschlag in der Literatur zwar überall aufgegriffen, aber selten eine gebührende Anwendung gefunden hat. Yourdon meint, daß das sicherlich darin begründet ist, daß die Manager amerikanischer Firmen seinen Vorschlag und ganz besonders die rotierende Führungsrolle in ihre hierarchische Firmenstruktur nicht eingliedern wollen (»Whose rear end are we going to kick if the project comes in behind schedule?«). (Yourdon (1976); S. 26.).

Shneiderman und Mantei glauben, daß demokratische Teams zuviel Eigenleben entwickeln, riskante Entscheidungen treffen und vom Management schwierig zu »bändigen« seien und am besten für Forschungsprojekte geeignet sind. Shneiderman wirft Weinberg außerdem vor, zwar richtige Erkenntnisse zu haben, diese aber nicht genügend empirisch nachgewiesen zu haben. Dazu ist zu sagen, daß Weinberg sein Material selbst als anekdotisch bezeichnet.

Die Fachwelt würdigt vorwiegend die Vorteile des »egoless programming«, dem Programmaustausch der Programmierer untereinander. Diese finden sich dann in allen Lehrbüchern unter dem Stichwort »structured walkthroughs« wieder, aber meistens ohne die Schilderung des sozialen Projektmillieus und der autonomen Gruppenmechanismen, die sie erst möglich machen.

Weinbergs Buch hat nichts an Aktualität eingebüßt, da es die wichtigsten Gruppenphänomene und ihre Ursachen bei der Projektarbeit aufzeigt. Weinbergs Beobachtungen decken sich weitgehend mit meinen eigenen Erfahrungen. Allerdings ist seine theoretische Fundierung dieser Phänomene schwach ausgefallen, das Buch hat eben vorwiegend einen anektdotischen Charakter.

> Zum Schluß bleibt daher festzuhalten: Notwendig erscheint eine Entmythologisierung der Software-Entwicklung als ein rein ingenieursmäßiger Prozeß, durch die ihr Doppelcharakter als Prozeß technischer Entwicklung und sozialer Auseinandersetzung deutlich wird. Nicht neue Sprachen und Werkzeuge führen aus der Software-Krise, sondern neue Ansätze und ein neues Verständnis des Projektmanagements.

Neue Verfahren sind nötig, die eine Dynamisierung und Synchronisierung von Entwicklungsprozessen und Projektsteuerung leisten, d.h. einen Übergang vom Projektmanagement zum *Prozeßmanagement* vollziehen.

Es geht um die gleitende Anpassung des Entwicklungsprozesses an die sich verändernden Anforderungen. Hier setzt das im nächsten Kapitel erläuterte *prozeßorientierte Modell der Software-Entwicklung* an. In der Praxis spielen prozeßorientierte Ansätze der Software-Entwicklung weitgehend begrenzt eine Rolle auf der Ebene der informellen Selbstorganisation, sie sind aber bisher nicht ins offizielle Projektmanagement eingeflossen. Nach meiner Auffassung muß die akademische Informatik viel mehr als bisher von der Praxis lernen, wo de facto Ansätze des evolutionären Vorgehens verwirklicht werden.

3.6 Weiterführende Literatur

Brooks, F. P.: *No Silver Bullet. Essence and Accidents of Software Engineering.* Dieser Artikel von Frederick Brooks wurde sofort ein Klassiker. Er argumentiert hier, daß die derzeit diskutierten *»technischen« Rezepte* der Software-Technik wie Ada und andere Hochsprachen, objektorientiertes Programmieren, Künstliche Intelligenz, Expertensysteme, »automatisches« Programmieren, graphisches Programmieren, Programmverifikation, Werkzeuge, Umgebungen und Workstations die Schwierigkeiten bei der Software-Erstellung nicht beseitigen. Er sagt, daß es keine einzelne Silberkugel gibt, die unsere Software-Werwölfe vertreiben könnte. Brooks Ratschlag zur Lösung der Software-Krise lautet: »I think the most important single effort we can mount is to develop ways to grow great designers.« IEEE Computer, April 1987.

Yourdon, E.: *Die westliche Programmierkunst am Scheideweg. Die Schlüsseltechniken der Softwareentwicklung für das 21. Jahrhundert.* In diesem Buch geht Edward Yourdon mit der amerikanischen Programmierkunst und der Wettbewerbsfähigkeit ihrer Software-Häuser ins Gericht und kommt zu keinem guten Ergebnis. Er behandelt folgende Themen: Software-Methoden, Sicherung der Software-Qualität, Software-Metriken, Reengineering und CASE-Techniken. Großen Wert legt Yourdon (sic!) auf den Faktor Mensch in der Software-Organisation. Er hält die Bewältigung des Technologietransfers für das größte Problem im Jahr 2000. Sein Stil ist nicht von Tiefgang geprägt aber sympathisch und locker. Hanser, 1993.

Denert, E.: *Software-Engineering in Wissenschaft und Wirtschaft: Wie breit ist die Kluft?* Als Pendler zwischen den Welten Wissenschaft und Wirtschaft beschreibt Ernst Denert anschaulich die Kluft zwischen ihnen bezüglich folgender Gebiete: Programmiersprachen, Betriebs- und Datenbanksysteme, Methoden und Werkzeuge des Software-Engineerings. Wegen der wenigen

Gemeinsamkeiten fordert Denert viel mehr Grenzgänger zwischen Hochschule und Wirtschaft, beide Seiten müssen verstärkt voneinander lernen. Informatik–Spektrum, 16, (5), 1993; S. 295–299.

Curtis, B.; Krasner, H.; Iscoe, N.: *A Field Study of the Software Design Process for Large Systems*. Dieses ist ebenfalls schon ein klassischer Artikel. Bill Curtis, Herb Crasner und Neil Iscoe analysierten erstmals in einer großen Untersuchung *praktiziertes* Software-Engineering — die amerikanische Software-Bürokratie — und kamen zu dem Ergebnis, daß Software-Entwicklung vor allem als *Lern-, Kommunikations- und Verhandlungsprozeß* betrachtet werden muß. Sie haben sich mit der *Koalitionsbildung* von Designern beim Entwurfsprozeß auseinandergesetzt und beklagen das geringe gemeinsame Wissen der Beteiligten über den Anwendungsbereich. In den meisten der untersuchten Projekte hatte eine kleine Koalition von Entwerfern von vornherein mit ihrem Entwurfsvorschlag die Kontrolle über die Ausrichtung des Projektes. In einem Drittel der Projekte dominierte sogar ein *außergewöhnlicher Entwerfer* (»boundary spanner«) in allen frühen Phasen. Curtis et al. halten derartige »Projektgurus« gegenüber Entwurfsgruppen in Anlehnung an Brooks für die erfolgversprechendere Alternative, wenn es darum geht, unter Zeitdruck einen kohärenten Entwurf der Software-Architektur anzufertigen. In den untersuchten Projekten herrschte eine funktionale Arbeitsteilung vor, d.h. für jede Phase war ein Team zuständig, das das Ergebnisdokument an das nächste Team übergab. Wenn unterschiedliche Teams jede Phase bearbeiten, ist es kein Wunder, wenn die Beteiligten über ein sehr geringes Wissen des Anwendungsbereiches verfügen. Aus Zeitmangel konnten die Autoren keine Feinanalyse von Projekten machen, d.h. sie haben nicht alle Beteiligten befragt oder gar über den ganzen Projektverlauf beobachtet. Communications of the ACM; Vol. 31; No. 11; November 1988; S. 1268 – 1287.

Weltz, F.; Ortmann, R. G.: *Das Software-Projekt. Projektmanagement in der Praxis.* Die Befragung *aller Beteiligten in Software-Projekten* war erklärtes Ziel des IPAS-Projektes, von dem Friedrich Weltz und Rolf Ortmann über das soziologische Teilprojekt berichten. Im Rahmen von IPAS (Interdisziplinäres Projekt zur Arbeitssituation in der Softwareentwicklung) wurden von April 1990 bis September 1991 in 46 kommerziellen Software-Projekten aus 19 Firmen in Deutschland und der Schweiz über 200 Mitarbeiter (Projektmanager, Projektleiter, Entwickler) schriftlich und in Interviews befragt. Die Software-Krise ist auch für Weltz und Ortmann immer noch ein Thema: In den untersuchten Projekten wurden Termine und Budgets häufig erheblich überzogen, die entwickelte Software erwies sich als nur bedingt tauglich oder kam erst gar nicht zum Einsatz. Es gab aber auch Projekte, die effizient abgewickelt wurden und verwertbare Ergebnisse lieferten. Weltz und Ortmann halten die Software-Krise ebenfalls für eine Krise des Managements. Sie empfehlen die Anwendung von evolutionären Vorgehensmodellen. Dieses Buch gehört auf die Liste der »Das-mußt-du-lesen-Bücher« jedes Managers. Campus: Frankfurt New York, 1992.

Hansel, J.; Lomnitz, G.: *Projektleiter-Praxis. Erfolgreiche Projektabwicklung durch verbesserte Kommunikation und Kooperation.* Die rühmliche Ausnahme bei den Büchern über Projektgestaltung bildet der Ansatz zur *ganzheitlich-situativen Projektarbeit* von Hansel und Lomnitz, die in ihrem Buch ausschließlich auf die psycho-sozialen Aspekte der Gruppenarbeit eingehen und nicht auf die rein administrativen Aspekte der Projektabwicklung. Sie versprechen *Projektleitern* mit ihrem Ansatz eine erfolgreichere Projektabwicklung durch verbesserte Kooperation und Kommunikation. Eine partnerschaftliche Gesprächsführung und Partizipation in Veränderungsprozessen sollen Betroffene zu Beteiligten machen. Dazu bieten sie ein pragmatisches Repertoire an, neben Hinweisen und Regeln zum Verhalten von Projektleitern befinden sich auch Techniken der Gesprächsführung und viele Checklisten in ihrem Repertoire. Dieser Ansatz bietet aber keine originäre ganzheitlich-situative Projektarbeit, weil die anderen Projektmitglieder nicht in die Aufgaben der Projektgestaltung mit einbezogen werden. Springer-Verlag, 1987.

Handle stets so, daß die Anzahl der Wahlmöglichkeiten größer wird.

Heinz von Foerster

4 Die Alternative: Die prozeßorientierte Sichtweise der Software-Entwicklung

4.1 Die STEPS-Sichtweise der Software-Entwicklung

4.2 Programmieren als Theoriebildung nach Naur

In diesem Kapitel befasse ich mich mit dem Entstehen von Programmqualität beim Entwurf, eingebettet in den Gesamtprozeß der organisierten Software-Entwicklung und der Projektgestaltung, und erläutere meinen fachlichen Ausgangspunkt.

Dabei handelt es sich um die in Abschnitt 4.1 behandelten Sichtweise der Software-Entwicklung, die dem von Christiane Floyd begründeten theoretischen und methodischem Ansatz **STEPS** (Software-**T**echnik für **E**volutionäre **P**artizipative **S**ystementwicklung) zugrunde liegt, an dem ich mitgearbeitet habe. Unser Forschungsparadigma ist die von Christiane Floyd begründete *prozeßorientierte Sichtweise* der Software-Entwicklung. So komme ich von der Kritik an der produktorientierten Sichtweise zu der alternativen Sichtweise der *Software-Entwicklung als Design* und erläutere die hier interessierenden Grundbegriffe dieser Sichtweise.

Der Ansatz STEPS ist nachdrücklich von den Ideen von Peter Naur zur Theoriebildungssicht (Abschnitt 4.2) der Programmierer beeinflußt. Mir liefert Naur mit seinen richtungsweisenden Ideen den Ausgangspunkt meiner in dem folgenden Kapitel weiter entfalteten Argumentation bezüglich des Entstehens von Programmqualität beim Entwurf. Naur behauptet, daß das Wissen des Programmierers über das von ihm entwickelte Programm als eine *Theorie* darüber angesehen werden kann, wie die vorhandenen Probleme durch die Programmausführung gelöst werden können. Er belegt, warum die Theorie niemals vollständig in Dokumenten enthalten sein kann und schlußfolgert, daß ein Programm nur solange lebt, wie die Gruppe, welche die Theorie des Programmes besitzt, die aktive Kontrolle über das Programm ausübt.

4.1 Die STEPS-Sichtweise der Software-Entwicklung

STEPS, »**S**oftware-**T**echnik für **E**volutionäre **P**artizipative **S**ystementwicklung«, ist ein theoretischer und methodischer Ansatz der Software-Technik, der seit 1978 unter der Leitung von Christiane Floyd an der Technischen Universität Berlin ausgearbeitet und erprobt wurde. Die wichtigsten Bestandteile von STEPS sind:

- eine *prozeßorientierte Sichtweise* der Software-Entwicklung, die Christiane Floyd als einen »Paradigmawechsel von der Produktsicht zur Prozeßsicht der Software-Entwicklung« bezeichnet und im Einklang mit unseren Wertvorstellungen als grundlegendes Paradigma für die Software-Technik anstelle der herkömmlichen, produktorientierten Sichtweise gesetzt wurde;
- ein *menschenzentrierter Qualitätsbegriff*, der sich vorrangig am angestrebten Einsatz von Software, und erst an zweiter Stelle an Eigenschaften der Software selbst orientiert;
- ein *zyklisches Projektmodell*, das als Rahmen angesehen wird, der in einer konkreten Situation mit der jeweils relevanten Strategie auszufüllen ist und der die Software-Entwicklung in Zyklen anordnet, die jeweils die Herstellung und Erprobung einer Version zum Gegenstand haben und anschließend zu einer geplanten Revision führen;
- aufeinander abgestimmte *Methodenkomponenten* für die Schwerpunkte Anforderungsermittlung, Dialogschnittstellenentwicklung und Software-Entwurf sowie zur systematischen Programmierung;
- gestaltbildende *Projekttechniken*, welche die kreative Zusammenarbeit in Gruppen und die Kommunikation zwischen Entwicklern und Benutzern fördern.

Die Theoriebildung und die kooperative Gestaltung in partizipativen Software-Projekten hat Fanny-Michaela Reisin ausgearbeitet. Reinhard Keil-Slawik hat innerhalb der Forschungsgruppe einen ökologischen Ansatz zur Gestaltung interaktiver Systeme erarbeitet. In den nächsten Abschnitten behandele ich Design und Arbeit in der Gruppe. Ausgehend von der Diskussion der Prozeß-/ Produktkomplementarität komme ich zu der alternativen Sicht der Software-Entwicklung als Design. Design bedeutet ein Zusammenspiel von (technischem) Entwurf und (organisatorischer) Gestaltung. In Abschnitt 4.1.3 geht es um *dynamische, situationsspezifische Vorgehensweisen* bei der Software-Entwicklung, sowie um die Probleme und die Koordination der dabei erfolgenden Zusammenarbeit im Sinne der Design-Sicht. Dazu gehören Gesichtspunkte für die Projektgestaltung.

4.1.1 Die Kritik der Produktionssicht

Die produktorientierte Sichtweise war um 1970 eine wichtige Errungenschaft als Antwort auf die Software-Krise. In Kapitel 3 habe ich ausführlich beschrieben, wie diese Sichtweise entstanden ist. Sie betrachtet Software als eigenständiges *Produkt* aus Programmen und Dokumentation und die Software-Entwicklung als Produktion im Sinne einer Fertigung. Die methodische Umsetzung dieser Sichtweise hat zu erheblichen Fortschritten und ungleich größerer Transparenz insbesondere im technischen Kernbereich der Software-Entwicklung geführt. Maßgebliche Ziele sind dabei die Kontrollierbarkeit des Herstellungsprozesses, die Gewährleistung vorgegebener Anforderungen und Qualitätsmerkmale durch die Produkte und die Einhaltung eines fest kalkulierbaren finanziellen und terminlichen Rahmens. Diese Sicht wird durch gängige Methoden und Werkzeuge unterstützt, und zunehmend durch rechtliche Bestimmungen abgesichert.

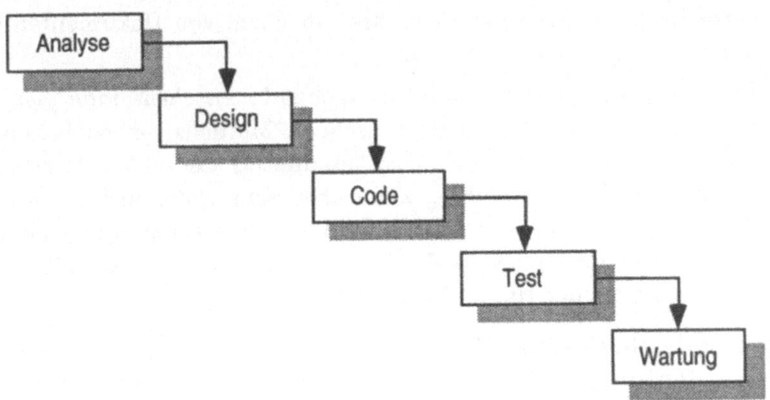

Abb. 14: Ein typischer Wasserfall-Lebenszyklus aus der Produktionssicht

Trotzdem wird sie den Gegebenheiten der stattfindenden kooperativen Erkenntnisprozesse nicht gerecht und bringt dort sogar neue Probleme mit sich. Die Produktionssicht beruht nämlich auf idealisierten Ad-hoc-Annahmen darüber, was Software-Entwicklung *sein sollte*. Im Gegensatz dazu führt sie häufig zu Widersprüchen mit dem, was Software-Entwicklung ist und schöpft nicht aus, was sie sein könnte. So hat auch die Produktionssicht inzwischen ihre eigenen Grenzen aufgezeigt. Daher wird sie hier zunächst in ihrer reinen Form beschrieben, und anschließend stelle ich die Kritik von Christiane Floyd an der Produktionssicht dar.

Die Produktionssicht beruht auf folgenden Grundannahmen :

- Die Software-Entwicklung basiert auf *festen* Anforderungen, die vorweg ermittelt werden. Die Herstellung der Software kann von ihrem Einsatz getrennt werden.
- Gegenstand der Software-Entwicklung ist die Herstellung *eines* Produktes. Der Herstellungsprozeß besteht aus der Konzeption und der Realisierung dieses Produktes, gefolgt von dessen Wartung.
- Die Produktkonzeption (Design) besteht in der Erarbeitung eines formalen Modells, das die relevanten Objekte und Operationen der Realität abbildet, die Schnittstellen zwischen den Komponenten des Programmsystems festlegt und von den Realisierungsmitteln abstrahiert. Die Spezifikation des Modells legt fest, *was* das Programmsystem leistet, *nicht wie* es realisiert wird.
- Mit der Spezifikation liegt eine abstrakte, oberste Ebene vor, von der ausgehend das Programmsystem durch sukzessive Schritte der Verfeinerung und Transformation erarbeitet wird (*Top-down* - Entwicklung in verschiedenen Ausprägungen).
- Der Herstellungsprozeß kann anhand von vordefinierten *Phasen* mit vordefinierten Zwischenergebnissen in Form von Dokumenten (Meilensteinen) gegliedert werden.
- Die Software-Entwicklung ist weitgehend *menschenunabhängig*, d.h. einzelne Entwickler sind austauschbar. Methoden ermöglichen, daß unterschiedliche Entwickler zu annähernd denselben Ergebnissen kommen. Die Arbeitsteilung kann über Schnittstellen frühzeitig und durchgehend erfolgen. Dadurch wird auch die Kommunikation unter den Entwicklern geregelt. Je nach technischer Machbarkeit sind beliebige Anteile der Herstellung automatisierbar.

Um Mißverständnissen vorzubeugen, muß betont werden, daß kein uns bekannter Autor unterstellt, daß diese Annahmen in ihrer Reinform auf die Praxis der Software-Entwicklung zutreffen. Sie gelten vielmehr als Idealvorstellungen, denen die Praxis nach Möglichkeit angenähert werden sollte, während situationsabhängige Kompromisse immer zu schließen sind. Dies führt zu Denk- und Arbeitsformen, mit Hilfe derer man das Idealbild zu simulieren versucht, etwa durch organisatorische Maßnahmen wie die Abschirmung der Entwicklergruppe von der Kommunikation mit den Kunden, die Zulassung von Rückgriffen auf bereits abgeschlossene Phasen oder die Einführung von formalisierten Verfahren zur Berücksichtigung geänderter Anforderungen.

Die Grenzen der Produktionssicht ergeben sich insbesondere aus den mit den herkömmlichen Modellen (vgl. Abb. 14) zur Organisation von Software-Projekten (Phasen-, Kaskaden- oder an das Spiralmodell) verbundenen Ansprüchen. Diese verknüpfen die statische Beschreibung konzeptioneller Entwicklungsschritte und ihrer Abhängigkeiten mit einer idealisierten dynamischen Vorgehensweise in der Zeit; d.h. die bei der Software-Entwicklung auftretenden Diskursbereiche mit der zeitlich aufeinanderfolgenden Herstellung von Zwischenergebnissen und die Gliederung des Herstellungsprozesses in Teilaufgaben in Form von Phasen werden verbunden mit dem Anspruch einer entsprechenden Gliederung der kooperativen Erkenntnisprozesse der Beteiligten. Diese Aspekte sind aber zu trennen.

Phasenmodelle liefern statische Beschreibungen der Software-Entwicklung *vor* oder *nach* der jeweiligen *Projektsituation;* sie reichen *nicht* aus zum Verständnis der dynamisch stattfindenden Prozesse und auch nicht als Grundlage ihrer Koordination *in* der spezifischen Projektsituation. Deshalb bietet STEPS ein zyklisches Projektmodell, in das die Konzepte zur prozeßorientierten Projektgestaltung von Andersen et al. eingebaut sind. Doch jetzt zur alternativen Design-Sicht.

4.1.2 Software-Entwicklung als Design

Christiane Floyd postuliert, daß es bei der Software-Entwicklung primär um eine spezifische Ausprägung von Design geht. Sie versteht unter Design den kreativen Vorgang, in dem das Problem erschlossen, eine zugehörige Lösung erarbeitet und in menschliche Sinnzusammenhänge gepaßt wird. Diesen Design-Begriff schlägt sie unter Bezugnahme auf Naur vor und begreift die Software-Entwicklung ganzheitlich als Zusammenspiel von Entwurf und Gestaltung. Design betrifft sowohl das Produkt Software als auch seine Einpassung in den Einsatzkontext und den Entwicklungsprozeß selbst. Wird Design als Diskursbereich aufgefaßt, so verknüpft Design verschiedene Welten:

- die *Welt der Anwendungen*, deren Anliegen für die Software-Entwicklung maßgeblich sind und aus der wir Anforderungen an die Software ableiten,
- die technische *Welt der Realisierungsmittel*, in unserem Falle informationstechnische Systeme einschließlich vorhandener Software und
- die *formale Welt der Methoden und Konzepte*, die wir wie Landkarten verwenden, um uns bei der Verknüpfung von Anliegen mit Realisierungsmitteln zurecht zu finden.

So gesehen besteht Design »aus einem Geflecht von *Design-Entscheidungen*, die in ihrer Gesamtheit einen Lösungsvorschlag ausmachen. Sie verknüpfen Anliegen mit Mitteln im Hinblick auf das Erreichen von jeweils gültigen Zielen. Dabei werden komplexe Strukturen von miteinander verwobenen Entscheidungen aufgebaut. Sie müssen in sich kohärent und insgesamt wünschenswert sein. Ihr Zustandekommen ist für den individuellen *Design-Prozeß spezifisch,* es ist nicht vom vorgegebenen Problem determiniert. Vielmehr wird auch das Problem im Design erschlossen. Design ist durch die Perspektive seiner Träger und durch die ihnen auferlegten Vorgaben bestimmt.« (Floyd (1989); S. 13).

Perspektiven können als Klassen zusammengehöriger Sichten angesehen werden, die aus einem bestimmten Blickwinkel auf ausgewählte Aspekte eines Gegenstandsbereichs eingenommen werden. Da unsere Erkenntnis grundsätzlich perspektivisch ist, sind Perspektiven immer vorhanden, wir können unsere Perspektivität niemals verlassen. Das bewußte Einnehmen und Kreuzen von Perspektiven eröffnet jedoch Chancen zu einer sinnvollen und reichhaltigen Zusammenarbeit.

Die Brauchbarkeit von Design-Entscheidungen erweist sich durch ihre Beurteilung. Das Geflecht von Design-Entscheidungen stabilisiert sich durch Rückbeziehung der Beurteilung auf die Software-Entwicklung und daraus erfolgende Revision.

Software-Entwicklung sehen wir im Gegensatz zur vorherrschenden Praxis als eine *potentiell dialogische Aktivität* an, wie wir es in unseren Projekten immer praktiziert haben. Im *Dialogischen Design* geht es darum, daß ein Lösungsvorschlag gemeinsam erarbeitet und Designentscheidungen gemeinsam getroffen werden und das daraus entstehende Geflecht von Entscheidungen gemeinsam getragen wird. Im Dialogischen Design müssen auch interpersonelle Konflikte erkannt und gemeinsam bewältigt werden. Die konventionellen Methoden der Software-Technik unterstützen nicht das Dialogische Design, genaugenommen sind sie eher *monologisch*, pseudoobjektiv und erkennen die Perspektive des Designers nicht an.

Diese Sichtweise wird von mir in den folgenden Kapiteln ausführlich theoretisch fundiert und präzisiert und praktisch an den Beispielen einer Untersuchung demonstriert. Die Anwendungsgebiete sind hierbei kooperativer Software-Entwurf, Gruppenarbeit und Projektorganisation.

4.1.3 Umsetzung in STEPS: Evolutionäre Software-Entwicklung

Die Entwicklung von Software-Systemen, die in Arbeitszusammenhängen interaktiv benutzt werden, bildet den Schwerpunkt unserer Forschung. Unser Anliegen ist, theoretische und methodische Voraussetzungen zu schaffen, die die Entwickler und Benutzer unterstützen, zweckangemessene Systeme zu gestalten und dabei den Interessen der Benutzer an der Verbesserung der Arbeitsqualität und Demokratisierung der Arbeitsverhältnisse zu entsprechen.

Die Entwicklung solcher Software-Systeme muß immer die Gestaltung von Technik und Arbeit zugleich im Auge haben. Die Arbeitsinhalte, die Arbeitstätigkeiten und die Arbeitsorganisation bestimmen Qualitätsmerkmale des Software-Systems. Umgekehrt wirkt das entwickelte Software-System auf die Arbeitsprozesse und verändert sie. Entscheidend für die Beurteilung eines Software-Systems, das als Arbeitsmittel benutzt wird, ist die Bewertung der Qualität der Arbeit durch die Benutzer. Wird mit der Software-Entwicklung die Verbesserung der Qualität der Arbeit angestrebt, so müssen die Methoden und Organisationsformen zu ihrer Durchführung auf das wechselseitige Bedingungsverhältnis von Technik- und Arbeitsgestaltung ausgerichtet sein. Hieraus ergibt sich unsere Sicht der Systementwicklung, die nicht auf das Software-Produkt beschränkt ist, sondern das Software-Umfeld einschließt.

Eine auf die Interessen der Benutzer ausgerichtete Entwicklung rechnergestützter Arbeitsmittel kann weder von den Entwicklern noch von den Benutzern allein durchgeführt werden. Die Entwickler sind Experten im Bereich der Software-Technik und Computertechnologie. Die Benutzer verfügen über Fach- und Erfahrungswissen im Bereich der Einsatzorganisation. Das zur Gestaltung der Technik und der Arbeit erforderliche Wissen und die speziell zur Bestimmung benutzerorientierter Qualitätsmerkmale notwendige Kompetenz ist gemeinsam weder bei den einen noch bei den anderen vorhanden. Die gleichberechtigte *Partizipation* der Benutzer und Entwickler am Prozeß der Systementwicklung bildet daher eine notwendige Bedingung für die Herausbildung des benötigten neuen Wissens und insbesondere für die Herstellung einer gemeinsamen Gestaltungskompetenz.

Ein weiteres Spezifikum der Entwicklung rechnergestützter Systeme ist, daß die vollständige Ermittlung der Anforderungen hinsichtlich des Funktionsumfangs und der Qualitätsmerkmale des Software-Systems prinzipiell unmöglich ist. Eine auf Sozialverträglichkeit und Wirtschaftlichkeit abzielende Systementwicklung muß von der *evolutionären* Entwicklung der Einsatzorganisation und speziell des Software-Umfeldes ausgehen. Es verändern sich z. B. normative, ökonomische und technologische Gegebenheiten auf Grund exogener gesellschaftlicher Prozesse oder qualifikatorische, sachliche und organisatorische Gegebenheiten im Software-Umfeld, die nicht zuletzt durch den Einsatz der Software selbst hervorgerufen sein können. Hieraus erwachsen veränderte und neue Anforderungen an das eingesetzte System. Soll ein Qualitätsverlust und damit eine Minderung der Nützlichkeit der Software vermieden werden, so muß die Revision des Systems und die Iteration seiner Entwicklung methodisch angelegt sein.

Die Verlagerung des Schwerpunkts unserer methodischen Arbeit von der produktorientierten auf eine prozeßorientierte Sicht der Systementwicklung bedeutet nicht, daß wir von technischen Qualitätsmerkmalen des Software-Systems absehen und die notwendigen produktbezogenen Aktivitäten der Entwickler unberücksichtigt lassen. Wir halten es jedoch für wichtig, die auf die Menschen in ihren Arbeitsprozessen bezogenen (insofern nur kontextspezifisch bestimmbaren) Qualitätsmerkmale wie Relevanz, Handhabbarkeit, Angemessenheit und Verständlichkeit gegenüber den vorausgesetzten technischen und objektivierbaren Merkmalen wie Zuverlässigkeit und Portabilität, Kompatibilität hervorzuheben.

Die Komplexität von Software-Systemen, die in Arbeitszusammenhängen benutzt werden, ergibt sich nicht zuletzt aus der Vielfalt der Perspektiven, die - in der Regel implizit - in ihre Herstellung und Benutzung eingehen und durch sie widergespiegelt werden.

Die zur Bestimmung und Bewertung benutzerorientierter Qualitätsmerkmale erforderliche gemeinsame Kompetenz kann nur in einem kommunikativen Lernprozeß ausgebildet werden. Dabei kommt es darauf an, nicht nur die objektivierbaren und formalisierbaren, sondern auch die qualitativ spezifischen und informellen Momente der Arbeit aufzuspüren, unterschiedliche Perspektiven explizit zu machen und Interessenskonflikte und widersprüchliche Wünsche zu identifizieren.

4.1.4 Ein zyklisches Projektmodell

Unsere Sicht der Systementwicklung ist in einem zyklischen Projektmodell umgesetzt, siehe Abb. 15. Die Systementwicklung wird hier als Folge von *Entwicklungszyklen* angesehen. Jeder Zyklus hat die Herstellung und den Einsatz einer *Systemversion* zum Gegenstand. Das Versionskonzept berücksichtigt die evolutionäre Veränderung der Anforderungen der Benutzer und die Einsatzorganisation während des Einsatzes.

Die sich aus dem Einsatz der Software als notwendig ergebenden Veränderungen der Anforderungen sind zwar nicht planbar, müssen jedoch von jedem Projektmodell, das auf eine lange Einsatzdauer von Software-Systemen in Arbeitszusammenhängen ausgerichtet ist, systematisch einbezogen und methodisch umgesetzt werden.

Andererseits erlaubt ein auf Systemversionen bezogenes Projektmodell auch die methodische Planung von Revisionen gleich zu Beginn eines Entwicklungszyklus. Sind die in der Einsatzorganisation zu lösenden Probleme sehr komplex und die Anforderungen sehr umfangreich, so kann die Planung mehrerer Versionen als methodisches Mittel zur Anwendung kommen, um den Entwicklungsprozeß durchschaubar zu gestalten.

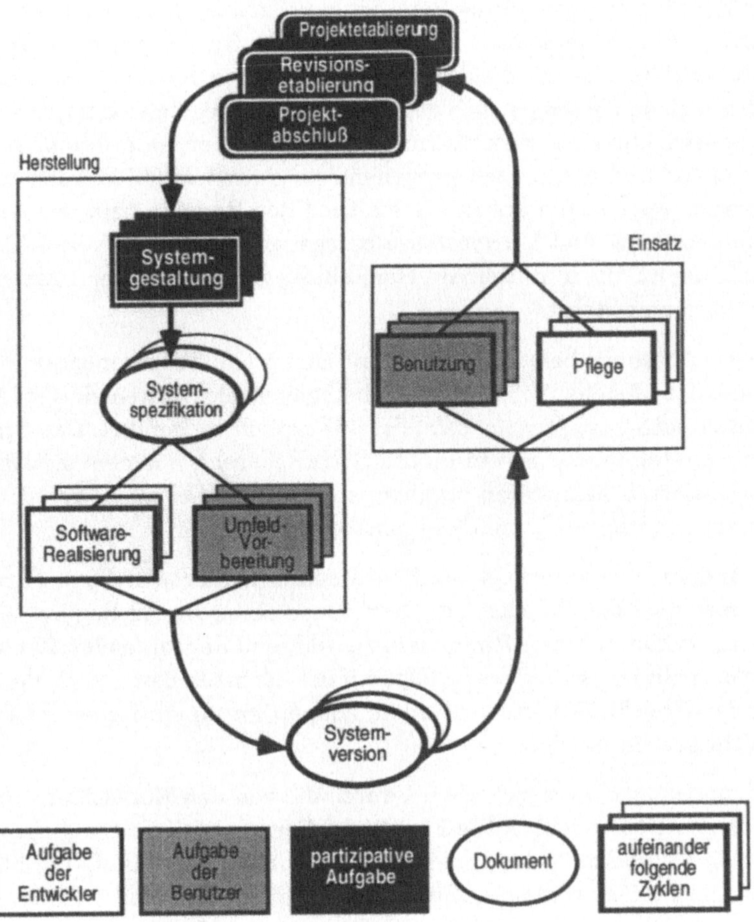

Abb. 15: Das Projektmodell von STEPS

Das Projektmodell reflektiert die Sicht der Entwickler auf die Systementwicklung ebenso wie die Sicht der Benutzer und weist die gemeinsamen und gesonderten Arbeitsprozesse beider Gruppen aus.

Bereits vor dem eigentlichen Beginn des Projekts muß geklärt sein, welche Aufgaben durch das zu entwickelnde System unterstützt und welche Anliegen umgesetzt werden sollen. Insbesondere müssen die am Projekt Beteiligten bereit sein, sich auf kooperative Arbeitsprozesse zur Entwicklung des Systems einzulassen und sich auf eine gemeinsame Vorgehensweise und die hiermit verbundenen Verpflichtungen zu einigen. Ein allen Beteiligten gemeinsames Verständnis vom Entwicklungsprojekt und seinen Zielen ist die zentrale Voraussetzung für die Durchführung der Systementwicklung.

Die an der Systementwicklung Beteiligten vollziehen zwei Arten von kreativen Aktivitäten: Einerseits schaffen sie mit dem System ein Produkt, andererseits initiieren sie mit dem Projekt einen Entwicklungsprozeß. Diese beiden Dimensionen bedingen sich gegenseitig und spiegeln sich im Verlauf der Systementwicklung in zwei Arten unterschiedlicher Aktivitäten, nämlich den produkt- und den prozeßbezogenen Aktivitäten wider. Werden die prozeßbezogenen, d. h. die auf die Gestaltung des Projekts bzw. der Arbeits-, Kommunikations- und Lernprozesse bezogenen Aktivitäten vernachlässigt, so leiden die auf die unmittelbare Herstellung des Produkts bezogenen Aktivitäten und umgekehrt.

In diesem Abschnitt befassen wir uns mit den produktbezogenen Aktivitäten im Sinne des Modells. Von den prozeßbezogenen Aktivitäten sind im Modell nur die *Projekt-* bzw. *Revisionsetablierung* explizit aufgeführt. Das Ergebnis der Projektetablierung ist ein grobes *Systemkonzept*, aus dem sich die produktorientierten Aktivitäten ergeben, sowie ein *Projektplan*, aus dem sich die prozeßorientierten Aktivitäten herleiten.

Nach Andersen et al. erfolgt die Koordination der Projektarbeit durch das Zusammenspiel der Projekt- bzw. Revisionsetablierung zu Beginn der Entwicklungszyklen mit den *Referenzlinien* während der laufenden Zyklen. Da die Referenzlinien (Erläuterung folgt auf der nächsten Seite) nach Bedarf im laufenden Projekt einberufen werden, können sie im statischen Projektmodell nicht gezeigt werden.

Der erste Entwicklungszyklus wird durch die von den Entwicklern und Benutzern gemeinsam vollzogene Projektetablierung initiiert. Sie dient zur kooperativen Erarbeitung des Projektplans sowie zur Verständigung über die Art der im Projekt geplanten Zusammenarbeit. Der Funktionsumfang der Erstversion kann so definiert sein, daß nur ein bestimmter zusammengehöriger Teil der Aufgaben berücksichtigt wird. Dadurch sind der Verlauf der Herstellung und die Veränderungen im Softwareumfeld insbesondere für die Benutzer leichter zu überblicken, und die kooperativen Arbeitsprozesse der Benutzer und Entwickler können gut etabliert werden. In jedem Fall muß die Erstversion ebenso wie alle weiteren Versionen einsatzfähig sein und die Arbeitsprozesse der Benutzer sinnvoll unterstützen.

Jeder *Revisionszyklus* wird durch eine Revisionsetablierung initiiert, die auf der Grundlage neuer, sich aus dem Einsatz einer Version ergebender Anforderungen durchgeführt wird.

Bei der Revisionsetablierung wird ähnlich wie bei der Projektetablierung von den Entwicklern und Benutzern kooperativ vereinbart, welche der neuen und veränderten Anforderungen berücksichtigt, welche Probleme gelöst werden sollen und wie die Durchführung der Revision geplant ist.

Bei der *Systemgestaltung* kooperieren Benutzer und Entwickler. Dabei geht es zunächst um die Ermittlung der *Anforderungen* — im Gegensatz zu traditionellen Wasserfallmodellen ist sie hier kein abgetrennter Entwicklungsschritt— und um die Gestaltung der *Benutzung*.

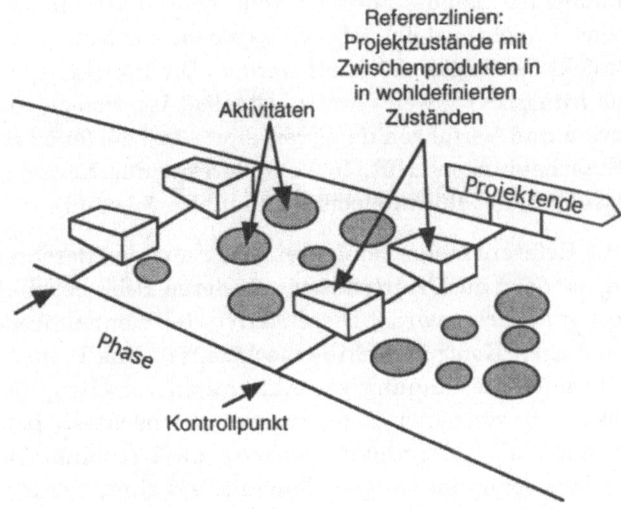

Abb. 16: Projektgestaltung in Phasen mit Referenzlinien und Kontrollpunkten

Zur Koordination des Entwicklungsprozesses orientieren wir uns an dem Konzept der Referenzlinien.

Referenzlinien sind dadurch gekennzeichnet, daß sie aus dem Entwicklungsprozeß heraus von den Beteiligten festgelegt werden und jeweils einen zu erreichenden *Projektzustand* durch das Vorliegen von Zwischenprodukten definieren. Spätestens dann, wenn dieser Projektzustand erreicht ist, muß die nächste Referenzlinie definiert sein.

Eine *Referenzlinie* ist benannt und besteht aus

- einer *Liste von Zwischenprodukten*, die in einem bestimmten Zustand vorliegen müssen, sowie anderen Voraussetzungen für die weitere Arbeit;
- *Kriterien zur Bewertung*, die auf Merkmale der Zwischenprodukte, der Ressourcen oder Qualifikationen Bezug nehmen;

- *Verfahren zur Bewertung*: Wie soll das Produkt bewertet werden (z.B. durch Review, Fragebogen oder Test)? Wer soll bewerten? Wer hat oder erhält Entscheidungskompetenz?

Das Konzept der Referenzlinie zielt darauf ab, einen koordinierten Prozeß durch situationsspezifische Vereinbarung von Zwischenprodukten zu gestalten. Typische Zwischenprodukte nach Andersen et al. sind: der Projektplan, eine Anforderungsdefinition, eine funktionelle Spezifikation oder ein Prototyp, der Systementwurf, Simulationsmodelle, Ausbaustufen, Standards, Testpläne usw.

Entscheidend dabei ist, daß die Form und die Zeitpunkte für Zwischenprodukte durch das Projektmodell nicht vorgegeben, sondern prozeßbezogen von den am Projekt Beteiligten definiert werden. Die Projektsituation ist für alle Beteiligten *transparent*, weil jeweils festgelegt ist, was zu tun ist, nach welchen Kriterien und Verfahren das Erarbeitete zu beurteilen ist und wer letztlich die Entscheidungen trifft. Insbesondere ist das Konzept der Referenzlinien verträglich mit Rückkoppelungen und Revisionen.

Das Planen mit Referenzlinien beinhaltet nicht nur die Beschreibung von Referenzlinien, sondern auch Aktivitäten, mit deren Hilfe beurteilt wird, ob eine Referenzlinie erreicht wurde. Diese Aktivitäten nennen Andersen und seine Autorenkollegen Kontrollpunkte (checkpoints). Das Planen mit Referenzlinien sollte auch die Planung von Aktivitäten vorsehen, die angeben, wie das Projekt sich von einer Referenzlinie zur nächsten bewegt. Eine Phase enthält dann alle Aktivitäten zwischen zwei aufeinanderfolgenden Referenzlinien. Wie schon im vorigen Abschnitt erwähnt, werden Beschreibungen von Referenzlinien und Aktivitäten im Projektplan abgelegt.

Die *Systembenutzung* beinhaltet die Einbettung des Rechners in die Arbeitstätigkeiten und ihre Organisation. Sie betrifft existierende oder neue Kooperationsbeziehungen und Organisationsstrukturen. Daraus leiten sich Anforderungen an die *Handhabung*, die *Funktionalität*, die *Architektur* und die *Qualitätsmerkmale* des Systems ab.

Als Grundlage für die Software-Realisierung dient der Entwurf der *Benutzermaschine*, der die *Systemfunktionen*, das *Datenmodell*, und die *Benutzungsschnittstelle* umfaßt, sowie die Bestimmung der *Basismaschine* aus benötigten Hard- und Software-Komponenten.

Die Systemgestaltung vollzieht sich in Zyklen der Analyse, Synthese und Revision. Im Vordergrund stehen hierbei wechselseitige Kommunikations- und Lernprozesse zwischen den Benutzern und Entwicklern, in deren Verlauf gewissermaßen ein neuer Realitätsbereich geschaffen wird. In ihnen entsteht das zur Bestimmung der Eigenschaften des Systems benötigte neue Wissen und die zur Bewertung seiner Qualität erforderliche gemeinsame

Kompetenz. Mit dem so neu entstehenden Wissen erhält das System allmählich seine Konturen und mit zunehmender gemeinsamer Beurteilungskompetenz nach und nach seine stabile Gestalt. Technisch können diese Prozesse durch *exploratives Prototyping* bei der Ermittlung von Anforderungen oder durch *experimentelles Prototyping* z. B. bei der Gestaltung der Mensch-Rechner-Interaktion unterstützt werden.

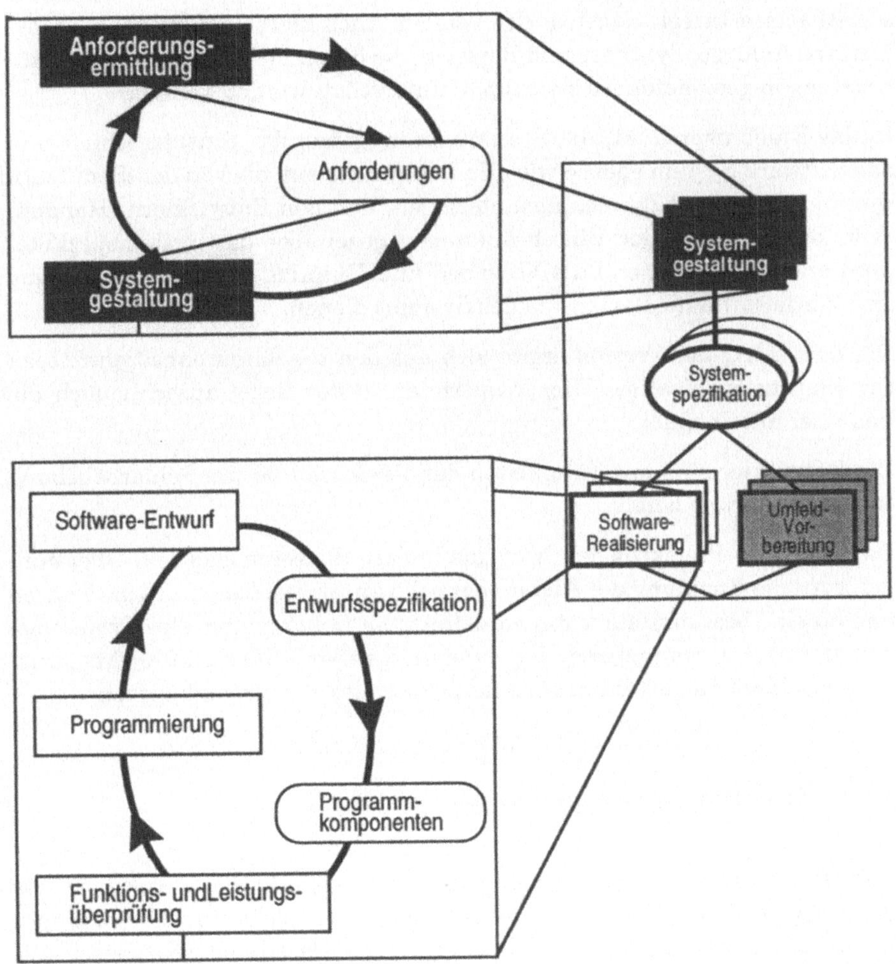

Abb. 17: Herstellungsprozeß aus der Entwicklersicht nach STEPS mit Einordnung eines traditionellen Phasenmodells

Die *Systemspezifikation* als Ergebnisprodukt der Systemgestaltung wird von den Entwicklern erstellt. Sie enthält sowohl die funktionelle Spezifikation für die zu realisierende Version als auch die zugehörigen Vorgaben für die in der Einsatzorganisation durchzuführenden Maßnahmen zur Qualifikation und Beschaffung sowie für organisatorische und räumliche Umstellungen.

Die *Software-Realisierung* wird in kooperativen Arbeitsprozessen der Entwickler durchgeführt. Sie entsprechen den vom Phasenmodell bekannten Aktivitäten: dem *Software-Entwurf* zur Erarbeitung der inneren Architektur des Software-Systems, der *Programmierung* und dem Test seiner Komponenten sowie aus der *Funktions- und Leistungsüberprüfung* der jeweiligen - arbeitsteilig programmierten und getesteten - Komponenten in einem schrittweisen Integrationstest der Version. Auch hierbei vollziehen sich Zyklen von Analyse, Synthese und Revision, die durch *Prototyping* und die Entwicklung in geeigneten *Ausbaustufen* unterstützt werden können.

In das Ergebnisprodukt, die *Systemversion*, gehen der Einsatzrechner und das Software-System ebenso wie alle Dokumente ein, die von den Benutzern (Auswertungs- und Bewertungsunterlagen) und den Entwicklern (Handbücher, Beschreibung der Einschränkungen gegenüber der Systemspezifikation) erstellt werden und als Vorgaben und Unterlagen für die Benutzung und Pflege sowie für Revisionen des Systems dienen.

Die *Benutzung* der Version ergibt sich aus den regulären Arbeitsprozessen der Einsatzorganisation. Hier kooperieren in der Regel ausschließlich die Benutzer miteinander.

Die Entwickler sind mit Tätigkeiten der *Versionspflege* wie Fehlerbehebung oder Optimierung befaßt.

Das zyklische Projektmodell hebt das lineare Phasenmodell auf. Überwunden wird die Kopplung der Diskursbereiche an vorgegebene zeitliche Phasen und an eine bestimmte Art von vordefinierten Dokumenten. Das Projektmodell gestattet es weitgehend, den dynamischen Verlauf eines Projekts situationsspezifisch zu gestalten, ohne methodisches Arbeiten aufzugeben.

4.1.5 Situationsspezifische Strategien

Im Gegensatz zum Phasenmodell erhebt das zyklische Projektmodell nicht den Anspruch, eine ideale Vorgehensweise für sämtliche Projekte zu bieten. Es liefert vielmehr einen Rahmen, der zu einer Klasse von situationsspezifischen Strategien für individuelle Projekte führt. Auch das zyklische Projektmodell ist wie eine Landkarte, die ausgewählte Aspekte des Territoriums der Software-Entwicklung aufzeigt und miteinander verknüpft.

Zur Wahl einer situationsspezifischen Strategie gehört die Festlegung der Art, der Anzahl und des Funktionsumfangs der Systemversionen. Sie kann je nach den verfügbaren Ressourcen und der Art des Projektes sehr unterschiedlich ausfallen. Festzulegen sind auch die Art und der Grad an Benutzerbeteiligung sowie die Maßnahmen zur Freisetzung und Qualifikation der Benutzer. Letztlich gilt es, die Auswertung von Systemversionen, die Rückkopplung in das laufende Projekt und die schrittweise Umstellung der Einsatzorganisation auf die computergestützten Arbeitsprozesse vorzuplanen. Die gewählte Strategie findet ihren Ausdruck im bereits oben erwähnten Projektplan und schlägt sich in den nachfolgend beschriebenen prozeßbezogenen Aktivitäten nieder.

4.1.6 Koordination der Zusammenarbeit im laufenden Projekt

Wie Andersen et al. beschreiben, erfolgt die Koordination der Projektarbeit durch das Zusammenspiel der Projekt- bzw. Revisionsetablierung zu Beginn der Entwicklungszyklen mit den Referenzlinien während der laufenden Zyklen. Da die Referenzlinien nach Bedarf im laufenden Projekt einberufen werden, können sie im statischen Projektmodell nicht gezeigt werden.

Der erste Entwicklungszyklus wird durch die von den Entwicklern und Benutzern gemeinsam vollzogene *Projektetablierung* initiiert. Sie dient zur koperativen Erarbeitung des Projektplans sowie zur Verständigung über die Art der im Projekt geplanten Zusammenarbeit.

Gerade zu Beginn eines Projektes wollen verschiedene Interessensgruppen Einfluß auf dessen Organisation und Durchführung gewinnen. Umso wichtiger ist es für die Projektgruppe, auch ihren *eigenen Standpunk*t der Projektsituation und -durchführung zu entwickeln und in einem *Projektvertrag* festzuhalten. Der (interne) Projektvertrag ist als eine Art Kooperationsvertrag anzusehen, den die Projektmitglieder miteinander aushandeln. Dazu setzt die Projektgruppe zwei bis fünf Projektbesprechungen an, die sich allemal bezahlt machen. Ziel dieser Aktivität ist es, die *Projektumgebung* und die *Projektgruppe* zu etablieren.

Für die *Etablierung der Projektumgebung* diskutiert die Projektgruppe folgende Problempunkte:

- Ist die Beschreibung des *Auftrages* klar formuliert? Welche *Verpflichtungen* gehen beide Seiten ein?
- Wie werden die verschiedenen beteiligten Interessensgruppen *Einfluß* auf das Projekt nehmen?
- Muß noch eine *Durchführbarkeitsstudie* und *Anforderungsanalyse* durchgeführt werden?
- Welche *Rolle* werden die Benutzer spielen?
- Ist das Projekt an *Produktmuster* und *Standards* gebunden?

- Welche generelle *Ausstattung* steht zur Verfügung? Kann das Projekt die nötigen *Ressourcen* erhalten? Werden diese noch von anderen Projekten genutzt?

Nach der Klärung dieser Problempunkte weiß die Projektgruppe auch, welcher Spielraum ihr für die *eigene Projektdurchführung* und die Festschreibung der *Kooperation* mit den anderen Interessensgruppen bleibt und wie dieses organisatorisch verankert werden muß.

Eine gute Projektumgebung sichert aber noch nicht das erfolgreiche Arbeiten der Projektgruppe. Zum *Etablieren der Projektgruppe* klären die Mitglieder Fragen zur Kooperation, Projektgestaltung, Wissensakquisition, Schulung und Sozialisation. Für die Kooperation in der Gruppe muß sie Regeln zur Zusammenarbeit festlegen. Diese ergeben sich aus der Erörterung folgender Problemstellungen:

- Wie soll sich die Gruppe verhalten, wenn sie Ideen produziert?
- Wie soll sich die Gruppe verhalten, wenn sie nach verschiedenen Vorschlägen arbeitet?
- Wie werden Entscheidungen in der Gruppe getroffen? Trifft der Projektleiter alle Entscheidungen, oder gibt es Gruppenkonsens oder ein Recht für ein Veto?
- Welches Verhalten wird akzeptiert und welches nicht? Wie verhält sich die Gruppe bei persönlichen Konflikten?
- Wie werden die neuen Regeln eingeführt?

Wir sind der Ansicht, daß durchaus einige Aktivitäten der *Projektgestaltung* an Projektmitglieder verteilt werden können, nachdem die Gruppe dieses sorgfältig erörtert hat. Der Projektleiter ist gegenüber dem Management für diese Aufteilung verantwortlich.

Die Gruppe muß Klarheit über ihre eigene Kompetenz erlangen. Wenn zusätzliche Schulungen (z.B. für Geräte oder Programme) notwendig sind, müssen diese rechtzeitig geplant und durchgeführt werden.

Das Ergebnis der Projektetablierung, d.h. das Resultat und die Konsequenzen der Diskussionen obiger Fragestellungen, wird in dem Projektvertrag aufgeschrieben (vgl. Abb. 18), der im Laufe des Projektes immer wieder mit dem Prozeßverlauf verglichen (Auswertung), ergänzt und verändert (Regulierung) wird.

Er sollte ebenfalls das erste grobe Systemkonzept und eine erste Version des Projektplanes enthalten, falls diese erarbeitet wurden und weitere Verweise auf (später erstellte) detailliertere Dokumente enthalten. Der Projektvertrag sollte *innerhalb* der Projektgruppe verbleiben und keiner der Interessengruppen präsentiert werden. Er bildet das Grundgerüst für einen Projektordner.

```
INHALT
1. Projektumgebung
    1.1 Aufgaben und Ziele
    1.2 Ressourcen
        1.2.1 Mitarbeiter
        1.2.2 Werkzeuge
    1.3 Die Projektorganisation in Beziehung zu anderen Pro-
    jekten
    1.4 Die Einbettung der Projektorganisation in die Fir-
    menorganisation
2. Regeln der Zusammenarbeit
    2.1 Die Wahl des Projektmodells
    2.2 Die Projektgruppe
    2.3 Technische Koordinationsgruppe
    2.4 Andere Arbeitsgruppen
        2.4.1 Prinzipien zum Einstellen von Mitarbeitern
        2.4.2 Kompetenzen
    2.5 Planung
    2.6 Projektbesprechungen
    2.7 Seminare
    2.8 Entscheidungsfindung
3. Kritische Vorbedingungen
```

Abb. 18: Standardgliederung für einen Projektvertrag

Jeder Revisionszyklus wird durch eine Revisionsetablierung initiiert, die auf der Grundlage neuer, sich aus dem Einsatz einer Version ergebender Anforderungen durchgeführt wird.

Bei der *Revisionsetablierung* wird ähnlich wie bei der Projektetablierung von den Entwicklern und Benutzern kooperativ vereinbart, welche der neuen und veränderten Anforderungen berücksichtigt, welche Probleme gelöst werden sollen und wie die Durchführung der Revision geplant ist. Zur Koordination des Entwicklungsprozesses orientieren wir uns an dem Konzept der *Referenzlinien*.

4.1.7 Prototyping

In diesem Abschnitt soll die Bedeutung von Prototyping als Verfahren zur Unterstützung von kooperativen Erkenntnisprozessen bei der Software-Entwicklung gezeigt werden. Unter Prototyping wird in der Literatur eine Klasse von unterschiedlichen Vorgehensweisen zusammengefaßt. Je nach dem maßgeblichen Anliegen unterscheidet Christiane Floyd exploratives, experimentelles und evolutionäres Prototyping.

Exploratives Prototyping dient zum Ausloten der erwünschten Funktionalität des angestrebten Systems. Seinem Charakter nach ist es informell, wesentliche Ziele dabei sind die Kommunikation über Anforderungen mit den Benutzern zu unterstützen sowie die Realisierbarkeit von anvisierten Systemfunktionen auf der vorliegenden Basismaschine zu klären.

Experimentelles Prototyping dient zum Nachweis der Tauglichkeit von vorgeschlagenen und in der Regel bereits spezifizierten Systemfunktionen. In unserem Kontext bezieht sich experimentelles Prototyping vorwiegend auf die Gestaltung des Mensch-Rechner-Dialogs, und zwar sowohl auf Struktur und Ablauf des Dialogs als auch auf den Aufbau des Bildschirms während des Dialogs.

Evolutionäres Prototyping findet dort statt, wo ein inkrementelles, zyklisches Vorgehen als Projektstrategie auch innerhalb eines Entwicklungszyklus gewählt wird. Dies ist beim Zusammenspiel von Software-Entwurf und Programmierung zu empfehlen. Grundlage dafür ist eine funktionelle Spezifikation des Systems, in der die Benutzermaschine einschließlich der Benutzungsschnittstelle und die Basismaschine festgelegt sind. Im Entwurf wird daraus eine Modularisierung erarbeitet, die in einer Entwurfsspezifikation festgehalten wird.

Die zyklische Verschränkung von Software-Entwurf und Programmierung wird aufgrund einer Ausbaustufenplanung gestaltet, bei der jede Ausbaustufe eine sinnvolle Teilmenge der angestrebten Systemfunktionen anbietet (und nicht nur nach dem zufälligen Fertigstellungsgrad einzelner Teile zustandekommt).

Zuerst wird die Modularisierung erarbeitet und deren Schnittstellen festgelegt. Darauf aufbauend wird eine Ausbaustufe 0 implementiert und ausgetestet, bei der jedes Modul nur durch ein "Skelett" vertreten ist: durch seine Schnittstelle und die Möglichkeit, sämtliche Prozeduren von außen aufzurufen. Der Zweck dieser Ausbaustufe ist, Mißverständnisse über Schnittstellen zu beseitigen und Erfahrungen im Zusammenwirken der einzelnen Komponenten zu gewinnen. Die Ausbaustufe 0 dient dann als Rahmen für alle weiteren Systemtests.

Parallel dazu wird die Entwurfsspezifikation um die zur Ausbaustufe 1 gehörenden Anteile erweitert (die Auswahl von Systemfunktionen für Ausbaustufe 1 und alle weiteren erfolgt nach projektspezifischen Gesichtspunkten). Anschließend wird Ausbaustufe 1 implementiert und getestet und das Verfahren entsprechend der Anzahl der Ausbaustufen wiederholt.

Bezogen auf jedes einzelne Programm ist das Vorgehen dabei linear: Entwurf vor Implementierung vor Test. Bezogen auf das Produkt als Ganzes ist das Vorgehen zyklisch: einzelne Ausbaustufen durchlaufen zeitlich parallel verschiedene Entwicklungsstufen. Darüber hinaus gibt es noch die übliche Unterscheidung in Arbeits- bzw. Testversion der Programme, die sich jeweils auf eine Ausbaustufe beziehen.

Die Kommunikation wird wesentlich dadurch verbessert, daß beim Übergang von einer Ausbaustufe zur anderen die Spezifikationen ausgetauscht werden. Eine wichtige Rolle spielt auch die übergeordnete Testgruppe, die aus Mitgliedern der einzelnen Arbeitsgruppen zusammengesetzt wird und daher zur Vernetzung des Teams wesentlich beiträgt.

DieseMethode bietet gegenüber der herkömmlichen Vorgehensweise wesentliche Vorteile:

- Zu jedem Zeitpunkt gibt es eine wohldefinierte, auswertbare und sinnvoll einsetzbare Teilmenge.
- Die Implementierung und das Testen wird teamorientiert in kleine, jeweils überschaubare Schritte mit der Möglichkeit zur Revision zerlegt.
- Die Kommunikation und das gemeinsame Verständnis des Teams wird erheblich verbessert.
- Die vielfach beklagte Diskrepanz zwischen Spezifikationen und Programmen wird verringert, da die inkrementelle Vorgehensweise bei jeder Ausbaustufe ein Wiederaufsetzen auf der Entwurfsebene mit sich bringt.
- Programme werden im Hinblick auf Änderbarkeit gestaltet.

4.2 Programmieren als Theoriebildung nach Naur

Naur betont die Personengebundenheit von Software auf der individuellen Ebene des Programmierers und die damit verbundenen Konsequenzen. Naur hat in einer Reihe thematisch überlappender Publikationen seine kritische Haltung gegenüber der herkömmlichen (regelgeleiteten) Sichtweise der Software-Entwicklung formuliert; er setzt sich damit auseinander, was die Programmierer *tatsächlich* tun.

Er untersuchte in einer Vielzahl von Experimenten mit sich selbst und mit Studentengruppen anhand von Tagebüchern, was in den Köpfen von Programmierern während der Programmierung vorgeht. Aufgrund dieser Experimente und Erfahrungen kommt Naur zu dem Schluß, daß das Wissen des Programmierers über das von ihm entwickelte Programm als eine Theorie darüber angesehen werden kann, wie die vorhandenen Probleme durch die Programmausführung gelöst werden können.

In seinem ersten Experiment mit sich selbst bezweifelt er den Sinn eines Top-down-Entwurfs im Sinne der strukturierten Programmierung. Um seine Zweifel zu untermauern, dokumentiert er seinen Lösungsweg des von Dijkstra und Wirth als Beispiel verwendeten Acht-Damen-Problems, wie der Auszug aus dem Tagebuch in Abb. 19 zeigt.

9

Yet another idea for a representation, inspired by the symmetry of point 8: Add to *ROW* of point 2 a similar *COLUMN*, telling for each

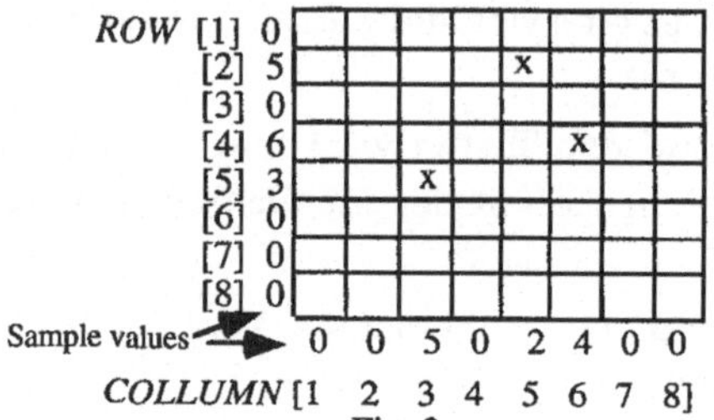

ROW [1] 0
[2] 5
[3] 0
[4] 6
[5] 3
[6] 0
[7] 0
[8] 0

Sample values → 0 0 5 0 2 4 0 0

COLLUMN [1 2 3 4 5 6 7 8]

Fig. 2.

column the number of the row where a queen is placed (Fig. 2). This is a device like what is needed in approach Q of point 5. With approach P it does not seem to help much.

10

Two different needs for a representation: 1) Knowing whether a field is already occupied, and 2) knowing whether a field is under attack. These two needs do not neccessarily have to be served by two different mechanisms.

11

New idea on method: Induction: Would it be reasonable to let the trial solutions for a 7 x 7 board: the remaining problem is to place either two, or just one queen (at the diagonal). I.e. the 7-board must have 7 or 6 queens. It looks complicated!

Abb. 19: Auszug aus einem Tagebuch von Naur

Sein Lösungsweg ist ein ganz anderer: Zunächst versucht er anhand von Beispielen das Problem zu verstehen; er vergleicht verschiedene Repräsentationen des Schachbretts und der Operationen darauf; schließlich bringt er diese in Bezug, bis sich ein Muster herausbildet, das er in alternative Lösungsvorschläge ausarbeiten kann; diese programmiert er bis in eine gewisse Detailtiefe, um vor allem auch Gewißheit über Effizienz zu erhalten. All diese Arbeitsschritte, die die Qualität der Lösung hervorbringen sollen, werden von der strukturierten Programmierung gar nicht berücksichtigt. Die Qualität des Programmes hängt nach seiner Auffassung also vom wachsenden Problemverständnis des Programmierers und seiner Sorgfalt bei der Durchführung der o.a. Arbeitsschritte ab, aber nicht, in welcher Reihenfolge sie ausgeführt werden.

In seinen Experimenten mit Studenten werden diese Ergebnisse bestätigt und ergänzt. Die Studenten müssen über die Entwicklung ihrer Programme Tagebücher führen, d.h. sie halten jeden Schritt ihrer Arbeit und die gesetzten Ziele nach Schwierigkeit, Wichtigkeit und der damit verbrachten Zeit fest. Nach Abschluß der Programmentwicklung fertigen die Studenten eine Zusammenfassung ihrer Arbeit an.

Aus den von den Studenten angefertigten Bewertungen und Beschreibungen läßt sich keine einheitliche Herangehensweise ableiten — jeder Student hält andere Aktivitäten der Programmentwicklung für wichtig oder schwierig. Selbst in der Reihenfolge der Entwicklungsschritte ist keine einheitliche Methode, etwa Top-down oder Bottom-up, zu erkennen.

An einem Beispiel, in dem er selbst einen Mikroprozessorsimulator entwikkelt, stellt er fest, daß Programmierer weniger Fehler machen, wenn sie sich der Tragweite der Fehler bewußt sind. Gehäuft treten Fehler in Programmteilen auf, die der Programmierer für unwichtig hält. Er schließt daraus, daß eine eingehende Problemanalyse, in der jeder Entwicklungsschritt ausführlich begründet und gerechtfertigt wird, die Korrektheit von Programmen erhöht. Dabei kann die Rechtfertigung in Prosa erfolgen, mit freier Benutzung von formellen Darstellungen, wo es für nützlich gehalten wird; ein Festhalten an einem formalen System bringt hierbei keinen Gewinn.

So definiert Naur Programmierung schließlich als Abbildung (von Teilen) der realen Welt auf ein formales System, welches auf einem Rechner lauffähig ist. Bei der Programmierung ist die Wissensbildung des Programmierers über die reale Welt und ihre Abbildung vorrangig, jede Dokumentation oder schriftliche Ausarbeitung kann nur zweitrangig sein. Diese Personengebundenheit belegt er mit Erfahrungen aus der Praxis, in der Programme nur noch schwer zu warten sind, wenn die ursprünglichen Programmierer nicht mehr erreicht werden können.

Das Wissen des Programmierers über sein Programm wird als Theorie im Sinne des Philosophen Ryle bezeichnet. Dieser definiert Theorie als unser Wissen, wie wir Dinge intelligent tun und dieses Tun rechtfertigen und begründen können. Intelligenz wird dabei als die Fähigkeit angesehen, Dinge gemäß selbst gesteckten Kriterien gut zu tun; insbesondere ist Intelligenz mehr, als nur Regeln zu folgen. Theorie in diesem Sinne umfaßt mehr als eine abstrakte Einsicht der Dinge, wie sie z.B. benutzt wird, wenn von Newtons Theorie (Kraft = Masse * Beschleunigung) gesprochen wird.Vielmehr ist es so, daß eine Person, die Newtons Theorie über die Mechanik kennt, diese auch in Bezug zu der Bewegung von Pendeln oder Planeten bringen kann.

> Naur behauptet nun, daß das Wissen des Programmierers über das von ihm entwickelte Programm als eine Theorie über das angesehen werden kann, wie die Probleme durch die Programmausführung gelöst werden können. Er nennt das die *Theoriebildungssicht* vom Programmieren, die er der *Textproduktionssicht* entgegenstellt.

Er belegt, warum die Theorie über das Programm niemals vollständig in Dokumenten enthalten sein kann, mithilfe von drei Argumenten:

1. Der Programmierer, welcher die Theorie über das Programm besitzt, kann für jeden Programmteil begründen, welchen Aspekt der realen Welt er abbildet. Umgekehrt, weiß er für jeden Aspekt der Welt, ob und (wenn ja) wo er seine Entsprechung im Programm besitzt. Es lassen sich aber nicht alle Aspekte in einer Dokumentation vollständig auflisten.
2. Der Programmierer kann für jeden Teil des Programmes erklären und rechtfertigen, warum er gerade so ist wie er ist. Letztendlich läßt sich das nur mit dem intuitiven Wissen des Programmierers erklären.
3. Der Besitzer einer Theorie über das Programm kann auf Änderungsanforderungen konstruktiv reagieren, da er das Wissen über die Zusammenhänge der Welt mit dem Programm besitzt und so auch bei geänderten Anforderungen die Verbindungmit dem Programm erkennt.

In diesem Zusammenhang führt Naur aus, daß *ein Programm solange lebt, wie die Gruppe*, welche die Theorie des Programmes besitzt, *die aktive Kontrolle über das Programm hat*. Die Wiedergeburt eines Programmes bedeutet den Wiederaufbau der Theorie des Programmes. Die Kosten für die Wiederbelebung eines Programmes sind meist höher als bei einer Neuimplementierung. Die Entwicklung der Theorie nur aus Programmtext ist ohne Anleitung schlicht unmöglich. Naur untersucht auch die Verträglichkeit der Theoriebildungssicht mit den herkömmlichen Methoden zur Programmentwicklung. Methoden zur Erstellung von Software werden als Regelsysteme angesehen, die nicht nur Schritte zum Erreichen eines Zieles vorgeben, sondern auch die Reihenfolge dieser Schritte fest vorgeben. Jeder Schritt führt zu einem dokumentierten Ergebnis, der letzte Schritt dann zum fertigem Produkt. Nach Naur kann es niemals »die alleinige« Methode für die Programmentwicklung im Sinn der Theoriebildungssicht geben. Hierfür kann keine Reihenfolge der einzelnen Schritte vorgegeben werden, weil die Theorie einer Person keine Einzelteile oder Reihenfolge enthält. Trotzdem ist es wichtig, daß der Programmierer mit Techniken der Verifikation, strukturierten Programmierung und typischen Problemlösungen vertraut ist. Nur die Reihenfolge, in der er diese Techniken anwendet, muß ihm überlassen bleiben.

Die Theoriebildungssicht bedingt auch eine Anhebung des Status des Programmierers, der nicht mechanistisch durch die Software-Bürokratie festgelegte Teilprodukte erstellen und möglichst ersetzbar sein sollte, sondern der als professioneller Entwickler und Berater von Kunden arbeitet, um deren Anliegen er sich kümmert. Dieses sollte in einer projektorientierten Ausbildung vermittelt werden.

Naurs Auffassung von der Theoriebildung bei der Programmierung betrachte ich als richtungsweisend für die Software-Technik. Allerdings läßt Naur den Prozeß der Theoriebildung selbst außer acht. Er begreift Theoriebildung als autonomen, *intramentalen* Prozeß einzelner Programmierer, sozusagen als eine Fähigkeit »lernen zu lernen«. Er sagt nichts darüber aus, *wie* sich die Realität und deren Veränderungen dem Programmierer erschließen. Gänzlich offen läßt er auch, wie sich individuelle Theoriebildung bei einer *gemeinsamem Theoriebildung* innerhalb einer Programmierergruppe zwischen den Beteiligten vermittelt und welche interpersonellen Koordinationsprobleme diese Teilnehmer beim Aufbau eines gemeinsamen Wissens lösen müssen, wenn dieses kommunikativ vermittelt wird. Diese Fragestellungen bearbeite ich ausführlich im anschließenden Kapitel.

4.3 Weiterführende Literatur

Andersen, N. E.; Kensing, F.; Lundin, J.; Mathiassen, L.; Munk-Madsen, A.; Rasbech, M.; Sørgaard, P.: *Professional systems development: experience, ideas, and action.* Andersen et al. untersuchten Software-Entwicklungsprojekte in Dänemark und betrachten die *Prozeß- / Produktkomplementarität* bei der Entwicklung von Software-Systemen allgemein als produktorientierte Durchführung und prozeßorientierte Projektgestaltung. Sie bieten handlungsorientierte und leichtverständliche Konzepte zur Grundlegung und Koordinierung des Software-Entwicklungsprozesses. Das Buch ist in Skandinavien sehr verbreitet. Prentice Hall, 1990.

Jacobson, I.; Christeroson, M.; Jonsson, P.; Övergaard, G.: *Object-Oriented Software Engineering. A Use Case Driven Approach.* Dies ist das derzeit beste Buch zu den Themen Objektorientierung, Software Engineering und evolutionäre Software-Entwicklung. Als Leser merkt man die zwanzigjährige Erfahrung von Ivar Jacobson auf diesem Gebiet. Er führt zwar auch ein eigenes Darstellungsmittel ein, dieses ist aber im Gegensatz zu vielen anderen aus diesem Bereich wirklich ausdrucksfähig. Addison-Wesley, 1992.

Naur, P.: *Computing: A Human Activity.* Alle wichtigen Artikel von Naur, auch die, auf die in diesem Abschnitt Bezug genommen wurde, sind in diesem Buch zusammengefaßt. Es lohnt sich wirklich, dieses Buch von einem *der Pioniere* der Software-Technik zu lesen. Addison-Wesley, 1992.

Wenn ich denke,
daß ich nicht mehr an dich denke,
denke ich immer noch an dich.
So will ich denn versuchen,
nicht zu denken
daß ich nicht mehr an dich denke.

Zen-Ausspruch

5 Die Theorie: Dialogischer Software-Entwurf

5.1 Zur Problemstellung: Die dialogische Entwurfssituation

5.2 Grundlinien sozialen Handelns in der Entwurfssituation

5.3 Asymmetrischer und symmetrischer Dialog

5.4 Die allgemeine Handlungsorientierung

5.5 Die soziale Handlungsorientierung

5.6 Dialogischer Entwurf ist wechselseitiges Erwägen und Widersprechen

5.7 Kooperatives Lernen und die Erfahrung des Neuen

Wenn Sie sich durch die obigen Zeilen des Zen-Ausspruches durchgedacht haben und auf das Paradox gestoßen sind, daß sie nicht denken können , an einen anderen nicht zu denken, dann haben Sie einmal oder mehrmals eine geistige Operation vollzogen, um die es in diesem Kapitel geht: In einer gegebenen (Projekt-) Situation versetzen wir uns virtuell in die Position eines anderen, um seine Perspektive dieser Situation oder einer bestimmten Sache, wie z.B. einer Argumentation beim Software-Entwurf zu erkennen. Danach können wir uns vorstellen, was seine Perspektive ist und wie er voraussichtlich handeln oder argumentieren wird. Dies befähigt uns wiederum unser eigenes Handeln strategisch danach auszurichten und zu planen.

Vorläufig läßt sich so beschreiben, was in der neueren Forschung als »Perspektivenübernahme« bezeichnet wird. Der Charme der Theorie der Perspeketivenübernahme liegt darin, daß die Prozesse des Lernens nicht als die *monologischen* Prozesse eines einzelnen Individuums betrachtet werden. Vielmehr werden die Prozesse des fundamentalen Lernens, Bewußtseinsbildung und Erkenntnis zumindest in der Ontogenese des Menschen als einen *dialogischen* und damit gemeinsamen Lernprozeß begriffen. Die Theorie der Perspektivenübernahme ist in der Forschung gegenwärtig der vielleicht wichtigste Ansatz zur Klärung der mit dem »Verstehen anderer« behafteten Probleme und gilt als empirisch belegt. Sie nimmt den anderen als prinzipiell autonomes und verantwortliches Subjekt an, dessen Perspektive erkannt werden soll. Die Theorie geht auf die Arbeiten des amerikanischen Soziologen George Herbert Mead und Jean Piaget zurück und ist durch Arbeiten von Dieter Geulen, Hans Joas, Max Miller und anderen weiterentwickelt worden.

In diesem Kapitel übertrage ich die Theorie der Perspektivenübernahme auf die Entwurfssituation und spezialisiere sie zu einer *Theorie des dialogischen Entwurfes*.

Sollten Sie an der Theorie in dieser Breite nicht interessiert sein, lesen Sie nur die Abschnitte 5.1 und 5.3, die die Grundlage zum Verständnis der Beispiele aus Kapitel 6 liefern und für sich allein verstanden werden können, ohne daß Sie besonders tief in die Theorie des dialogischen Entwurfes einsteigen müssen. Sind Sie an einer weitergefassten Darstellung der Theorie interessiert, lesen Sie die Darstellung in meiner Dissertation.

Die Theorie des dialogischen Entwurfes wendet sich folgenden Fragen zu:

- Was ist Kooperation und unter welchen Bedingungen kommt sie zustande?
- Wie kommt eine Gruppe zu gemeinsamen Zielen? In welchem Verhältnis stehen die individuellen Ziele der Gruppenmitglieder dazu? Wann hat die Gruppe Mittel zum Erreichen der Ziele zur Verfügung?
- Wie entwickelt sich eine Gruppe?
- Was ist überhaupt Software-Entwurf?
- Welche Vorteile bietet dialogischer Software-Entwurf? Warum sind gemeinsam erstellte Entwürfe qualitativ besser als andere? Welche »Qualität« weisen diese Entwürfe auf?
- Welche Rolle spielen Modelle und Informationsmonopole dabei?
- Welche Rolle spielen Kontroversen beim Entwerfen?
- Wie entsteht ein gemeinsames Wissen in der Entwurfsgruppe, das Naur als Theorie von Programmen bezeichnet hat (vgl. 4.2)?
- Wie lernt man Software-Entwurf?
- Und wie kommt Innovation beim Software-Entwurf zustande?

Zur Beantwortung dieser Fragen rekonstruiere ich die Entwurfssituation, in der Software-Entwickler gemeinsam gestaltend tätig sind, als einen Sonderfall des an Verständigung orientierten sozialen Handelns. Die Beteiligten führen einen *argumentativen Dialog*. Die Entwerfer müssen ihre jeweils tradierten Konzepte aus der Informatik nicht nur argumentativ formulieren, sondern auch wechselseitig verstehen (erlernen) und gegenseitig kritisieren. Dabei müssen sie zwischenmenschliche Koordinationsprobleme bewältigen. Meine generelle These ist, daß die Entwerfer dazu Techniken des wechselseitigen Erwägens und Widersprechens entwickeln.

In Abschnitt 5.1 beschreibe ich, was die Entwickler in der Entwurfssituation tun, um in Abschnitt 5.2 diese handlungstheoretisch analysieren zu können. In 5.3 definiere ich darauf aufbauend die wichtigsten Begriffe zum Verständnis dieses Kapitels.

Ich zeige dann in Abschnitt 5.4, daß auch in »als ganz normal« empfundenen Situationen pathogene Dialoge möglich sind, wenn einer der Dialogpartner ein *Modellmonopol* über den Gegenstandsbereich des Dialoges hat und damit den anderen gegenüber immer im Vorteil ist. Mit den bisherigen Ausführungen im Rücken kann ich dann die *Bedingungen für den dialogischen Entwurf* formulieren.

Im darauffolgenden Abschnitt werde ich die in Abschnitt 5.3 begonnene Begriffsbildung über Handlungsorientierung fortsetzen und mich mit der Entwicklung einer Gruppe beschäftigen. Dabei stellt sich heraus, anders als man es vielleicht erwartet hätte, daß die Entwicklung *gemeinsamer Ziele* der Verwendung *gemeinsamer Mittel* zur Durchsetzung von Gruppenzielen zeitlich nachgeordnet ist.

Im Abschnitt 5.5 setze ich mich mit der Entstehung eines *gemeinsamen Wissens* auseinander, welches die Entwerfer zu gemeinschaftlichem Handeln und einzelne zum Handeln im Sinne der Gruppe befähigt.

In Abschnitt 5.6 führe ich aus, daß die Operation der Perspektivenübernahme unter den Beteiligten als Argumentationsprozeß ausgeführt wird. Das dabei entstehende gemeinsame Wissen über den Entwurf steuern die Beteiligten über argumentative Widersprüche, die sie im Laufe der Zeit zu Techniken wechselseitigen Widersprechens und Erwägens verfeinern. Diese Argumentationsprozesse sind gleichzeitig Lernprozesse.

Ich behandle in Abschnitt 5.7 die Entstehung des Neuen in argumentativen Dialogen und komme bezüglich meiner eigenen Argumentation in diesem Kapitel zu dem Schluß, daß Konflikte und Kontroversen Vorbedingungen zur Entfaltung von Kreativität und Lernprozessen sind. Abschließend führe ich aus, welche Teile meiner Theorie ich auf den Software-Entwurf in Hinblick auf meine Untersuchung anwende. Doch zunächst zur dialogischen Entwurfssituation.

5.1 Zur Problemstellung: Die dialogische Entwurfssituation

Zu einer Entwurfssituation verabreden sich die Software-Entwickler, um über einen gewissen Zeitraum miteinander an einem Entwurf zu arbeiten. Sie bilden in diesem Zusammenhang eine Entwurfs*gruppe*. Diese Gruppe hat das übergeordnete Ziel, gemeinsam einen Entwurf zu erstellen.

Abb. 20: Die Haupttätigkeit des Entwurfes besteht darin, Entscheidungen zu treffen, wie vorhandene Entwurfsmuster angemessen spezialisiert werden können. Dazu gehört auch, Konzepte so zu spezialisieren, daß sie für den neuen Gegenstandsbereich innovativ sind.

Alle Teilnehmer bringen ihre Perspektiven mit und damit auch ihre Ziele, Erwartungen, Interessen und erlernten Konzepte und Modelle aus der Informatik. Da alle unterschiedliche Perspektiven haben, konstituiert dieser Umstand ein mögliches Konfliktfeld.

Ein Software-Entwickler orientiert sich beim Entwerfen an Musterarchitekturen — seinen Rezepten —, die er in seiner Praxis erworben hat. Erfahrungsgemäß können diese sehr unterschiedlich sein. Immer wieder zu bearbeitende Probleme wie Fehlerbehandlung, die Analyse von Lexemen, die Bildung von symbolischen Repräsentationen, die Typisierung von Objekten, die Benutzung von Prozedur-Bibliotheken und des Betriebssystems u.ä.m. führen zu unterschiedlichen Architekturen, die abhängig davon sind, aus welcher Implementierungskultur (Informationssysteme, Übersetzer, PDV-Systeme) der Entwickler kommt und wie stringent und sauber die o.a. Entwurfsmuster umgesetzt werden.

In der Entwurfssituation führen die Teilnehmer ein kreatives Wechselgespräch miteinander: es werden »Rezepte« vorgeschlagen, Fragen dazu gestellt, Bewertungen abgegeben, Gegenvorschläge gemacht. Betrachten wir ein kleines Beispiel: Die drei Akteure A,B,C wollen die interaktive Dialogkomponente eines Informationssystems entwerfen. Alle Akteure haben damit schon Erfahrungen gemacht und verfügen über unterschiedliches verteiltes Wissen in Form von Konzepten. Die erste Bestandsaufnahme ergibt:

- A hat eine solche Komponente als tabellengesteuerte Interpretation einer eigens entworfenen Maskenbeschreibungssprache mit einem Automaten realisiert. Die Steuerung des Programmes übernimmt ein Kommandointerpreter — ein Automat —, der bei jedem Zustandswechsel eine korrespondierende Operation eines benutzten Moduls aufruft.
- B hat gute Erfahrungen mit einem Maskengenerator gemacht, der die ganze Dialogkomponente vollständig generiert und einen Prozedurrumpf für die weitere funktionale Abarbeitung jeder Maske erzeugt.
- C wiederum hat die Architektur seines zuletzt entworfenen Informationssystems, wie von der Programmiersprachenschnittstelle der Datenbank nahegelegt, an der Menüstruktur ausgerichtet und für die vollständige Bearbeitung jeder Maske jeweils einen Modul vorgesehen.

Wegen der Unterschiedlichkeit der Konzepte des geteilten Wissens der Akteure hat die Gruppe zuerst die Schwierigkeit zu meistern, ein gemeinsames Wissen über ihr verteiltes Wissen (die Entwurfsmuster) zu entwickeln. Es sei unterstellt, daß die Akteure dies auch beabsichtigen. *Die Situation wird aber konfliktträchtig*, weil alle Akteure nicht nur die Vor- und Nachteile ihrer verschiedenen Musterarchitekturen aufdecken, sondern sich natürlich auch einbringen wollen: A´s Vorschlag ist zwar vom Prinzip der stufenweisen Abstraktion und des Geheimnisprinzips her sehr elegant, wie B und C anmerken, bringt aber großen Implementierungsaufwand mit sich. B kann mit seinem Generator gerade dies als Vorteil verbuchen, aber die Komponente legt nicht nur die zu verwendende Programmiersprache fest, sondern auch die gesamte Programmstruktur. Die Gestaltung der Benutzungsschnittstelle ist zudem zwangsweise an den Möglichkeiten des Maskengenerators ausgerichtet. C behauptet, daß ein implementiertes »Mustermodul« leicht für die anderen Masken kopiert und angepaßt werden kann, jedoch nimmt man damit die Redundanz des Gesamtsystems und das Propagieren von Fehlern des Mustermoduls in Kauf. Argumentationsstoff ist also reichlich vorhanden.

> So gesehen, müssen die Akteure beim dialogischen Entwurf das Einbringen ihrer Konzepte *sozial aushandeln* und gleichzeitig die Konzepte in Hinblick auf die anstehende technische Problemstellung spezialisieren.

Das oben geschilderte Beispiel zeigt schon, wie außerordentlich komplex die Entscheidungsfindung für die Akteure wird.

Langsam entsteht dann an einer Tafel, einem Flip-Chart oder auf einem Stück Papier ein Modulabhängigkeitsgraph, die Architektur der Software. Erst ganz am Ende der Entwurfssituation erstellen die Software-Entwickler arbeitsteilig eine Entwurfsspezifikation in Form von Modulspezifikationen und Schnittstellenbibliotheken. Die Entwurfsgruppe kann auseinandergehen. Aber wenn sie sich wiedertrifft, holt sie den bisherigen Entwurf über den Vorgang der reflexiven Kommunikation wieder in das Bewußtsein zurück (vgl. Abb. 21).

Das Wechselgespräch beim Entwurf ist eine Form eines *argumentativen Dialoges,* ein Sonderfall des an *Verständigung orientierten sozialen Handelns,* bei der die Teilnehmer komplizierte Koordinationsprobleme bewältigen müssen. Diese Koordinationsprobleme ergeben sich aus dem Umstand, daß die Teilnehmer Vorschläge und Argumente nicht nur wechselseitig verstehen müssen, sondern sie diese auch untereinander bewerten und meist einer Kritik unterziehen. Hier handelt es sich um eine besonders verzwickte Art von gemeinschaftlichem (sozialem) Handeln.

Abb. 21: Die Entwurfsgruppe kann jederzeit die Semantik des vollständigen Entwurfes mithilfe von reflexiver Kommunikation rekonstruieren

5.2 Grundlinien sozialen Handelns in der Entwurfssituation

Gemeinschaftliches Handeln ist nur erreichbar, wenn jeder Akteur seinen Anteil an den gemeinsamen Handlungen präzise an den gemeinsamen Zielen und den Mitteln zur Erreichung dieser Ziele ausrichtet, dazu ist aber weiterhin erforderlich, daß er andererseits möglichst genau die Beiträge der anderen vorhersehen kann, um wiederum seine Handlungen geschmeidig an die der anderen anschließen bzw. anpassen zu können. Es macht also nur Sinn von sozialem Handeln zu sprechen, wenn es ein Handeln ist, das sich in bestimmter Weise auf das Handeln anderer Akteure bezieht.

Nun bin ich bei der zentralen erkenntnistheoretischen Fragestellung des Fremdverstehens anderer: Wie kann ich bei meiner Orientierung an anderen deren Handlungsorientierung erkennen oder gar ihr geplantes Verhalten antizipieren und umgekehrt? Diese soziale Kognition hat mit der normalen Wahrnehmung nichts zu tun und muß durch eine eigene Theorie erklärt werden.

Dazu führe ich in diesem Abschnitt grundlegende Begriffe ein, um die Voraussetzungen zum Verständnis der sozialen Kognition zu legen, der wir uns in diesem Kapitel Schritt um Schritt nähern werden. Grundsätzlich halte ich wie Geulen begrifflich zwei nicht aufeinander reduzierbare Ebenen der Handlungsorientierung eines Akteurs auseinander. Die erste Ebene betrifft die Orientierung eines Akteurs an Zielen und Mitteln, das ist seine allgemeine Handlungsorientierung. Die zweite Ebene ist die Orientierung eines Akteurs an der Orientierung anderen Akteure, dieses kennzeichnet seine soziale Handlungsorientierung.

5.2.1 Perspektivität als zentrale Voraussetzung des Handelns

Der Begriff Perspektive ist grundlegend für dieses Buch. Ich verstehe unter **Perspektive** den Blickwinkel eines Akteurs beim Erleben und Handeln, beeinflußt durch seinen persönlichen *Bezugsrahmen*, der sich aus Erlebnissen, Erfahrungen und Ausbildung entwickelt (vgl. Abb. 22). Dazu gehören auch die im vorigen Abschnitt erwähnten Ziele, Erwartungen, Interessen und erlernten Konzepte und Modelle aus der Informatik. Dies ist die **Spezialsprache** eines Akteurs, die Sprache, mit deren Hilfe er sich und anderen seine Erlebnisse und Meinungen zu vermitteln sucht.

Ihre Spezialsprachen verändern, erneuern und benutzen die Akteure durch kommunikativ vermitteltes Handeln. Anhand der Perspektive orientiert sich ein Akteur, schöpft so die Grundannahmen für seine Deutungsprozesse und entscheidet weitgehend darüber, was er für wesentlich hält und bestimmt so sein Handeln.

Akteure treten als **Subjekte** und **Objekte** in Erscheinung. Diese Unterscheidung ist wichtig, denn Subjekte sind wahrnehmende Akteure, die andere Akteure buchstäblich gegenständlich als *Objekte* wahrnehmen (vgl. den unteren Teil der Abb. 22) können. Darüber hinaus — und darauf kommt es an — können sie auch die *Subjektivität* anderer Akteure (als *Subjekte*) wahrnehmen. Die Subjekt-Objekt-Beziehung erörtere ich anhand der allgemeinen Handlungsorientierung, die Subjekt-Subjekt-Beziehung an der sozialen Handlungsorientierung.

Die subjektive Seite eines Handelnden kennzeichnet seine **Handlungsorientierung**. Die *allgemeine Struktur der Handlungsorientierung* ist durch die intentionale und tätige Verwirklichung von Zielen durch Einsetzen von Mitteln in einer wahrgenommenen Situation bestimmt. Diese Bestandteile der Handlungsorientierung eines Subjektes haben demzufolge einen gegenständlichen Charakter, den es als *Gegebenheit* wahrnehmen kann, als *Ziel* erreichen oder verändern will oder als *Mittel* zum Erreichen eines Zieles einsetzen kann. Die allgemeine Handlungsorientierung vertiefe ich im Abschnitt 5.4.

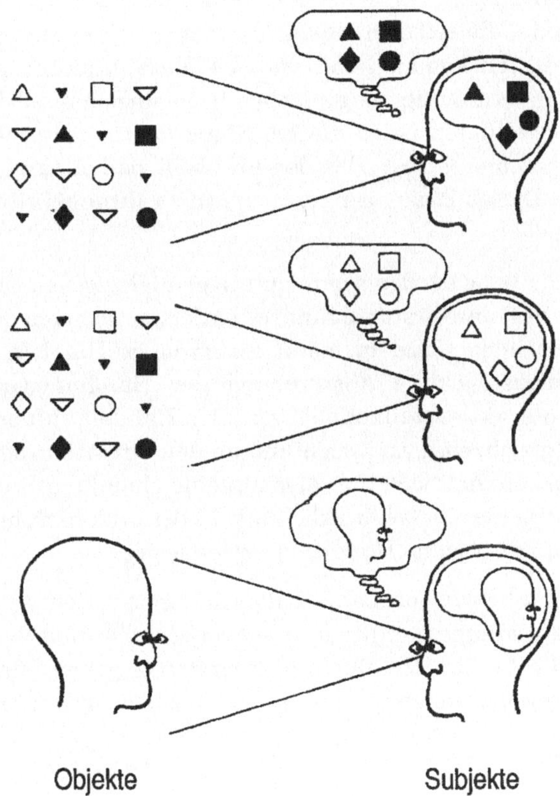

Abb. 22: Die Perspektive eines Akteurs ist abhängig vom Bezugsrahmen, den er erworben hat. Anhand ihrer Perspektiven orientieren sich die Akteure und bestimmen ihr Handeln. Diese subjektive Seite kennzeichnet ihre jeweilige Handlungsorientierung. (Verändert nach Westerlund, Sjöstrand (1981)).

Die Alltagswirklichkeit einer jeden Projektsituation und damit auch der Entwurfssituation ist durch die vielen Perspektiven der Beteiligten gekennzeichnet. Konflikte und Kontroversen ergeben sich u.a. aus unterschiedlichen Perspektiven, die für den einzelnen auch die Gefahr des Statusverlustes in der sozialen Ordnung der Gruppe bedeuten können.

Jeder Akteur weiß von den anderen, daß sie nicht bloße Objekte seiner Wahrnehmung sind, sondern ihrerseits perspektivisch orientiert handeln, d.h. Ziele verfolgen und dazu Mittel einsetzen, die möglicherweise außerhalb der Entwurfssituation liegen. Die Handelnden orientieren sich auch an dem geplanten Verhalten der anderen. Hier geht es also um die Frage, wie ein Subjekt in den Handlungsorientierungen der anderen Akteure auftaucht. *Andere Subjekte* passen aber nicht in seine allgemeine Handlungsorientierung, denn sie sind nicht nur bloße Objekte seiner Wahrnehmung, sondern ihrerseits Subjekte, die selber handeln. Wenn es zu einer Handlungskoordination von Subjekten kommen soll, müssen diese gegenseitig ihre Handlungsorientierung (vorläufig vereinfachend) »wahrnehmen« können. Das Verhältnis der Beteiligten ist in diesem Sinne formal reziprok. Es kommt hinzu, daß sie eben dies wissen, d.h. der eine weiß, daß der andere weiß usw. und umgekehrt. Dieses Phänomen kann als **Intersubjektivität** bezeichnet werden.

Im Abschnitt 5.2.1 habe ich den argumentativen dialogischen Entwurf als einen Sonderfall des an Verständigung orientierten sozialen Handelns gekennzeichnet. Soziales Handeln meint *miteinander* Handeln oder anders ausgedrückt: intersubjektive Abstimmung der Handlungsorientierungen verschiedener Interaktionsteilnehmer. Soziales Handeln in der Entwurfssituation ist also gleichzeitig an Zielen und an den Orientierungen der anderen orientiert. Es handelt sich hier also um eine Handlungsorientierung im Sinne von intentionaler Zielverwirklichung, in der andere Subjekte mit einbezogen sind, also die *soziale Handlungsorientierung*.

Dazu unterscheide ich im nächsten Unterabschnitt zwischen den Momenten, die erst die Bedingungen für Interaktion schaffen und der Interaktion selbst, die für die Akteure zu einem bestimmten Ergebnis hinsichtlich der Kohärenz oder Inkohärenz ihrer Handlungsorientierungen führt.

5.2.2 Die Hauptmomente des Handelns in der Entwurfssituation

Zu den interaktionsstiftenden Momenten des Handelns gehören die auf Verständigung ausgerichtete konsensuelle *Situationsdefinition* und die dafür notwendige *Kommunikation*. Interaktion im eigentlichem Sinne differenziere ich in zwei idealtypische Grundformen, die zeitlich sowohl überlappt als auch sequentiell auftreten können: *Kooperation* und die *Austragung eines Konfliktes*.

Mit **Kommunikation** sei hier die sprachliche Mitteilung über Inhalte von Handlungsorientierungen (Ziele, Mittel, Absichten, Konzepte, Handlungen) gemeint, die als ein Mittel zur Realisierung, Gestaltung und Lenkung der

Interaktion selbst nötig ist. Eine Interaktion ohne ein Minimum an Kommunikation ist kaum vorstellbar, dennoch werden beide Begriffe in der Sozialwissenschaft auseinandergehalten. Der hier verwendete Kommunikationsbegriff meint kommunikatives Handeln, das auf Verständigung ausgerichtet ist. Die Ziele und Handlungspläne der Akteure sollen nicht über egozentrische Erfolgskalküle, sondern über Akte der Verständigung koordiniert werden. Verständigung ist ein Prozeß der gegenseitigen Überzeugung, der die Handlungen mehrerer Teilnehmer auf der Grundlage einer *Motivation durch Gründe lenkt.* Und das Aushandeln von Situationsdefinitionen ist ein wesentlicher Bestandteil der für das kommunikative Handeln erforderlichen Interpretationsleistungen.

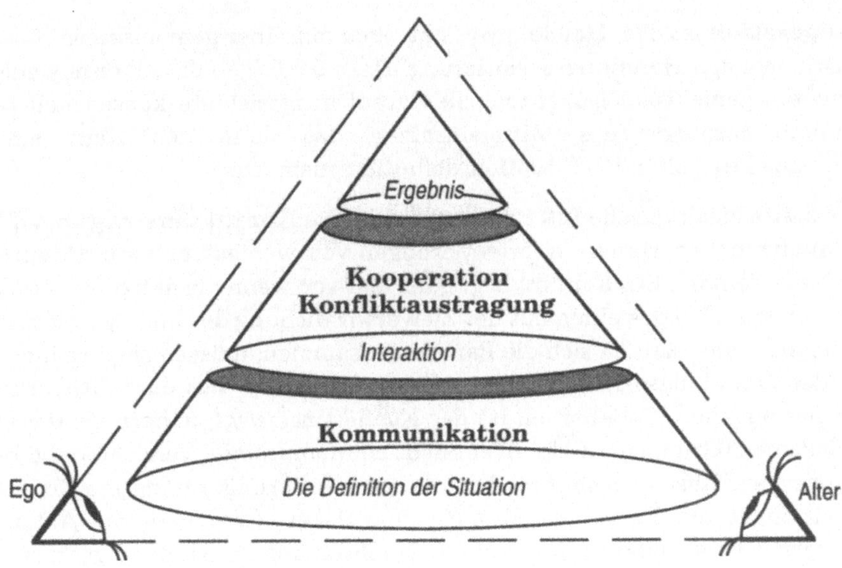

Abb. 23: Grundlinien sozialen Handelns in der Entwurfssituation. Das explizit ausgehandelte Sinnverständnis der Beteiligten über Rollen, Arbeitsmethodik, akzeptables und unakzeptables Verhalten usw. kennzeichnet die Situationsdefinition, die Plattform der Verständigung beim dialogischen Entwurf. Die Situationsdefinition und die dazu notwendige Kommunikation ermöglichen erst Interaktion. Interaktion tritt zeitlich überlagert oder auch sequentiell in zwei idealtypischen Interaktionsformen auf: Kooperation und Konfliktaustragung. Halten Ego und Alter an ihrem primären Handlungsziel, der Erstellung eines Entwurfes, fest, kommt es zu einem Ergebnis.

Der sozial ausgehandelte Konsens der Beteiligten über Rollen, Arbeitsmethodik, Gruppentermine, Denk-, Sprach- und Beteiligungschemata, akzeptables und unakzeptables Verhalten und die Art der zu entwickelnden Interaktion kennzeichnet die **Situationsdefinition** beim Entwurf. Erst danach stellt sich für die Beteiligten genauer heraus, welche Interaktionen möglich sind und welche Bedeutungen diese für ihre Zielorientierung haben. Nach meiner Auffassung ist die Situationsdefinition von zentraler Bedeutung für das Gelingen des dialogischen Entwurfes; dies wird im nächsten Kapitel an praktischen Beispielen noch deutlicher werden.

Unter **Interaktion** verstehe ich ineinandergreifende Handlungen, die sich jeweils intentional an der Handlungsorientierung des anderen ausrichten und eine aktive Verwirklichung von Zielen mit bestimmten Mitteln darstellen. Betrachte ich die Kongruenz oder Inkongruenz der Handlungsorientierungen der Akteure, kristallisieren sich zwei idealtypische Interaktionsformen heraus: Kooperation und Konfliktaustragung.

Kooperation ist das Handeln von Akteuren mit einer gemeinsamen, übereinstimmenden Handlungsorientierung. Dazu benötigen die Akteure wenigstens ein gemeinsames Ziel und die darauf ausgerichtete konsensuell bestimmte Strategie des Mitteleinsatzes, das dann den Kern einer intersubjektiv geltenden Situationsdefinition ausmacht.

Die zweite idealtypische Interaktionsform ist die **Konfliktaustragung,** d.h. die individuellen Handlungsorientierungen von wenigstens zwei Akteuren sind unvereinbar. Ein Konflikt liegt ganz klar vor, wenn die aktive Verwirklichung von Zielen des einen mit der Zielverwirklichung des anderen nicht im Einklang steht. Raufen sich die Parteien zusammen, müssen sie ihre individuellen Handlungsorientierungen ändern; führen sie dies durch Änderung der persönlichen Ziele herbei, ist der Konflikt *beigelegt*, ändern sie die gemeinsamen (Gruppen-) Ziele, so entsteht ein *Kompromiß*. Verzichten die Beteiligten auf Korrekturen ihrer Handlungsorientierung, nimmt die Konfliktaustragung die Form des *Kampfes* an. Dabei bekämpfen die Akteure offensiv, defensiv oder auch subtil die Durchsetzung der Handlungsorientierung des anderen, darauf gehe ich in Kapitel 6 ein.

5.2.3 Soziale Kognition als Argumentationsprozeß

Die Theorie der Perspektivenübernahme erklärt soziale Kognition und geht von der Annahme aus, daß Menschen eine mentale Operation vollziehen können, durch die die gegebene Wahrnehmung der Situation so umstrukturiert wird, daß sie der Perspektive von genau dem Blickwinkel entspricht, die ein anderer Akteur einnimmt. Aus der Rekonstruktion der Perspektive des anderen von der Situation leitet sich dann seine Handlungsorientierung in dieser ab. Die Akteure kommen so zu Symbolen gemeinsamer Bedeutung, einem gemeinsamen Wissen über die Semantik verteilter (Entwurfs-) Konzepte, Handlungsziele, Handlungspläne und Situationsdeutungen. Dieses in den Spezialsprachen der Akteure verteilte und koordinierte Wissen befähigt sie, ihre voneinander abhängenden Handlungsorientierungen bis weit über die Entwurfssituation hinaus zu koordinieren. Der einzelne kann so immer im Sinne der Gruppe handeln.

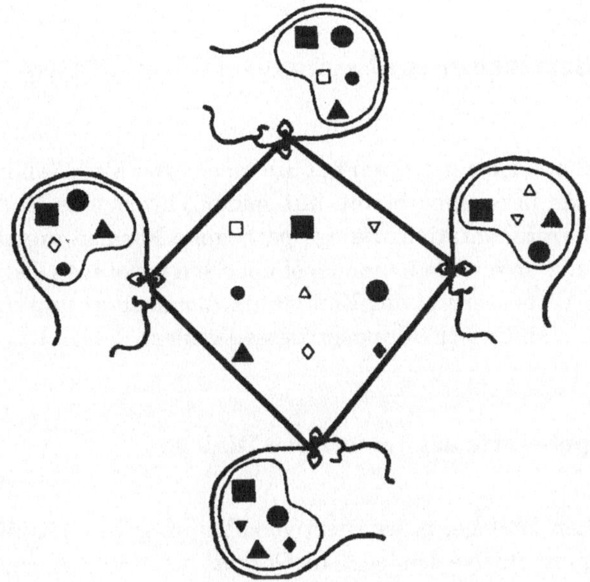

Abb. 24: Die Perspektivenübernahme führt zu Symbolen gemeinsamer Bedeutung. (Westerlund, Sjöstrand (1981))

Die Teilnehmer des dialogischen Entwurfes vollziehen die Operation der Perspektivenübernahme als gemeinsame Reflexionsprozesse, die sich als *Argumentationsprozesse* bzw. *dialogische Reflexionsprozesse* beschreiben lassen. Die Perspektivenübernahme bzw. das sich Hineinversetzen in den argumentativen Standpunkt eines anderen Akteurs erfordert zumindest, daß die Argumentationsteilnehmer ihre argumentativen Standpunkte klar voneinander unterscheiden und darüber ein koordiniertes Verständnis in ihren Spezialsprachen herstellen können. Dieses setzt die Dynamik eines gemeinsamen Wissens und in diesem ein *kollektiv Geltendes* in Gang, das durch argumentative Widersprüche gesteuert wird. Das kollektiv Geltende, vergleichbar mit der Theorie von Programmen im Sinne von Naur (vgl. 4.2), ist die soziale Basis für die Lösung der zwischenmenschlichen Koordinationsprobleme der Teilnehmer in der Entwurfssituation.

In diesem Kapitel wird die These verfolgt, daß die Entwurfsgruppe durch *ständiges wechselseitiges Erwägen und Widersprechen* im Dialog am primären Handlungsziel, dem gemeinsamen Entwurf, festhalten kann.

Im nächsten Abschnitt geht es um die Chancengleichheit der Akteure im Dialog.

5.3 Asymmetrischer und symmetrischer Dialog

Der norwegische Soziologe Bråten hat die Macht von Modellen in Kommunikationsprozessen herausgearbeitet. Mit seiner Theorie des Modellmonopols zeige ich, daß argumentative Dialoge pathogene Formen annehmen, wenn einer der Beteiligten ein Modellmonopol über den jeweiligen Gegenstandsbereich hat. Die Verbesserung des Kommunikationsnetzes und die Partizipation der Akteure an Entscheidungsprozessen ändern diesen Umstand nicht.

5.3.1 Monopolisierte argumentative Dialoge

Die sokratischen Dialoge, präsentiert von Platon, gelten oft als ideale Beispiele für argumentative Dialoge. In *Gorgias* werden rhetorische Formen aus der Perspektive von Sokrates und aus der Perspektive eines Rhetorikers und seiner Schüler diskutiert. Aber ist dies wirklich ein balancierter, symmetrischer Diskurs, der beiden Parteien relative Autonomie gewährt?

Sokrates disputiert hier mit seinen Schülern über ein von ihm vorgegebenes Thema und lenkt den Dialog durch gezielte Fragen — so als wüßte er die Antworten im voraus — zu einer Konklusion, die ungefähr so ausfällt: *Du sollst weisen Männern zuhören, bevor du denken und für dich selber sprechen kannst.* Dies ist sicherlich Platons Erziehungsbotschaft, entspricht sie doch seinem Weltbild, von solchen Männern in einem Staat regiert zu werden.- Was er aber wohlweislich unerwähnt läßt, ist die Tatsache, daß *Du* immer denselben Männern zuhörst, denkst und sprichst *und daß Du* immer in *ihren* Begriffen und — schlimmer noch — letztendlich von *ihnen* regiert wirst. Ein *Monopol* von symbolischen Repräsentationen und Kontrolle ist etabliert, ausgedrückt in den Begriffen lediglich einer Perspektive.

Ein weiteres Beispiel dafür, wie Dialogpartner monopolisiert werden, liefern Platons Dialoge, in denen es Sokrates zum Zwecke der Erziehung mittels seiner *mäeutischen Methode* schafft, aus seinem Dialogpartner Antworten und Überzeugungen hervorzuholen, die genau im Widerspruch zu dem stehen, was dieser Dialogpartner zu einem früheren Zeitpunkt in einem anderen dialogischen Kontext behauptet hat und was vom dortigen Dialogpartner nicht bestritten wurde. Die »mäeutischen Anstrengungen« laufen darauf hinaus, mit Hilfe des Einbringens von neuen, — vermutlich strittigen — Fragen (aus der eigenen Perspektive) den argumentierenden Dialog(gegner?)partner dazu zu bringen, sich selbst bezüglich früherer Aussagen zu widersprechen und das faktisch zu erkennen, oder ihm zumindest einen indirekten Selbstwiderspruch bewußt zu machen. Wird dem Dialogpartner die Widersprüchlichkeit seiner Aussagen klar, zieht man ihm seine darauf gründende Perspektive förmlich unter den Füßen weg; gleichzeitig wird er gezwungen, die andere Perspektive als die stärkere, logisch konsistentere und als unumstößlich Geltende anzuerkennen. Eine weitere Folge ist, daß er jetzt bestimmte Konsequenzen ziehen muß. Ordnet er sich der anderen Perspektive unter oder bricht er den Dialog ab?

Es ist bekannt, daß Menschen lieber einen Dialog abbrechen, als einen Selbstwiderspruch zuzugeben; die Athener reichten Sokrates denn auch lieber den Schierlingsbecher, als weiterhin seine Hebammenkunst beim Gebären ihrer Selbstwidersprüche in Anspruch zu nehmen.

Wie Bråten feststellt, handelt es sich hier aber keinesfalls um Dialoge, sondern eher um Monologe, da der Gegenstandsbereich nicht gleichmäßig auf alle Beteiligten verteilt ist. Sokrates besitzt in diesen Dialogen ein Modell, wie der Dialog verlaufen soll (der Gegenstandsbereich), das er den Gesprächspartnern oktroyiert, da er von vorneherein weiß, was herauskommen soll; er steuert die Interaktion ganz aus seiner Perspektive, um seine Ziele der Erziehung zu verwirklichen. Bei solchen Verhältnissen hat Sokrates nach der Auffassung von Bråten ein **Modellmonopol**, das ihm die alleinige Kontrolle über den »Dialog« verschafft. Die Schüler haben hier keine Möglichkeit, das Geschehen zu beeinflussen, da sie nicht über das entsprechende Modellwissen verfügen.

5.3.2 Asymmetrischer und symmetrischer Dialog in der Entwurfssituation

Um die Problemstellung zu verdeutlichen, kehren wir zurück zu der Arbeitsgruppe, die ein Programmsystem entwerfen soll. Zur vereinbarten Konzeptbesprechung bringt ein Mitglied bereits einen ausgearbeiteten Entwurf mit, während die anderen Gruppenmitglieder sich noch keine detaillierten Gedanken gemacht haben, weil sie die Erwartung hegten, den Entwurf gemeinsam anzufertigen. Die anderen Mitglieder sehen sich jetzt in der Situation, sich mit dem vorgefertigten Entwurf auseinandersetzen zu müssen, um ihn erst einmal zu verstehen. Allein dieses Verstehen bedeutet schon eine

Adoption des Entwurfs. Alle weiteren Argumentationen im Dialog — für oder gegen den Entwurf — werden sich des Entwurfs als Verständigungsgrundlage bedienen, was somit auch *sprachbildend* wirkt.

Dies führt dazu, daß der Entwurf immer weiter etabliert wird.

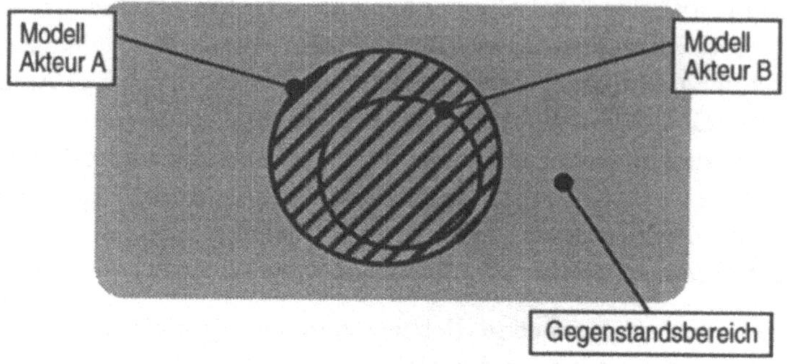

Abb. 25: Die Rolle von Modellen im Dialog. Der Gegenstandsbereich des Dialoges kann jedweder Art sein, z.B. die Gestaltung von Informationssystemen. Der Akteur A verfügt über ein Modellmonopol, da dieser mit seinem Modell den Gegenstandsbereich festgelegt hat und seine Perspektive B »überstülpt«. Der Akteur B verfügt über keine Anteile des Gegenstandsbereiches, die nicht Teilmenge von A sind.

Immer dann, wenn ein Dialogpartner A im Gegensatz zum Dialogpartner B über ein tragfähiges Modell — hier den Entwurf — über den jeweiligen Gegenstandsbereich verfügt, ist er der *modellstarke* Handelnde, er besitzt das *Modellmonopol*. Der *modellschwache* Partner B verfügt über keine Anteile des Gegenstandsbereiches, die nicht Teilmenge von A sind, der ja durch sein Modell den Gegenstandsbereich festgelegt hat. Diese Situation (vgl. Abb. 25) bezeichnet Bråten als **asymmetrischen Dialog** (bzw. Monolog). Sie tritt nicht nur in den sokratischen Dialogen auf, sondern *in der Gruppenarbeit von Software-Entwicklern.*

Obwohl alle Akteure besten Willens »kooperieren«, paßt sich B immer weiter an das Modell von A an.

Bråten faßt diese Anpassung an das Modell in zwei Thesen zusammen:

- Will B *den Dialog aufrechterhalten*, ist er gezwungen, sich im Modell von A auszudrücken, was er aber vorher verstehen muß; dabei ist er auf A angewiesen. Ironischerweise gerät nun B bei seinen Versuchen, seine schwache Position durch Verständnis des Modells von A zu stärken, immer mehr unter die *Kontrolle* von A, je erfolgreicher B bei seiner Anpassung an das Modell von A ist.

- Der Dialogpartner A hat nicht nur die Modellmacht, die sich aus dem Umstand ergibt, daß er sein Modell *simulieren* und so für tragfähig erklären kann, sondern er kann auch die Simulationen von B simulieren, die dieser zum Verständnis des Modells benötigt.

Als Strategie zur Auflösung eines Modellmonopols empfiehlt Bråten unabhängige Modell-Ressourcen für die modellschwachen Akteure zu entwikkeln, Klarheit über dieses Phänomen zu gewinnen und somit die Beseitigung der Bedingungen für die Entstehung eines Modellmonopols voranzutreiben oder die Grenzen des Gegenstandsbereichs zu verschieben.

Unter der Verschiebung der Grenzen des Gegenstandsbereiches versteht er, daß nicht mehr allein die Modellsicht von A den Gegenstandsbereich ausmacht, sondern daß dieser um komplementäre Elemente aus B's Erfahrungshintergrund erweitert wird. Ist beispielsweise beim Entwurf eines Informationssystems A der modellstarke Partner, da er im Gegensatz zu B über reichhaltige Erfahrung im Umgang mit Abfragesprachen verfügt, könnte eine Erweiterung des Gegenstandsbereiches die Einbeziehung des Entwerfens der Dialogkomponente bedeuten, die B ermöglicht, hier seine Kenntnisse einzubringen und somit den Dialog auszubalancieren. Allerdings besteht hier häufig die Gefahr, daß ein *»fauler Kompromiß«* entsteht: Die Akteure beseitigen ihre Konflikte, indem allen Akteuren mehr oder weniger Modellmacht zugestanden wird. Sie kommunizieren über den Gegenstandsbereich aber nur so lange, bis zwei oder mehrere Modellmonopole nebeneinander existieren, d.h. die Akteure zerschneiden den Gegenstandsbereich und teilen ihn unter sich auf, oder anders gesehen, »die linke Hand *will nicht wissen*, was die Rechte tut«. Typisch für solche Entwürfe ist die Redundanz an Algorithmen, Typen und Objekten und die unnötig langen Weglängen des Kontrollflusses, da die Akteure viel zu früh beim Entwurf auseinandergegangen sind.

Eine andere Möglichkeit zur Verschiebung der Grenzen bietet die Einbeziehung eines weiteren Partners, der rivalisierende Modellmacht einbringt. In dieser Situation sind aber ernsthafte Konflikte zu erwarten, da der modellstarke Handelnde erkennen muß, daß B »Verstärkung« eingeholt hat.

Die naheliegendste und »einfachste« Möglichkeit für B ist, den Dialog mit A auszusetzen, bis B ein eigenes Modell gebildet hat. Dieses Vorgehen erfordert das Einverständnis von A, der, wenn er seine Machtposition behalten will, den Termindruck und eben das schon vorliegende Modell als Argumente gegen B anführen wird.

Bråten spricht von einem **symmetrischen Dialog**, wenn die Dialogpartner *intersubjektiv ihre Perspektiven kreuzen.* Unter Perspektive versteht Bråten eine Klasse von zusammengehörigen Sichtweisen von einem einheitlichen Blickwinkel aus auf relevante Aspekte des Gegenstandsbereiches. In einem solchen Dialog sind Äußerungen wie »Ich verstehe was Du meinst« oder »Ich bin nicht Deiner Meinung« möglich. Nur das Vorhandensein unterschiedlicher Standpunkte ermöglicht die o.a. Äußerungen.

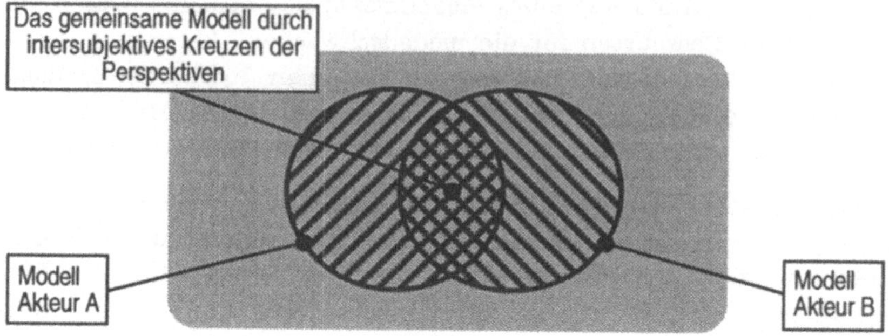

Abb. 26: Die Abbildung illustriert einen symmetrischen Dialog der beiden Dialogpartner. Der Gegenstandsbereich ist in disjunkte Teilmengen auf die beiden Akteure verteilt und sie haben durch intersubjektives Kreuzen ihrer Perspektiven im Dialog als »Schnittmenge« ein gemeinsames Modell entwickelt, welches unter ihnen gemeinschaftlich (kollektiv) gilt.

Jetzt kann ich die *Bedingungen* für einen argumentativen Entwurfsdialog zusammenfassen: Zu ihnen gehören die gültige Situationsdefinition (vgl. 5.2.2) und die Bedingung, daß der Argumentationsprozeß ein symmetrischer Dialog sein muß.

Im nächsten Abschnitt befasse ich mich mit der allgemeinen Handlungsorientierung von Akteuren in der Entwurfssituation und stelle heraus, daß in der Entwurfsgruppe die Entwicklung gemeinsamer Ziele der Verwendung gemeinsamer Mittel zeitlich nachgeordnet ist.

5.4 Die allgemeine Handlungsorientierung

Ich beginne meine Ausführungen über die allgemeine Handlungsorientierung damit, daß Handeln immer auf die Erreichung eines *Zieles* ausgerichtet ist. Mit Handeln meine ich hier speziell das Handeln innerhalb von Gruppen, z.B. Projektgruppen oder Arbeitsgruppen von Studenten, die Gegenstand meiner im nächsten Kapitel geschilderten Untersuchung sind. Die Frage, wie ein Ziel erreicht werden kann, führt im nächsten Schritt zum *Mittel* (bzw. zum *Mitteleinsatz)*, das dabei Verwendung findet. Das Verhältnis von Zielen und Mitteln ist ein zentraler Gesichtspunkt vieler Handlungstheorien. Die häufig vertretene Entwicklungsfolge ist, daß zuerst eine Gruppe gebildet wird und dann Konsens über die Einhaltung von Normen und Regeln zur Erhaltung der Gruppe entsteht.

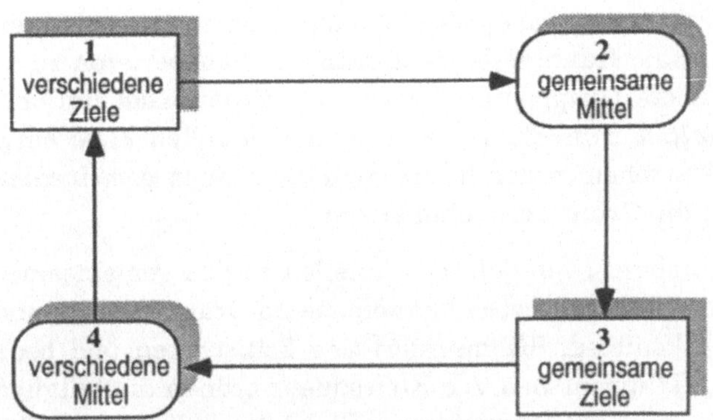

Abb. 27: Das Vierstadienmodell der Gruppenentwicklung

Ich trete der geläufigen Auffassung entgegen, daß die Mitglieder einer Gruppe zuerst ihre Ziele festlegen und dann erst die dazu benötigten Mittel einsetzen. In der Anfangsphase der Gruppenbildung kennen sich die Projektmitglieder häufig noch gar nicht. Das grundlegende Einverständnis der Projektmitglieder betrifft die gegenseitige Abhängigkeit als ein Mittel zur Erreichung von Zielen, die nicht gleich sein müssen.

Die Akteure in einer Gruppe teilen zunächst Raum, Zeit und Energie miteinander, aber nicht Visionen, Sehnsüchte und Absichten. Dieses Teilen kommt später, wenn es überhaupt kommt. Das Charakterisierende bei der Mittel-Übereinstimmung stellt der Organisationstheoretiker und Sozialpsychologe Weick mit seinem *Vierstadienmodell* der Gruppenentwicklung dar (vgl. Abb. 27).

Diesem Modell liegt die Idee zugrunde, daß Gruppen mit denselben Mitgliedern von ihrer Bildung bis zu ihrer Auflösung zyklisch diese Stadien zur Bewältigung verschiedener Aufgaben (Projekte, Lehrveranstaltungen) durchlaufen. Nach meiner Erfahrung können Gruppen jedoch durchaus in einem Stadium steckenbleiben. Das Modell gibt positive wie negative Aspekte des Gruppenlebens wieder. Wenn die Gruppe auseinandergeht, weil die Aufgabe erledigt ist, dann markiert dieses Modell die gesamte Geschichte der Gruppe.

Ich betone nochmals, daß in Abb. 27 die traditionelle Auffassung, Gruppen würden sich um gemeinsame Ziele herauskristallisieren, durch die These ersetzt wird, daß sie sich um gemeinsame Mittel herum bilden.

Die Tatsache, daß *individuellen* Zielen gemeinsame Mittel vorangehen, ist darin begründet, daß Menschen eine Gruppenstruktur schaffen und diese explizit im Modell verankern. Alle Gruppen entstehen wahrscheinlich aus Menschen, die verschiedene Ziele verfolgen. Die Mitglieder bringen individuelle Perspektiven, Interessen, Fähigkeiten, Vorstellungen usf. mit; sie wollen verschiedene Dinge erreichen, dazu brauchen sie jedoch eine gemeinsame konsensuale Handlungsorientierung, um kooperieren zu können (vgl. 5.2.2). Haben die Gruppenmitglieder eine Situationsdefinition als ein *gemeinsames Mittel* zum Erreichen ihrer individuellen Ziele entwickelt und akzeptiert, entstehen in der Interaktion dann auch *gemeinsame Ziele* und dazu braucht die Gruppe erst einmal Zeit.

Diese »Verschiebung« von den individuellen zu den gemeinsamen Zielen ist eines der bemerkenswertesten Phänomene im Gruppenleben, und sie ist außerordentlich komplex. Sie markiert den kritischsten und bedeutsamsten Abschnitt im Gruppenleben. Als Konsequenz ordnen die Mitglieder die entstandenen Gruppenziele (gemeinsame Ziele) den individuellen Zielen, die sie natürlich weiterverfolgen, (zeitweise) über. Die Entwicklung von Gruppenzielen — die über das *minimale* Ziel, die Gruppe zu erhalten, um z.B. einen Übungsschein zu bekommen oder Geld zu verdienen, hinausgehen — kann nur in einem symmetrischen Dialog stattfinden. Die Gruppe ist *etabliert*, jetzt entstehen, wenn möglich, die Gruppennormen und -rituale, aber auch Sanktionsmaßnahmen für die Mitglieder, die sich nicht an die Gruppenziele halten.

Im Rahmen des vorliegenden Modells ist es klar, daß zwar einige Verhaltensweisen auf ein anfängliches gemeinsames Ziel gerichtet sein mögen, *die meisten aber nicht*. Die Vielfalt der Ziele bleibt charakteristisch, weil sich die Personen im Hinblick auf gemeinsame Mittel, nicht aber Ziele vereinigt haben und weil die Ziele, die sie sich doch teilen, zum einen an die tatsächlich in dieser Gruppe ablaufenden Handlungen gebunden sind (vgl. 5.2.2) und zum anderen hauptsächlich der Erhaltung der gemeinsamen Struktur dienen.

Die Akteure in der Gruppe entwickeln Selbstbewußtsein, Gruppenbewußtsein und dann »Wir«-Bewußtsein, und sie ziehen eine klare Grenze zur Umwelt.

Die faszinierendste Phase der Gruppenentwicklung tritt auf, wenn der Gemeinsamkeit der Ziele *Verschiedenartigkeit der Mittel* folgt (s. Abb. 27). Diese Verschiebung kann hauptsächlich aus zwei Gründen auftreten. Nachdem sich die Gruppe über gemeinsame Ziele geeinigt hat, erfolgt typischerweise irgendwann eine Arbeitsteilung, z.B. können die Mitglieder mit der Implementierung ihrer Module und dem Austüfteln dazugehöriger modullokaler Entwurfsentscheidungen beschäftigt sein. Hier besteht die Gefahr, daß sie sich nur noch ihrer Teilaufgabe verpflichtet fühlen, dieser ihre ganze Aufmerksamkeit schenken und sich nicht mehr für das Gesamtvorhaben interessieren, an dem sie beteiligt sind.

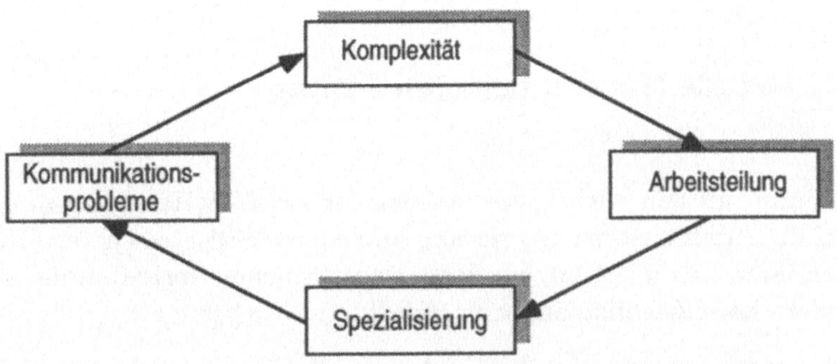

Abb. 28: Der Teufelskreis der Spezialisierung

Die Gruppe kann dann in den Teufelskreis der Spezialisierung geraten (vgl. Abb. 28). Aufgrund des äußeren Drucks geht die Gruppe zu früh beim Entwurf auseinander; die Komplexität des Problems zwingt dann zu einer Arbeitsteilung. Zwangsläufig bringt die Arbeitsteilung eine Spezialisierung der einzelnen Gruppenmitglieder mit sich. Als Folge des »Tunneleffekts« der Spezialisierung treten Verständigungsprobleme auf, die ihrerseits zu einer Verdichtung der Komplexität beitragen. Es ist eine bekannte Tatsache, daß Individuen in dem Maße, wie ihre Umwelt zweideutiger — hier komplexer — wird, individuellere Verhaltensweisen entwickeln und den einzigen ihnen verbleibenden Anker benutzen, nämlich sich selbst. Der zweite Grund betrifft den Sog zurück zum individuellen Handeln. Nachdem man eine Weile Zugeständnisse und Kompromisse eingegangen ist, damit die Gruppe intakt bleibt und es über längere Zeit Stabilität und Ordnung gibt, — kann — der Wunsch nach der Rekonstruktion der Einzigartigkeit auftreten. Es entwickelt sich eine Tendenz zur Verschiedenartigkeit von den anderen, von denen man abhängig ist. Dieser Effekt tritt vor allem dann auf, wenn Gruppenmitglieder die angehäuften »Kosten« der Kompromisse und der wechselseitigen Abhängigkeiten als *schmerzhaft* verspüren.

Jetzt schließt sich der Kreis, weil die Akteure in dem Maß, in dem die Mittel verschiedenartiger werden und Individuen sich im stärkerem Maß abneigend gegenüber anderen verhalten, verschiedene Ziele zu verfolgen beginnen. Nachdem sie in zunehmendem Maß anders als ihre »Partner« zu handeln begonnen haben, werden auch andersartige Ziele definiert werden, Vorlieben und Wünsche werden auseinanderfallen, und die Gruppe wird aufs neue aus Mitgliedern mit verschiedenartigen Zielen bestehen. Die

Gruppe hat ihren Zusammenhalt über gemeinsame Mittel und gemeinsame Ziele verloren und die Mitglieder werden den Wunsch verspüren, sie aufzulösen. Wenn die Gruppe weiter bestehen soll, muß sie unbedingt eine *neue* Situationsdefinition als ein gemeinsames Mittel aushandeln.

5.5 Die soziale Handlungsorientierung

Ich gehe nun auf den wichtigsten Aspekt der *sozialen* Handlungsorientierung ein, die durch unsere *Orientierung an anderen Subjekten* geregelt wird. Wir orientieren uns nicht nur an dem offensichtlichen Verhalten der anderen, sondern hauptsächlich an ihren *Handlungsorientierungen*.

Ich und andere müssen also befähigt sein, die jeweils andere subjektive Handlungsorientierung in argumentativen Prozessen zu *erkennen*. Da der andere mit mir gemeinsame Mittel zur Erreichung unserer individuellen Ziele entwickeln will, ist die Voraussetzung für eine gemeinsame Handlungsorientierung die gegenseitige Wahrnehmung der jeweiligen individuellen Handlungsorientierungen und — weil wir in demselben sozialen Umfeld agieren — die Verwobenheit und das Verhältnis der Handlungsorientierungen untereinander. Doch wie kann ich die Handlungsorientierung eines anderen wahrnehmen? Wie kommen wir zu einem gemeinsamen Wissen, das uns befähigt, gemeinsame Mittel zur Erreichung unserer individuellen Ziele (vgl. vorherigen Abschnitt) zu entwickeln? Wie kann ich meinen subjektiver Erfahrungshorizont überschreiten? Dieses ist der zentrale Punkt, denn die subjektive Handlungsorientierung eines anderen ist ein Phänomen, das einer direkten Wahrnehmung nicht zugänglich ist.

Mead hat versucht dieses Fremdverstehen anderer zu erklären und meint, daß menschliche Kommunikation auf Symbolen mit einer von beiden Akteuren geteilten Bedeutung beruht. Der Sprecher ist gleichzeitig Hörer seiner eigenen Äußerung, diese wirkt auf ihn genauso wie auf den Partner, d.h. der Sprecher nimmt augenscheinlich die »Rolle« des Hörers ein und »Bemerkenswert ist … , daß diese Reaktion auf das soziale Verhalten der Identität in der Rolle eines anderen vor sich gehen kann.« (Mead (1980); S. 254). Wir antizipieren die Sichtweise und Erwartungen anderer, so Mead, und nehmen an, daß die anderen ihrerseits sich ebenfalls an uns orientieren; diese Operation hat Mead später als »taking the attitude« bzw. »role of the other« bezeichnet. Ein Merkmal von Meads Theorie ist das Denken in langen Ketten, wie es in Abb. 29 veranschaulicht ist. Nicht nur nehme ich die Reaktion des anderen gedanklich vorweg, sondern der andere nimmt seinerseits meine Reaktion auf seine Reaktion vorweg. Die Antizipationen setzen sich andauernd fort. Mead meint, »daß das Verhalten eines Lebewesens einem anderen als Reiz zu einer bestimmten Handlung dient, daß diese Handlung ihrerseits jenes erste Lebewesen zu einer bestimmten Reaktion reizt und daß sich diese Wechselwirkung in unablässiger Interaktion fortsetzt« (Mead (1980); S. 245). Mead spricht auch von einer »fortwährenden Neuorientierung« des Verhaltens.

Häufig wird unter Experten die Ansicht vertreten, Mead habe schon das Problem der Entstehung eines gemeinsamen Wissens von mehreren Akteuren gelöst. Diese können sich auf Aussagen von Mead stützen wie: »Das Bewußtsein von Sinn und Bedeutung ist durch gesellschaftliche Kommunikation zwischen den Menschen entstanden.« (Mead (1980); S. 202.). Mead selber stellt nur auf Interaktion ganz allgemein und das Denken in langen Ketten ab, ohne die (empirisch rekonstruierbaren) kommunikativen Mechanismen anzugeben, aufgrund derer Bedeutung entsteht.

Abb. 29: Ich denke, daß Du denkst, daß ich denke, ...

Auf diese Weise kann nicht verständlich gemacht werden, wie die Interaktionspartner ihre monologischen Reflexionsprozesse so miteinander koordinieren können, daß eine Perspektivenübernahme tatsächlich in einer Koordination unterschiedlicher Perspektiven mündet. Und ungeklärt bleibt die alles entscheidende Frage, wie die Akteure zu den Symbolen mit einer geteilten Bedeutung, dem gemeinsamen Wissen über Konzepte, Handlungsziele, Handlungspläne und Situationsdeutungen gelangen, damit die Operation der Perspektivenübernahme überhaupt vollzogen werden kann, denn niemand kann sich ja *faktisch* in die Perspektive eines anderen bzw. einer dritten Person versetzen.

Diese Schwierigkeit läßt sich auflösen, wenn man deutlicher als Mead selbst zwischen Sprache als einem Medium der Verständigung und Sprache als einem Medium zur Handlungskoordinierung unterscheidet. Darauf gehe ich im nächsten Abschnitt ein.

5.6 Dialogischer Entwurf ist wechselseitiges Erwägen und Widersprechen

Mit den folgenden Überlegungen betrachte ich *dialogische Reflexionsprozesse* als ein Paradigma zur Klärung der oben aufgeworfenen Fragen. Im Zentrum der Überlegungen steht dabei die Fähigkeit einer Gruppe, ein gemeinsames Wissen über einen gemeinsam erarbeiteten Entwurf herzustellen.

Ein Dissens ist, wenigstens für die Akteure einer Gruppe, der eindeutige Hinweis darauf, daß sie bezüglich des interessierenden Sachverhalts über kein gemeinsames Wissen verfügen. Die kleinsten, noch sinnvollen Einheiten einer Argumentation sind keine monologischen Sprechhandlungen, sondern kleinere Dialoge, wo mittels *wechselseitigen Widersprechens und Erwägens bzw. von Zustimmung und modifizierter Zustimmung* ein gemeinsames Ziel verfolgt und erreicht werden kann. Die von den Akteuren entwickelten Techniken des wechselseitigen Widersprechens — die elementaren dialogkonstituierenden Regeln — bilden den *zentralen Koordinationsmechanismus* für dialogische Reflexionsprozesse, den ich als **Ostinato** bezeichne, mit dessen Hilfe die Schranken der monologischen Reflexionsprozesse bei der Konstitution eines gemeinsamen Wissens geöffnet werden können. In der Musik ist Ostinato der hartnäckig wiederkehrende Bass, in einem argumentativen Dialog ein hartnäckig wiederkehrendes Widerspruchsmuster.

Darüber hinaus ermöglichen diese argumentativen Dialoge den Akteuren Differenzerfahrungen, die ihnen den Unterschied zwischen dem Gemeinten und dem Gesagten wahrnehmbar werden lassen, denn nur mittels wechselseitiger Widersprüche und Erwägungen kann die Differenz der Standpunkte der an einem argumentativen Dialog Beteiligten herausgearbeitet werden.

Dies konstituiert die *Grundsituation des kooperativen Lernens*. Kooperatives Lernen ist eine der tragenden Säulen des dialogischen Entwurfes. Zu argumentieren lernen heißt ganz besonders, wie gerade durch wechselseitiges

Widersprechen und Erwägen dennoch ein gemeinsames Ziel verfolgt werden kann. *Der argumentative Dialog muß aber ein symmetrischer Dialog sein* (vgl. Abschnitt 5.3), weil sonst die gemeinsamen Lernprozesse im wesentlichen auf den individuellen Lernprozeß des Modellinhabers reduziert werden, und sie über den eventuell schon abgeschlossenen Lernprozeß des Modellinhabers nicht mehr hinausgelangen können.

Unter Umständen können sich die Grundannahmen eines ganzen Weltbildes eines Akteurs als ein einziges, wenn auch sehr komplexes Argument hinsichtlich einer strittigen Frage präsentieren. Dies erklärt, warum der dialogische Entwurf eine »Streitkultur« ist und die Akteure dann »heftig« miteinander ringen, wie ich im nächsten Kapitel anhand von Beispielen aus meiner Untersuchung zeige.

5.7 Kooperatives Lernen und die Erfahrung des Neuen

Legitimerweise kann von einer Lerntheorie verlangt werden, daß sie das in der Entwicklung entstehende Neue erklärt. Mit anderen Worten ausgedrückt: Wie kann das einzelne Subjekt Erfahrungen machen, die sein existierendes Wissen in struktureller Hinsicht überschreitet oder erschüttert?

Eine Gruppe kann nur dann etwas lernen kann, wenn der einzelne dazu in der Lage ist. Aber der einzelne kann nur dann etwas grundlegend Neues lernen, wenn seine Lernprozesse eine integrative Komponente eines gemeinsamen (dialogischen) Argumentationsprozesses darstellen. Die Methode des Lernens ist die Argumentation, wie Miller herausgestellt hat. Hier drängt sich sofort der Einwand auf, daß man doch auch für sich allein mit einem Text lernen kann.

Dieses kann als *autonomes Lernen* bezeichnet werden. Autonomes Lernen ist ein relativ spätes Ergebnis der Ontogenese. Wissenschaftliches Problemlösungsverhalten gilt als ein Musterbeispiel des durch individuelle Argumentationen möglichen reflexiven Lernens. Individuelle (monologische) Argumentationen streben danach, dem Ideal einer gemeinsamen Argumentation möglichst nahe zu kommen, und sie sind zumindest hinsichtlich ihrer virtuellen Eigenschaften ein Derivat dialogischer Argumentationen. Es sind gedachte Dialoge mit einem virtuellen Argumentationsgegner, was dem einzelnen als solches gar nicht bewußt sein muß. Eine kurze Betrachtung von individuellen Argumentationen wirft folgende Frage auf: Wie kann bei individuellen Argumentationen sichergestellt werden, daß die »gegnerische Position« die gleichen Chancen erhält wie die »verteidigte Position«? So kann man leicht zum Gefangenen des eigenen Bezugrahmens werden (vgl. Abb. 30).

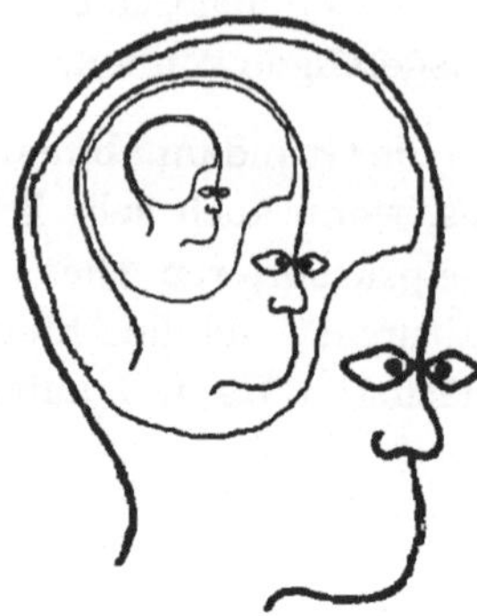

Abb. 30: Bei Argumentationen mit sich selbst kann man leicht der »Gefangene« des eigenen Bezugrahmens werden. (Westerlund, Sjöstrand (1981))

Diese Frage bringt mich zurück zu der Entwurfssituation. Hier wird jedes Argument potentiell von *mehreren* Akteuren analysiert und bewertet und Gegenargumente sind von mehreren Seiten zu erwarten. Es gibt also immer die Möglichkeit, etwas über die internalen Konzepte bei anderen zu erfahren. Da diese zu Beginn selten kongruent sind, werden Kontroversen sichtbar. Wie ich in Abschnitt 5.6 ausgeführt habe, ist der argumentative Entwurfsdialog eine Streitkultur, weil sich hinter jedem Argument ein ganzes Weltbild verbergen kann, daß es zu verteidigen gilt. Hinzu kommt auch noch eine mögliche Rivalität unter den Beteiligten.

Konflikte, Kontroversen und Rivalität gelten in der Forschung zum Lernen in Gruppen (»kooperatives Lernen«) als ein *wesentlicher Katalysator* bzw. als Vorbedingung von gemeinsamen Lernprozessen. Kontroversen können das Lernen fördern, weil sie intensive Versuche provozieren, die eigenen Gedanken und die anderer Personen klar herauszuarbeiten und möglicherweise miteinander zu vereinbaren.

Mittels der Kontroversen und/oder der Rivalität befindet sich die Gruppe sachbezogen in einem *Spannungsverhältnis* (vgl. Abb. 31). Unter diesem Druck entstehen neue Ideen, die als Argumente in den Diskurs eingebracht werden.

Vorgestellte Ideen werden so ausgiebig hinsichtlich ihrer Tauglichkeit diskutiert, weiterentwickelt oder auch verworfen. In dieser Spannungssituation machen die Akteure natürlich davon Gebrauch, schon vorhandene Konzepte auf andere Gegenstandsbereiche zu spezialisieren und als neues Argument zu bringen, schon allein, um möglichst schnell und mit einem stabilen Konzept auf den argumentativen Gegner reagieren zu können.

Abb. 31: Während der Argumentation befindet sich die Gruppe sachbezogen in einem Spannungsverhältnis, welches dem Entwurfsprozeß Vitalität verleiht. Unter dem »Druck« der Argumente werden neue Ideen geboren. Rivalität kann hierbei sozusagen das Salz in der Suppe bilden. Wesentlich hierbei ist, daß immer wieder Verhaltensweisen entstehen, die letzlich zur Verständigung führen.

Johnson und Johnson postulieren aufgrund ihrer empirischen Untersuchungen zum gemeinsamen Lernen einen zyklischen Prozeß der Motivation durch kontroverse Argumente. Sie nehmen an, daß Kontroversen konzeptuelle Konflikte auslösen, die zu *entdeckender Neugierde* Anlaß geben, welche wiederum zur Suche nach weiterer Information führt, zu einer gründlichen Analyse und zu genauerem Verständnis für die Perspektive des anderen. Als Ergebnis reorganisieren die Beteiligten an diesem Prozeß ihr Wissen und die neuen Erfahrungen, wobei sie daraus Folgerungen *höherer Qualität* als bisher ziehen. Neue Informationen und Argumente lassen diesen Zyklus von neuem anlaufen.

Unter diesen Voraussetzungen steht ein dialogisch erstellter Entwurf natürlich einem erheblichen Validierungsdruck in Form von Gegenargumenten gegenüber, einem Validierungsdruck, den ein monologisch erstellter Entwurf schon allein quantitativ hinsichtlich der Anzahl der Gegenargumente im Entstehungsprozeß wohl kaum ausgesetzt ist. Bei einem dialogischen Entwurf steht und fällt die Qualität der Argumente natürlich mit den individuellen Fähigkeiten der Mitglieder und ihrer *Interaktionskompetenz*.

Beim dialogischen Entwurf sehen sich die Akteure aufgrund der auftretenden Kontroversen in einer (objektiven) *Problemsituation* und sind damit befaßt, gemeinsame Lösungen für offene Problemstellungen zu entwickeln. Sie müssen in der Lage sein, zu widersprechen und dennoch ein gemeinsames Ziel zu verfolgen, wenn das primäre Handlungsziel, den Entwurf zu erstellen, erreicht werden soll.

Diese formale Methode ist das von der Gruppe praktizierte Ostinato (die gruppenspezifischen Techniken wechselseitigen Erwägens und Widersprechens), dessen zentralen Stellenwert für den dialogischen Entwurf ich jetzt endgültig herausgearbeitet habe. Die Gruppe kann die Auflösung von sich immer wieder ergebenden objektiven Problemsituationen verbessern und die Lernsituation beim Software-Entwurf für die einzelnen entscheidend erleichtern, wenn das Ostinato innerhalb der Gruppe thematisiert wird. Auf diese Weise können die Akteure wechselseitig ihre Fähigkeiten und Kenntnisse beim Entwurf verändern und erweitern.

> Das *Ostinato* sollte in der Entwurfsgruppe diskutiert und möglicherweise neu bestimmt werden. Dann kann es in die Situationsdefinition aufgenommen und in der Argumentation eingeübt werden.

Die Gruppe sollte ebenfalls in die Situationsdefinition aufnehmen, welche die legitimen kommunikativen Formen von Widersprüchen sind. Wenn die Akteure einen symmetrischen Entwurfsdialog führen, kann es für einen Beteiligten den kommunikativen Zwang geben, sein Wissen fortzuentwickeln und zwar immer dann, wenn er sich in argumentative Selbstwidersprüche verstrickt und die Gruppe dies nicht duldet.

Erweist sich so die Position eines Akteurs als unhaltbar, so muß sie auf höherstufiger Wissensebene aufgelöst und durch Restrukturierung und Erweiterung des eigenen Wissens argumentativ reformuliert werden.

Durch die kommunikative Erfahrung neuer unlösbarer Widersprüche vom einzelnen Beteiligten wird dann eine neue objektive Problemsituation hervorgebracht, innerhalb derer mithilfe des argumentativen Dialoges nach einem übergeordneten theoretischen Gesichtspunkt zur Auflösung der Widersprüche gesucht werden muß. Und so weiter.

Das sich Hineinversetzen in den argumentativen Standpunkt des Gegners bzw. diese Perspektivenübernahme erfordert jedoch zumindest, daß die Akteure, wenn sie gegenseitig ihre Selbstwidersprüche aufdecken wollen, ihre argumentativen Standpunkte klar voneinander unterscheiden und darüber ein koordiniertes Verständnis herstellen können, um Problemsituationen auflösen zu können. Als günstige Voraussetzung hierfür handeln die Gruppenmitglieder am besten eine intersubjektiv gültige Situationsdefinition aus.

5.8 Weiterführende Literatur

Winograd, T; Flores, F.: *Erkenntnis Maschinen Verstehen. Zur Neugestaltung von Computersystemen.* Als Anwort auf die seit Jahrzehnten fortwährende Software-Krise der Informatik wird oft das vieldiskutierte Buch mit dem Originaltitel »Understanding Computers and Cognition« von Winograd und Flores gesehen, die eine neue, *hermeneutische* Fundierung von Design versprechen, welche zu einem neuen Verständnis der Gestaltung von Software-Systemen führen soll. Die Autoren kritisieren die durch die *rationalistische Tradition* und Orientierung seit Plato beeinflußte Erkenntnisbildung in den Wissenschaften und der Informatik. Sie haben darauf hingewiesen, daß Rechner als Medien vor allem der Koordinierung von Arbeit dienen, dies war ein Meilenstein in der *Groupware-Diskussion* (vgl. Abschnitt 8.2). Es stellt sich aber für mich heraus, daß die von Winograd und Flores postulierte Blindheit des Designers, die sich aus der routinemäßigen Auseinandersetzung mit Pannensituationen bei dem Einsatz von Software ergibt, durch die Vorstellung eines *hermeneutischen Dauergespräches* nicht überzeugend eingelöst wird. Winograd und Flores liefern viele wertvolle Anregungen für erkenntnistheoretische Fragestellungen bei der Software-Gestaltung, aber sie lösen den Untertitel ihres Buches »A new Foundation for Design« für diesen Erkenntnisbereich gar nicht oder nur unzureichend ein, weil ihre Schlußfolgerungen bezüglich der Angabe von Definitionen und Regeln zur Gestaltung von Software in ihrem Buch nur stichwortartig und teilweise verwirrend erfolgt. Rotbuch, 1989.

Floyd, C.; Züllighoven, H.; Budde,R.; Keil-Slawik, R.: *Software Development and Reality Construction.* In diesem Buch sind Beiträge von 32 zum Teil führenden Wissenschaftlern aus unterschiedlichen Disziplinen enthalten, die sich mit einer ganzen Reihe von menschlichen Fragen in der Informatik auseinandersetzen. Die behandelten Hauptthemen sind: Die Verbindung von Mensch und Computer; Software-Entwicklung als eine menschliche Handlung; der Gebrauch von Software-Systemen in der menschlichen Welt; die Natur der Informatik als eine wissenschaftliche Disziplin. Das Buch ist ein Fundus für alle, die über den Tellerand der Informatik schauen und sich interdisziplinär inspirieren lassen wollen. Springer-Verlag, 1992.

Geulen, D.(Hrsg.): *Perspektivenübernahme und soziales Handeln. Texte zur sozial-kognitiven Entwicklung.* Dieser Sammelband deutscher und amerikanischer Autoren vermittelt einen vorzüglichen Überblick über die begriffliche Herkunft, die theoretischen Traditionen und die Dimensionierungen des Forschungsfeldes der sozialen Kognition in ihrer klassischen Gestalt. Der zusammenfassende Aufsatz »Soziales Handeln und Perspektivenübernahme« von Geulen überzeugt durch seine verständliche Sprache und lohnt den Kauf des Buches allemal. Suhrkamp, 1982.

Miller, M.: *Kollektive Lernprozesse. Studien zur Grundlegung einer soziologischen Lerntheorie.* Miller bietet eine Theorie kollektiver Lernprozesse auf einer argumentationstheoretischen Grundlage, die in vier aufeinander aufbauenden Studien präsentiert wird. Er analysiert kollektive Argumentationen und erklärt, wie die Perspektivenübernahme faktisch vollzogen wird. Suhrkamp, 1986.

Joas, H.: *Praktische Intersubjektivität. Die Entwicklung des Werkes von G.H. Mead.* Wer sich wirklich inhaltlich mit Mead auseinandersetzen will, kommt an diesem Buch nicht vorbei. Es ist das Standardwerk über das Schaffen von Mead und sollte vor der Originalliteratur gelesen werden. Joas gibt eine umfassende Darstellung von Meads geistiger Entwicklung und seiner Schriften zur Sozialpsychologie, zur Philosophie der Zeitlichkeit und der Geschichte. Suhrkamp, 1980.

Je üppiger die Pläne blühen,
umso verzwickter wird die Tat.

Erich Kästner

6 Die Praxis: Dialogischer Software-Entwurf

6.1 Aufbau der Untersuchung

6.2 Argumentative Dialoge und Modelle beim Software-Entwurf

6.3 Strukturbildung beim Software-Entwurf

6.4 Gestaltungskonflikte in objektiven Problemsituationen

6.5 Gelingen des argumentativen Dialogs und Programmqualität

In diesem Kapitel beschreibe ich meine Untersuchung, die ich zur empirischen Absicherung der Theorie des dialogischen Entwurfes durchgeführt habe. Die Untersuchung fand im Rahmen des Programmierpraktikums im Sommersemester 1987 an der TU Berlin statt. Die Lehrveranstaltung wurde als Programmierprojekt durchgeführt, für die ich drei Einführungsvorlesungen gehalten habe. Sechs Tutoren und Tutorinnen standen für die Vorbereitung der Lehrveranstaltung und für Einzeltermine den Projektgruppen zur Verfügung, die einen dialogischen Software-Entwurf erstellen sollten. Das empirische Material habe ich *qualitativ ausgewertet*, d.h. ich beurteile anhand von typischen Fallbeispielen die Gruppenprozesse in Hinblick auf meine Theorie des dialogischen Entwurfes und die Ergebnisse hinsichtlich von mir vorgegebener allgemein anerkannter *Qualitäts- und Entwurfskriterien*. Da ich mit Fallbeispielen argumentiere, bezeichne ich meine Untersuchung im folgenden als Fallstudie.

Abschnitt 6.1 befaßt sich mit dem Aufbau der Fallstudie, d.h. mit den Beteiligten, ihrem Vorwissen, der methodischen Anleitung zum Entwurf, die ich in den Vorlesungen vorgestellt habe, der zu bearbeitenden Problemstellung, meiner Vorgehensweise bei der Durchführung der Fallstudie und der vorliegenden Datenbasis.

In Abschnitt 6.2 setze ich mich mit dem Entwurfsprozeß und dessen Ergebnis anhand von drei typischen Fallbeispielen auseinander. Ich betrachte asymmetrische und symmetrische Entwurfsdialoge, die Rolle von Modellmonopolen beim argumentativen Dialog, eventuell vorhandene Situationsdefinitionen zur Entwurfssituation und die Behandlung von Gestaltungskonflikten und bewerte dies im Hinblick auf die jeweiligen Ergebnisse des Entwurfsprozesses.

Abschnitt 6.3 befaßt sich mit denEntwurfsmustern, an denen sich die Gruppen bei der ihnen bisher unbekannten Strukturbildung beim Entwurf orientiert haben und wie tragfähig diese Entwürfe sind. Hier erläutere ich auch den Entwurf, den ich mit den Tutoren erstellt habe.

Abschnitt 6.4 behandelt die Lösung von Gestaltungskonflikten beim dialogischen Entwurf, die zu einer objektiven Problemsituation führen. Ich stelle typische Gestaltungskonflikte und ein dabei oft praktiziertes Ostinato vor. Außerdem gibt es Beispiele dafür, wie die Gruppen objektive Problemsituationen aufgelöst haben.

In Abschnitt 6.5 fasse ich zusammen, daß die Lösung von Gestaltungskonflikten das Hauptproblem beim Entwurf von Software ist und bringe dies in Bezug zum dialogischen Entwurf und zur Qualität von Software. Ich formuliere hier meinen Qualitätsbegriff von Programmsystemen und darauf aufbauend, unter welchen Bedingungen der dialogische Entwurf gelingt und welche Vorteile er für die Software-Entwicklung hat.

6.1 Aufbau der Untersuchung

6.1.1 Subjekte und ihr Vorwissen

Die teilnehmenden Studenten befanden sich zumeist im vierten Semester des Grundstudiums und konnten aus mehreren gleichzeitig angebotenen Wahlpflichtveranstaltungen z.B. das Programmierpraktikum auswählen.

Die Studenten am Fachbereich Informatik der TU Berlin sind Gruppenarbeit von Beginn des Studiums an gewöhnt und dürfen sich Gruppenleistungen als Übungsleistungen anerkennen lassen. Manche Arbeitsgruppen existieren über einen längeren Zeitraum, und deren Mitglieder belegen alle die gleichen Kurse, während andere Studenten es bevorzugen, in mehreren Arbeitsgruppen gleichzeitig verschiedene Lehrveranstaltungen zu besuchen. Auf diese Weise entstehen zu Beginn jeder Lehrveranstaltung auch immer wieder neue Arbeitsgruppen. »Übriggebliebene« Studenten werden ermuntert, Arbeitsgruppen zu bilden.

So hatten die Studenten des Programmierpraktikums schon praktische Erfahrung mit Selbstorganisation in Kleingruppen und kollektiven Lernprozessen, wenn die jeweiligen Gruppen ihr Lernen so organisieren wollten. Die 71 teilnehmenden Studenten teilten sich in 25 Gruppen zu je zwei bis vier Mitgliedern auf.

Zu diesem Zeitpunkt hatten alle bezüglich ihrer Informatikausbildung dieselben Lehrveranstaltungen besuchen müssen und sowohl applikatives wie imperatives Programmieren kennengelernt. Die komplexesten imperativen Problemstellungen wurden dabei in dem vorangegangenen Semester in der Lehrveranstaltung Algorithmen III bearbeitet.

In Algorithmen III, das Christiane Floyd und ich durchgeführt hatten, lernten die Studenten den Umgang mit dynamischen Datenstrukturen, die konsequente Verwendung des Typ- und Variablenkonzepts und modulares Programmieren mit Modula-2. Die Aufgaben waren so konzipiert, daß unter Benutzung von uns vorgegebener Module und üblichen Bibliotheksmodule (für die Zeichenkettenverarbeitung, Dateiverwaltung, Ein-/ Ausgabe) jeweils ein, zwei weitere Module entwickelt und realisiert werden mußten. Zweck der Übungen — hinsichtlich des modularen Programmierens — sollte die *praktische* Vertrautheit mit dem Modulkonzept aufgrund einer modulorientierten Programmiersprache sein. Als Lernziele waren damit die Benutzung von Bibliotheksmodule, die Verwendung vorgegebener Schnittstellen (von Module höherer Abstraktionsebene als Bibliotheksmodule) und die Verfolgung von Prozeduraufrufreihenfolgen über Modulgrenzen hinweg verbunden. Zusätzlich mußten Programmierrichtlinien für Modula-2 eingehalten werden.

Neu für die Studenten in dem Programmierpraktikum sollte jetzt das dialogische Entwerfen eines größeren modularen Programmes nach den Entwurfskriterien von STEPS in Modula-2 sein.

6.1.2 Methodische Anleitung für den Software-Entwurf

In drei Vorlesungen erläuterte ich die Zerlegungskonzepte von STEPS: das *Modulkonzept*, die *Modularisierungskriterien*, die *rekursive Zerlegungstechnik* und die *Vorgehensweise beim Entwurf* und dies im Hinblick auf die Umsetzung in Modula-2. Diese Konzepte sind die Grundlage des Verständnisses der Präsentation und der Bewertung von Beispielen aus meiner Fallstudie.

Zusätzlich behandelte ich noch das Testen von interaktiven Programmen, worauf ich hier aber nicht weiter eingehe.

6.1.2.1 Grundbegriffe der Zerlegung und ihre Umsetzung in Modula-2

Gegenstand des **Software-Entwurfs** ist es, eine *Zerlegung* in Module und ihre Beziehungen zueinander so zu erarbeiten, daß das erwünschte Programmsystem zuverlässig daraus abgeleitet werden kann. In STEPS erfolgt dies durch *Modularisierung.* Die für die Zerlegung wichtigen Grundbegriffe sind *Modul*, *Schnittstelle*, *Typ*, *Objekt* (*Variable* und *Konstante*) und *Operation* (*Prozedur* und *Funktion*).

Ein **Modul** ist in STEPS eine statische Entwurfskomponente, die von sich aus nichts tut. Ein Modul dient zur Klammerung von Definitionen von Operationen, Typen und Objekten. Der Zusammenhang zwischen Modulen ist durch **Schnittstellen** beschrieben. In der **Exportschnittstelle** steht alles, was das Modul für andere Module zur Verfügung stellt; in der **Importschnittstelle** ist beschrieben, was ein Modul aus einem anderen Modul verwenden darf. Durch die Export- bzw. Import-Schnittstellen wird zwischen den Modulen eine **Benutzt-Relation** definiert. Eine **Schnittstelle** kann als Elemente *Operationen, Typen* und *Konstanten* enthalten.

Man kann zwei Arten der Benutzung unterscheiden: **Operationen** werden *dynamisch* benutzt, indem sie vom importierenden Modul zur Ausführung aufgerufen werden; **Typen** und **Konstanten** werden *statisch* benutzt in dem Sinne, daß das importierende Modul Kenntnis von ihnen hat. Im Gegensatz zu Module sind Operationen dynamische Komponenten. Sie dienen als Klammer für benannte Algorithmen. Es gibt ein ausgezeichnetes *Hauptmodul* und darin eine ausgezeichnete Operation, die als erste aufgerufen wird. Der gesamte übrige dynamische Ablauf erfolgt ausschließlich über Aufrufe von Operationen.

Objekte haben einen Namen, sie gehören einem Typ an und sie haben zu jedem Zeitpunkt während ihrer Lebensdauer einen Wert. Objekte sind typisiert und über **Typen** werden ihre möglichen Werte und die auf ihnen zugelassenen Operationen festgelegt. Es gibt keine systemglobalen Objekte. Objekte sind entweder innerhalb von Module definiert oder von Prozeduren. Im ersten Fall ist ihre Lebensdauer die gesamte Programmausführung, im zweiten Fall ist es jeweils eine Ausführung der Prozedur.

Es ist auf der Ebene der Problemlösung oft sinnvoll, das zu bearbeitende Objekt und seine Typbeschreibung zusammen zu betrachten (wir sprechen dann von einer **abstrakten Datenstruktur**). Wenn es mehrere gleichartige Objekte oder Exemplare desselben Typs zu verwalten gibt, dann ist es notwendig die Objekte von ihren Typbeschreibungen zu trennen (wir sprechen dann von einem **abstrakten Datentyp** und von Exemplaren dieses Typs), während bei problemneutralen, allgemein verwendbaren Typen grundsätzlich Objekte und Typbeschreibungen getrennt betrachtet werden, man es also immer mit abstrakten Datentypen zu tun hat.

Ein Typ, der in mehreren Modulen Verwendung findet, sollte getrennt von der Verwaltung der Objekte dieses Typs deklariert werden. Diese Typdeklaration erfolgt in einem **Typmodul**, dessen einzige Aufgabe es ist, diesen Typ an die entsprechenden Module zu exportieren. Durch diese Vorgehensweise ist der Typimport nicht an die dynamische Benutzung (Prozedurimport) gebunden und es besteht die Möglichkeit, Typen zur Modellierung *verwandter* Objekte, die in verschiedenen Modulen auftreten, zu verwenden. Desweiteren wird eine Anreicherung der Basismaschine durch Bereitstellung *allgemein verwendbarer problemorientierter Typen* erreicht, die von allen Modulen importiert werden (z.B. der Typ »Text«).

Das Modulkonzept von STEPS läßt sich leicht auf Modula-2 übertragen, es müssen nur einige Einschränkungen gemacht werden. Ein Modula-2-Programmsystem besteht aus einem oder mehreren *separat* übersetzbaren Modulen. Es gibt in Modula-2 vier Arten von Modulen: Programm-Module, Definitionsmodule, Implementationsmodule und innere Module. Programm-Module entsprechen konzeptionell dem Hauptmodul. Ein Definitionsmodul und das zugehörige Implementationsmodul bilden eine logische Einheit und haben den gleichen Namen. Das Definitionsmodul tritt als eigene Übersetzungseinheit auf und enthält die Exportschnittstelle und die Deklarationen aller exportierten Namen. Das Implementationsmodul enthält die Deklaration aller nicht exportierten Namen, gegebenenfalls eine Importschnittstelle, den Rumpf aller Prozeduren und die Anweisungen. Die zusammengehörenden Definitions- und Implementationsmodulemodule entsprechen dem Modulkonstrukt von STEPS, wenn der Export von Variablen und die Deklarationen von inneren Modulen verboten ist.

Innere Module werden nicht separat übersetzt, sondern wie Prozeduren textuell geschachtelt. Sie können überall dort deklariert werden, wo sonst auch Deklarationen erlaubt sind, z.B. neben einer lokalen Variablen innerhalb einer Prozedur. Die Nebeneinanderstellung von einzelnen Modulen und Objekten ist in unseren Augen unsauber, da sie auch diese Objekte dem ungeschützten Zugriff durch innere Module aussetzt.

Zusätzlich wird gefordert, die Importschnittstelle nicht im Implementationsmodul zu vereinbaren, sondern im Definitionsmodul. Das Definitionsmodul kann und muß vor dem Implementationssmodul übersetzt werden. Auf diese Weise können *alle* Schnittstellen der Module des Entwurfes vor der Erstellung der Implementationssmodule vom Übersetzer zur Übersetzungszeit auf

Konsistenz überprüft werden. Die Festschreibung eines Entwurfes und dessen Implementierung kann also zeitlich unabhängig voneinander erfolgen. Zum Übersetzungszeitpunkt eines Moduls müssen die Definitionsmoduln aller Module, aus denen etwas importiert wird, bereits übersetzt und dem Übersetzer zugänglich sein. Jede Änderung eines Definitionsmoduls hat zur Folge, daß sämtliche Module, die das geänderte Modul benutzen, neu übersetzt werden müssen. Bei der Änderung eines Implementationssmoduls muß nur dieses neu übersetzt werden. Dieses Konzept der separaten Übersetzung und die strenge Typenprüfung zeichnen Modula-2 vor vielen anderen Programmiersprachen aus.

Typmodule können in Modula-2 ganz einfach durch die Deklaration eines oder mehrerer Typen in Definitionsmodulen realisiert werden. Das zugehörige Implementationsmodul bleibt dann leer. Die Programmierung abstrakter Datentypen ist in Modula-2 mit dem Modulkonzept und der Verwendung des Konzepts der opaken Datentypen möglich. In dem Definitionsmodul wird nur der Name des Typs angegeben und in dem Implementationsmodul holt man die Deklaration des Typs nach, wobei der konkrete Typ aber nur ein Zeiger-Typ sein darf. Man kann Objekte opaker Typen beliebig dynamisch erzeugen und den Zeiger auf sie als ihren abstrakten Typ ansehen.

Es gibt ein fiktives Modul SYSTEM, das vom Übersetzer zur Verfügung gestellt wird und das den Zugang zu den maschinennahen Eigenschaften der Basismaschine vermittelt. Jedes Modul, das SYSTEM importiert, ist damit als maschinenabhängig erkennbar.

6.1.2.2 Die Entwurfskriterien

Die Zerlegung eines Programmsystems in Module, die über Schnittstellen verknüpft sind, ist ein wesentliches Anliegen des Software-Entwurfes. Die bekannten Qualitätsanforderungen sind dabei *Verständlichkeit* (intellektuelle Beherrschbarkeit), *Änderbarkeit* und *Wiederverwendbarkeit*. So aufgefaßt sind die Qualitätsanforderungen die Richtschnur für den Entwurf. Entwurfskriterien dienen dazu, die Güte des Entwurfs zu beurteilen.

- **Lokalität** (Geheimnisprinzip, Information Hiding). Jedes Modul soll die Umsetzung von genau einer Entwurfsentscheidung verbergen. Entwurfsentscheidungen beziehen sich vor allem auf die Wahl von Datenstrukturen zur Realisierung einer vorgegebenen Problemstellung, zur Gestaltung der Schnittstellen mit dem Betriebssystem und den peripheren Geräten. Module dienen zur Klammerung aller Objekte und Operationen, die sich auf jeweils einen dieser Aspekte beziehen.
- **Prozedurale Schnittstellen**. Die Schnittstellen dürfen Prozeduren und Funktionen sowie Typnamen und Konstanten (aber keine Varia-

blen) enthalten. Zur Erhöhung der Verständlichkeit sollen *Schnittstellen* zwischen Modulen *einfach* sein, das bedeutet, die Anzahl der exportierten Prozeduren muß überschaubar sein und die Anzahl der Parameter der Prozeduren soll klein sein. Auch die Gesamtzahl der Schnittstellen zwischen den Modulen soll klein gehalten werden.

- **Benutzt-Hierarchie**. Zur Erreichung der intellektuellen Beherrschbarkeit wird gefordert, daß die Benutzt-Relation *zyklenfrei* (d.h. hierarchisch) ist.
- **Stufenweise Abstraktion**. Durch die Anordnung der Module im Sinne der Benutzt-Hierarchie soll eine stufenweise Abstraktion erreicht werden. Dabei sollen insbesondere Objekte und Funktionen der Basismaschine (z.B. Schnittstellen zu den peripheren Geräten oder zum Betriebssystem) im Sinne der Benutzt-Hierarchie unten, dagegen Objekte und Funktionen der Benutzermaschine (in abstrahierter Form) im Sinne der Benutzt-Hierarchie oben angeordnet werden. In der Regel sind mehrere Zwischenstufen erforderlich.

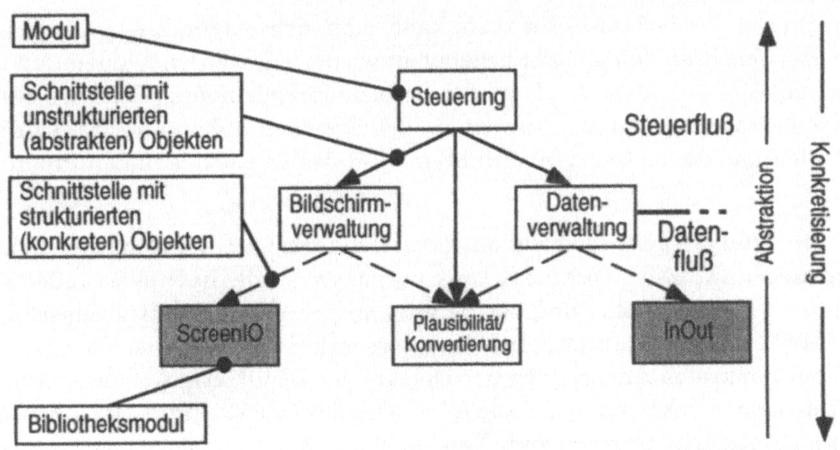

Abb. 32: Trennung von Steuer- und Datenfluß. Die Benutzt-Relation wird durch eine Kombination des Modul- und Schnittstellensymbols [Modul A] → [Modul B] dargestellt, wobei das benutzende Modul immer oberhalb des benutzten Moduls gezeichnet wird.

- **Ökonomie des Steuer- und Datenflusses**. Ökonomie des Steuerflusses bedeutet, daß die Operationsaufruffolgen minimal sind. Ökonomie des Datenflusses bedeutet, daß die Weglängen von Datentransporten über Parameter minimal sind. Um dieses Ziel zu erreichen, gilt es, folgende Gesichtspunkte zu beachten: Daten sollen nicht unbearbeitet durch ein Modul »durchgereicht« werden; unechte Abstraktionen (z.B. einfache Umbenennungen) sollen vermieden werden; gewonnene Informationen sollen nicht wieder aufgegeben oder zerstört werden, und Fehler sollen dort behandelt werden, wo sie auftreten. Durch die Trennung von Steuer- und Datenfluß in der Benutzt-Hierarchie wird an Abstraktion gewonnen. Wenn der notwendige Datentransport mit einer ohnehin erforderlichen Datentransformation geeignet verbunden wird, ergibt sich eine Zerlegung wie die in Abb. 32.

Die in Abb. 32 eingeführten graphischen Symbole für eine Zerlegung verwende ich im folgenden für alle Darstellungen von Entwürfen. Derartige gerichtete Modulabhängigkeits-Graphen nennen wir in STEPS **Moduldiagramme**.

In STEPS gibt es noch weitere Entwurfskriterien, die sich aber auf Entwürfe beziehen, die auch noch nach einer »Enthaltensein-Beziehung« zerlegt sind. Da ich hier aber nur flache Modularisierungen betrachte, lasse ich sie außer acht.

6.1.2.3 Vorgehensweise beim Entwurf

Den Prozeß des Software-Entwurfs kann man sich als ein Zusammenspiel von drei Schritten denken, die beliebig oft wiederholt werden können und in sich verzahnt ablaufen: *Analyse* oder Problemdurchdringung, *Synthese* oder Strukturerarbeitung und *Überprüfung* des Entwurfs anhand der Entwurfskriterien und der festgelegten Funktionalität des zu entwickelnden Produktes.

Bei der **Analyse** geht es vor allem darum, die Objekte und Funktionen der Benutzer- und Basismaschine herauszuarbeiten, sowie die Stellen aufzuzeigen, an denen die Abbildung der Benutzermaschine auf die Basismaschine zu Schwierigkeiten führen wird. Eine wesentliche Aufgabe ist dabei, sich von der konkreten Ausprägung der Objekte der Benutzermaschine zu lösen und diese abstrakt genug darzustellen. Die Entwurfskriterien kommen in diesem Teilschritt insofern zum Tragen, als man sie als Zielvorstellung bei der Analyse bereits im Hintergrund haben sollte.

> Dagegen kann nicht erwartet werden, daß man bei komplexen Problemstellungen anhand der Kriterien quasi automatisch von der Analyse zum fertigen Entwurf gelangt. Vielmehr bekommt man es mit einem grundlegenden Problem zu tun, das ich als **Gestaltungskonflikt** bezeichne.

Ein grundlegender, aber immer wieder auftauchender Gestaltungskonflikt ist beispielsweise das Problem Speicherplatz vs. Laufzeit. Will man wenig

Speicherplatz benutzen, muß man die Daten immer wieder ein- und auslagern, was Zeit kostet. Stellt man viel Speicherplatz zur Verfügung, hat man die Daten im direkten und damit schnellen Zugriff. Ein weiterer Gestaltungskonflikt ist Effizienz vs. Lokalität. Übergebe ich als Parameter Objekte mit großer Feinstruktur, kann ich unter Umständen eine Reihe von Prozeduraufrufen sparen, verletze aber das Entwurfskriterium der Lokalität. Gestaltungskonflikte betreffen viele Entwurfsentscheidungen und wirken sich auch auf die Bewertung anderer Gestaltungskonflikte aus. Die Studenten habe ich in der Vorlesung nicht auf dieses Problem aufmerksam gemacht, sie sollten es selber in der Praxis erleben.

Bei der **Synthese** oder Strukturerarbeitung wird ein Vorschlag erbracht, bestehend aus einem Moduldiagramm und den Schnittstellen in Form von Definitionsmodulen. Zuerst handelt es sich dabei um einen Grobentwurf, der im Laufe des Entwurfsprozesses immer weiter ausgearbeitet wird. Bei der Strukturerarbeitung werden Module und Schnittstellen zunächst benannt und in geeigneter Weise grob skizziert (vgl. Abb. 32). Die Erarbeitung eines Strukturvorschlages sollte sich an den anerkannten Entwurfskriterien orientieren, die sowohl Gesichtspunkte für die Auswahl von Modulen als auch für die Festlegung der Beziehungen von Modulen untereinander enthalten. Der Strukturvorschlag kann je nach Bedarf durch rekursive Zerlegung weiter zerlegt werden. Dabei wird ein Modul »aufgebrochen« und in weitere aufgeteilt; die Verfeinerung kann insbesondere in nachfolgenden Syntheseschritten erfolgen.

Die Güte des Entwurfs wird in der **Überprüfung** anhand der Entwurfskriterien vorgenommen. Die Funktionalität des Entwurfs wird mit einer Handsimulation der Prozeduraufrufreihenfolgen überprüft und zwar für alle abstrakten Funktionen der Benutzermaschine.

Die Überprüfung anhand der Entwurfskriterien hat zum Ziel, die beim Entwurf vorrangig betrachteten Qualitätsanforderungen wie Verständlichkeit, Änderbarkeit und Wiederverwendbarkeit zu gewährleisten. Das Festmachen von Entwurfskriterien an einer vorgegebenen Modularisierung ist durchaus nicht trivial und es muß sorgfältig argumentiert werden. Wegen der enormen Bedeutung des Entwurfs für alle nachfolgenden Schritte der Software-Entwicklung sollte ein Entwurf erst dann verabschiedet werden, wenn die zugrunde gelegten Kriterien in einer für alle Beteiligten einsichtigen Weise eingehalten worden sind, bzw. wenn in Sonderfällen die Abweichung von einem Kriterium ausdrücklich begründet worden ist.

Die Überprüfung des Entwurfs führt in der Regel zu einer **Revision**, bei der Entscheidungen über Module und Beziehungen abgeändert werden. Häufig sind mehrere Zyklen von Analyse, Synthese und Überprüfung notwendig. Nach Erreichen eines zufriedenstellenden Entwurfs erfolgt eine schrittweise und arbeitsteilige Implementierung, wobei die Implementationsmodule in **Ausbaustufen** erstellt werden sollten.

Eine sinnvolle erste Ausbaustufe ist die Implementierung der Schnittstellen, d.h. die Erstellung der Definitionsmodule. Fügt man noch die Implementationsmoduln mit leeren Prozedurrümpfen hinzu, hat man ein Programmskelett. Als eine erprobte Strategie zur Ermittlung weiterer Ausbaustufen kann man z.B. die Kommandoklassen des Systems nach zu erwartender Komplexität hinsichtlich der Implementierung ordnen und dann jeweils — mit aufsteigender Komplexität — ein oder mehrere Repräsentanten einer Klasse mit ganzer oder teilweiser Funktionalität in eine Ausbaustufe einordnen. Dabei muß genau ermittelt werden, welche Module jeweils betroffen sind. Hat man ein Kommando einer Klasse systemweit implementiert und erfolgreich getestet, lassen sich die anderen viel einfacher implementieren, da man auf die generellen Probleme dieser Kommandoklasse schon gestoßen ist.

6.1.3 Das zu bearbeitende Problem

Die Aufgabe bestand darin, einen bildschirmorientierten Editor mit der üblichen Funktionalität gemäß den Entwurfskriterien gemeinsam zu entwerfen. Aus dem Editor heraus sollte der Übersetzer und der Binder des Modula-2-Systems aufgerufen und die Fehlermeldungen des Übersetzers angezeigt werden können. Beim Entwurf waren auch die Portabilität und Wiederverwendbarkeit zu beachten. Anschließend war der Entwurf in Ausbaustufen auf einem IBM-Großrechner zu implementieren. Der vollständige Aufgabentext befindet sich in Anhang A.

Diese Aufgabe habe ich ausgewählt, weil die Studenten genügend Erfahrung hinsichtlich der Funktionalität und der Benutzung von Editoren hatten. Der Entwurf der Benutzungsschnittstelle für den Editor würde für die Studenten also kein großes Problem darstellen und sie könnten sich hauptsächlich auf den Entwurf und die Implementierung des Editors konzentrieren. Bei dem Entwurf eines Editors läßt sich besonders gut das Prinzip der stufenweisen Abstraktion zur Anwendung bringen. Es können auch Ausbaustufen so gebildet werden, daß diese frühzeitig fertig sind und getestet werden können. Auf diese Weise sollten relativ schnell Erfolgserlebnisse erzielt werden. Das Qualitätskriterium Wiederverwendbarkeit ist für einen Editor leicht zu begründen, viele Editoren oder Textsysteme laufen auf verschiedenen Rechnern.

Hier hatte ich für den Entwurf deshalb die Hauptschwierigkeit angesiedelt. Bei den Bildschirmen, die zu verwenden waren, handelte es sich um »lokal edierende« oder auch sogenannte »intelligente« Bildschirme. Diese erlauben dem benutzenden Programm keine *Zeichenkontrolle*, die bei Unix-Systemen und Personalcomputern üblich ist, wo das Programm, das die Ein-/ Ausgabe kontrolliert, den Bildschirm Zeichen für Zeichen aufbauen muß und die Bildschirmeigenschaften mit speziellen Steuerzeichen ansteuert. Jedes einzelne eingegebene Zeichen kann abfragt und es kann darauf reagiert werden. Diese Zeichenkontrolle bietet dem Entwerfer von Benutzungsschnittstellen technisch gesehen die vielfältigsten Möglichkeiten, wird aber im Mehrbenutzerbetrieb nur mit einer begrenzten Anzahl von Bildschirmen durchgeführt, weil sonst die Ein-/ Ausgabe sehr langsam wird.

Bei lokal editierenden Bildschirmgeräten — deren Funktionsweise den Studenten unbekannt war — wird der Bildschirm blockweise eingelesen und aufgebaut, wenn der Benutzer die Eingabetaste oder eine Funktionstaste drückt. Diese IBM-Bildschirmgeräte werden über eine 50-KBaud-Leitung angesteuert, und so kann ein kompletter Bildschirm in weniger als einer Sekunde aufgebaut werden, auch wenn hunderte Bildschirme gleichzeitig angeschlossen sind. Wenn der Benutzer Zeichen eingibt oder den Cursor bewegt, *hat das Bildschirmgerät die Zeichenkontrolle*, d.h. das Bildschirmgerät gibt in dieser Zeit keine Informationen an das benutzende Programm weiter und der Benutzer ist bei Fehlbedienungen auf die Reaktionen des Bildschirmgeräts angewiesen.

Grundsätzlich kann der Benutzer mit dem Cursor beliebig in allen gerade auf dem Bildschirm definierten (ungeschützten) Eingabefeldern, die sich auch über mehrere Zeilen erstrecken können, navigieren und dabei Zeichen eingeben und löschen. Wenn er den Cursor in einem Eingabefeld von der Anfangsposition auf eine andere Position verschiebt und hier Zeichen eingibt, besteht für ihn visuell kein Unterschied dazu, als wenn er diese Position mittels Eingabe von Leerzeichen erreicht und dann dieselbe Zeichenfolge eingeben würde. Im ersten Fall verschiebt aber das Bildschirmgerät *intern* die Zeichenfolge an die Anfangsposition des Feldes, d.h. es expandiert grundsätzlich keine Cursor-Bewegungen zu Leerzeichen, auch wenn dieses auf dem Bildschirm so aussieht, sondern es erwartet, daß die Eingabefelder mit Zeichenketten *vorbelegt* sind. Hier bahnt sich schon ein Gestaltungskonflikt an: Da die ungeschützten Felder als Eingabezeilen für den Editor dienen müssen, bieten sich nun mindestens zwei Alternativen an. Einerseits kann man jede neue Eingabezeile der Einfachheit halber in ganzer Länge mit Leerzeichen vor der ersten Ausgabe auffüllen und hat dann konsequenterweise eine Textliste mit fester Zeilenlänge, oder die Zeilenlängen der Textliste bestimmt sich jeweils aus der Anzahl eingegebener Zeichen.

Die Definition von geschützten und ungeschützten Feldern mit den üblichen Attributen wie z.B doppelt-hell erfolgt nicht über (gefilterte) Steuerzeichen, sondern über in den darzustellenden Text eingestreute Attributzeichen, die im Gegensatz zu den Steuerzeichen auf dem Bildschirm selbst (als Blanks) *ausgegeben* werden. Dieses hat für den Editor beispielsweise zur Konsequenz, daß, wenn von dem doppelt-hell-Attribut bei der Hervorhebung von markierten Blöcken Gebrauch gemacht wird, die Zeilen letztlich nur 79 Zeichen lang sein können und nicht 80 Zeichen, wie sonst üblich. Außerdem müssen in die Textzeilen vor der Ausgabe Attributzeichen eingefügt werden, die danach wieder zu entfernen sind.

Dieses sollten die Studenten *alles selbst herausfinden* und unter den Gesichtspunkten der Einhaltung von Entwurfskriterien und der Gewährleistung von Portabilität diskutieren. Zur Ansteuerung der Bildschirme sollten sie das Bibliotheksmodul `ScreenIO` benutzen, das für diese eine Maskenansteuerung realisiert und für die Zwecke eines Editors zu spezialisieren war. `ScreenIO` verlangt zur Ausgabe der Vorbelegung eines ungeschützten Feldes die direkten Adressen und Längen der Textobjekte und kopiert am Bildschirm eingegebene Textobjekte wiederum an vorher angegebene Adressen in den Speicher. Mit dem Bibliotheksmodul `ScreenIO` ergeben sich einige Gestaltungskonflikte hinsichtlich der Organisation der Objekttransporte innerhalb des Systems: Soll der Objekttransport auf der Grundlage von festen Adressen erfolgen, oder zeichen-, zeilen- oder seitenorientiert sein? Hier geraten beispielsweise die Kriterien Lokalität und Ökonomie des Daten- und Steuerflusses in Konflikt mit der jeweiligen Effizienz der Objekttransporte, aber auch mit der Wiederverwendbarkeit von Modulen des Editors für zeichenorientierte Bildschirme.

Zum Absetzen von Betriebssystemkommandos war das Bibliotheksmodul `CPCMS` gedacht, der Betriebssystemkommandos als Text an CMS übergibt. Für beide Bibliotheksmodule wurden technische Dokumentationen verteilt.

In der Aufgabenstellung empfahl ich dann folgendes schrittweises Vorgehen (vgl. Anlage A):

1. **Entwurf der Benutzungsschnittstelle.** Dazu muß eine kleine Durchführbarkeitsstudie erstellt werden, d.h. es muß geprüft werden, ob und wie mit den zur Verfügung gestellten Betriebsmitteln die Anforderungen erfüllt werden können. Hier empfiehlt sich eine eingehende Diskussion der Anforderungen und Experimente mit dem Modul `ScreenIO`. Der Entwurf der Benutzungsschnittstelle umfaßt den Bildschirmaufbau, die Ausgestaltung der Menüs, die Repräsentation der verschiedenen Kommandos, die Art der Funktionsselektion, Meldungen etc.
2. **Entwurf des Programmsystems.** Es wird eine Modularisierung des Programmsystems erstellt, d.h. es liegt ein Moduldiagramm und eine Menge konsistenter Definitionsmodule vor.

3. **Ausbaustufenplanung.** Größere Programme werden in aufeinander aufbauenden Schritten realisiert, die Ausbaustufen des Programmsystems. Bei ihrer Planung müssen für sie auch Arbeitsteilung, gemeinsame Testtermine und eine ökonomische Problemverteilung berücksichtigt werden.
4. **Programmieren und Testen der Ausbaustufen.**

Dies alles wurde in den Tutorien noch einmal behandelt. Dort erfuhren die Gruppen auch, daß sie die Entwürfe für die Benutzungsschnittstelle und die Software-Entwürfe in regelmäßigen Einzelterminen den Tutoren präsentieren sollten. Dafür waren drei Wochen eingeplant, danach sollte implementiert werden. Am Ende des Semesters sollte das Programm bei einer Vorführung abgenommen werden.

6.1.4 Vorgehen und Datenbasis

Sechs Wochen vor Beginn der Lehrveranstaltung entwarf ich mit den Tutoren zusammen den Editor, und wir implementierten ihn. Unsere Lösung umfaßte ca. 6 500 Zeilen Programm-Code. So waren wir bestens auf das Programmierpraktikum vorbereitet.

In der Vorlesung erläuterte ich, daß ich die Lehrveranstaltung als Fallstudie auswerten und deswegen die Arbeitsgruppen interviewen wollte. Ich stellte klar, daß die Teilnahme daran absolut freiwillig sei und keine Kontrolle der Ergebnisse der Arbeitsgruppen sein sollte. Außerdem sicherte ich die vertrauliche Behandlung der Ergebnisse zu. Mir kam es darauf an, eine Atmosphäre des Vertrauens zu schaffen, um möglichst viel über die jeweiligen Gruppenprozesse und die Gruppensituation zu erfahren. Deswegen interviewte ich die Arbeitsgruppen in Anwesenheit aller.

Die Tutoren hatten die Vorgabe, bei ihren Einzelterminen mit den Arbeitsgruppen fachliche Betreuung zu leisten, aber *keine eigenen Ideen einzubringen* und über diese Termine Tagebücher zu führen.

Nachdem die Entwürfe der Studenten hinreichende Stabilität aufwiesen, habe ich sie mit einem Tonbandgerät interviewt. Von der Möglichkeit, am Interviewtermin nicht teilzunehmen, hat keine Gruppe Gebrauch gemacht. Zwei Gruppen hatten zu diesem Zeitpunkt die Lehrveranstaltung bereits aufgegeben. Die semistrukturierten Interviews waren zeitlich nach hinten hin offen und dauerten etwa eine halbe bis eine dreiviertel Stunde. Ich stellte folgende Fragen:

- Wieviele Sitzungen habt ihr gebraucht?
- Wieviele verschiedene Entwürfe habt ihr erstellt?

- Wer hat welche Ideen gehabt?
- Seid ihr Euch immer einig gewesen?
- Wie einigt ihr Euch?
- Gibt es Sieger und Besiegte?
- Wie würdet ihr eure Arbeitsgruppensituation charakterisieren?
- Könnt Ihr mir euren Entwurf erklären?

Die Interviewpartner wurden von mir ermuntert, frei zu sprechen. Deswegen diskutierte ich auch Fachfragen, wenn die Studenten es wollten. Die Fragen zielten darauf ab, ob überhaupt und wie der dialogische Entwurf stattgefunden hat. Dazu war wissenswert, wieviele alternative Konzepte gemeinsam erörtert wurden, wie diese zustande kamen, oder ob ein Modellmonopol implementiert wurde. Ich wollte erfahren, welche Rolle Gestaltungskonflikte und andere Konflikte in symmetrischen wie auch asymmetrischen Entwurfsdialogen spielten. Die letzte Frage ist besonders umfassend. Hier interessierte mich die Strukturbildung beim Entwurf, die Tragfähigkeit und Durchgängigkeit der Modularisierung, die Einhaltung der Entwurfskriterien und die Legitimation des Entwurfs hinsichtlich der geforderten Portabilität.

Da bei einem dialogischen Entwurf nach meiner Theorie eine gemeinsame Argumentstruktur vorliegt, muß die Gruppe zusammen und jedes Mitglied diese auch rekonstruieren können. Hier war interessant, wer wieviel geredet hat und wie die Gruppe die Architektur ihres Systems rekonstruiert und vorgestellt hat. Haben sich einzelne Mitglieder zurückgehalten, habe ich direkt an sie Verständnisfragen gerichtet.

Grundsätzlich habe ich bei der Erklärung des Entwurfes immer gefragt, wo die Cursorpositionen und die Blockmarken verwaltet werden und auf welche Weise der Transport von Textobjekten zwischen der Textliste und dem Bildschirm erfolgt, um Näheres über Gestaltungskonflikte zu erfahren. Während und nach einem Interview machte ich mir Notizen. Die Interviews der Arbeitsgruppen führte ich von Anfang Juni bis Mitte Juli 1987 während des Semesters durch. Am Ende des Semesters (Ende Juli) interviewte ich noch die Tutoren über ihre Eindrücke von den Arbeitsgruppen, die sie betreut haben, hinsichtlich der o.a. Fragen.

Als empirisches Material liegen die Programme nebst Dokumentationen und die Tonbandprotokolle von 23 Arbeitsgruppen, meine Tagebuchnotizen und die Tagebuchnotizen und Interviews der Tutoren vor. Dieses Material habe ich qualitativ ausgewertet, d.h. ich beurteile die *Gruppenprozesse* in Hinblick auf meine Theorie des dialogischen Entwurfes. Zur Beurteilung der *Ergebnisse* der Arbeitsgruppen lege ich die verlangten Entwurfskriterien, die Qualitätsanforderungen (zwecks Portabilität) und die Programmierkonventionen zugrunde. In den nächsten Abschnitten präsentiere ich typische Fallbeispiele aus meiner Fallstudie.

6.2 Argumentative Dialoge und Modelle beim Software-Entwurf

Die Transskripte der Interviews der hier behandelten typischen Fallbeispiele befinden sich in den Anhängen C, D und E. Sie sind für sich lesbar und geben einen guten Eindruck von den Projektsprachen der drei Gruppen. Die Konventionen zur Niederschrift der Transskripte sind unmittelbar einleuchtend und befinden sich in Tabelle 1 und im Anhang B. Ich verwende aus Übersichtlichkeitsgründen nur Ausschnitte aus diesen Transskripten.

Tabelle 1: Konventionen zu den Transskripten

Syntax der Konvention	Erläuterung der Konventionen
Odin: Äußerung.	Die Namen der Interviewpartner sind mit Namen aus den Sagen der Germanen anonymisiert.
Äußerung.	Normale Äußerung.
~~Äußerung.~~	Leise, betroffene Äußerung.
Äußerung.	Betonte Äußerung.
Äußerung.	Laute Äußerung.
Äußerung ↲	Unterbrochene, abgebrochene Äußerung.
→ Äußerung	Unterbrechende Äußerung.
[Text]	Mit dem Text wird eine stichwortartige Kontexterläuterung gegeben, die sich auf nonverbale Handlungen, Lachen, Durcheinanderreden, Störungen, die Blickrichtung des Akteurs und auf Merkmale der folgenden Äußerung beziehen.
...	Auslassung im Protokoll.

Für das Programmierpraktikum haben sich 25 Gruppen gebildet, von denen 2 Gruppen schon zu Anfang aufgaben. Von den 23 untersuchten Gruppen haben 17 Gruppen einen symmetrischen und 6 Gruppen einen asymmetrischen Entwurfsdialog geführt. Von den letztgenannten Gruppen waren 2 Gruppen erfolgreich, d.h. die Modellinhaber haben ihr Modell implementieren können. Für 2 Gruppen bedeutete dies die Katastrophe, denn bei ihnen ist der Modellinhaber nach der Entwurfsphase in der Arbeitsgruppe nicht mehr aktiv gewesen, und die anderen Mitglieder waren nicht in der Lage, seinen Entwurf umzusetzen. In den restlichen beiden Arbeitsgruppen haben sich die Mitglieder mit den Modellinhabern über ihre Arbeitsgruppensituation derartig zerstritten, daß sehr wenig zustande gekommen ist, weil die Modellinhaber alleine nicht das ganze Programmsystem implementieren konnten. Die Gruppen, die einen symmetrischen Entwurfsdialog geführt haben, hatten keine solche Schwierigkeiten.

6.2.1 Asymmetrischer Entwurfsdialog

Als erstes Beispiel bringe ich eine Arbeitsgruppe, bestehend aus Ymir, Odin, Vili und Ve, die Odin mir im Interview als »Wir sind zwei Hacker (Ymir, Odin) und zwei Müslis (Vili, Ve)« vorstellt. Die Mitglieder dieser Gruppe haben wenig über modulübergreifende Konzepte kommuniziert, sie können keine Ausbaustufenplanung vorweisen und ein Entwurf im Sinne einer gemeinsamen Zerlegung hat nie stattgefunden, wie sich sofort im Interview herausstellte:

»**Ich**: Und wieviele Sitzungen habt ihr gebraucht?

Ve [ironisch]: Sitzungen?

Ich: Ich meine Gruppensitzungen ↵

Ymir: Wir haben eigentlich immer zusammen am Rechner gesessen, d.h. groß überlegt ohne den Rechner haben wir nicht allzuviel ↵

Ich: Oh.

Ymir: Doch, am Anfang, ganz am Anfang haben wir das gemacht.

Ve: Ja, da haben die drei überlegt und haben gleich angefangen zu programmieren, und dann kam ich dazu [großes Gelächter]

Ymir: Und dann hast du gesagt bekommen, das machst du ↵

Vili: Ja, Ja ↵

Ve: Und dann wurde die dritte Version gemacht [Gelächter].«

Es gab lediglich drei kurze Arbeitsgruppentreffen zu Beginn des Semesters, wobei Ve bei den ersten beiden Treffen nicht anwesend war.

Ymir hat von Anfang an — was alle wissen — das stärkste Modellmonopol, da er für seinen Atari schon einen Editor in C implementiert hat. Bei Beginn der Lehrveranstaltung fängt Ymir schon an, Operationen zur Verwaltung einer doppelt verketteten Textliste, vermischt mit den Editieroperationen in Modula-2 zu übertragen und am Rechner einzugeben. Bei der ersten Sitzung — der Modulaufteilung — besitzt Ymir damit das Modul `TextManagement`, Odin sichert sich die interessante Bildschirmausgabe mit dem Modul `ScreenInOut`, Vili erhält das Modul `Kommandointerpreter` und ist somit auch Modellinhaber und der nicht anwesende Ve wird mit dem uninteressanten Modul `FileInOut` abgespeist — ein Zugeständnis von Ymir, der in seinem `TextManagement` am liebsten auch noch Dateien ein- und ausgelesen hätte.

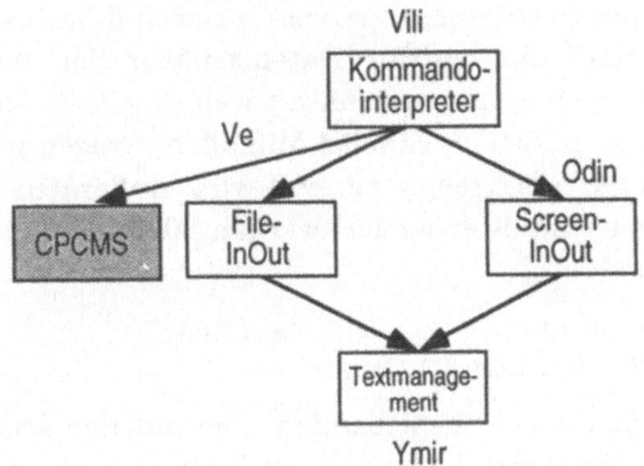

Abb. 33: Der erste Entwurf von Ymir, Odin, Vili und Ve

Die Gruppe präsentiert Embla (Tutorin) dann ihren Entwurf (vgl. Abb. 33) und ihre Schnittstellen. Embla berichtet mir über ihren Eindruck von dieser Gruppe:

> »**Ich**: Wie würdest Du denn die Zusammenarbeit dieser Gruppe charakterisieren, vor allem beim Entwurf und hinterher?
>
> **Embla**: Na, ja daß die sich überhaupt nicht zusammengesetzt haben, die haben die Arbeit verteilt in vier Teile und sich dann nur gestritten, wenn sie die Teile zusammensetzen wollten.... Schon von Anfang an, wie ich sie getroffen habe, waren sie am Programmieren, bevor überhaupt der Entwurf fertig war.
>
> **Ich** : Wie kann man ohne Zusammenarbeit überhaupt zu einem Entwurf kommen?

Embla: Die haben also wirklich so grob gedacht: was brauchen wir, vier Module, ok ↵ die sie allerdings noch etwas verändert haben, diese Modulstruktur; ich denke mir noch, daß wenn Druck bestanden hat oder eine Hierarchie, daß Ymir und Odin mehr Druck auf Vili und Ve ausgeübt haben, daß Ymir und Odin da doch tonangebend waren.«

Aufgrund seines Modellmonopols legt Ymir bereits bei der ersten Besprechung mit Embla eine Schnittstelle für das Modul `TextManagement` vor, das schon eine vollständige Typisierung der Textliste, einschließlich des Typs Block, enthält. Die Prozeduren berücksichtigen nicht nur Operationen auf die Textliste, sondern auch Editieroperationen, wie z.B. das Suchen und Ersetzen von Zeichenketten, das Zerspalten und Zusammenfügen von Zeilen und das Einfügen und Löschen von Blöcken. Außerdem verwirklicht Ymir konzeptionell von Anfang an das Verwalten mehrerer Textlisten.

Über die Prozeduren `GiveText`, `SearchString` und `ReplaceString` dieser Schnittstelle wird die zentrale Datenstruktur der Textliste im Programmsystem eine globale Datenstruktur, weil `GiveText` einen Zeiger auf die Liste liefert, was natürlich Emblas Mißfallen erregen muß, weil so das Geheimnisprinzip auf das Gröbste verletzt wird. Außerdem gibt es drei globale Variablen, die ebenfalls exportiert werden sollen:

```
VAR PinBoard : Block;
    Commandline : ARRAY [1..80] OF CHAR;
    FirstText : POINTER TO Text;
```

Ymir weiß offensichtlich noch nicht, daß eine auf den IBM-Bildschirmen darzustellende Zeichenkette höchstens 79 Zeichen lang sein kann. Ymirs Schnittstelle ist zu diesem Zeitpunkt bezüglich der Operationalisierung die konzeptionell reichhaltigste aller Arbeitsgruppen. Ymir und Odin haben großes Interesse, diese Schnittstelle beizubehalten: Ymir kann somit sein von C in Modula-2 übertragenes Programm retten und er braucht sich mit Odin keine Schnittstelle zwischen `ScreenInOut` und `TextManagement` zu überlegen, weil aus dem Modul `ScreenInOut` direkt auf die Textliste zugegriffen werden soll.

Die Exportschnittstelle von Odins `ScreenInOut` beinhaltet nur zwei Prozeduren:

```
PROCEDURE PrintGetPage (TextId : Cardinal);
PROCEDURE PrintError (Message : Error);
```

Die Exportschnittstelle des Moduls `Kommandointerpreter` enthält lediglich eine Prozedur: `PROCEDURE InterpretCommand ();`

Somit ist Embla endgültig klar, daß die Gruppe keinen gemeinsamen Entwurf gemacht hat. Sie rät der Gruppe, den Entwurf zu revidieren.

Bei ihrem zweiten Treffen kommt es ihnen nun darauf an, ein paar Module hinzuzufügen. Zu diesem Zweck schneiden Odin und Vili das Modul `Kommandointerpreter` in drei weitere auf (`Main`, `CommandInterpreter` und `FunctionKeys`) und gewinnen somit drei Kommandointerpreter: `Main` für die Parameter bei dem Aufruf des Editors, `CommandInterpreter` für textuell eingegebene Kommandos und `FunctionKeys` für durch Funktionstasten repräsentierte Kommandos. Ymir ist bereit, die Verwaltung der Textlisten in ein Modul `Textlists` auszulagern, weigert sich aber weiterhin, für das `TextManagement` eine rein prozedurale Schnittstelle zur Verfügung zu stellen. Vili schlägt einen Typmodul `TypesAndErrors` vor, weil er die Meldungen in `CommandInterpreter` ausgeben muß. Das Typmodul `TypesAndErrors` definiert allerdings nur Typen von Zeichenketten, einen Aufzählungstyp für Fehlermeldungen und eine Zuordnungsfunktion von diesem auf korrespondierende Fehlermeldungen. Odin schlägt ein Modul `StorageManager` zu Allokieren von Speicher vor. Danach stößt Ve zur Gruppe und muß feststellen, daß ein schon fast fertiges Programmsystem vorliegt und ein Entwurf, den er nicht gut findet.

Bei dem dritten Treffen der Gruppe kann er nur noch durchsetzen, daß keine Zeiger mehr aus `TextManagement` herausgereicht werden. Dazu müssen `Textlists` und `StorageManager` als lokale Module in `TextManagement` integriert werden. Die Verwendung von lokalen Modulen ist allerdings nicht gestattet, nach Ves Auffassung ist eine sauberere Lösung möglich, aber zu mehr Strukturierung sind die »Hacker« nicht bereit. Odin schlägt den Typ

```
TYPE Page = ARRAY [1..21] OF C80;
```

vor, um zwischen `ScreenInOut` und `TextManagement` jeweils 21 Zeilen auf einmal auszutauschen. So braucht er für den »endgültigen Entwurf« seine ohnedies minimale Exportschnittstelle von `ScreenInOut` auch nur unwesentlich zu ändern:

```
DEFINITION MODULE ScreenInOut;
FROM TypesAndErrors IMPORT C80;
FROM TextManagement IMPORT Page;
PROCEDURE PutGetPage (Textid : CARDINAL;
                  VAR Keynumber : INTEGER;
                  VAR Command, ErrorText : C80);
PROCEDURE PrintError (Textid, Number : CARDINAL;
                  VAR Message : Page; Start : CARDINAL);
PROCEDURE PrintMessage (Textid : CARDINAL;
                  Message, Query: ARRAY OF CHAR); CARDINAL;
PROCEDURE ClearPage
End ScreenInOut.
```

Für Vili ergeben sich nur geringfügige Änderungen:

```
DEFINITION MODULE CommandInterpreter;
FROM TypesAndErrors IMPORT C80;
PROCEDURE InterpretCommand (VAR Textid : CARDINAL;
                   VAR Command : C80;
                   PromptLength : CARDINAL;
                   VAR Errorfield : C80)
END CommandInterpreter.
```

Ymir reicht keine Zeiger mehr nach außen, sondern Zeilennummern und fügt seiner Exportschnittstelle noch 35 Prozeduren hinzu.

In Abb. 34 ist das Moduldiagramm des endgültigen Entwurfes dargestellt, die Module des ursprünglichen Entwurfes sind eingefärbt. Die Größe der ausprogrammierten Module ist jeweils durch die Anzahl der Zeilen angegeben.

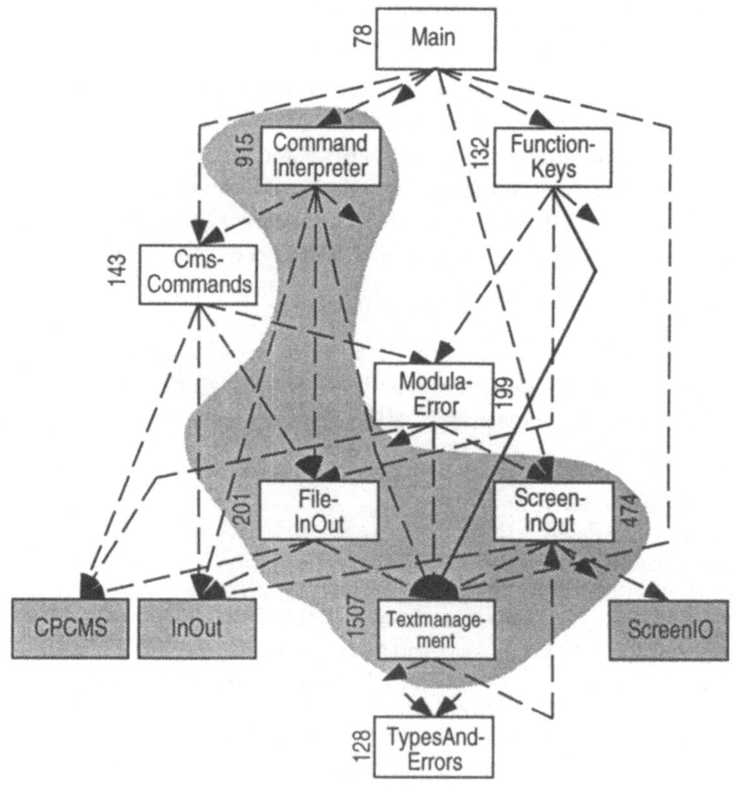

Abb. 34: Der endgültige Entwurf von Ymir, Odin, Vili und Ve

Während des ganzen Interviews offenbaren Ymir, Odin, Vili und Ve mir ständig ihre ungelösten Konflikte, sie befinden sich immer noch in einer objektiven Problemsituation. Bezüglich des Sinns einer globalen Datenstruktur kommen sie nur zu einem koordinierten Dissens und sie haben keine gemeinsam gültige Situationsdefinition, wie ihre eigene Beschreibung der Arbeitsgruppensituation offenbart:

>»**Ich**: Wie würdet ihr denn eure Arbeitsgruppensituation beschreiben?
>
>**Ve**: Na ja, wie er [Gemeint ist Odin] hier sagt, Müslis und richtige Programmierer [großes Gelächter].
>
>**Ymir**: Es gab eigentlich nur ein, zwei herbe Diskussionen und zwar, als wir das alles in ein Modul gepackt haben, da gab es einen Haufen Argumente für und gegen.
>
>**Vili**: Wobei der Ve auch noch ein gewisses Argument war.
>
>**Ve**: Nun —, zum Entstehen dieser Gruppe vielleicht mal: Die Drei waren immer zusammen, am Dienstag habe ich immer gearbeitet und war nicht da. Da haben die sich erst einmal zusammengesetzt und hatten was überlegt und mir ein, zwei Module zugeschanzt. Und da konnte ich nicht mehr ganz gut auf den Entwurf einwirken, und wenn ich was machen wollte ↵
>
>**Odin** [lacht]: → Du brauchst gar nicht versuchen dich zu retten oder so was ↵
>
>**Ve**: → es macht zuviel Arbeit und so fort; ich finde die Lösung auch nicht ideal ↵
>
>**Ymir**: Ne, ne, der Hauptdiskussionspunkt war halt, daß ich mich streng geweigert habe, das Textmanagement aufzusplitten, weil ich nicht eingesehen habe, daß der Typ Zeile, der den Vorteil hat, daß er eine doppelt verkettete Liste ist und die beiden Pointer auf Vorgänger und Nachfolger hat, daß man das jetzt wieder vergißt und sagt, man macht das über Prozeduren. Blöcke umhängen kann man unheimlich leicht machen, wenn man weiß, wie [die Datenstruktur direkt aufgebaut] ist.«

Odin versucht mit dem Vorwand, sie hätten im Terminalraum viel miteinander kommuniziert, das Fehlen eines gemeinsamen Entwurfes zu verharmlosen. Wegen des Mangels an Bildschirmplätzen ist es an dem Fachbereich Informatik der TU Berlin verboten, unvorbereitet zu kommen. Die Gruppe hat kein gültiges Moduldiagramm dabei, deshalb versucht Ve eines zu zeichnen, was ihm nur mit massiver Hilfe der anderen gelingt. Die Namen der Module sind nicht jedem bekannt und die Stellung mancher Module zueinander in der Hierarchie ist zwischen den Akteuren widersprüchlich. Ve formuliert seine Meinung über den »gemeinsamen Entwurf«:

»**Ich**: Wo finden sich eigentlich eure Ideen wieder?

Ve: ~~Ideen haben wir keine~~ [Gelächter].«

Bei meiner erneuten Nachfrage, wer welche Ideen hat, erklären sie mir, welche Module sie jeweils implementiert haben. Ymir, Odin und Vili können nur ihre eigenen Module erklären. Daß keine modulübergreifenden Konzepte vorliegen, wird dadurch deutlich.

Odin besteht gegenüber Ve harsch darauf, daß er sein Modul allein erklären will. Außerdem macht er sich über Vili lustig, als dieser über die Größe seines Moduls spricht, weil er weiß, daß `CommandInterpreter` textuell vorwiegend aus Anweisungen zur Ausgabe von Fehlermeldungen besteht.

Daß in dem Entwurf von Ymir, Odin, Vili und Ve keine Trennung von Steuer- und Datenfluß vorliegt, wird schon bei der ersten Betrachtung der Benutzt-Relationen deutlich, weil die Gruppe über kein *gemeinsames Konzept* zur Realisierung einer Benutzungsschnittstelle in ihrem Software-Entwurf verfügt, was das Prinzip der stufenweisen Abstraktion berücksichtigt. Deswegen ist dieser Entwurf auch mit einer mageren Typisierung ausgestattet; das Typmodul `TypesAndErrors` definiert nur Typen von Zeichenketten, einen Aufzählungstyp für Fehlermeldungen und eine Zuordnungsfunktion von diesem auf korrespondierende Fehlermeldungen. Typen für abstrakte Kommandos, Funktionstasten, Blockmarken, Bildschirmspezifika usw. fehlen völlig.

Kommandos, die durch textuelle Eingabe oder (ebenso) durch Funktionstasten ausgelöst werden, sind nicht auf symbolische Repräsentationen abgebildet worden. Vielmehr werden diese in `Main`, `CommandInterpreter` und `Functionkeys` (hier die tatsächlichen Funktionstastennummern) *direkt verarbeitet*. Die Kommandoeingabezeile wird von `Main` und `CommandInterpreter` in jedem Fall zweimal hintereinander interpretiert. `Main` verarbeitet zusätzlich noch vollständig die Aufrufparameter des Editors. Fehleingaben des Benutzers, die die redundanten Interpretermodule bemerken, werden mithilfe von `TypesAndErrors` zu Fehlerzeilen expandiert und an `Main` zurückgeliefert, der sie an `ScreenInOut` weiterreicht. Odin hat das Modul `ScreenInOut` nicht nach den Segmenten der Bildschirmaufteilung operationalisiert; er abstrahiert nicht von dem Bibliotheksmodul `ScreenIO`, vielmehr reicht er die Leistungen, die für einen Editor gebraucht werden, mittels Umbenennung einfach weiter, was eine Portierung dieses Moduls unmöglich macht. Da in dem Modul keine Abstraktion nach operational unterschiedlich zu behandelnden Bildschirmsegmenten (z.B. Statuszeile, Editierfläche, Parametereingabe) stattfindet, so daß das Modul einen virtuellen Bildschirm realisieren könnte und keine Abbildung der Kommandos auf einen Aufzählungstyp erfolgt, wundert es auch nicht, daß Odin ihn mit diesem Kommentar einleitet: »Real programmers don't document. What was hard to write should be hard to understand!« Dies alles hat zur Folge, daß mehrere Module das Modul `InOut` zur Ausgabe von Hilfetexten und Hinweisen an den Benutzer verwenden, obwohl das Modul `InOut` nur zur Behandlung von Dateien und für Testausgaben in Dateien vorgesehen war und sämtliche Ausgaben auf den Bildschirm letztlich über das dafür vorgesehenen Modul `ScreenIO` erfolgen sollen. Eine dies betreffende Absprache mit Odin ist also nicht erfolgt. So ist auch der (streng verbotene) Benutzungszyklus zwischen `TextManagement` und `ScreenInOut` zu erklären, `TextManagement` fragt `ScreenInOut` direkt, ob beim »Suchen und Ersetzen« fortgefahren werden soll. Ymir und Odin haben dies wohl im Terminalraum nebenbei vereinbart.

Ein weiteres Portierungsproblem ergibt sich in dieser Lösung mit den Leistungen eines Betriebssystems, die ein Editor benötigt: Die CMS-spezifischen Leistungen sind zwar in `CMSCommands` einigermaßen isoliert worden, die grundsätzlichen Leistungen, die immer benötigt werden, sind nicht in einem portablen Modul vereinigt, mehrere Module benutzen `CPCMS` direkt.

Die Arbeitskraft von Ve ist quasi verschenkt worden, sein Modul `FileInOut` ist 200 Zeilen lang und realisiert einfache Dateioperationen.

Das Modul `TextManagement` umfaßt 1507 Zeilen mit unkommentierten, recht komplizierten Algorithmen und hätte in jedem Falle aufgeteilt werden müssen. Das Modul abstrahiert auch nicht von Spezifika des Bildschirmaufbaus, so ist die Anzahl der Zeilen der Editierfläche in vielen Algorithmen direkt enthalten.

6.2.2 Abgebrochener symmetrischer Entwurfsdialog

Dieses Beispiel soll zeigen, wie aus einem abgebrochenen argumentativen Entwurfsdialog schließlich eine Kommunikationsstörung erwächst, die nach meiner Erfahrung typisch für miteinander befreundete Software-Entwickler ist.

Die Arbeitsgruppe mit Fridthjof, Heid und Hanglöm macht während des Interviews den harmonischen und ausgeglichenen Eindruck einer auf gelungener Zusammenarbeit basierenden Arbeitsgruppe auf mich. Die Arbeitsgruppe existiert schon länger und hat auch gleichzeitig andere Kurse belegt. Für das Programmierpraktikum haben sie als Situationsdefinition festgelegt, alles gemeinsam zu entwerfen und es später arbeitsteilig zu implementieren, ohne daß ein Arbeitsgruppenmitglied ein Modellmonopol einbringt, wie sie mir erklären:

»**Ich:** Könnt ihr mir sagen, wer welche Ideen eingebracht hat?

Fridthjof: Wir haben nicht damit begonnen aufzuteilen.

Ich: Diskutiert ihr alles durch oder hat einer eine Idee oder entwickelt ihr eine gemeinsame Idee?

Heid: Irgendwie hat sich das ergeben ↵ nicht das einer mit fertigen Sachen ankam, darauf haben wir verzichtet. Wir haben gesagt, wir fangen gemeinsam an und teilen das dann später auf. Wir haben uns immer nur zusammengesetzt und darüber geredet, da hat keiner vorgearbeitet oder so.«

Zum dialogischen Entwurf treffen sie sich zweimal die Woche und lassen sich viel Zeit damit. Während des dialogischen Entwurfes widersprechen Fridthjof, Heid und Hanglöm sich wechselseitig. Das von ihnen praktizierte Ostinato läßt auf einen vorsichtigen Umgang dieser Akteure miteinander schließen. Es läuft immer darauf hinaus, den Konflikt zunächst auszusetzen, um ihn dann später durch eine langfristige Argumentation durch Überzeugung lösen zu können, wobei das gemeinsam entwickelte Argument dann kollektiv gilt:

»**Ich**: Seid ihr euch denn immer einig gewesen? [Gelächter] [durcheinander] : Nee, nee ↵

Fridthjof: → [ironisch] Das kommt mir nicht in den Modul rein!...

Ich: Wenn ihr euch uneinig wart, hat sich dann am Ende jemand durchgesetzt?

Hanglöm: Nee, wir haben darüber geredet, sehr lange ↵

Ich: Wie seid ihr denn mit inhaltlichen Konflikten umgegangen?

Heid: Erst einmal liegen lassen und dann darüber reden.

Fridthjof: Dieses Siegerbedürfnis ist nicht so ausgeprägt. Mir geht es so, wenn Hanglöm oder Heid eine Prozedur geschrieben hat und ich find' daran irgend etwas nicht ok und wir reden dann darüber, dann kann es sein, daß ich hinterher immer noch der Meinung bin, oder nicht ↵, aber selbst wenn ich dann immer noch der Meinung bin, dann würde ich mir nicht denken, daß es auf Grund dessen nun anders geschrieben werden sollte, vorausgesetzt, es funktioniert.«

Ihre Vorgehensweise beim Entwurf nach dem Motto »Wo noch ungefähr ein Modul hinkommen könnte, da machen wir noch eins« führt zu so vielen Versionen von Entwürfen, daß sie sich nicht an die genaue Anzahl erinnern können. Der mir präsentierte endgültige Entwurf soll der sechste sein, der sich stark von anderen, vorhergehenden Entwürfen unterscheidet und den die Gruppe für stabil hält, weil unnötige (sehr kleine) Modul entfernt worden sind.

Zum Verlauf des Entwurfsprozesses nehmen alle Stellung, bei der Erklärung des Entwurfes im Interview hält sich Heid jedoch ganz zurück; Fridthjof kann den Entwurf gut und verständlich erklären und Hanglöm beantwortet alle meine Fragen nach technischen Details und legitimiert die Argumentation für und gegen eine zentrale Entwurfsentscheidung.

Mit der Diskussion dieses Gestaltungskonfliktes hat die Gruppe die meiste Zeit in einer objektiven Problemsituation verbracht. Hanglöm kennt sich mit den Interna des Bibliotheksmoduls `ScreenIO` sehr gut aus und möchte dieses derart für den Entwurf benutzen, daß der Transport von Textobjekten aus der Textliste zum Bildschirm und zurück als Nebeneffekt der Benutzung von `ScreenIO` auftritt. `ScreenIO` verlangt zur Ausgabe eines Bildschirminhaltes die Adressen und Längen der Textobjekte und kopiert am Bildschirm eingegebene Textobjekte an vorher angegebene Adressen in den Speicher. Setzt man die Adressen zur Ein-/ Ausgabe gleich, so Hanglöms Idee, wird der Transport der Textobjekte als Parameter einer Prozedur in der Schnittstelle zwischen der Textliste und `ScreenIO` und möglicherweise noch durch ein Bildschirmverwaltungsmodul überflüssig. Folgt man diesem Konzept, müssen `ScreenIO` nur einmal die entsprechenden Adressen bekanntgemacht werden und dazu muß die Textliste in der Benutzungshierarchie über `ScreenIO` stehen. Hanglöm argumentiert mit der Effizienz dieses Konzeptes und der Speicherplatzersparnis.

Der Gegenvorschlag in der Gruppe ist, unter der Benutzung von der Textliste Textobjekte über ein Bildschirmverwaltungsmodul zu `ScreenIO` zu transportieren. Die Gruppe kann sich auf keinen dieser Vorschläge einigen und auch kein neues Argument zur Auflösung dieser objektiven Problemsituation entwickeln. Dieses Argument kommt dann von außerhalb von der betreuenden Tutorin Embla. Diese hat zwar die Maßgabe, keine eigenen Ideen einzubringen, muß dann aber eingreifen. Wohl wissend, daß Hanglöms Vorschlag den ganzen Editor bezüglich des Kontroll- und Datenflusses von dem basismaschinennahen `ScreenIO` abhängig machen würde, hat sie die Gruppe eine ganze Weile diskutieren lassen. Wegen der fortgeschrittenen Zeit fordert Embla den endgültigen Entwurf und bringt als Kompromißvorschlag in die Argumentation ein, beim Bildschirmaufbau und beim Einlesen der eingegebenen Textobjekte zeilenweise die Adressen der Textobjekte zwischen der Textliste und `ScreenIO` zu übergeben.

Hanglöm greift diesen Vorschlag auf und bricht aus der Situationsdefinition aus: Sie fordert Fridthjof und Heid auf, den dialogischen Entwurf zu Ende zu bringen und mit der Implementierung zu beginnen. Fridthjof und Heid sind damit nicht einverstanden, weil ihnen noch nicht alles klar ist, und es gibt das erste Mal keinen Konsens in der Gruppe. Aber unter diesen Umständen bleibt ihnen nichts anderes übrig, als Hanglöms Vorschlag zu folgen. Embla beschreibt mir im Interview die weitere Entwicklung der Arbeitsgruppe:

> »[Die] haben zumindest anfänglich viel zusammengearbeitet, obwohl Hanglöm die Stärkere ist und die meisten Ideen einbringt ... aber die haben diskutiert und auch Kompromisse gefunden, sich auf etwas geeinigt in Bezug auf Benutzerschnittstelle und Modularisierung. ... Je weiter das Semester voran schritt, desto weniger wurde die Zusammenarbeit. ... Das hat so ausgeschaut, daß Fridthjof und Heid nicht mehr hinterherkamen mit ihren Modulen. Hanglöm hat sich dann daran gesetzt und die [Module] selbständig implementiert und dann auch Entwurfsentscheidungen umgeschmissen und so implementiert wie sie es wollte, und wo sie die anderen halt auch mit vor den Kopf gestoßen hat, weil sie sich auf etwas Gemeinsames geeinigt hatten und Hanglöm dann was ganz anderes programmiert hat. ... Heid hat sich im nachhinein bei mir beschwert und erzählt, daß sie resigniert hat. Sie meint, daß sie mit Hanglöm geredet hätten, aber ab einem Punkt gab es Schwierigkeiten, wo sie dann nicht mehr kommunizieren konnten und sie es dann auch sein gelassen hat. ... Heid hat auch immer gedacht, Hanglöm müßte eigentlich sauer auf mich sein, weil ich nichts tue, die müßte doch endlich mal was sagen, daß die anderen zu wenig tun. Hanglöm hat sich nie beschwert, es gab nie eine Auseinandersetzung, es wurde immer alles totgeschwiegen. Sie hat dann alles an sich gerissen und alles selber gemacht.«

Zum Zeitpunkt des Interviews finde ich den Entwurf befriedigend (vgl. Abb. 35). Dennoch ist das Endergebnis enttäuschend: Das Programm weist keine große Funktionalität auf, dieses ist schon daran erkennbar, daß das Bibliotheksmodul `CPCMS` gar nicht benutzt wird und so u.a. keine Systemkommandos realisiert sein können. Es wird immer dieselbe Datei eingelesen und es sind nur einfache Editorkommandos realisiert. Markierte Textblöcke können nicht als »doppelt hell« visualisiert werden.

Die Gruppe hat bei ihrem Entwurf versucht, das Prinzip der stufenweisen Abstraktion anzuwenden, wie die Module `List` (Operationen auf einer Textliste), `Lineoperations` (Editieroperationen innerhalb einer Zeile), `Block` (Operationen auf Blöcken), `Editor` (abstrakte Editieroperationen) und `Main` (steuert den Ablauf zwischen abstrakten Editieroperationen und abstrakten Systemoperationen) zeigen. Hanglöm, Fridthjof und Heid haben auch eine entsprechende Typisierung vorgenommen; sie haben jedoch keine Typmodule gebildet, Typen werden entlang der Architektur importiert.

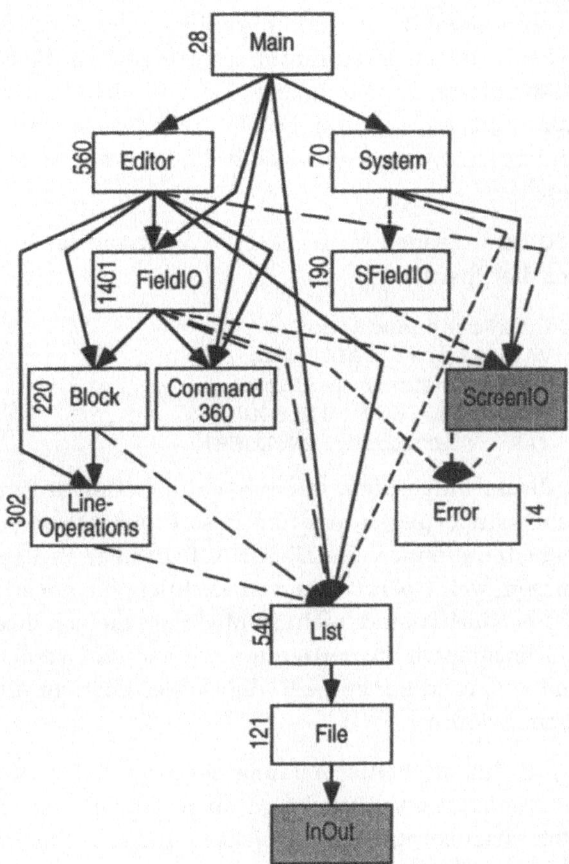

Abb. 35: Der endgültige Entwurf von Hanglöm, Heid und Fridthjof

Den Schwachpunkt des Entwurfes bildet `FieldIO`. Das Modul beginnt im Programm-Code mit der Bemerkung: »Oh Fridthjof, ich hoffe, daß Du mich nicht umbringst. Die total deprimierte Hanglöm.« Dies ist das Modul von Fridthjof, das Hanglöm auch an sich gerissen und hinsichtlich ihrer (ursprünglichen) Vorstellungen geändert hat. Zahlreiche Anweisungen hat Hanglöm auskommentiert und durch andere ersetzt. In `FieldIO` wird nicht von `ScreenIO` abstrahiert. Wie der Modulname schon andeutet, wird er *feldweise* von `Editor` und `Main` benutzt. Damit ist der einzige Unterschied zu `ScreenIO`, daß die geschützten und ungeschützten Felder des Bildschirms, die über Prozeduren von `ScreenIO` vereinbart werden, über die Prozeduren in `FieldIO` feste Namen erhalten haben. Eine Abstraktion von Feldern auf dem Bildschirm, die `ScreenIO` verwaltet, zu Bildschirmsegmenten der Benutzungsschnittstelle des Editors, die in einem übergeordneten Modul (hier) verwaltet werden, ist nicht erfolgt. Damit ist dieses Modul nicht wiederverwendbar. Das liegt daran, daß Hanglöms Konzept, alle ungeschützten Felder mit festen Adressen zu verbinden und diese in FieldIO zu verwalten, hier durchscheint. Der Unterschied zu ihrem ursprünglichem Vorschlag besteht darin, die Adressen dieser Objekte in FieldIO und nicht in List zu verwalten. Der Kompromißvorschlag von Embla, zeilenweise die Adressen von Textobjekten in FieldIO von List anzufordern, ist auf diese Weise implementiert worden.

In dem FieldIO benutzenden Modul Editor wird vor der Verarbeitung jedes Kommandos die Operation

```
PROCEDURE UpdateScreenAndRead
          (VAR atLine: CARDINAL;
           VAR atColumn: CARDINAL;
           VAR keyNumber: INTEGER;
           VAR returnCode: INTEGER);
```

von ScreenIO direkt aufgerufen. UpdateScreenAndRead führt vorher gepufferte Bildschirmänderungen aus und liest Eingabefelder und die betätigte Funktionstastennummer ein. Dieser Aufruf hätte in FieldIO verborgen werden müssen, weil Operationen von Modulen, die am schwersten oder überhaupt nicht portierbar sind, nicht in Modulen, die von ihrem Abstraktionsgrad her am leichtesten zu portieren sind, benutzt werden sollten. Auf diese Weise sind zudem in Editor z.B. die Cursor-Position und die Funktionstastennummer bekannt.

Das Modul Error, das die Fehlermeldungszeile verwaltet, nutzt gleichfalls Spezifika von ScreenIO, obwohl es ihn gar nicht aufruft: ScreenIO erwartet die Adressen von auszugebenden Textobjekten und Error liefert die Adresse der Fehlermeldungszeile via FieldIO an ScreenIO. Dies ist das Konzept von Hanglöm. Trotzdem werden bestimmte Fehlermeldungen in einigen Modulen über InOut ausgegeben.

Abschließend läßt sich feststellen, daß der Entwurf nicht genügend von dem Bibliotheksmodul ScreenIO abstrahiert und nicht portabel ist. Viele dieser Abhängigkeiten hat Hanglöm gegenüber dem gemeinsamen Entwurf nachträglich wieder eingebaut.

Hanglöm begann FieldIO zu ändern, nachdem sie den dialogischen Entwurf abgebrochen hat und die beiden anderen nicht schnell genug mit der Implementierung ihrer Module nachkamen. Als Hanglöm sich nun die ganze Verantwortung des Projektes aufbürdete, zogen sich Fridthjof (wegen Prüfungen) und Heid (wegen privater Schwierigkeiten) mit schlechtem Gewissen aus der Gruppe zurück. So geriet der Fortschritt mit dem Programm ins stocken, ohne daß es eine Auseinandersetzung gab. *Für Fridthjof und Heid war aber der dialogische Entwurf ein Lernprozeß, der nicht hätte unterbrochen werden sollen.* Weil Hanglöm in dieser Situation als einzige tätig war und »das Projekt rettete« konnte sie dieses Vorgehen legitimieren, ohne darüber mit den anderen in Interaktion zu treten. Die anderen konnten dann später keinen Einspruch gegen dieses Verhalten erheben, ohne sich selber der Untätigkeit zu entlarven. Die entstandene Kommunikationsstörung scheint eine Art Teufelskreis gewesen zu sein, aus der keiner der Beteiligten sich befreien konnte.

6.2.3 Symmetrischer Entwurfsdialog

Die Arbeitsgruppe, bestehend aus Fenja, Menja und Frodi, sind ein positives Beispiel. Sie kennen sich seit dem ersten Semester, sind auch miteinander befreundet, haben bisher zu sechst zusammengearbeitet und nach außen zwei formal existierende Arbeitsgruppen abgegeben. Für diese Lehrveranstaltung haben sie sich erstmals in zwei getrennte Arbeitsgruppen aufgeteilt. Menja sieht den Vorteil dieser lang existierenden Arbeitsgruppe darin, daß die Mitglieder sich untereinander gut kennen, sie Umgangsformen entwickelt haben und eine Vertrautheit mit der Arbeitsweise des anderen existiert. Als Nachteil empfindet sie den Umstand, daß die Mitglieder anfangen, sich aufeinander zu verlassen. Die Mitglieder der Gruppe verfügen über eine reichhaltige Erfahrung mit der Orientierung an den Handlungsorientierungen der anderen Mitglieder.

Fenja, Menja und Frodi haben selbst herausgefunden, welche Nachteile für einzelne und die Gruppe bestehen, wenn ein Akteur ein Modellmonopol in die Gruppe einbringt, wie sie mir erläutern:

> »**Ich:** Wie kommt ihr denn zu einem Ergebnis? Wenn ein Konflikt da ist, sagt ihr dann, na gut, nehmen wir deinen Vorschlag, oder diskutiert ihr das aus, oder erkennt ihr an, daß das ein guter Vorschlag war?
>
> **Menja**: Wenn wir Arbeitsgruppe machen, und wir haben uns vorher überlegt, wir wollen zu dem Problem heute Arbeitsgruppe machen; so — wenn dann einer sich schon sehr viel überlegt hat und das quasi in seinem Kopf fertig ausformuliert ist, und die anderen haben sich relativ wenig bis gar keine Gedanken gemacht ↲
>
> **Ich**: → Habt ihr damit schlechte Erfahrungen gemacht?
>
> **Menja**: <u>Na klar!</u>
>
> **Fenja**: Deswegen machen wir das in letzter Zeit auch <u>nicht</u> mehr, weil wir das halt gemerkt haben, einfach weil ↲ früher war das öfter so, als wir noch mit Heidrun zusammen Arbeitsgruppe gemacht haben, einer hatte dann schon was gemacht und den anderen versucht das zu erklä-

ren, aber irgendwie ist es dann aber immer schwierig, sich in die Denkweise des anderen hineinzuversetzen.«

Die Gruppe läßt also kein Modellmonopol mehr zu und betreibt statt dessen eine gemeinsame Modellbildung in einem symmetrischen Entwurfsdialog, für den sie eine idealtypische Situationsdefinition angefertigt haben: Bei jedem angesetzten Arbeitsgruppentermin bearbeitet die Gruppe ein Problem, jeder ist vorbereitet, ohne mit einem Lösungsvorschlag zu kommen. Es wird gemeinsam diskutiert und zusammen das Ergebnis aufgeschrieben.

Dazu nehmen Menja, Fenja und Frodi viele Sitzungen und auch mal eine siebenstündige Marathonsitzung in Kauf. Der geführte argumentative Entwurfsdialog dieser Gruppe weist eine Besonderheit auf: Menja gibt offen zu, daß sie noch nicht so gut programmieren kann; trotzdem bringt sie Ideen ein, obgleich sie sich noch nicht so gut durchsetzen kann. Im Laufe der Zeit hat sie aber erheblich in dem kollektiven Lernprozeß dazugelernt, so daß sie mir auch den Entwurf erklären kann.

Fenja und Frodi befanden sich während des argumentativen Entwurfsdialoges mehrfach in einer objektiven Problemsituation. Als Beispiel für einen typischen Gestaltungskonflikt führt Fenja an, sie wollte einen Aufzählungstyp für Fehler nicht entlang der Architektur bis zum Hauptmodul exportieren, wie Frodi es vorgeschlagen hat, sondern den Entwurf so umgestalten, daß der Typ nur in dem Modul benötigt wird, wo Fehler auch hauptsächlich bearbeitet werden. Das **Ostinato** hat dabei folgende Form: Zuerst erkennen die Akteure den Konflikt, bieten sich dann gegenseitig an, den Gegenvorschlag anzunehmen, um danach im argumentativen Dialog fortzufahren und sich weiter wechselseitig zu widersprechen.

Beim obigen Beispiel hat Fenja schließlich nachgegeben, als es ihr zu »blödsinnig« erschien, weiterzustreiten. Menja widerspricht ihr und macht sie darauf aufmerksam, daß es ihr damals nicht egal war. Fenjas Motivation zum Streiten hängt davon ab, ob an ihrem Vorschlag ihr ganzes Gedankengut hängt, sonst ist es ihr egal, wie sie mir erläutert:

> »**Ich**: Streitet ihr euch, oder kommt ihr zu einem Kompromiß?
>
> **Fenja**: Das kommt auch immer darauf an, was für ein Problem das ist. Wenn ich z.B. sehe, es ist im Grunde egal, was man da jetzt macht, dann bestehe ich auch meistens nicht auf meinen Vorschlag — fertig —, dann soll es derjenige oder diejenige machen, oder dann einigen wir uns halt meistens auf irgendwas. Aber wenn ich halt merke, davon hängt mein ganzes Gedankengut ab, dann streite ich mich schon ganz gerne darüber.«

Fenja drückt ihren Willen, hinter dem kollektiv Geltenden zu stehen, dadurch aus, daß sie im nachhinein beide Alternativen für ebenbürtig erachtet.

Auf diese Weise sind alle Argumente immer wieder erst gehört, verstanden und kritisiert worden und erst der elfte Entwurf war es, der ihnen gut genug erschien, auf den sie sich verständigt haben und der die geforderte Funktionalität abdeckt.

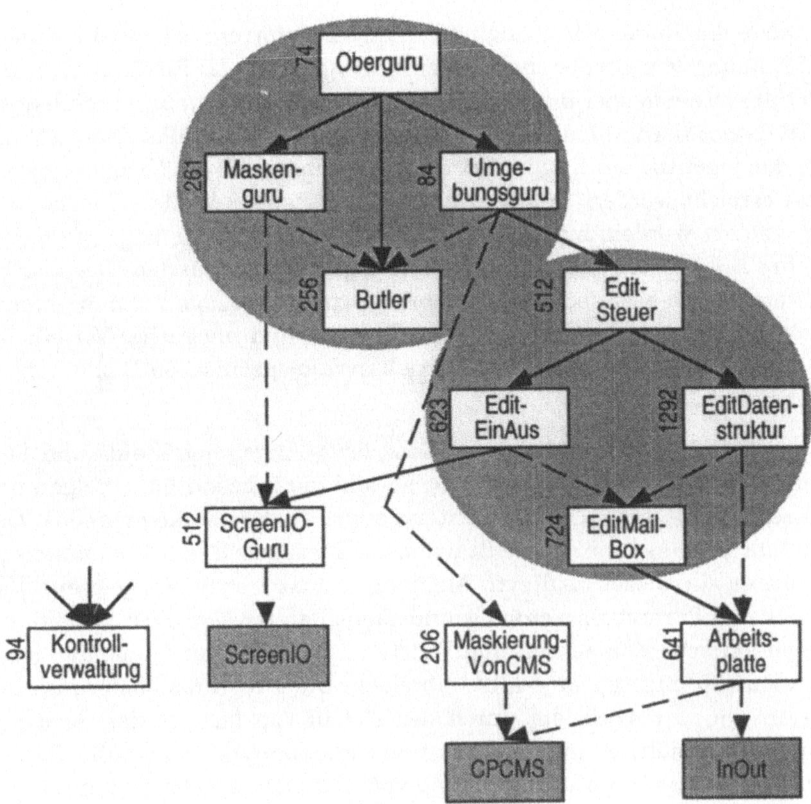

Abb. 36: Der gemeinsame Entwurf von Menja, Fenja und Frodi

So haben sie einen sehr ausführlichen gemeinsamen Entwurf erarbeitet: Ein Moduldiagramm mit Beschreibungen von allen Prozedurköpfen, Typen, Konstanten wie sie in den Schnittstellen benutzt werden, sowie die modulinternen Prozeduren, Typen und Variablen (vgl. Anlage G). Diesen gemeinsamen Entwurf benutzen Fenja und Menja auch während des Interviews , um mir ihren Entwurf zu erklären. Der Entwurf (vgl. Abb. 36) wird explizit als »Gemeinschaftsprodukt« gesehen, das kollektiv gilt:

»**Ich**: Wo findet ihr euch denn wieder in eurem Entwurf? Wer hat sich was ausgedacht?

Fenja: [irritiert] Wie meinst du denn das?

Menja: [ebenfalls irritiert] Puuh ↵, na was du hier siehst ist doch das Gemeinschaftsprodukt! Ich verstehe trotzdem die Frage nicht.

Ich: Es kann doch sein, daß du eine Idee gehabt hast oder sie oder ihr eine gemeinsame Idee entwickelt habt.

Menja: Das ist echt schwer zu beantworten.«

Sie haben das in der Vorlesung und in ihrem Tutorium behandelte Konzept zur Trennung von Steuer- und Datenfluß (vgl. Abb. 32) für ihren Editor zu zwei Subsystemen spezialisiert (in Abb. 36 eingefärbt), wobei ein Subsystem die IBM-spezifische Modula-2-Umgebung realisiert und das andere Subsystem den eigentlichen Editor. Mit diesem Konzept soll größtmögliche Portabilität erreicht werden. Das Konzept des Subsystems ist ihnen vorher noch nicht gelehrt worden. Menja, Fenja können aufgrund des kollektiv Geltenden ihre Entwurfsentscheidungen verteidigen und begründen. Darüber hinaus weist Menja bezüglich der Portabilität auf die Vorzüge der Subsystemarchitektur hin und erklärt, wo sie Defizite und mögliche Vorteile des Konzeptes der Abschirmung von betriebssystemspezifischen Bibliotheksmodulen sieht.

Das obere Subsystem realisiert die Modula-2-Umgebung. Menja und Fenja bezeichnen es als »Systemkreislauf«, obwohl die Prozeduraufruffolgen nicht im Kreise verlaufen. `Oberguru` interpretiert die Systemkommandos. Dazu veranlaßt er `Maskenguru`, die Startmaske auszugeben, ein Kommando und Parameter einzulesen und evtl. Meldungen auszugeben. Eingelesene Kommandos und Parameter werden grundsätzlich an `Butler` übergeben, der deren syntaktische Korrektheit und Vollständigkeit prüft und Kommandos auf einen Aufzählungstyp `KOMMANDO` abbildet. Die Programmsteuerung kehrt zum `Oberguru` zurück, der durch den Aufruf von `Butler` das (abstrakte) Kommando erhält, es interpretiert und `Umgebungsguru` aufruft, der — je nach Kommando — unter Benutzung von `CPCMS` veranlaßt, daß die Systemkommandos (übersetze Modul, binde System, lade Programm, lösche Datei, wechsle Dateiverzeichnis) ausgeführt werden. Handelt es sich um das Kommando editiere Datei, übergibt `Umgebungsguru` die Steuerung durch Aufruf von `EditSteuer` an das andere Subsystem, das den Editor realisiert.

Die Ablaufsteuerung erfolgt in dem Subsystem »Editorkreislauf« analog zum »Systemkreislauf«. Das Modul `EditSteuer` interpretiert Editorkommandos vom Typ `COMMAND`, die es von `EditEinAus` anfordert. `EditEinAus` ist nach Bildschirmsegmenten operationalisiert und verwaltet den ganzen Bildschirm, solange die Steuerung in diesem Subsystem verweilt. Eine besondere Stellung nimmt `EditMailbox` ein, er ist ein Dienstleistungsmodul sowohl für `EditEinAus`, als auch für `EditDatenstruktur`. Wie Menja und Fenja erklären, ist in ihm ein »virtueller Bildschirm« namens `schreibfeld` vom Typ `SCHREIBFELD` verborgen.

```
TYPE ROW = RECORD
             Inhalt : STRING79;
             Attribut : Cardinal
          END;
TYPE SCHREIBFELD = ARRAY [1..18] OF ROW;
VAR schreibfeld : SCHREIBFELD;
```

`EditDatenstruktur` übergibt `EditMailbox` Zeilen als Objekte vom Typ `STRING79` und »füllt« das `schreibfeld` durch wiederholten Aufruf der folgenden Prozedur:

```
PROCEDURE GibZeileAm (z: STRING79;
                     index : CARDINAL;
                     a: CARDINAL) : BOOLEAN;
VAR istvoll : BOOLEAN;
BEGIN
      istvoll:= FALSE;
      EmptyString (schreibfeld[index].Inhalt);
      Assign (schreibfeld[index].Inhalt,z);
      schreibfeld[index].Attribut:=a;
      IF index = 18 THEN istvoll := TRUE;
      RETURN istvoll
END GibZeileAm;
```

`EditMailbox` entfernt in den einzelnen Zeilen Sonderzeichen, wie z.B. ekkige Klammern und ersetzt sie durch Zeichen, die für deren Darstellung auf den IBM-Bildschirmen gelten. Benutzt `EditEinAus` dieses Modul, ist die Reihenfolge der Operationen auf das Objekt `schreibfeld` genau umgekehrt. Außerdem führt `EditMailbox` eine Reihe von Syntaxüberprüfungen für `EditEinAus` durch und andere Dienstleistungen, wie z.B. das Erzeugen von Leerzeilen usw. Aufgrund der zeilenorientierten Benutzung von `EditMailbox` sind in `EditDatenstruktur` sowohl in der Textliste vom Typ `DATEIOBJEKT` als auch in den Algorithmen keine Informationen über den Aufbau des Bildschirmes, wie z.B. die Größe der Editierfläche fest vereinbart, das Prinzip der Lokalität wird hier gut eingehalten. Das Modul enthält die Operationen auf die Textliste als auch Editieroperationen. Es ist gut gegliedert, selten ist eine Prozedur länger als eine Seite. Trotzdem müßte es wegen seiner Länge aufgeschnitten werden, dann wären über die — löbliche — Trennung von Daten- und Steuerfluß hinaus auch noch mehr Abstraktionsstufen in dem Entwurf enthalten. Das Modul ist ohnedies schon textuell nach Operationen auf die Textliste, Editieroperationen auf eine oder mehrere Zeilen sowie Editieroperationen innerhalb von Zeilen gegliedert.

Das Modul `Kontrollverwaltung` dient zum Protokollieren von Prozeduraufruffolgen beim Testen des Programmsystems.

Die Grundidee, das Gesamtsystem in zwei analog operierende Subsysteme zu zergliedern, um die Portabilität zu erhöhen und zumindest die Wiederverwendbarkeit der meisten Module des Editor-Subsystems zu gewährleisten, finde ich trotz der damit verbundenen Redundanz anerkennenswert. Nur noch eine andere Gruppe hatte eine ähnliche Idee. Menja, Fenja und Frodi sind auch konsequent in der Abschirmung der Bibliotheksmodule. Typmodule verwenden sie nicht, die Typen werden entlang der Architektur exportiert. Alle Definitionsmodule enthalten sowohl die Import-, als auch die Exportschnittstelle und die Implementationsmodule ihre Definitionsmodule zu Anfang des Programmtextes als Kommentar. An diese Programmierkonventionen haben sich längst nicht alle Gruppen gehalten. Fast alle Prozeduren sind kommentiert. Menja, Fenja und Frodi haben nicht nur einen gemeinsamen Entwurf erstellt, sondern befolgen auch gemeinsame Programmierkonventionen.

6.3 Strukturbildung beim Software-Entwurf

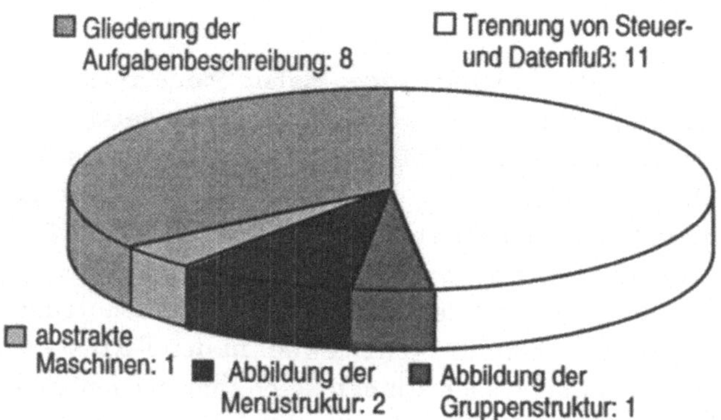

Abb. 37: Verteilung der Gruppen auf ihre Entwurfsmuster

Die Studenten haben sich bei der (ihnen bisher nicht bekannten) Strukturbildung beim Software-Entwurf an folgenden Entwurfsmustern orientiert: 11 Gruppen geben an, sie wollen eine Trennung des Steuer- und Datenflusses erreichen, wie sie es in der Vorlesung gehört haben. Bei dreien dieser Entwürfe ist die (Ausgangs-) Musterarchitektur (vgl. Abb. 32), die ich zur Darstellung dieses Prinzips verwendet habe, spezialisiert worden und ein- oder mehrmals direkt im Entwurf wiederzuerkennen, wie z.B. beim Entwurf von Fenja, Menja und Frodi (vgl. 6.2.3). Bei diesen 11 Entwürfen setzt die Strukturbildung vertikal an bei der Trennung von Modulen, die Editierfunktionen und Modulen, die Systemfunktionen realisieren sollen. Horizontal sind bei diesen Entwürfen Abstraktionsschritte eher bei den Funktionen zur Verwaltung des Bildschirmes zu erkennen, als z.B. bei den Editierfunktionen, die meist in ein, zwei Modulen der mittleren Ebene und einem Steuerungsmodul untergebracht sind. Ymir, Odin, Vili und Ve haben als einzige Gruppe (in zwei Schritten) direkt ihre Gruppenstruktur auf ihre Modulstruktur abgebildet (vgl. 6.2.1). Die Menüstruktur ihrer Benutzungsschnittstelle haben 2 Gruppen zu einer Modulstruktur spezialisiert. Ein Entwurf ist an dem Schichtenkonzept der abstrakten Maschinen ausgerichtet, was ich nicht gelehrt habe. Die Überraschung für mich ist, daß 8 Gruppen angeben, die Gliederung der Aufgabenbeschreibung — als das Naheliegendste — zu einer Modularisierung spezialisiert zu haben (vgl. Anhang A). Dies hatte ich überhaupt nicht beabsichtigt. Die Entwürfe sind aber tragfähig.

Nachfolgend präsentiere ich hierfür Beispiele, die noch nicht erörtert wurden: die Strukturbildung nach dem Schichtenkonzept, nach der Menüstruktur, nach der Gliederung der Aufgabenbeschreibung und abschließend unseren Entwurf, der an dem Prinzip der stufenweisen Abstraktion orientiert ist.

6.3.1 Das Schichtenkonzept

Svanhild hat Pech mit den beiden anderen Mitgliedern ihrer Arbeitsgruppe: Diese machen mit ihr einen gemeinsamen Entwurf, ziehen sich aber dann immer mehr aus der Arbeitsgruppe zurück und geben dann das Programmierpraktikum ganz auf. Deswegen fertigt Svanhild einen Entwurf alleine an. Ihr Freund hilft ihr beim Entwurf und erklärt ihr ein Schichtenkonzept, das mit dem Konzept der abstrakten Maschinen (Definition in Abschnitt 3.2) vergleichbar ist. Svanhild spezialisiert ihre Vorstellung von dem Konzept sehr stringent für den Entwurf eines Editors. Abb. 38 zeigt ihren Entwurf; die Moduln `SEdit`, `Commands`, `ScreenHandler`, `ListHandler` und `FileHandler` repräsentieren jeweils eine abstrakte Maschine.

Das Modul `SEdit` enthält eine kleine Schleife, in der mit der Prozedur `ReadCommand` (von `Commands`) die Nummer der vom Benutzer betätigten Funktionstaste angefordert wird, die gleich an die Prozedur `ExecCommand` (von `Commands`) weitergereicht wird. `Commands` realisiert einen Kommandointerpreter, der keine abstrakten Kommandos und keine Parameter verarbeitet, sondern die Nummern der Funktionstasten interpretiert und zusätzlich die Dateibezeichner verwaltet. Das Modul `ScreenHandler` beinhaltet die gesamte Bildschirmein-/ ausgabe für eine Statuszeile, eine Parametereingabezeile und die Editierfläche. In `ListHandler` sind alle Operationen zur Verwaltung einer Textliste und Editieroperationen auf Zeilen enthalten. Das Modul `FileHandler` schirmt das Modul InOut ab und enthält Operationen zum Ein- und Auslesen von Dateien.

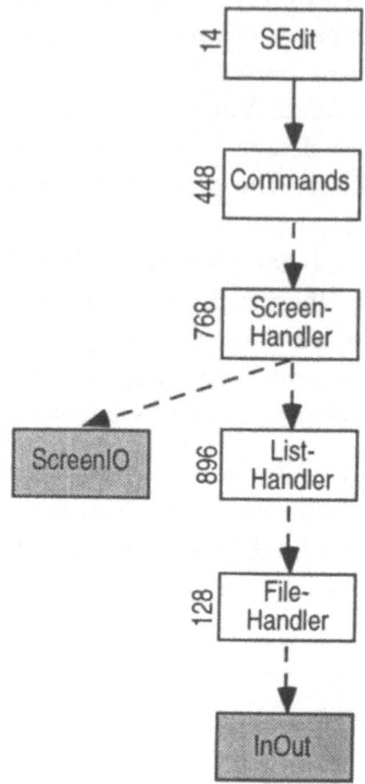

Abb. 38: Der Entwurf von Svanhild

Svanhild hat das Schichtenkonzept folgendermaßen umgesetzt: Der Kommandointerpreter in `Commands` ruft für jedes Kommando eine Prozedur in `ScreenHandler` auf; diese Prozedur ruft wiederum die korrespondierende Prozedur in `ListHandler` auf und diese benutzt, wenn Dateien eingelesen oder gesichert werden, eine entsprechende Prozedur in `FileHandler`. Es gibt also bezüglich der Benutzt-Relation eine hierarchische 1:1-Zuordnung von Prozeduren.

Die Funktionsweise des Editors läßt sich mit einer typischen Prozeduraufrufreihenfolge erläutern. Für das Kommando Lade Datei ergibt sich z.B. folgende Prozeduraufrufreihenfolge (→ bedeutet »ruft auf«), die in `SEdit` beginnt und in `FileHandler` endet: `ExecCommand` → `ScreenLoadFile` → `LoadFile` → `ReadLine`. Die Prozedur `ExecCommand` implementiert den Kommandointerpreter in `Commands` und erkennt, daß die Funktionstaste für Lade Datei betätigt wurde und ruft in `ScreenHandler` `ScreenLoadFile` auf. Die Prozedur `ScreenLoadFile` gibt unter der direkten Benutzung von Operationen des Bibliotheksmoduls `ScreenIO` die Statuszeile aus und liest als Parameter des Kommandos Lade Datei den in der Statuszeile angeforderten Dateibezeichner ein. Die modullokale Variable `OpenFiles` wird mit dem Dateibezeichner aktualisiert und anschließend wird der Dateibezeichner als Eingabeparameter der Prozedur `LoadFile` des Moduls `ListHandler` übergeben. `LoadFile` baut mithilfe der von `ReadLine` zurückgelieferten Zeilen eine doppelt verkettete Liste auf. Die Ablaufsteuerung kehrt an die Prozedur `ExecCommand` in `Commands` zurück. Hier wird abschließend die Prozedur `DrawScreen` in `ScreenHandler` aufgerufen. `DrawScreen` baut den Bildschirm neu auf und fordert dazu die Adressen der ersten 22 Textzeilen mit der Prozedur `ActualContents` an, die die Operationen von `ScreenHandler` verlangen, um Textobjekte auszugeben. Außerdem wird noch die Statuszeile aktualisiert. Fehlermeldungen von den unteren Modulen werden als Konstante über Rückgabeparameter der Prozeduren bis nach `ScreenHandler` hochgereicht und dann von `DrawScreen` ausgegeben. Die Fehlerbehandlung beschränkt sich darauf, ob eine Datei erfolgreich eingelesen oder gesichert werden konnte.

Alle implementierten Editorkommandos sind nach dem oben beschriebenen Muster realisiert. Allerdings hat Svanhild die Positionierungskommandos und die Blockkommandos mit der Einschränkung implementiert, daß nur ganze Zeilen markiert werden können. Svanhilds Entwurfskonzept erweist sich eben als besonders tragfähig, solange es um Operationen auf Zeilen geht. Der Steuer- und Datenfluß ist ausschließlich zeilenorientiert. Operationen innerhalb von Zeilen, z.B. für das Kommando »Suchen und Ersetzen« sind im Entwurf gar nicht berücksichtigt.

Das Kommando »Suchen und Ersetzen« verlangt auch eine kompliziertere Interaktion mit dem Benutzer bei der Parametereingabe, da dieser z.B. weitersuchen oder den Suchbegriff ändern kann. Die Anzahl der Parameter dieses Kommandos bestimmt der Benutzer im Dialog. In dem Modul `ScreenHandler` ist aber die Parameterverarbeitung nicht einheitlich operationalisiert und Parameter sind nicht auf symbolische Konstanten abgebildet, sondern jede zu einem Editorkommando korrespondierende Prozedur realisiert ihre eigene Ein-/ Ausgabe unter direkter Benutzung von `ScreenIO`. Das Kommando »Suchen und Ersetzen« kann also nicht nach dem obigen, einfachen Muster implementiert werden. Neben dem Problem der Parameterverarbeitung ergibt sich für die Umsetzung des Kommandos »Suchen und Ersetzen« in diesem Entwurf noch das Problem, daß sowohl Operationen auf Zeilen wie auch innerhalb von Zeilen nicht nur in einer Textliste, sondern auch zur visuellen Hervorhebung des gefundenen Suchbegriffs in einer Bildschirmverwaltung verwendet werden müssen. Der Steuer- und der Datenfluß, die nach dem obigen Beispiel bisher durch die 1:1-Zuordnung der Prozeduren auf sehr einfache Weise direkt miteinander verzahnt sind, muß also anders organisiert werden. Genaugenommen ist Svanhild in dem obigen Beispiel selbst schon von der geplanten 1:1-Zuordnung abgewichen, indem durch den Aufruf von `DrawScreen` nochmals das Modul `ScreenHandler` benutzt wird.

Die Umsetzung des Kommandos »Suchen und Ersetzen« ist kein Sonderfall, noch komplizierter dürfte die Realisierung der Darstellung der Fehlermeldungen des Übersetzers von Modula-2 im Programmtext sein. Dazu muß mithilfe des Bibliotheksmoduls `CPCMS` die Fehlerdatei lokalisiert, danach eingelesen und in dem am Bildschirm dargestellten Programmtext korrekt eingefügt und wieder entfernt werden. Wenn die ganze Funktionalität des Editors realisiert werden sollte, hätte Svanhild diesen (noch groben) Entwurf revidieren müssen und es wären vertikal oder horizontal neue Module entstanden, da sonst die vorhandenen Module textuell sehr groß und durch den Steuerfluß kompliziert werden würden. Wenn das bisherige Entwurfskonzept (die 1:1-Zuordnung) erhalten werden sollte, müßte bei einer vertikalen Erweiterung die gegenseitige Benutzung der Module einer Schicht erlaubt werden, wie es in Abb. 39 dargestellt ist. Dieses Prinzip hat Koster »Chaos in den Schichten« genannt.

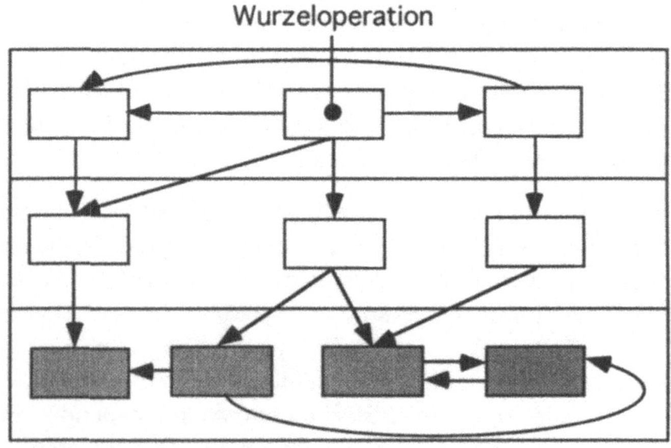

Abb. 39: Chaos in den Schichten

Hiermit komme ich dann auf eine generelle Schwierigkeit des strengen Zerlegungskonzepts in Schichten zu sprechen. Soweit bereits Module vorliegen, auch nach dem Prinzip der stufenweisen Abstraktion, ist nicht zu erwarten, daß sich alle Module bezüglich der Benutzt-Relation jeweils auf derselben Hierarchiestufe beispielsweise der Operationen der Basismaschine bedienen. Svanhild ist in ihrem Entwurf schon auf diese Schwierigkeit gestoßen, denn das Bibliotheksmodul `ScreenIO` gehört zur Basismaschine, wird aber von `ScreenHandler` direkt benutzt. Um diese Schwierigkeit zu umgehen, werden in Entwürfen nach diesem Zerlegungskonzept häufig Prozeduren durch Umbenennung, d.h. ohne jegliche Abstraktion durch die Schichten nach oben gereicht. Svanhild hat dies auch schon gemacht, wie diese Prozeduraufrufreihenfolge zeigt: `ReadCommand` → `ScreenAwaitKey` → `UpdateScreenAndRead`. Die Prozedur `ScreenAwaitKey` hat als einzige Aufgabe, `UpdateScreenAndRead` aufzurufen.

Desweiteren gibt es immer Systemteile in einer Zerlegung, wie die Fehlerbehandlung, die vertikal zu den Schichten liegen. Und so ist auch die Fehlerbehandlung in Svanhilds Entwurf bisher nur rudimentär über Rückgabeparameter gelöst. Svanhild hält ihren Entwurf für sehr portabel, wenn das Modul `ScreenIO` auf einem anderen Rechner neu implementiert würde.

6.3.2 Das Menükonzept

Thjassi, Thjazi, Suttung und Ägir waren zu Beginn der Lehrveranstaltung noch zwei Arbeitsgruppen mit je zwei Mitgliedern, die sich dann vereinigt haben. Obwohl sie schon zwei Entwürfe hatten, haben sie dann noch einmal zusammen einen dialogischen Entwurf angefertigt. Ihre Benutzungsschnittstelle ist menüorientiert. Es werden im unteren Bildschirmsegment jeweils immer zwei Menüebenen (»Menüleisten«) angezeigt, in denen der Benutzer mithilfe von Funktionstasten navigieren und Kommandos auswählen kann. Die Untermenüs sind nach Kommandoklassen geordnet. Diese Menüstruktur spezialisieren Thjassi, Thjazi, Suttung und Ägir zu ihrer Modulstruktur, wie sie in ihrer Dokumentation beschreiben:

»Unsere Modulstruktur haben wir direkt an der Menüstruktur ausgerichtet: Für jedes aus dem Hauptmenü erreichbare Untermenü existiert ein Modul, das die Parameter der Funktionsaufrufe einliest und dann entsprechende Aktivitäten in den Untermenüs auslöst.«

Zu diesen Modulen (vgl. Abb. 40) gehören `Editor`, `BlockOperationen`, `PositionsOperationen`, `ZeilenOperationen`, `SuchenUndErsetzen`, `DateiOperationen` und `SystemAufrufe`. Jedes dieser Module enthält einen autonomen Kommandointerpreter, der auch eine Parameterverarbeitung und Fehlerbehandlung vornimmt und über die Bildschirmverwaltung das entsprechende Menü nebst sämtlicher Meldungen und Hilfetexte verwaltet. In der `Textverwaltung` werden korrespondierende Operationen aufgerufen und mit Parametern versorgt. In jedem der »Menü-Moduln« findet sich an dergleichen Stelle eine Prozedur, die ähnlich aufgebaut ist, wie die untenstehende Prozedur im Modul `PositionsOperationen` und die die Menüauswahl verarbeitet:

```
PROCEDURE VerteilePositionierung;
VAR    zeile, spalte : CARDINAL;
              Taste : TasteT;
BEGIN
      ZeigeMenue(positionsmenue);
      ZeigeFehlermeldung(ok);
      REPEAT
           GibBildschirmAusUndLiefereErgebnis
           (zeile,spalte,Taste);
           CASE Taste OF
              enter, pf12: ZeigeFehlermeldung(ok)|
              pf1:ZeigeFehlermeldung(hilfe);
                  GibHilfeAus(Positionsmenue);
                  ZeigeFehlermeldung(ok)|
              pf2:Blaettern(zurueck,ende);
                  ZeigeFehlermeldung(ok)|
              pf3:Blaettern(vor,Ende);
                  ZeigeFehlermeldung(ok)|
              pf4:SpringeAbsolut|
              pf5:SpringeRelativ|
              pf6:SpringeZumErstenFehler|
           ...
           ELSE ZeigeFehlermeldung(falschetaste)
      END;
      GibAktuellenBildschirmAus
      UNTIL (Taste = pf12)
END VerteilePositionierung;
```

Nach der Zuordnung der Menüauswahl zu Kommandos in der CASE-Anweisung erfolgt dann noch in den verzweigten Prozeduren das Einlesen der Parameter und deren Verarbeitung, bis die entsprechende Operation, wie z.B. `Springen(indirekt,Sprungweite)` in der Textliste aufgerufen wird.

Mit Ausnahme der von dem Modul `SystemAufrufe` erfolgenden Aufrufe ist sonst der Steuer- und Datenfluß in diesem Entwurf seitenorientiert, d.h. z.B. zwischen Bildschirm-Ausgabe und Textverwaltung wird immer ein Textobjekt, das aus 19 Zeilen besteht, ausgetauscht. Das Modul `Hilfe` liefert der Textverarbeitung seitenweise Hilfemenüs. Nur die Fehlermeldungen des Modula-2-Übersetzers werden zeilenweise vom Modul `Fehler`, das die Datei »fn ERROR« lokalisiert und zu einer einfach verketteten Liste aufbereitet, an `BildschirmAusgabe` übertragen.

Das Modul `BildschirmAusgabe` ist intern nach den Bildschirmsegmenten Statuszeile, Menüzeilen und Edierfläche operationalisiert und enthält Typdefinitionen für Kommandos, Fehler und Menüs. Das Modul `Textverwaltung` enthält alle Operationen zur Verwaltung von Textlisten, Editieroperationen auf Zeilen und Editieroperationen innerhalb von Zeilen, die

Implementierung der Systemkommandos und alle dazu benötigten Typdefinitionen. Das Modul ist sauber nach Kommandoklassen gegliedert.

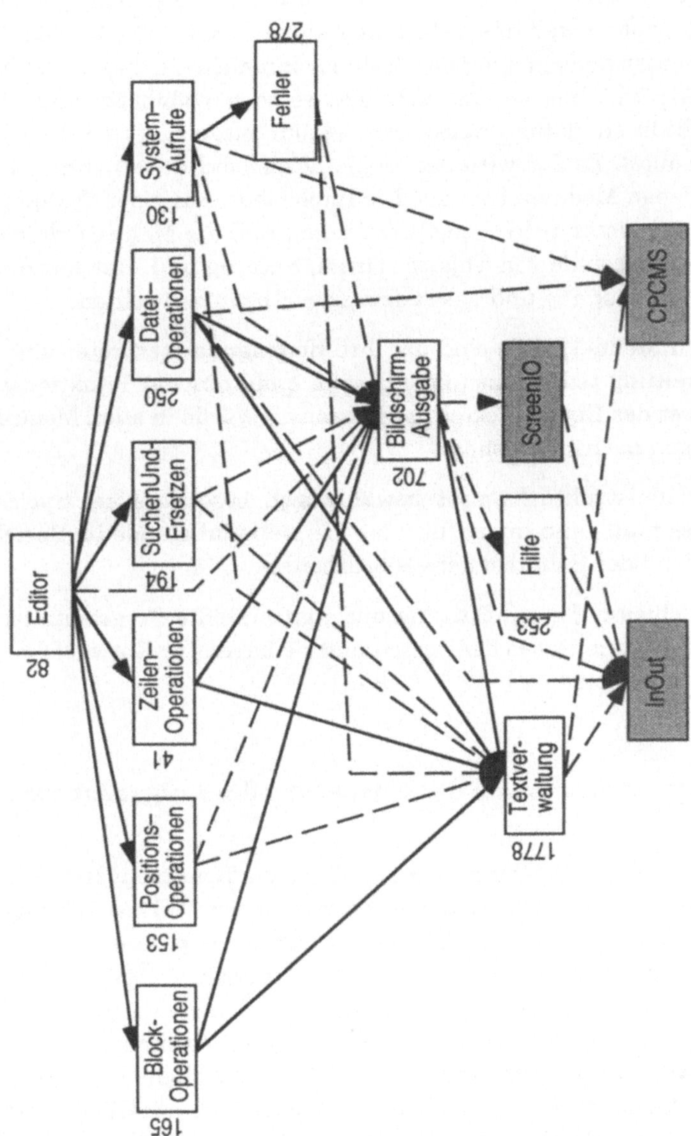

Abb. 40: Der gemeinsame Entwurf von Thjassi, Thjazi, Suttung und Ägir.

Alle Module sind gut gegliedert und kommentiert. Ein Typmodul ist geplant gewesen, aber nicht verwirklicht worden, wie in der Dokumentation steht:

»Ursprünglich, allerdings wegen Zeitmangels nicht implementiert, sollte ein TYPE und CONST-Modul entstehen. So wäre nur dieses und das Bildschirmmodul bei einer Portierung zu ändern.«

Das Modul `Textverwaltung` ist viel zu groß, ist aber intern so gut gegliedert, daß er ohne weiteres aufgeteilt werden könnte. Die Implementierung der (betriebssystemabhängigen) Systemkommandos in diesem Modul gehört funktional nicht hierher und schränkt seine Portabilität stark ein, wenn diese nicht in ein dafür vorgesehenes Modul ausgelagert werden, das *allein* `CPCMS` benutzt. Leider wird das Bibliotheksmodul `CPCMS` ohnehin von drei verschiedenen Modulen benutzt. Die Implementierung der Systemkommandos befinden sich nur in `Textverwaltung`, weil die Menü-Module nach der Entwurfsphilosophie von Thjassi, Thjazi, Suttung und Ägir nur die Module `BildschirmAusgabe` und `Textverwaltung` benutzen sollten.

Die sieben Menü-Module sind um ihre Kommandointerpreter und Parameteraufbereitung redundant und z.B. eine Änderung der Funktionstastenbelegung oder des Eingabetextes der Parameter würde in allen Menü-Modulen Änderungen nach sich ziehen.

Dieses Modulstrukturkonzept bewährt sich besonders bei Speicherplatzmangel, es muß dann immer nur das Menü-Modul gerade im Speicher sein, dessen Menü der Benutzer gerade bearbeitet.

Das von Thjassi, Thjazi, Suttung und Ägir erstellte Programm ist von der Funktionalität her eines der Besten und sie haben ihr Entwurfskonzept beispielhaft umgesetzt.

6.3.3 Das Konzept nach der Gliederung der Aufgabenbeschreibung

Norder, Suder und Vester haben eine ähnliche Benutzungsschnittstelle mit Menüleisten und Funktionstasten entworfen wie Thjassi, Thjazi, Suttung und Ägir. Auf den ersten Blick weist ihr Entwurf (vgl. Abb. 41) gewisse Ähnlichkeiten mit dem von Thjassi, Thjazi, Suttung und Ägir auf. Die Module `Editor`, `Positionierkommandos`, `Blockkommandos`, `Systemkommandos` und `ZeilenZeichenkommandos` enthalten (u.a.) ebenfalls Kommandointerpreter. Die Mitglieder dieser Gruppe haben ihre Modulstruktur aber nicht nach der Menüstruktur spezialisiert, sondern nach der Gliederung der Aufgabenstellung, wie sie in der Begründung ihrer wesentlichen Entwurfsentscheidungen in ihrer Dokumentation schreiben:

»Die Entscheidung für die vier Untersteuerungen ergab sich in erster Linie durch die Strukturierung der Aufgabenstellung. Im Laufe der Entwicklung unserer Module stellte sich heraus, daß durch diese Trennung der Steuerung es wesentlich erleichtert würde, den Editor in verschiedenen Ausbaustufen zu programmieren. Wir implementierten zuerst die einfachen Positionierkommandos, danach Zeilen- und Zeichenkommandos, dann die Systemkommandos und als letztes die Blockkommandos. Nachdem wir uns einmal für die Untersteuerungen entschieden haben, beschlossen wir an die Hauptsteuerung nur die Informationen zu übergeben, die sie für die Auswahl der jeweiligen Untersteuerung benötigt (Information Hiding) und die übrigen Informationen im Modul `ErkenneKommando` zwischenzuspeichern, um sie dort an die Untersteuerungen weiterzugeben.«

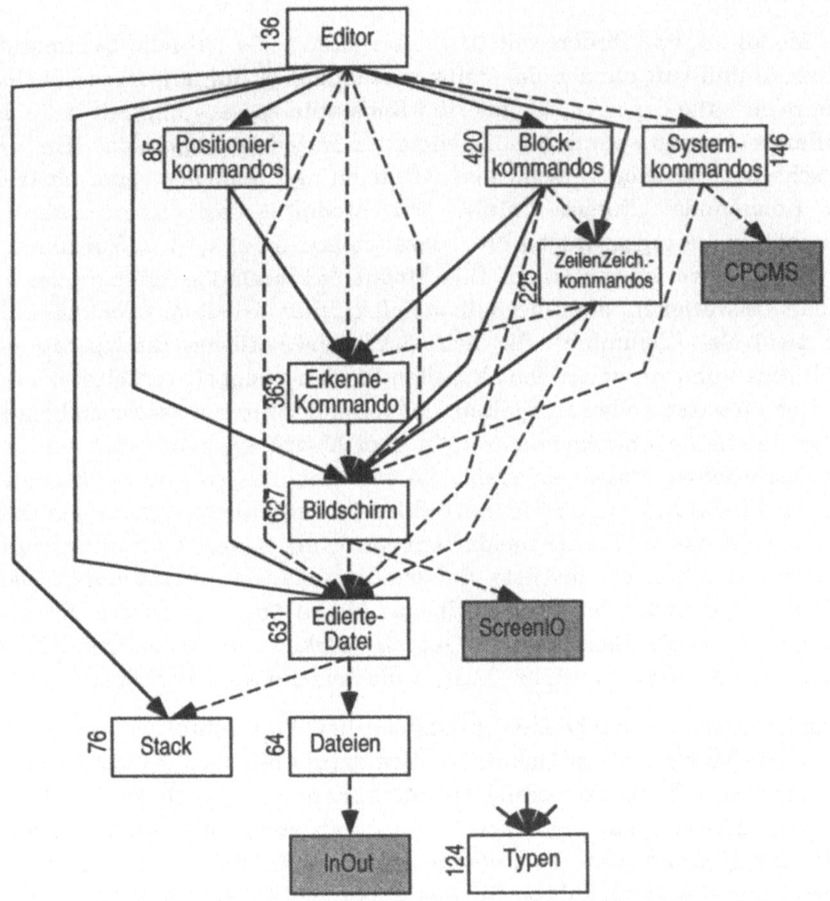

Abb. 41: Der Entwurf von Norder, Suder und Vester

Das Modul `ErkenneKommando` bildet betätigte Funktionstasten im Kontext der aktuellen Menüebene auf symbolische Konstanten aus den beiden Aufzählungstypen KommdoArt und Kommando ab, liest ggf. die Parameter ein und bereitet sie auf. Für das Modul Editor stellt er den Typ KommdoArt und die Prozeduren GibKommandoArt und WelcheDatei zur Verfügung. Für die anderen vier Module sind der Typ Kommando und die Prozedur GibParameter vorgesehen. Diese »Kommandoklassen-Module« enthalten nicht nur *abstrakte* Kommandointerpreter, sondern realisieren teilweise auch die Implementierung der ihnen zugeordneten Kommandos. Dieser Zugewinn an Abstraktion ist der zentrale Unterschied zum vorherigen Entwurf.

Der Steuer- und Datenfluß ist in diesem Entwurf durchgehend seitenorientiert. Module, die Textobjekte bearbeiten, bekommen immer genau ein Tupel von Zeilen.

Das Modul Editor fordert mit GibKommandoArt die aktuelle Kommandoklasse an und ruft danach das dafür zuständige Modul auf. Editor selber steuert im Falle der zurückgelieferten Konstante Ediere und mit Hilfe des als Parameter von WelcheDatei gelieferten Dateibezeichners das Hin- und Herschalten zwischen verschiedenen Dateien und realisiert somit abstrakt das Kommando »Ediere Datei«. Das Modul Positionierkommandos braucht nur die zugeordneten Prozeduren in EdierteDatei aufzurufen und mit Parametern zu versorgen. Das Modul ZeilenUndZeichenkommandos enthält Operationen, die innerhalb von Textzeilen arbeiten. Blockkommandos dient als »Klemmbrett für Textblöcke« und realisiert die Operationen auf Blöcken und verwaltet den aktuellen Block als doppelt verkettete Textliste. Dazu müssen Zeilen zerspalten und vereinigt werden, deswegen benutzt es ZeilenUndZeichenkommandos. In dem Modul Systemkommandos sind alle Operationen zusammengefaßt, die das Bibliotheksmodul CPCMS aufrufen. Das Modul Bildschirm ist nach Bildschirmsegmenten operationalisiert und schirmt das Bibliotheksmodul ScreenIO ab. EdierteDatei verwaltet eine doppelt verkettete Textliste. Bei dem Umschalten auf eine andere Datei wird der Deskriptor der Textliste in das Modul Stack gekellert. Dateien schirmt das Bibliotheksmodul InOut ab, allokiert für eingelesene Zeilen Speicher und liefert für EdierteDatei die Zeiger darauf zurück.

Bezüglich der zu erreichenden größtmöglichen Portabilität weisen Norder, Suder und Vester in ihrer Dokumentation darauf hin, daß die »sehr systemabhängigen« Bibliotheksmodule InOut, ScreenIO und CPCMS durch Dateien, Bildschirm und Systemkommandos abgeschirmt werden. Weiterhin stellt das Modul Typen die Konstanten Bildhöhe, Bildbreite und HalberSchirm und die Typdefinition für das Tupel von Zeilen zur Verfügung, die leicht geändert werden können, »wenn unser Editor auf einem System mit anderem Bildformat installiert werden müßte.«

Norder, Suder und Vester haben nicht die ganze Funktionalität implementiert, es fehlen die Bearbeitung und Einblendung von Modula-2-Fehlermeldungen, und das Kommando »Suchen und Ersetzen« ist nicht vollständig implementiert. Dieses dürfte aber in diesem Entwurf problemlos vonstatten gehen. Insgesamt weist dieser Entwurf mehr Abstraktion auf als der im vorherigem Abschnitt, und die Abschirmung der Basismaschine haben Norder, Suder und Vester konsequenter verfolgt. Ihre redundanten Kommandointerpreter in den fünf Kommandoklassen-Modulen legitimieren sie mit ihrer Programmierung in Ausbaustufen, die sie so auch erfolgreich bewältigt haben.

6.3.4 Das Konzept der stufenweisen Abstraktion

Unsere Benutzungsschnittstelle ist so konzipiert, daß die Systemkommandos und deren Parameter mit einer Bildschirmmaske ausgewählt bzw. eingegeben werden. Dazu gehören auch die Dateibezeichner der zu editierenden Dateien. Editierkommandos werden über Funktionstasten ausgelöst.

Bei dem Entwurf unseres Editors stand die Entwurfsentscheidung im Vordergrund, den Editor nicht nur durch eine möglichst gute Abschirmung der Bibliotheksmodule portabel zu gestalten, sondern durch die Anwendung des Prinzips der stufenweise Abstraktion alle Module, die abstrakte und konkrete Editieroperationen enthalten, für einen Editor mit zeichenorientierter Benutzungsschnittstelle wiederverwendungsfähig zu machen. Deswegen ist auch der Datenfluß in unserem Entwurf zeilenorientiert.

Das Modul `M2Edi` interpretiert die abstrakten Kommandos vom Typ `MenueKommando`, die es vom Modul `Menue` von der Prozedur `meGibMenueKommando` geliefert bekommt. In dem Modul sind die abstrakten Systemoperationen, d.h. Operationen auf Datei*en*, implementiert. Für die Editorfunktionen bedeutet dies, daß `M2Edi` das Eröffnen, Hin- und Herschalten und Löschen von Dateien steuert, ohne die konkreten Dateibezeichner zu verwalten. Dateibezeichner für Modula-2-Programme haben unter den verschiedenen Betriebssystemen unterschiedliche Formate und sollen deshalb nur in dem Modul `MeinCMSAnschluss` verwaltet werden.

Der Modul `Ediere` wird von `M2Edi` mit `edEdiereDatei` aufgerufen und interpretiert abstrakte Kommandos vom Typ Edierkommando und deren Parameter, die es von den Modulen `GibKommando` und `Parameter` anfordert. In dem Modul sind die abstrakten Editieroperationen auf eine Textliste implementiert, ohne daß direkt auf Textobjekte zugegriffen wird. `Ediere` arbeitet hauptsächlich mit aktuellen Zeilennummern und Cursor-Positionen und errechnet so die Parameter für Prozeduren aus `EdierFlaeche`, `BehandleText` und `Textliste`. Das `ModulBehandle` Text realisiert alle konkreten Operationen auf den Inhalt von Zeilenobjekten. Es ist damit geeignet, bei einer Wiederverwendung der Edier-Module für eine zeichenorientierte Benutzungsschnittstelle die Funktion des lokal editierenden Bildschirmgeräts zu übernehmen. Das Modul `Textliste` ist mit dem Modula-2-Konzept der opaken Datentypen realisiert. Es enthält nur Operationen auf doppelt verkettete Textlisten, deren Repräsentation es vollständig verbirgt. `M2Edi` veranlaßt `Textliste`, Objekte des Typs `TextListe` zu erzeugen oder zu vernichten. Der zeilenorientierte Objekttransport zwischen `EdierFlaeche`, `BehandleText` und `Textliste` erfolgt über die Prozeduren `tlGibInhaltVon` und `tlNimmInhaltVon`

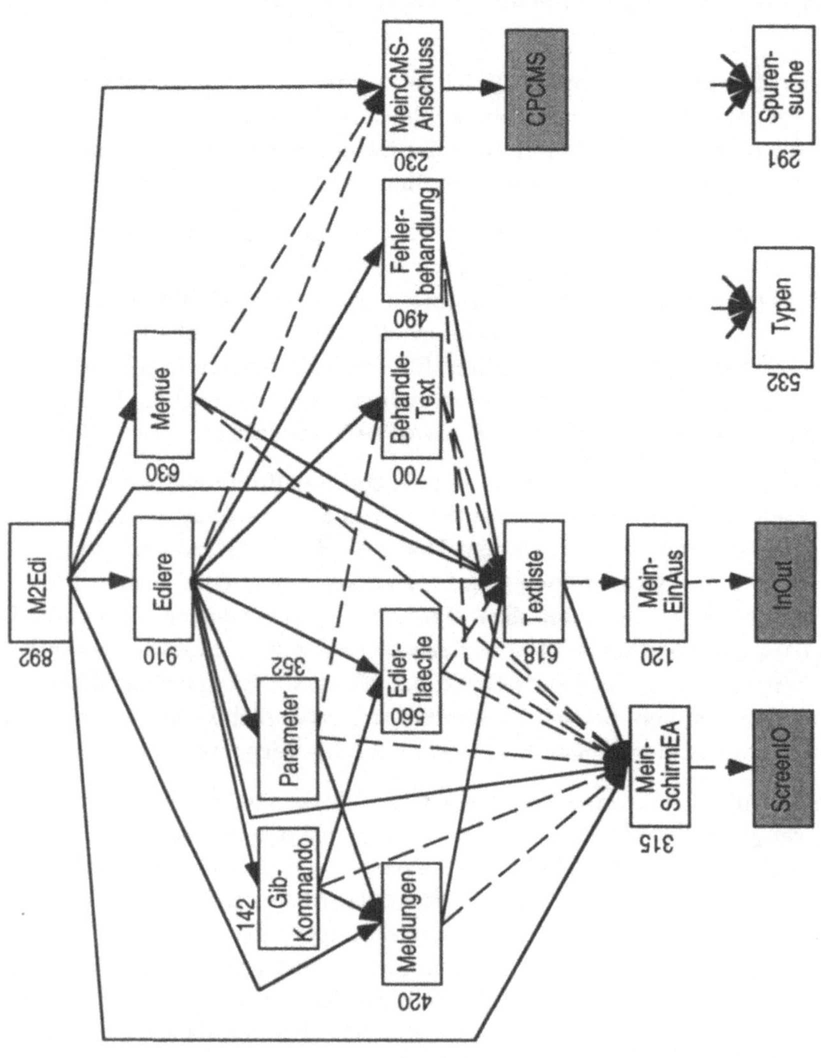

Abb. 42: Der Entwurf von Embla, Beowulf, Grendel, Hrodgar und Wiglaf

Die Module `Meldungen`, `EdierFlaeche` und `Parameter` verkapseln Operationen zur Ein- und Ausgabe und zur visuellen Darstellung der gleichnamigen Bildschirmsegmente. Mit dem Modul `GibKommando` bilden sie zusammen den *virtuellen Bildschirm* unseres Editors. `Meldungen` stellt den Aufzählungs-Typ Meldungen zur Verfügung und beinhaltet Prozeduren zur Ausgabe aller Meldungen und Statusanzeigen. Das Modul `EdierFlaeche` ist für die Ein-/ Ausgabe von Textobjekten des gerade sichtbaren Ausschnittes der Textliste auf dem Bildschirm zuständig und bereitet die visuelle Hervorhebung markierter Textblöcke vor und nach. Das Modul `Parameter` liest die Parameter der Editierkommandos als Textobjekte ein, prüft deren syntaktische Korrektheit und legt sie nach Aufforderung von `Ediere` in `BehandleText` ab. Das Modul `GibKommando` abstrahiert von Funktionstasten und bildet 10 Funktionstasten kontextabhängig auf eine größere Anzahl von Konstanten des Typs `EdierKommando` ab. `MeinSchirmEA` schirmt das Bibliotheksmodul `ScreenIO` ab und spezialisiert die Schnittstelle so, daß Textobjekte als Parameter und nichtmit ihren direkten Adressen übergeben werden.

Das Modul `Menue` ist für die Ausgabe der Maske der Systemkommandos zuständig, bildet Kommandos auf Konstante des Typs `SystemKommando` ab, liest deren Parameter ein, prüft sie auf syntaktische Korrektheit und übergibt sie an `MeinCMSAnschluß`, aus dem heraus alle Aufrufe an das Bibliotheksmodul `CPCMS` erfolgen. Die Fehlermeldungen des Modula-2-Übersetzers werden vom Modul `Fehlerbehandlung`, zeilenweise dann durch Aufforderung von `Ediere` an `MeinSchirmEA` übertragen, nachdem die Datei »fn ERROR« von diesem Modul lokalisiert, aufbereitet und Elementen einer internen Fehlermeldungsliste zugeordnet wurde. Das Typmodul `Typen` definiert systemweit benötigte Typen. Das Modul `Spurensuche` protokolliert zu Testzwecken bei Bedarf Prozeduraufruffolgen.

Der ausprogrammierte Entwurf deckt die geforderte Funktionalität ab. Die programmierten Edier-Module waren (wie geplant) textuell ungefähr gleich groß und gut handhabbar. Deswegen war eine Revision des ursprünglichen Entwurfes nicht notwendig. Ich konnte den Editor problemlos auf einen Atari portieren, indem ich die Implementationsmodule von `ScreenIO` und `MeinCMSAnschluß` neu geschrieben habe.

6.4 Gestaltungskonflikte in objektiven Problemsituationen

Bei den Arbeitsgruppen, die einen symmetrischen Entwurfsdialog führen, ist Rivalität und wechselseitiges Widersprechen sozusagen das Salz in der Suppe. Gestaltungskonflikte werden ausführlich erörtert. Nur eine Gruppe, die aus zwei miteinander befreundeten Frauen besteht, gibt an, daß sie sich nie streiten, weil sie sonst nicht zusammen arbeiten würden. Bei den Gruppen, die einen asymmetrischen Entwurfsdialog führen, geben zwei an, daß sie sich nicht streiten. In diesen Gruppen nehmen die Mitglieder das Modellmonopol des geistig überlegenen Modellinhabers widerspruchslos hin.

Die Struktur einer objektiven Problemsituation in dem asymmetrischen Dialog von Ymir, Odin, Vili und Ve habe ich als Beispiel in dem Abschnitt 6.2.1 behandelt. Sie sind bei ihrem Gestaltungskonflikt bezüglich ihrer Modularisierung nur zu einem koordinierten Dissens gekommen, mit dem auch noch beide Parteien nicht zufrieden sind. Da auch die Interviewsituation selber für die Akteure eine objektive Problemsituation war, in der sie nicht nur ihre Gestaltungskonflikte rekonstruiert haben, empfehle ich dem an *destruktiven Dialogen* interessierten Leser als Lektüre dieses Transskript (Anlage B).

In diesem Abschnitt präsentiere ich typische Beispiele von Gruppen, die einen symmetrischen Entwurfsdialog geführt haben und die über die Struktur und die Auflösung ihrer objektiven Problemsituationen berichten, die durch Gestaltungskonflikte entstanden sind.

6.4.1 Ein typisches Ostinato

Fridleif, Heidrun und Njörd sind eine schon lange bestehende Arbeitsgruppe. Sie betonen, bei ihrem Entwurf sehr sorgfältig vorgegangen zu sein. Im Interview rekonstruieren sie zunächst einige Gestaltungskonflikte, die auch schon beim Entwurf der Benutzungschnittstelle aufgetreten sind. Schließlich erklärt Njörd sehr präzise das praktizierte Ostinato, das dann auftritt, wenn die Gruppe über einen Gestaltungskonflikt in eine objektive Problemsituation gerät:

»**Ich**: Worüber seid Ihr Euch denn uneinig gewesen?

Fridleif: Oooh! [Gelächter]

Heidrun: Also, das fängt schon mit der Benutzerschnittstelle an.

Fridleif: Das fand ich, ging doch eigentlich; das haben wir auch zu sechst gemacht und dafür ging das relativ problemlos. [Aus dem Hintergrund erfolgt Zustimmung der beiden anderen.] Da haben wir uns an ein paar Punkten gemützt, was z.B. hier oben rein soll, in welcher Reihenfolge das sein soll. [Zeigt auf eine Bildschirmmaske]

Ich: Und wer hat sich dann durchgesetzt?

Njörd: Jeder mal ein bißchen.

Fridleif: Ja mal du, ich mal, Fenja mal, mal irgendwer. Und wir hatten uns mal mit dir in der Wäsche wegen irgendwas, was in der Modularisierung war ↲

Njörd: Wir haben uns damals ganz furchtbar gestritten um die einzelnen, doppelt verketteten Listen.

Ich: Wie geht Ihr dann vor, wenn Ihr Euch ganz furchtbar streitet?

Njörd: Ja, es werden Argumente ausgetauscht! [anhaltendes Gelächter]

Fridleif: Und dann kommt zwischendurch eine Phase, wo dann alle Parteien sagen: Ja weißt du, mir ist das egal! Aber wir können das auch, wenn du das willst, nach deinem Vorschlag machen! Nee, nee, das tragen wir jetzt doch aus!

Ich: Und laßt Ihr die Frauen zu Wort kommen?
Njörd: Frauen?

Ich: Ihr wart doch in der Anfangsphase zu sechst mit Fenja, Menja und Frodi?

Fridleif: Fühlst Du dich unterdrückt?

Heidrun: Nee.

Ich: Und wie kommt das Ergebnis zustande?

Heidrun: Erst waren wir fürchterlich am Streiten und irgendwann ↲

Njörd: → Es läuft meistens so ab, daß derjenige, der gegen die beiden anderen steht, mal die Phase hat, wo er dann das tolle Konzept im Kopf hat und sich denkt, das ist doch nun im Sinne der Software-Entwickler und so haben die sich das doch schon immer vorgestellt, wie man sauber programmiert und für die beiden anderen ist das viel zu umständlich!

Fridleif: Ja, genau so ein Ding war das, aber ich weiß nicht mehr genau, worum es ging ↲

Heidrun:→ Ob man eine Datei allein oder alle gleichzeitig im Speicher hält oder zum Teil auf die Platte auslagert ↵

Fridleif: → Ja, wieviel man gleichzeitig hält, ob die alle im Speicher sind oder wie oder wo ↵

Njörd: → jedenfalls, irgendwann siegt dann die Überlegung, daß man für dieses Programm ja keine zwei Jahre Zeit hat.«

Njörd hat seine erlebten Gestaltungskonflikte genau auf den Punkt gebracht: Es steht immer in der Gruppe ein sauberes Konzept gegen dessen effiziente Umsetzung. Die Gruppe trägt ihre Gestaltungskonflikte aus, achtet aber darauf, daß es keine Verlierer in der Gruppe gibt (Jeder gewinnt mal ein bißchen). Jedes von einem Mitglied eingebrachte Konzept ist immer dem argumentativen Falsifizierungsdruck der beiden anderen ausgesetzt. Es wird aber immer geprüft, ob die- oder derjenige dies auch wünscht. Sie beenden die objektive Problemsituation mit der kollektiven Einsicht, genügend Zeit für das Problem aufgewendet zu haben und kommen dann zu einem Ergebnis, das dann kollektiv gilt.

6.4.2 Die Auflösung einer objektiven Problemsituation mit einem Argument als Kompromiß

Dvalin und Dulin sind zwei überzeugte »C-Hacker«, die miteinander befreundet sind und sehr schnell mit der Implementierung ihres Editors fertig geworden sind. Trotzdem sie sich auch selber zu den »Hackern« zählen, haben sie einen sauberen Entwurf erarbeitet. Sie haben versucht, bei ihrem Entwurf die Entwurfskriterien einzuhalten und sind dabei in Gestaltungskonflikte geraten. Sie erläutern mir die Auflösung einer objektiven Problemsituation, die typisch für miteinander befreundete Software-Entwickler ist:

»**Ich** : Wart Ihr Euch denn einmal uneinig?

Dvalin: Oh, ja.

Dulin: Ein konkretes Beispiel ist: Wir haben uns sehr darüber gestritten, wie holen wir uns den Bildschirm, der nachher wirklich physikalisch raus geht, aus der Liste raus; beziehungsweise wie sieht dieser modulübergreifende Aufruf aus.

Dvalin: Ja, wir hatten eben die Unterscheidung, entweder zeilenorientiert oder bildschirmorientiert ↵

Dulin: → also seitenorientiert ↵

Dvalin: → ich wollte es zeilenorientiert und er wollte es seitenorientiert. Es ist klar, seitenorientiert ist effizienter, weil ich sonst jedesmal zwanzig modulübergreifende Aufrufe hab', um zeilenweise was rauszupflücken. Bloß war mein Argument in dem Fall, daß wir auf die Art und Weise [gemeint ist jetzt zeilenorientiert] hier unten keine Informationen über den Bildschirmaufbau haben, mit den zwanzig Zeilen und so. Deshalb haben wir uns auf eine Zwischenlösung geeinigt. Wir machen das zwar bildschirmorientiert, aber die Anzahl der Zeilen wird von oben heruntergereicht.

Ich : Also Ihr habt da einen Konflikt gehabt und seid zu einem Kompromiß gekommen.

Dulin: Ja.

Dvalin: Ja. Wir haben also ↵ [fängt an zu lachen]

Dulin: → Jeder fand eben seine Lösung gut.

Dvalin: Wir wußten natürlich auch, daß die jeweiligen Lösungen gewisse Nachteile hatten oder haben, das ist ganz klar. Meine Lösung ist zu langsam, wenn man das auf einem nicht so schnellen System implementieren will, wie auf dieser Maschine, und seine Lösung entspricht nicht so ganz dem Information Hiding, weil ja hier unten bekannt ist, wie der Bildschirm aufgebaut ist.«

Dvalin und Dulin haben die von ihnen geschilderte objektive Problemsituation mit einem Kompromiß beendet. Für einen Außenstehenden dürfte das Zustandekommen dieser Entwurfsentscheidung schwierig nachzuvollziehen sein.Die beiden können die bei dem Gestaltungskonflikt entwickelte Argumentstruktur vollständig wiedergeben und wissen darum um die Vor- und Nachteile ihrer Lösung in den verschiedenen Einsatzkontexten ihres Editors genau Bescheid.

6.4.3 Die Auflösung objektiver Problemsituationen durch Einsicht

Fjalar und Galar haben einen heftigen Gestaltungskonflikt bezüglich der Umsetzung ihrer Benutzungsschnittstelle. Fjalar möchte unbedingt dafür einen abstrakten Kommandointerpreter verwenden, wie er ihn aus der Lehrveranstaltung Algorithmen III kennt, und Galar möchte einen endlichen Automaten implementieren:

»**Ich**: Über was habt ihr euch denn gestritten?

Fjalar: Über den Automaten ↵

Galar: → da haben wir uns sehr gestritten.

Ich: Und wie habt ihr euch geeinigt?

Galar: Na gut, ich habe nachgegeben [lacht].

Ich: Wer hat sich denn durchgesetzt?

Fjalar: Da [Fjalar zeigt auf das Moduldiagramm] hat er nachgegeben und beim Automaten hat er auch nachgegeben.

Galar: Du wolltest ihn ganz weg haben und deinen Kommandointerpreter haben.

Ich: Ist eure Arbeitsgruppendynamik so, daß einer hier mal nachgibt und der andere da mal?

Fjalar: Nein, nein, so nicht. Wir reden schon ziemlich lange darüber. Gerade beim Automaten, da gab es hitzige Diskussionen. Zum Teil schreien wir dann auch rum. Das Gespräch wird schon lauter.

Galar: Irgendwie merkt man dann schon im Gespräch, was sinnvoll ist und was nicht sinnvoll ist.
Fjalar: Man merkt dann auch die eigene Unzulänglichkeit.

Ich: Habt ihr denn in manchen Situationen aufgrund von Einsicht nachgegeben?

Fjalar: Ja.

Galar: Ja, beim Automat z.B. habe ich auch noch Sachen wegen ihm eingebaut, die ich eigentlich am Anfang gar nicht einbauen wollte, weil er mir dann zu groß erschien.

Fjalar: Und ich bin dann von meinem Kommandointerpreter auch völlig abgerückt. So wie der Automat jetzt ist, entspricht er doch viel mehr meinen Vorstellungen.«

Fjalar hat sich von dem Automaten von Galar überzeugen lassen und damit die objektive Problemsituation beendet. Galar hat sein Konzept verändert, weil er die Argumente von Fjalar eingesehen hat. So haben sie jetzt ein Konzept, das kollektiv gilt und nun viel tragfähiger ist, als in der Form, wie Galar es vorschlug.

6.5 Gelingen des argumentativen Dialogs und Programmqualität

Die Qualität von Programmsystemen hängt von der Güte des Entwurfes und dessen Übertragung in eine Implementierung ab. Ein guter Entwurf zeichnet sich dadurch aus, daß sich alle getroffenen Entwurfsentscheidungen durchgängig an den bisher spezialisierten Konzepten (der erarbeitete Entwurf) und den Entwurfs- und Qualitätskriterien orientieren, d.h. die Entwurfsentscheidungen weisen untereinander Kohärenz und konzeptionelle Integrität — und letztlich — Abgeschlossenheit gegenüber der Aufgabenstellung auf. Soll dieses auch nach einer erfolgten modulorientierten Arbeitsteilung gelten, müssen alle noch zu treffenden modullokalen und nachfolgenden Revisionsentscheidungen der konzeptionellen Integrität genügen. Dafür ist idealerweise ein ganzheitliches Verständnis jedes Gruppenmitgliedes über den Entwurf notwendig. Dieses Verständnis kommt in einem symmetrischen Entwurfsdialog zustande, wie die Ergebnisse meiner Fallstudie zeigen. Die Kohärenz und konzeptionelle Integrität von Entwurfsentscheidungen wird durch die Vielfalt der Gegenargumente im dialogischen Entwurf entscheidend gefördert (vgl. Kapitel 5).

> In Abschnitt 5.2 habe ich dargelegt, daß die Akteure beim dialogischen Entwurf das Einbringen ihrer Konzepte sozial aushandeln und gleichzeitig die Konzepte in Hinblick auf die anstehende technische Problemstellung spezialisieren müssen. Jetzt füge ich aufgrund der Ergebnisse meiner Fallstudie hinzu, daß das Hauptproblem dabei die *argumentative Lösung von Gestaltungskonflikten ist.*

Die *produktorientierten* Entwurfs- und Qualitätskriterien müssen die Akteure im Entwurfsprozeß bezüglich der Problemstellung, Ausgangsdokumenten, Betriebsmitteln u.v.m. operationalisieren. Bei den sich dabei im Entwurfsprozeß ergebenden Gestaltungskonflikten zeichnen sich aber keine Ja/Nein-Entscheidungen ab, sondern es gibt fließende Übergänge und jede Bewertung ist graduell und nur situativ verständlich. Jede getroffene Entscheidung hat Auswirkungen auf andere Gestaltungskonflikte, was noch mehr Komplexität ins Spiel bringt. Es gibt keinen »binären Entscheidungsbaum«, dessen Traversierung quasi automatisch zu einem fertigem Entwurf führt. Sonst hätte ich in meiner Fallstudie von der Strukturbildung her isomorphe Lösungen erhalten müssen. Die einzig vernünftige Konflikthandhabungsstrategie bei Gestaltungskonflikten ist die Bewertung möglichst vieler Argumente, sowie das Vorhandensein expliziter Regeln zur Auflösung objektiver Problemsituationen, wenn z.B. eine Pattsituation eintritt wie bei Dvalin und Dulin.

Nach den Ergebnissen meiner Fallstudie sind »patch work«-artige Entwürfe ohne Kohärenz und konzeptionelle Integrität von Entwurfsentscheidungen wie der von Ymir, Odin, Vili und Ve am ehesten in asymmetrischen Entwurfsdialogen zu erwarten, weil Gestaltungskonflikte nicht genügend behandelt oder ganz ausgeklammert werden und die Modellinhaber nicht bereit sind, ihr Modell gemäß der neuen Problemstellung zu verändern oder umzustrukturieren.

Die im symmetrischen Entwurfsdialog entwickelte und kollektiv geltende Argumentationsstruktur enthält alle Argumente, die bei der Lösung von Gestaltungskonflikten erörtert wurden. Aus dem Ergebnis des Entwurfsprozesses, der Modularisierung und auch aus dessen Implementierung läßt sich durch Unbeteiligte nur ein Bruchteil dieser Argumentationsstruktur ableiten. Erschwerend kommt hinzu, daß es eigentlich unmöglich ist, diese Argumentationsstruktur umfassend zu dokumentieren, so daß Außenstehende sie allein aufgrund von Dokumenten rekonstruieren können. Eine Dokumentation ist somit in erster Linie für die Beteiligten nützlich.

Die beim dialogischen Entwurf Beteiligten können das entwickelte Programmsystem aufgrund der Kenntnis und der Beherrschung von dessen Struktur verändern, erweitern und restrukturieren. Darüber hinaus sind sie in der Lage alle diese Tätigkeiten auch auf die Verträglichkeit hinsichtlich der Lösung zurückliegender Gestaltungskonflikte zu prüfen und neu sich ergebende Gestaltungskonflikte und deren Auswirkungen zu bewerten, weil sie über die im Entwurfsprozeß erworbene kollektiv geltende Argumentationsstruktur verfügen. Die Entwickler verkörpern sozusagen das Programmsystem. *Diese Qualität ist ohne die Entwickler nicht möglich.*

Es lassen sich noch weitere Vorteile des dialogischen Entwurfes anführen:

- Die Entwickler erleben ihre Arbeit nicht mehr als entfremdet und partialisiert, da sie ein ganzheitliches Verständnis des Entwurfes haben. Grundsätzlich kann der Entwickler eines Moduls redundante Algorithmen und unnötige Typdeklarationen vermeiden, weil er ein umfassendes Verständnis davon hat, was ihm grundsätzlich in seiner Umgebung an Leistungen zur Verfügung steht oder zur Verfügung gestellt werden könnte. Ein Student hat mir dazu erklärt: »Was ich hier gelernt habe, ist, wenn jemand etwas von mir haben will, dann liefere ich es möglichst, wie er es haben will und nicht, wie ich es geben will.« Außerdem kann jeder Entwickler jederzeit präzise Änderungswünsche an die anderen mitteilen, wobei er deren Auswirkungen schon vorab systemweit beurteilen und Revisionen des Entwurfes begründen kann. Unnötige Änderungen im Nachhinein werden so vermieden und die Zuverlässigkeit der Implementierung steigt insgesamt.

- Der Modultest kann sorgfältig vorbereitet und durchgeführt werde, weil der Entwickler sehr genau weiß, wie und unter welchen Bedingungen sein Modul benutzt wird. Der Integrationstest des Programmsystems wird erheblich erfolgreicher, weil die anwesenden Tester wegen ihres Gesamtverständnisses ein wesentlich besseres Urteil über mögliche Fehlerursachen fällen und viele Fehler selbst beseitigen können, so daß mit dem Integrationstest fortgefahren werden kann.
- Dialogischer Entwurf ist für alle ein Lernprozeß und führt zur Weiterqualifikation. Der Entwurf von Software ist nur praktisch erlernbar. Neulinge des Entwurfes oder schwächere Mitglieder können durch die Partizipation beim dialogischen Entwurf hinzulernen und ihre Unsicherheit abbauen, wie das Beispiel von Menja, Fenja und Frodi zeigt.
- Die Fluktuation von Mitgliedern stellt für die Gruppe kein so großes Problem dar, weil die verbleibenden Mitglieder die Neuen mit dem Entwurf dialogisch vertraut machen können.

Alle diese Vorteile machen den dialogischen Entwurf effektiver, als wenn ein sogenannter »boundary spanner« nachträglich und mit allen damit verbundenen Konsequenzen den Programmierern und Testern den Entwurf erklären muß.

Nach den Ergebnissen der Untersuchung hängt das Gelingen des dialogischen Entwurfes von folgenden Faktoren ab:

- Der argumentative Dialog muß ein *symmetrischer Dialog* sein, d.h. diese Situation ist durch die symmetrische Verteilung der Möglichkeit des Auswählens und Ausführens von Sprechakten über alle Teilnehmer charakterisiert.
- Die Akteure müssen über eine explizit ausgehandelte und *konsensual gültige Situationsdefinition* für die dialogische Entwurfssituation verfügen.
- Der dialogische Entwurf *darf nicht abgebrochen werden*, wenn ein oder mehrere Teilnehmer dies z.B. aus Verständnisgründen nicht wünschen.
- Das Gelingen hängt natürlich auch von den individuellen Fähigkeiten und den Erfahrungen der Teilnehmer ab, aber insbesondere von deren *Interaktionskompetenz*.
- Die Akteure müssen *objektive Problemsituationen* lösen können und damit nicht zuviel Zeit zubringen.

- Die Entwurfsgruppe braucht *Autonomie* gegenüber der Umwelt, damit der dialogische Entwurf überhaupt *selbstregulierend* stattfinden kann.

In den Lehrbüchern zum Software-Entwurf finden sich weder die o.a. Punkte zum Gelingen des Entwurfes, noch wird dort auf die schwerwiegende Problematik der Gestaltungskonflikte beim Software-Entwurf eingegangen, die Autoren führen nur die produktorientierten Qualitäts- und Entwurfskriterien an. Dagegen weist Reinhard Keil-Slawik auf ähnliche Probleme bei der Gestaltung von Benutzungsschnittstellen hin, die er *Designkonflikte* nennt.

> Somit kann ich für die beiden wichtigsten Gestaltungsprozesse — dem Entwurf der Benutzungsschnittstelle und dem Entwurf der Software-Architektur — aus der Perspektive der Software-Entwickler festhalten, daß es sich dabei um *Prozesse der Konfliktverarbeitung* handelt.

Der letzte der oben aufgeführten Punkte deutet an, daß der dialogische Entwurf natürlich auch Konsequenzen für die Projektgestaltung hat, die derzeitige Projektgestaltungsmaßnahmen nicht gewährleisten. Diese müssen die Autonomie der Gruppe sicherstellen, die Interaktionskompetenz der Mitglieder verbessern, auf Konfliktanalyse und Konfliktverarbeitung ausgerichtet sein und die Selbststeuerungsfähigkeit der Projektgruppe unterstützen. Darauf gehe ich im nächsten Kapitel ein.

6.6 Weiterführende Literatur

Nagl, M.: *Softwaretechnik: Methodisches Programmieren im Großen.* Dieses ist das einzige mir bekannte deutschsprachige Buch, in dem ausführlich über die Architektur von Software-Systemen nachgedacht und diskutiert wird. Springer-Verlag 1990.

Alexander, C.: *Notes on the Synthesis of Form.* Harvard University Press, 1964. *A Pattern Language.* Oxford University Press, 1977. *The Timeless Way of Building.* Oxford University Press, 1979. Im Zusammenhang mit Software-Entwurf werden die drei obigen Bücher von Christopher Alexander immer wieder diskutiert. Alexander ist Architekt und seine Arbeit zielt darauf ab, dem Architekten bei dem Entwurf von Gebäuden und Städten zu helfen. Alexander spricht ebenfalls von Entwurfsmustern, sie heißen bei ihm »Patterns« und der Entwurfsprozeß stützt sich auf sie. In »A Pattern Language« geht er davon aus, daß Städte und Gebäude aus einer Kombination von 253 Mustern aufgebaut sind:

»Alle 253 Patterns bilden zusammen eine Sprache. Sie erzeugen ein kohärentes Bild einer Region, mit der Möglichkeit, solche Regionen in einer Million Formen mit einer unendlichen Detailvielfalt zu erzeugen.

Ebenso gilt, daß eine kleine Abfolge von Grundmustern aus dieser Sprache selbst wieder eine Sprache für einen kleineren Teil der Umgebung ist; und diese kleine Liste von Grundmustern ist dann in der Lage, eine Million Parks, Wege, Häuser, Betriebe oder Gärten zu erzeugen.

Nehmen wir die folgenden zehn Patterns:

PRIVAT-TERRASSE ZUR STRASSE (140)
SONNENSEITE (161)
ÜBERDACHTER FREISITZ (163)
2-METER-BALKON (167)
WEGE UND ZIELE (120)
UNTERSCHIEDLICHE DECKENHÖHE (190)
SÄULEN AN DEN ECKEN (212)
BANK VOR DEM HAUS (242)
BLUMENKÄSTEN (245)
UNTERSCHIEDLICHE STÜHLE (251)

Diese kurze Liste ist eine Sprache in sich: Es ist eine von tausend Möglichkeiten einer Sprache für eine Veranda an der Vorderseite eines Hauses. Einer von uns hat sich für diese kleine Sprache entschieden, um eine Veranda vor sein Haus zu bauen.«

Die Software-Technik wäre sehr viel weiter, wenn wir einen breit gefächerten Katalog von bewährten Entwurfsmustern hätten.

Thus spoke the master programmer:
»Let the programmers be many and
and the managers few — then all will be productive.«

Geoffrey James: The Tao of Programming.
Book Six.
Management.

7 Die Konsequenz: Mehr Selbstorganisation in Projekten

7.1 Grundzüge der Selbstorganisation in Projektgruppen

7.2 Die interaktive und sich selbst organisierende Projektgruppe

7.3 Die Interaktionskompetenz der Projektmitglieder verbessern

7.4 Dialogische Konfliktbewältigung

Wenn Software-Entwicklung als ein Prozeß der *Konfliktverarbeitung* aufgefaßt wird, dann müssen Maßnahmen zur Diagnose und Bewältigung von Konflikten grundlegende und integrative Bestandteile der Projektgestaltung sein. Hierzu greife ich auf bewährte Konzepte aus der Praxis der *Familien-* und *Gruppentherapie* zurück. Die Bewältigung von Konflikten in der Interaktion hat in der humanistisch-holistischen Psychologie und dort in der Gesprächspsychotherapie eine große Tradition. Carl Rogers gehört zu den großen Vertretern der humanistischen Psychologie. Die Grundsätze seiner personenzentrierten Form der Gesprächsführung lassen sich gut auf die grundlegenden Umgangsformen bei Dialogen in Projektgruppen übertragen. Das Bewußtsein der Allgegenwärtigkeit von Konflikten in Gruppen hat in der *Themenzentrierten Interaktionsmethode* (TZI) von Ruth Cohn eine in der Praxis bewährte Form der Aufarbeitung gefunden. Die gemeinsame dialogische Arbeit am Thema steht im Mittelpunkt der Gruppe, es geht aber auch um die Interessen, Motive und Bedürfnisse einzelner und die interpersonalen Beziehungen in der Gruppe. Die Kunst im Dialog ist es, ständig eine dynamische Balance zu halten zwischen der Persönlichkeit des einzelnen, den Gruppeninteressen und dem zu behandelnden Thema (siehe Abb. 43). TZI ist ein gruppendynamisches Verfahren, das auf soziales Lernen abzielt. TZI bietet einen, für alle Gruppenmitglieder verbindlichen, Regelkanon, der sprachliche Abmachungen enthält, wie eine Gruppe miteinander in Interaktion treten soll. Dieser Regelkanon hat mich bei meinem Vorschlag für eine Situationsdefinition für argumentative Dialoge von Software-Entwicklern beeinflußt.

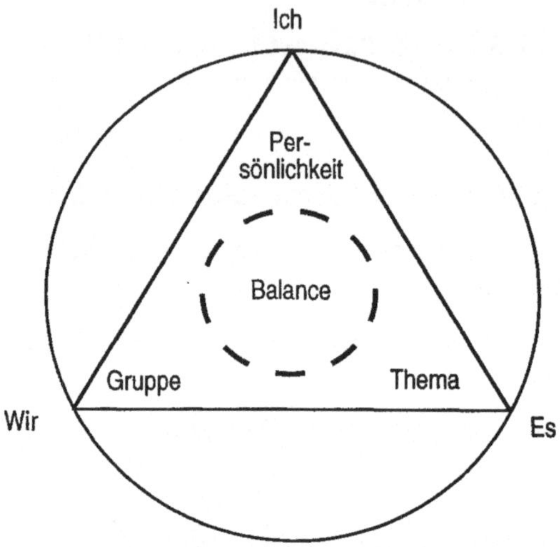

Abb. 43: Themenzentrierte Interaktion

In Abschnitt 7.1 geht es um ganz grundlegende Gesichtspunkte für die Projektgestaltung. Dazu gehören dynamische, situationsspezifische Vorgehensweisen bei der Software-Entwicklung sowie die Probleme und die Koordination der dabei erfolgenden Zusammenarbeit im Sinne von gemeinschaftlich getragener Selbstorganisation.

Darauf aufbauend, befaßt sich Abschnitt 7.2 mit der *sich selbst organisierenden und interaktiven Projektgruppe*, wie diese etabliert wird sowie welche permanenten und welche funktionellen Rollen zu ihr gehören. Die interaktive Projektgruppe organisiert sich selbst mit dem Instrument des regelmäßig stattfindenden *Plenums* auf der Basis der Gleichberechtigung. Die für die Projektgruppe so wichtige Behandlung der Identitäts-, der Ziel-, der Intimitäts- und der Autoritätsproblematik wird in der Gruppenbildungsanfangsphase mit speziellen gruppendynamischen Übungen durchgeführt.

In Abschnitt 7.3 stelle ich den *personenzentrierten Ansatz der Dialogführung* vor. Es werden wichtige gruppendynamische Übungen, die die Interaktionskompetenz der Projektmitglieder verbessern können, behandelt. Außerdem unterbreite ich einen Vorschlag für die Regeln einer Situationsdefinition.

Abschnitt 7.4 behandelt die *Konfliktbewältigung* in der interaktiven Projektgruppe. Der Konfliktdialog kann eingeübt werden, wobei die jeweiligen Handlungsorientierungen der Projektmitglieder zu Tage treten und viele potentielle Konflikte schon präventiv diagnostiziert werden können. Konfliktlösungen werden so ausgearbeitet, so daß keine der Parteien eine Niederlage erlebt. Die Aufarbeitung beruflicher und damit natürlich auch persönlicher Probleme in regelmäßigen Supervisionssitzungen unter der Anleitung eines in Gesprächspsychotherapie praktisch erfahrenen Supervisors erleichtert die Konfliktverarbeitung bei der Software-Entwicklung erheblich.

7.1 Grundzüge der Selbstorganisation in Projektgruppen

Im Sinne von evolutionären Erkenntnistheoretikern wie Bateson ist Geist nicht nur ein Attribut des einzelnen Menschen, sondern geistige Prozesse finden sich in lebenden Systemen und der evolvierenden Natur, ebenso wie sie in sozialen Gebilden auftreten können. Für eine erfolgreiche Software-Entwicklung kommt es darauf an, daß die Gruppe als Ganzes, bzw. die Gemeinschaft von Entwicklern und Benutzern anhand des vorgegebenen Entwicklungsauftrags Geist entwickelt.

7.1.1 Perspektive einnehmen und kreuzen

Wie im vorigen Kapitel erörtert, gehe ich prinzipiell von einem *multiperspektivischen* Ansatz zur Systementwicklung aus, was sich in den Methoden, Techniken und Organisationsformen zur Projektabwicklung widerspiegelt.

In der kooperativen Systementwicklung ist die Berücksichtigung folgender Perspektiven von Bedeutung:

- *Der persönliche Horizont* aller Beteiligten, der sämtliche Erkenntnisse subjektiv färbt und in der individuellen Entwicklung begründet ist;
- *rollenspezifische Sichten*, die sich aus unterschiedlichen Aufgaben bei der Herstellung und Benutzung ergeben; z. B. die Sicht des Projektleiters, der Entwickler, der Testgruppe oder die Sicht von Benutzern mit verschiedenen Aufgabenbereichen;

- *Positionen*, die auf Interessen und Werten beruhen, die Individuen oder Gruppen vertreten; z. B. Positionen des Managements oder gewerkschaftlicher Interessenvertreter;
- *Leitmetaphern*, die das Verständnis der Software-Herstellung oder der Software-Benutzung sowie die Interpretation der hierbei eintretenden spezifischen Situationen stützen; z.B. die Werkzeug-, die Schreibtisch- oder die Kommunikationsmetapher für den Computer;
- *Gestaltungsanliegen*, die mit Zielen und Qualitätskriterien verbunden sind und für die Orientierung und Prioritätensetzung in Entscheidungssituationen den Ausschlag geben.

In einer bewußten multiperspektivischen Herangehensweise wird angestrebt, durch das Einbeziehen der Unterschiedlichkeit Wege zu finden, die für alle gangbar sind. Ferner wird versucht, den gemeinsamen Erkenntnis- und Entscheidungsprozeß für alle Beteiligten transparent zu machen.

7.1.2 Grundlagen der Zusammenarbeit legen und erneuern

Hier geht es um die Erarbeitung von gemeinsam getragenen *Organisationsformen* und *Konventionen*. Nach meiner Erfahrung ist ein Aufzwingen von außen zwecklos, wesentlich sind Vorgaben, die im konkreten Projekt diskutiert und angepaßt werden müssen. Wichtige Einzelaspekte sind:

- Nach welchen Modalitäten wird die *Terminplanung* durchgeführt bzw. revidiert?
- Warum werden wann *Prototypen* bzw. *Vorversionen* erstellt und wie werden diese ausgewertet?
- Für welche Aufgaben werden *übergeordnete Gruppen* gebildet, und wie arbeiten diese mit den übrigen Projektmitgliedern zusammmen? Wie werden zentrale Aufgaben mit produktbezogenen Teilaufgaben koordiniert?
- Nach welchen *Konventionen* wird gearbeitet? Im Entwurf, bei der Schnittstellenfestlegung, bei der Programmierung?
- Wie werden *Testdaten* gewonnen und *Teststrategien* entworfen?
- Wie wird *Versionsverwaltung* initialisiert und fortgeschrieben?

Dies sind herkömmliche und in allen Projekten anfallende Aufgaben. Sie werden nicht nachträglich ad-hoc aufgesetzt, sondern dann umgesetzt, wenn sie von vornherein angelegt und mit dem Projekt zusammen weiterentwikkelt werden.

7.1.3 Gemeinsames Verständnis fördern

Gruppen müssen eine *gemeinsame Sprache* finden, die auf die Begriffe aus der Anwendung aufsetzt und hinreichend eindeutig die spätere Formalisierung ist. *Begriffserklärungen* und Festhalten der vereinheitlichten Bedeutung zunächst im Informellen, aber schrittweise auch formalisiert und mit den jeweils vorhandenen Werkzeugen unterstützt, festigen den gemeinsamen Sprachgebrauch. Da das Verständnis der zu leistenden Arbeit sich im Verlauf des Projekts entfaltet und ändert, muß seine historische Entwicklung erschließbar sein. Daher sind Besprechungsergebnisse nach Schwerpunkten geordnet und mit Begründung in einem *Projektordner* zugänglich zu machen.

7.1.4 Rollen definieren, wahrnehmen und austauschen

Verantwortung für Aufgaben wird durch Personen wahrgenommen. Das Konzept der funktionellen Rollen dient als Basis für die Beschreibung dieses Zusammenhanges.

Eine *funktionelle Rolle* ist gekennzeichnet durch die Zusammenfassung von Aufgaben, die Zuordnung von Personen zu diesen Aufgaben und der damit verbundenen Verantwortlichkeit. Die Verantwortlichkeit für eine funktionelle Rolle kann während eines Projektes zwischen den Mitgliedern wechseln. Die Rollen können dazu benutzt werden, Sichten auf ein Projekt herzustellen.

Ich habe in meinen Projekten z. B. ganz ausgezeichnete Erfahrungen mit der Einführung eines sogenannten »virtuellen Benutzers« gemacht. Das bedeutet konkret, daß in Besprechungen und bei der Verabschiedung von Dokumenten ein Projektmitglied mit Autorität die Rolle des prospektiven Benutzers übernimmt und die Tauglichkeit der vorgeschlagenen Lösung im Hinblick auf seine (vorgestellten) Arbeitsaufgaben untersucht. Bei komplexeren Systemen mit unterschiedlichen Benutzerklassen muß man mehrere virtuelle Benutzer mit unterschiedlichen Rollen vorsehen.

Dieses Verfahren ist eine spezielle Ausprägung dessen, was man allgemeiner mit Rollenaustausch und -verschmelzung anstrebt: die Einseitigkeit der eigenen Perspektive (z.B. als Entwickler) erfahrbar zu machen. Der »virtuelle Benutzer« ist auch für Projekte in der Praxis sehr relevant, wenn die realen Benutzer nicht bekannt sind oder nicht zur Verfügung stehen ebenso auch als Ergänzung der Kommunikation mit den realen Benutzern, die dann sozusagen in der Entwicklergruppe ihre Vertrauensperson haben.

Eine Rollenverschmelzung ergibt sich als wesentlicher Aspekt im Zusammenhang mit Prototyping immer dort, wo sich Entwickler der Konsequenzen ihrer Entwurfsentscheidungen aussetzen, indem sie entweder selbst das System benutzen, oder als Zuhörer an Probebenutzungen anderer teilnehmen.

Die Wichtigkeit von Rollenverschmelzung wird bei DV-Systemen besonders spürbar, bei denen Entwickler ihre Produkte selbst benutzen: so hat die gesamte Diskussion über Benutzungsfreundlichkeit, Aufgabenangemessenheit und den Wert des Prototyping gerade bei der Entwicklung von Programmierumgebungen und anderen Software-Entwicklungswerkzeugen einen besonders hohen Stellenwert erlangt.

7.1.5 Einbezüglichkeit und Vernetzung realisieren

Über die produktorientierte Arbeitsteilung bei der Software-Entwicklung z.B. auf der Grundlage einer modularen Systemarchitektur ist schon viel Lobenswertes geschrieben worden. Ergänzend zu dieser Arbeitsteilung, muß aber auch eine ganzheitliche, gemeinsame Sicht gefördert und erhalten bleiben. Auch hier ist die Unterscheidung zwischen Produkteigenschaften und dem Prozeß selbst wesentlich. Wünschenswerte strukturelle Merkmale wie z.B. Modularität im Sinne des Geheimnisprinzips sind auf der Produktebene anzustreben, die Einordnung dieser Teilprodukte in ihren Kontext muß aber dem Entwickler durch den laufenden Kommunikationsprozeß klar bleiben.

Folgende Maßnahmen bieten sich an:

- *Austausch von Arbeitsdokumenten* z.B. beim Übergang zwischen Phasen oder von einer Ausbaustufe zur nächsten,
- *gemeinsames Überprüfen von Arbeitsdokumenten* (Reviews) anhand von Kriterien, ausgewählten Testdaten und den Anforderungen unterschiedlicher Rollen,
- *Bildung von übergeordneten Gruppen* zur Qualitätssicherung, Entwurfsüberprüfung und zum systematischen Testen; Streuung des so vorhandenen zentralen Wissens durch Wiedereingliedern der Mitglieder in Projektarbeitsgruppen,
- *Rotieren von zentralen Aufgaben* wie Verwaltung.

7.1.6 Inkrementelles Vorgehen planen und absichern

Hierher gehören Auswahl und Abwicklung der *projektspezifischen Prototyping-Strategie*. Diese muß Rücksicht nehmen auf die vorliegende Basismaschine (ggf. aufzufächern in Entwicklungs- und Einsatzumgebung), die Lebensdauer des zu entwickelnden Systems und das im Einzelfall vorliegende Verhältnis zwischen Entwicklern und Auftraggebern/Benutzern bis hin zur Vertragsgestaltung. Auszuwählen sind die Anzahl und die Funktionalität der geplanten Vorversionen in ihrem Verhältnis zum angestrebten Produkt.

Zur Auswertung von Dokumenten sowie von Prototypen ist *konstruktive Kritik* von herausragender Bedeutung (z.B. in Form von Entwurfs-Reviews oder Autor-Kritiker-Zyklus). Einige Aspekte zur *konstruktiven Kritik* können sein: in der Gruppe erarbeitete und gemeinsam getragene Kriterien über Qualitätsmerkmale, Kritikschwerpunkte mit darauf abgestimmten Fragestellungen, Aufstellung typischer Arbeitsabläufe zur Untersuchung der Angemessenheit und systematisch ausgewählte Testdaten.

Ganz wesentlich erweist sich dabei die Art, wie Kritik geäußert wird und die Bereitschaft, Kritik anzunehmen. Das Geben und Annehmen von konstruktiver Kritik in Projekten muß sorgfältig eingeübt werden. Konstruktive Kritik ist nur dann umsetzbar, wenn menschlich die Voraussetzungen gegeben sind, den Wert der Arbeit des andern anzuerkennen.

7.1.7 Milieu zur Zusammenarbeit bilden und lebendig erhalten

Alles bisher Gesagte ist nur in Gemeinschaften denkbar, in denen Menschen sich gegenseitig annehmen und vertrauen können. Dies ist an Hochschulen wie in der Praxis schwer zu realisieren, außerdem kann ein manipulatives Vorgehen dabei mehr schaden als nützen. Wichtig ist die Gelegenheit zu bieten, sich besser kennenzulernen, um mehrseitigen Erfahrungshintergrund zu bilden und sich miteinander vertraut zu machen. So entstehen wichtige informelle Kommunikationskanäle, die eine qualitativ andere Atmosphäre bei der Gestaltung von Besprechungen, bei der gegenseitigen Würdigung und Kritik, bei der Identifikation mit der gemeinsamen Aufgabe ermöglichen.

Die Erfahrung in zahlreichen Projekten haben mir überzeugend klargemacht, daß die von den Beteiligten erlebte Eingebundenheit in der Gemeinschaft von ausschlaggebender Bedeutung für den Projekterfolg ist. Hier kommt es auf den Projektleiter, die Gruppenmitglieder und ihre Beziehung an. Ein Entwurf ist vor allem dann gut, wenn die Gruppe sich mit ihm identifiziert, dann wird er verinnerlicht und als Grundlage zur Implementierung anerkannt, andernfalls arbeitet man nach Möglichkeit gegen den in der Spezifikation verabschiedeten Entwurf. Konventionen haben nur dann Wert, wenn sie akzeptiert und umgesetzt werden.

Allerdings werden die Fähigkeit zur Kommunikation und Kooperation und die dazu erforderlichen menschlichen Qualitäten durch unser gesamtes Erziehungssystem und die einseitig wettbewerbsorientierte Ausrichtung unserer Gesellschaft behindert. Es ist schwierig, dagegen erfolgreich anzusteuern. Wo es gelingt, sind die vorzeigbaren Erfolge und die Zufriedenheit der Beteiligten gleichermaßen hoch.

7.2 Die interaktive und sich selbst organisierende Projektgruppe

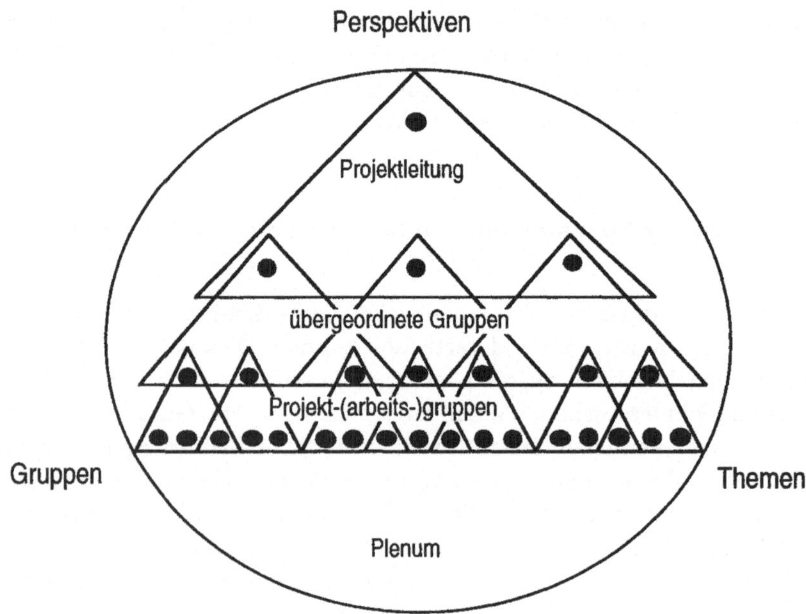

Abb. 44: Das magische Dreieck der sich selbst organisierenden Projektgruppen

In der obigen Abb. 44 sind wichtige Elemente der sich selbst organisierenden und interaktiven Projektgruppe und TZI zusammen dargestellt. Die Projektarbeitsgruppen können auch als Teilprojekte eines großen Projektes aufgefaßt werden. Mittels der Überlappung der Gruppen durch übergeordnete Gruppen wird verteiltes Wissen wieder allen zugänglich und einer Bürokratisierung entgegenwirkt. Eine Projektgruppe sollte nicht mehr als 3 - 8 Mitglieder haben.

Die Grundlage der interaktiven Projektgruppe besteht darin, daß der *Projektleiter* mit jedem anderen Projektmitglied, das die nötige Kompetenz dazu aufzuweisen hat, seine Macht teilt und daß eine maximale Beteiligung der Gruppenmitglieder anzustreben ist. Die Projektgruppe trifft sich regelmäßig zu einer, von einem Moderator geleiteten, Managementsitzung — dem *Plenum* (in der Abb. 44 als Kreis dargestellt) — und benutzt diese zur partizipativen Problemlösung, Entscheidungsfindung und Planung von relevanten technischen, administrativen und sozialen Problemen und koordiniert die Delegation von Aufgaben an Projektmitglieder und übergeordneten Gruppen. Die Entscheidungsfindung erfolgt über Konsensbildung.

Die Projektgruppe — und nicht der Projektleiter — sollte für die *Tagesordnung* des Plenums verantwortlich sein. Die Projektgruppe muß selbst eine Regelung finden, wie und wann die Tagesordnung zusammengestellt werden soll. Bei jedem Plenum werden alle *Tagesordnungspunkte* nach einer der folgenden Arten erledigt:

a) Das Problem wird gelöst,
b) das Problem wird zur Bearbeitung an eine übergeordnete Gruppe delegiert,
c) das Problem wird zur Analyse an eine übergeordnete Gruppe delegiert, die dann dem Plenum eine Empfehlung ausarbeitet,
d) das Problem wird erneut auf die Tagesordnung eines zukünftigen Plenums gesetzt oder
e) das Problem wird neu gefaßt.

Ein vorher festgesetzter Editor führt ein Ergebnisprotokoll des Plenums.

> In der interaktiven Projektgruppe entwickelt jedes Mitglied Verantwortung für das Projekt, weil jeder in die Entscheidungsprozesse miteinbezogen ist. Die interaktive Projektgruppe ist der sicherste Weg, für eine stete Weiterentwicklung der Projektmitglieder zu sorgen.

Die Mitglieder der interaktiven Projektgruppe haben mit Hilfe des Plenums die aktive Kontrolle über ihr unmittelbares Umfeld und sich selbst, d.h. die Projektgruppe *organisiert* und lenkt *sich selbst*. Sie ist aber nicht vollständig unabhängig von der betrieblichen Umgebung, deswegen kann sie als *relativ autonom* bezeichnet werden.

Die wichtigste Projektgestaltungsmaßnahme für eine interaktive Projektgruppe ist ihre Etablierung.

7.2.1 Projektetablierung

Das Ziel der Projektetablierung ist, daß die Projektgruppe von der (1) Anfangsphase der Gruppenbildung über das Etablieren der (2) Projektgruppe und der (3) Projektumgebung schließlich zu einer gemeinsamen Form der Zusammenarbeit auf der Basis von Gleichberechtigung kommt, mit der sich jeder identifizieren kann. Die individuellen Perspektiven und Handlungsorientierungen der Projektmitglieder sollen wechselseitig erfahren werden. Außerdem analysiert die Projektgruppe sorgfältig die Ausgangssituation des Projektes. Die Gruppe entwickelt ihren eigenen Standpunkt der Projektsituation und -durchführung und hält alle getroffenen Vereinbarungen in einem projektintern verwendeten *Projektvertrag* fest (vgl. 4.1.6).

Dazu treffen sich alle Projektmitglieder in mehreren Sitzungen, wobei es zuerst um die Gruppenbildung geht, danach um das Etablieren der Gruppe und der Projektumgebung. Zum Schluß wird der Projektvertrag ausgehandelt.

7.2.1.1 Die Anfangsphase der Gruppenbildung

Die Phase der Gruppenbildung ist die kritischste und die wichtigste im Leben einer Gruppe. Hofstetter sieht vier typische Problemkreise, die in der Anfangsphase der Gruppenbildung bearbeitet werden müssen.

Die *Identitätsproblematik* ist zu klären, d.h. eine Selbstdarstellung der Mitglieder muß erfolgen. Jeder erzählt etwas von sich und hat Fragen an die anderen frei. Die Ziele und Bedürfnisse der einzelnen müssen thematisiert werden, besonders die Bedürfnisse nach Sicherheit, Hilfe, Wärme und Geborgenheit.

Bei der *Intimitätsproblematik* geht es um die Frage, wieviel Persönliches man in die Gruppe trägt, d.h. Offenheit und Vertrauen sind angesprochen. Hofstetter meint, die Gruppe muß lernen, sich gegenseitig Rückkopplung zu geben und auch Konflikte auf der Beziehungsebene offen auszutragen.

Die *Autoritätsproblematik*: Diese Frage wird durch das Einsetzen eines formellen Teamleiters niemals gelöst, weil die Grundbedürfnisse nach Führen und Abhängigkeit Bestandteile eines langfristigen, weitgehend autonomen gruppendynamischen Prozesses sind. Ziel ist, mit Hilfe von Rollenaufteilung die Gruppe hierarchiefrei und ohne Machtpotentiale zu gestalten.

Wenn diese Auseinandersetzung nicht erfolgt und keine gemeinsame Basis der Zusammenarbeit gefunden wird und auch keine konsensual gültigen Interaktionsformen entwickelt werden, wird jeder einzelne bewußt oder unbewußt versuchen, seine gewohnten Arbeitsbedingungen und Interaktionsformen wiederherzustellen. Deswegen soll die Gruppe in der Anfangsphase der Gruppenbildung sich nicht nur gegenseitig kennenlernen (»warming up«), sondern darüberhinaus anfangen zu lernen, die Gruppendynamik selbst zu regulieren.

Der gruppendynamische Begriff »warming up« kann auf vielfältige Weise realisiert werden, z.B. durch gemeinsames Biertrinken, über sich selbst erzählen oder mit der gezielten Durchführung von gruppendynamischen Übungen. Diese Übungen sollen die Projektmitglieder anregen, sich verhältnismäßig schnell als Mensch mit ihren Gefühlen und ihrer Handlungsorientierung in die Gruppe einzubringen. Am Besten erfolgt dies mit Hilfe eines gesprächstherapeutisch erfahrenen Psychologen (Berater), der diese Sitzungen auch vorbereitet. Dieser Berater kann ein Betriebspsychologe oder ein externer Berater sein. Steht so ein Berater nicht zur Verfügung, müssen einige Mitglieder die Sitzungen der Gruppenbildungsanfangsphase selbst vorbereiten. Schwäbisch und Siems beschreiben z.B. Gruppenprogramme zur Selbsterfahrung und Trainingsmöglichkeiten zur Verbesserung von Kommunikation und Kooperation in Arbeitsgruppen in allen Einzelheiten von der organisatorischen Vorbereitung bis zur Durchführung.

Nach der Erfahrung der Berater sollte dies in einem Raum mit sachlicher, aber angenehmer Atmosphäre stattfinden, der sich außerhalb der Firma befindet, weil der vertraute »Firmenmief« oft unbewußte, vorschnelle Frustationen bei den Teilnehmern erzeugt, die eine gefühlsmäßig offene Arbeit in der Gruppe behindert.

Nachdem sich die Teilnehmer gegenseitig vorgestellt haben, können sie mit der ersten gruppendynamischen Übung *»Paarinterview«* beginnen. Ziel dieser zehnminütigen Übung ist es, einem relativ fremden Menschen offen von den eigenen Erfahrungen und Befürchtungen zu erzählen und den anderen danach zu fragen. Dazu sucht sich jedes Gruppenmitglied einen Partner und geht in eine Ecke des Raumes, wo sie ungestört sprechen können. Die Aufgabe der beiden Partner ist es, sich gegenseitig mitzuteilen, welche Erwartungen und Befürchtungen, Wünsche, Hoffnungen und Erfahrungen aus zurückliegenden Projekten jeder in Hinblick auf das neue Projekt hat. Schließlich geht es auch darum, welche Informationen und Gerüchte die Mitarbeiter schon gehört haben.

Das Ergebnis der Paarinterviews wird der Gruppe in der nächsten Übung *»Ich bin mein Partner...«* (20 Min.) transparent gemacht. Dazu setzen sich alle an einen Tisch und jeder erzählt aus der Perspektive seines Partners, was für Erwartungen und Befürchtungen dieser geäußert hat. Mit dieser Übung lernen die Teilnehmer es, sich in die Perspektive des anderen hineinzuversetzen und seine Handlungsorientierung zu vertreten. Der Partner kann noch Stellung nehmen und sagen, ob er sich richtig verstanden fühlt.

Mit den *»Selbstdarstellungsdreiergruppen«* (60 Min.) lernen sich die Projektmitglieder noch besser gegenseitig kennen. Jeder zeichnet auf ein Papier einen Kreis, der seine Energie darstellt, die er für Menschen, Dinge oder Tätigkeiten aufwendet. Dieser Kreis wird in Segmente aufgeteilt, die die Stärke der jeweilig aufgewendeten Energie für bestimmte Dinge (Familie, Hobbies, Karriere usw.) anzeigt. Weitere Themen für solche Kreise können sein: »Wie habe ich meine Liebe auf Menschen, Tätigkeiten und Dinge verteilt?« und »Die Angst, die ich erlebt habe, verteilt sich...«. Die Gesamtgruppe teilt sich in Dreiergruppen auf und die Teilnehmer erläutern sich in 15 Minuten gegenseitig ihre Kreise. Danach rotieren die Teilnehmer, indem sie neue Dreiergruppen bilden und die Übung wiederholen. Nach einer erneuten Rotation hat dann jeder mit jedem seinen Kreis erläutert und sich selbst dargestellt. Zwischen den Rotationen können auch neue Zeichnungen angefertigt werden.

Mit den o.a. Übungen hat die Gruppe die Ziel- und die Identitätsproblematik schon ein gutes Stück bearbeitet. Um die Autoritätsproblematik anzugehen, sollte die Projektgruppe mindestens eine Sitzung aufwenden, um das Modell der interaktiven und sich selbst organisierenden Projektgruppe zu diskutieren. Der Projektleiter muß klar äußern, ob er sich ein Vetorecht für bestimmte Entscheidungen offenhält oder allein der Gruppenkonsens zählt. Vorschläge für neue funktionelle Rollen können diskutiert und erste Präferenzen für bestimmte Rollen gemacht werden. Ziel des Projektleiters ist es, glaubhaft zu machen, daß mit der Rotation von funktionellen Rollen und der Partizipation an interaktiven Entscheidungsprozessen die Betroffenen tatsächlich zu Beteiligten gemacht werden und die Gruppe hierarchiefrei und ohne Machtpotential gestaltet wird.

In einer weiteren Sitzung geht es um die Intimitätsproblematik, d.h. wieviel Persönliches und wieviel Emotionen die Mitglieder in die Gruppe tragen dürfen, d.h. Offenheit und Vertrauen sind angesprochen. Die Gruppe muß lernen, sich gegenseitig Rückkopplung zu geben und auch Konflikte auf der Beziehungsebene offen auszutragen. Dazu kann die Gruppe die Übungen »Einübung in den Konfliktdialog« (vgl. 7.4.1) das erste Mal ausprobieren und danach eine »Gruppenprozeßanalyse« (vgl. 7.3.6) durchführen. Die Diskussion der Gruppenprozeßanalyse ist ein guter Abschluß der Gruppenbildungsanfangsphase.

7.2.1.2 Das Etablieren der Projektgruppe

Die Projektgruppe diskutiert nun beispielsweise die Rollen, Maßnahmen, gruppendynamischen Übungen und die Regeln der Situationsdefinition, die ich in den Abschnitten 7.2.2 »Die Rollen in der interaktiven Projektgruppe«, 7.3 »Die Interaktionskompetenz der Projektmitglieder verbessern« und 7.4

»Dialogische Konfliktbewältigung« beschreiben werde. Das Ziel ist, die dort erörterten Dialogtechniken einzuüben und zu bewerten und (eine) Situationsdefinition(en) für Entwurfs-, Entscheidungs-, Problemlösungs- und Konfliktsituationen schriftlich auszuarbeiten und in den Projektvertrag aufzunehmen. Die im nächsten Abschnitt beschriebenen Rollen in der interaktiven Projektgruppe werden gleichfalls bewertet, möglicherweise noch mit anderen Kompetenzen ausgestattet und in einem neu anzufertigenden Rollenplan festgehalten.

7.2.1.3 Das Etablieren der Projektumgebung

Die Projektgruppe arbeitet jetzt als Plenum und setzt einen Moderator und einen Editor ein. Das Ziel ist es, die Projektausgangssituation zu analysieren.

- Ist die Beschreibung des Auftrages klar formuliert?
- Welche Verpflichtungen gehen beide Seiten ein? Wie werden die verschiedenen beteiligten Interessensgruppen Einfluß auf das Projekt nehmen?
- Muß noch eine Durchführbarkeitsstudie und Anforderungsanalyse durchgeführt werden?
- Welche Rolle werden die Benutzer spielen?
- Ist das Projekt an Produktmuster und Standards gebunden? Welche generelle Ausstattung steht zur Verfügung?
- Kann das Projekt die nötigen Ressourcen erhalten?
- Werden diese noch von anderen Projekten genutzt?

Nach der Klärung dieser Problempunkte weiß die Projektgruppe auch, welcher Spielraum ihr für die eigene Projektdurchführung und die Festschreibung der Kooperation mit den anderen Interessensgruppen bleibt und wie dieses organisatorisch verankert werden muß.

Zum Abschluß der Projektetablierung wird der Projektverlauf erstmalig geplant und die ersten Referenzlinien werden bestimmt. Eine Referenzlinie ist benannt und besteht aus einer Liste von Zwischenprodukten, die in einem bestimmten Zustand vorliegen müssen. Zu jeder Referenzlinie gehören Kriterien und Regeln zu ihrer Bewertung, die auf Merkmale der Zwischenprodukte, der Ressourcen oder Qualifikationen Bezug nehmen. Folgende Fragen müssen geklärt werden: Wie soll das Produkt bewertet werden (z.B. durch Review, Fragebogen oder Test)? Wer soll bewerten? Wer hat oder erhält Entscheidungskompetenz? Die Ergebnisse werden in dem initialen *Projektplan* schriftlich festgehalten — der schon vorhandene *Rollenplan* wird beigelegt.

7.2.2 Die Rollen in der interaktiven Projektgruppe

Es gibt zwei *permanente Rollen* im Projekt, die immer durch die gleichen Personen besetzt sind. Die des Projektleiters, der innerhalb des Projektes arbeitet und die des Supervisors, der von außerhalb des Projektes kommt:

- Der *Projektleiter* zeichnet für das Projekt verantwortlich. Er braucht in der interaktiven Projektgruppe nicht alle Probleme zu lösen, sondern muß dafür sorgen, daß die Problemlösung *angebahnt* wird. Er muß in der betrieblichen Umgebung des Projektes die Interessen der Projektmitglieder vertreten. In der Anfangsphase der Gruppenbildung muß er den anderen mitteilen, ob er sich ein Vetorecht bei Entscheidungen vorbehält.
- Der *Supervisor* ist ein professioneller, in Gesprächspsychotherapie ausgebildeter Berater der Projektgruppe, der Interaktionsprozesse einleitet und bei der Aufarbeitung derselben hilft. Er kann der Betriebspsychologe sein, oder von außerhalb der Firma für das Projekt als Berater engagiert werden. In der so bedeutenden Anfangsphase der Gruppenbildung oder in einer schwierigen Konfliktsituation sollte die Projektgruppe einen Supervisor zur Verfügung haben. Günstigstenfalls führt der Supervisor regelmäßig Supervisionssitzungen (vgl. 7.4.3) mit allen Projektmitgliedern in mehrwöchigem Abstand durch, in der diese über ihre Projektarbeit und sich selbst reflektieren.

Neben den permanenten Rollen gibt es eine Reihe von *funktionellen Rollen* in der interaktiven Projektgruppe, die an speziellen Aufgaben und damit verknüpfte Verantwortlichkeiten gebunden sind und nur zeitweilig von einer oder mehreren bestimmten Personen ausgefüllt werden. Die Zuordnung von Projektmitgliedern zu funktionellen Rollen und der turnusgemäße Rollentausch wird explizit in einem *Rollenplan* festgehalten, damit keine Mißverständnisse auftreten. Wenn mehrere Personen gleichzeitig einer funktionellen Rolle zugeordnet sind, handelt es sich um eine *übergeordnete Gruppe*, die vom Plenum einen Auftrag erhalten hat. Dieses kann z.B. eine Testgruppe sein, die den Integrationstest durchführt oder eine Gruppe zur Qualitätssicherung von Dokumenten, die beispielsweise gemeinsam eine funktionelle Spezifikation überprüft, oder eine Gruppe wertet bestimmte Informationen aus und gibt dann einen Überblick darüber. Der Rollentausch ist erwünscht, bestimmte Rollen (z.B. der Editor) sollen nur zeitweise von einer Person ausgeführt werden, weil sie sonst zur Frustration führen. Der Rollentausch bewirkt gleichzeitig, daß das Wissen des Rolleninhabers nicht an eine Person gebunden ist, sondern in der Projektgruppe immer wieder von verschiedenen Personen eingebracht wird und so ein gemeinsames Wissen über wichtige Ergebnisse der Erledigung der Aufgaben entsteht. Genau dies sind auch die Begründungen für das arbeitswissenschaftliche Konzept des »Job Rotation«.

Zwei besonders wichtige funktionelle Rollen — die des Facilitators und die des Benutzers — kommen von außerhalb des Projektes:

- Der *Facilitator* ist dem Projekt gegenüber eine *neutrale Person*, die von *außerhalb des Projektes* kommt. Er darf keinerlei Berührungspunkte mit dem Projekt haben, die zu Interessenskollisionen führen könnten. Der Facilitator ist der »Themenwächter« beim dialogischen Entwurf, er achtet auf den Prozeß und nicht auf das Ergebnis des Prozesses. Seine Hauptaufgabe besteht darin, die Entwerfer bei Gestaltungskonflikten zu einer Konsensbildung zu bewegen, ohne Partei zu ergreifen. Es ist nicht seine Aufgabe, die Gruppe an die Einhaltung der Regeln der Situationsdefinition zu verpflichten, diese Probleme muß die Projektgruppe selbst lösen.
- Der *Benutzer* kommt aus dem Anwendungsbereich und ist der prospektive Anwender des zu entwickelnden Programmsystems.

Die nun folgenden funktionellen Rollen rotieren innerhalb der Projektgruppe:

- Der *Moderator* leitet die Gesprächsführung des Plenums und sorgt dafür, daß die Tagesordnung abgearbeitet und eingehalten wird.
- Der *Editor* ist verantwortlich für die Erstellung von Protokollen, der Verwaltung des Projektordners und für das Layout von Dokumenten, die die Benutzer und das Management lesen sollen.
- Der *Entwerfer* ist Teilnehmer beim dialogischen Entwurf.
- Der *Programmierer* erstellt die ihm zugewiesen Module des konsensual gültigen Software-Entwurfes nach den verabschiedeten Programmierrichtlinien.
- Der *Qualitätssicherer* begutachtet in einem Review ein erstelltes Dokument und teilt die Ergebnisse dem (den) Ersteller(n) mit, wenn diese(r) beim Review nicht anwesend ist (sind).
- Der *Tester* führt den Integrationstest des Programmsystems nach den verabschiedeten Regeln der Projektgruppe durch und teilt das Ergebnis den Programmierern schriftlich oder mit Hilfe einer Projektbibliothek mit.
- Der *Advocatus Diaboli* hat die Aufgabe, technische Lösungen umfassend zu kritisieren, damit mögliche Schwachstellen oder alternative Lösungen angebahnt werden können.
- Der *Beauftragte für Gruppendynamik* tritt in Erscheinung, wenn es keinen Supervisor gibt. Er erwirbt sich Kenntnisse über gruppendy-

namische Übungen, bereitet die Sitzungen zur Gruppenbildungsanfangsphase vor und moderiert die kollegiale Supervision (vgl. 7.4.3).

- Der *Konfigurationsverwalter* ist für die Versionsverwaltung des Programmsystems zuständig und verwendet dafür entsprechende Werkzeuge.

Der Gebrauchswert dieser Rollen muß in der Projektgruppe regelmäßig thematisiert werden und neue funktionelle Rollen kann das Plenum natürlich auch festlegen.

7.3 Die Interaktionskompetenz der Projektmitglieder verbessern

7.3.1 Der personenzentrierte Ansatz der Dialogführung

Rogers hat sich in seiner jahrzehntelangen therapeutischen Arbeit immer wieder mit der Frage beschäftigt, was Gespräche überhaupt konstruktiv macht. Mit der Zeit hat er dann konstruktive Gesprächsbeiträge auf die drei Grundfaktoren Akzeptanz, Empathie und Kongruenz zurückgeführt. Sie prägen in unterschiedlichem Maße die Haltung der Dialogpartner. Diese Faktoren haben sich auch in der empirischen Forschung als wichtig für den Erfolg von Beratungsgesprächen und Gesprächstherapien erwiesen.

Akzeptanz (emotionale Wärme, Akzeptieren und Achten des Dialogpartners)

Wertschätzung und Akzeptanz sind die Grundlage jeder partnerschaftlichen Dialogführung. Als Mensch hat der Dialogpartner das unbedingte Recht auf Würde und Achtung, egal, ob eine Äußerung gerade gefällt oder ob sie eher Mißfallen erregt. Die Voraussetzung hierfür ist Selbstachtung. Nur wer sich selbst akzeptiert und achtet, kann auch andere achten und akzeptieren. Jeder muß sich den menschlichen Wert der Dialogpartner vor Augen halten, damit keine Gleichgültigkeit gegenüber anderen ausbricht. Wenn Dialogpartner andere unterbrechen, gar nicht erst zuhören oder andere ständig interpretieren (»Ich sage dir jetzt mal, was du wirklich sagen willst!«), zeugt dies von mangelnder Wertschätzung und geringer Akzeptanz.

Empathie **(einfühlendes Verstehen)**

Empathie ist die Bereitschaft und die Fähigkeit, sich in die Perspektive und Lage anderer Menschen einzufühlen, — ohne eine gewisse Distanz zu verlieren. Mit Empathie sind die Dialogpartner für alle nicht-verbalen Kommunikationssignale empfänglich — wie Körperhaltung, Tonfall der Stimme, Blickrichtung etc. — , die sonst unbemerkt den Dialog mitsteuern können. Ein geäußertes und überzeugendes Argument kann leicht in seiner Wirkung in das Gegenteil verkehrt werden, wenn es z. B. mit starrem Blick vorgetragen wird. Menschen sind durchaus in der Lage, solche Kommunikationssignale zu deuten, weil sie sich in die Perspektive des anderen hineinversetzen können.

Kongruenz **(Offenheit gegenüber dem anderen)**

Offenheit ist die Bedingung, unter der die beiden anderen Faktoren erst überzeugen. Mit Offenheit bietet jeder Dialogpartner dem anderen die besten Chancen, seine Perspektive zu erkennen und auch anzuerkennen. Offenheit ist für die personenzentrierte Dialogführung in der Projektarbeit unbedingt erforderlich, so können Meinungsverschiedenheiten *rechtzeitig* und schnell ausgetragen werden. Wenn die Dialogpartner sich gegenseitig etwas vormachen, steigern sich schnell Unsicherheit und Verwirrung. Zudem wird Unaufrichtigkeit von klugen Menschen schnell erkannt. Eine Kongruenz im Verhalten der Dialogpartner ist sicherlich nicht leicht zu erreichen, sie ist aber eine Voraussetzung für deren wechselseitiges Vertrauen zueinander. Es gibt Situationen, in denen nicht alles gesagt werden kann, hier ist eine gewisse Transparenz auch im Schweigen enthalten.

Besonders mit den im nächsten Abschnitt beschriebenen Techniken des »aktiven Zuhörens« lassen sich die personenzentrierten Grundhaltungen zum Dialog verwirklichen.

7.3.2 Aktives Zuhören

Natürlich bedeutet aktives Zuhören wesentlich mehr als einfaches Hinhören. Hiermit haben viele Menschen schon große Probleme. Das aktive Zuhören schafft ein Klima, in dem sich die Dialogpartner empathisch verstanden fühlen können. Die ganze Kunst des aktiven Zuhörens besteht darin, den Dialog von Kommunikationsstörungen und -verzerrungen frei zu halten, um so möglichst genau zu verstehen und Mißverständnisse zu vermeiden.

Zunächst ist engagiertes Zuhören nötig, innere Dialoge sind zu vermeiden, dem Dialogpartner gebührt die ganze Aufmerksamkeit. Das aktive Zuhören setzt voraus, daß sich der Zuhörer auf das konzentriert, was der andere Dialogpartner ihm mitteilt und nicht auf das, was es bei ihm auslöst. Mit Aufmerksamskeitsreaktionen wie Kopfnicken, zugewandter freundlicher Blick, Äußerungen wie »Ja«, »Hm«, »Genau«, »Aha« usw. macht der passive Dialogpartner sein Zuhören und die Beschäftigung mit den Aussagen des Sprechers deutlich.

Ob er das Gesagte nun wirklich verstanden hat, ermittelt er mit der *Technik des Paraphrasierens*. Dabei wiederholt oder umschreibt der vorher Zuhörende den Inhalt der Aussage, um sicherzugehen, daß er sie auch richtig aufgenommen hat. Der vorherige Sprecher kann sofort erkennen, wie seine Aussage verstanden wurde; Mißverständnisse können sofort beseitigt werden. Bei vielen Gesprächen spielen Gefühle eine große Rolle. Anstatt diese zu unterdrücken, ist es wichtig, daß die Dialogpartner wechselseitig den gefühlsmäßigen Inhalt der Aussagen paraphrasieren.

Zu den hemmenden Reaktionsweisen eines Dialogpartners gehören solche, die dem Dialogpartner Gefühle der Unterlegenheit und Bedeutungslosigkeit vermitteln. Mit Kopfschütteln, Blick abwenden, sich zurücksetzen, Arme verschränken, Blumen malen, Äußerungen wie »Nein«, »Aber«, »Ach was« zeigt ein Gesprächspartner, daß er mit sich selbst und seiner eigenen Stellungnahme beschäftigt ist. *Dialogstörer* sind Verhaltensweisen, die gar keinen richtigen Dialog aufkommen lassen. Zu den gängigsten Dialogstörern gehören Reaktionsweisen wie:

1. Das Wechseln des Themas ohne Erklärung. Damit wird dem Dialogpartner vermittelt, daß man an seinen Beiträgen nicht interessiert ist.
2. Das Beenden des Blickkontaktes
3. Das Belehren, Überreden, Befehligen des Gesprächspartners
4. Die Verneinung von Gefühlen
5. Die Benutzung der offenen Äußerungen als Kampfmittel

Diese Dialogstörer schaffen ein Klima der Frustration und verursachen Abwehr und Widerstand.

Im Umkreis der Gesprächspsychotherapie werden diese Dialogstörer auch *»Du-Botschaften«* genannt, weil die Äußerungen immer eine ausgeprägte »Du«- oder »Sie«-Komponente enthalten, die Aussagen wie »Du bist Schuld«, »Du bist schlecht« und »Du bist ein Versager« vermitteln. »Du-Botschaften« führen Dialoge in emotionsgeladene Sackgassen.

Gerade bei der Lösung von Konflikten sind *»Ich-Botschaften«* wichtig. Mit der Verwendung von »Ich-Botschaften« macht der Sprechende seine Perspektive deutlich und seine Handlungsorientierung wird erfahrbar. Eine »Ich-Botschaft« in einem Konfliktgespräch enthält drei Teile:

- Eine kurze Beschreibung des *nicht akzeptierten Verhaltens*;
- eigene *ehrliche Gefühle* und
- und die *konkrete Wirkung* des nicht akzeptierten Verhaltens auf den Sprecher.

Ein kurzes Beispiel:

»Du-Botschaft«: »Sie haben den Termin nicht eingehalten!«

»Ich-Botschaft«: »Ich bin sehr ärgerlich, daß der Termin nicht eingehalten worden ist, weil ich deswegen Schwierigkeiten mit den Kunden bekomme.«

Eine »Du-Botschaft« bedeutet: »Du bist nicht o.k.« — eine »Ich-Botschaft« hingegen ist eine Aufforderung zur Kooperation und schafft Raum für offene Dialoge.

Das Paraphrasieren von Dialoginhalten und das Aussenden von »Ich-Botschaften« sind die wichtigsten Komponenten des aktiven Zuhörens. Mit der im nächsten Abschnitt beschriebenen Technik des kontrollierten Dialoges kann aktives Zuhören *eingeübt* oder in einem Konfliktgespräch von einem Gruppenmitglied *verlangt* werden.

7.3.3 Der kontrollierte Dialog

Ziel des kontrollierten Dialoges ist es, daß die Teilnehmer bei dieser Interaktionsübung lernen, eigene Argumente erst nach korrekter Kenntnisnahme von Gegenargumenten zu äußern. Wenn der kontrollierte Dialog als Übung durchgeführt wird, teilt sich die Projektgruppe in Dreiergruppen auf, innerhalb derer festgelegt wird, wer A, B und C ist. A und B wählen ein Thema, das für beide Akteure interessant, aber kontrovers ist. Für den Dialog ist es wichtig, daß sie verschiedener Meinung sind. C ist Kontrolleur und Beobachter. A und B bestimmen gemeinsam, wer im kontrollierten Dialog zuerst spricht und wer zuerst zuhört.

Für den kontrollierten Dialog gelten folgende Regeln:

- Im Dialog dürfen sich die Dialogpartner in keiner Weise unterbrechen. Weder durch Haltung, Mimik, Gestik noch durch Einwand.
- A beginnt mit einem Argument und B paraphrasiert dieses anschließend sinngemäß und vollständig mit seinen eigenen Worten und fragt A kurz, ob diese Zusammenfassung zutreffend war. Ist diese Zusammenfassung von B unvollständig, ungenau oder sinnabweichend, signalisiert dies A durch einen Hinweis, ein Stichwort oder eine Wiederholung der Aussage. Die Paraphrasierung wird solange korrigiert, bis A damit einverstanden ist.

- Sobald die Zusammenfassung für A zufriedenstellend ist, bringt B sein Argument vor, welches anschließend von A zusammengefaßt wird. So wechseln A und B im Dialog ab.

Nach der vereinbarten Zeit wird der Dialog abgebrochen und C kann seine Eindrücke mit A und B erörtern. Jetzt können in der Dreiergruppe die Rollen rotieren, d.h. B und C führen den kontrollierten Dialog und A ist der Beobachter und Kontrolleur bis in der letzten Runde A und C den Dialog führen, während B beobachtet.

Der kontrollierte Dialog ist eine wichtige Erfahrung und sollte unbedingt geübt werden. Beim dialogischen Entwurf sollte jedes Gruppenmitglied das Recht haben, die Regeln des kontrollierten Dialoges einzuführen, um vorgeschlagene Konzepte verstehen zu können oder Gestaltungskonflikte zu lösen.

7.3.4 Das Blitzlicht

Das Blitzlicht ist immer dann angebracht, wenn die Gruppe oder einzelne in der Gruppe das Gefühl haben, daß die Interaktionen nicht mehr transparent sind und / oder nicht mehr alle Gruppenmitglieder innerlich beteiligt sind.

Beim Blitzlicht nimmt jeder Teilnehmer mit ein, zwei Sätzen reihum Stellung zu einer Frage. Das Blitzlicht soll keine Diskussion, sondern eine Bestandsaufnahme sein. Deswegen sollen die Äußerungen nicht kommentiert, kritisiert oder nachgefragt werden. Die Äußerungen sollen tatsächlich kurz sein und die Perspektive des Teilnehmers betreffen. Solch ein Blitzlicht dauert 1-5 Minuten.

Auf diese Weise erhält jeder Teilnehmer einen kurzen, offenen Einblick in die Meinung der Gruppenmitglieder zu einer Frage. Die Schweiger äußern sich auch und die Dominanten sprechen nicht allein. Durch das Blitzlicht wird eine Reflexion über den Diskurs eingeleitet, es werden möglicherweise Störfaktoren erkannt und neue Weichen für den Dialog gestellt. Ein Blitzlicht sollte immer dann vorgeschlagen werden, wenn Unlust, Desorientierung und Aggression zu spüren ist.

Bewährte Themen für Blitzlichter sind: »Was erwarte ich von der heutigen Sitzung?«, »Wie interessiert bin ich am Thema?«, »Wie fühle ich mich jetzt gerade im Augenblick?«, »Was ärgert und was freut mich gerade?«.

Ein Blitzlicht zu Beginn und am Ende einer Sitzung kann die Gruppe zusammenführen und die Vielfalt der verschiedenen Meinungen und den erzielten Konsens noch einmal kurz deutlich machen.

7.3.5 Eine Situationsdefinition

Die Situationsdefinition enthält einen konsensual gültigen und für alle Gruppenmitglieder verbindlichen Regelkanon mit sprachlichen Abmachungen die vorgeben, wie eine Gruppe in den argumentativen Dialog treten soll. Diese Regeln helfen einer Gruppe, sich selbst zu regulieren. Einige davon gehen zurück auf die bewährten Regeln der »Themenzentrierten Interaktion« von Cohn.

Diese Regeln wird kaum ein Gruppenmitglied von Anfang an sofort befolgen können. Sie müssen im Diskurs von den Teilnehmern erst erlernt werden; der Moderator kann hier auf die Einhaltung der Regeln achten, bis diese unbewußt angewendet werden.Sie wirkensind auch kompensatorisch und helfen den Gruppenmitgliedern, bestimmte Kommunikationsfertigkeiten einzuüben, die sie in unserer Gesellschaft nicht gelernt haben. Die folgenden Regeln sind universell anwendbar für alle argumentativen Dialoge in der Projektgruppe:

- Alle betroffenen Projektmitglieder haben die Möglichkeit, *am Dialog teilzunehmen.*
- Alle Akteure haben die *gleichen Rechte.*
- Alle Argumente müssen *persönlich vorgetragen* werden. Kein Akteur darf mit einem Vorschlag auf Papier am Dialog teilnehmen können. Jeder Akteur ist sein eigener Sprecher in Bezug auf das gerade behandelte Thema und was immer aus seiner Perspektive für ihn wichtig sein mag.
- Es soll nicht per »Man« oder »Wir« gesprochen werden, sondern per »Ich«, weil ein Sprecher sich hinter der öffentlichen Meinung gut verstecken kann und die Verantwortung, für das was er sagt, nicht zu tragen braucht. Die Regel *per »Ich« zu sprechen,* dient dazu, verantwortliche Aussagen zu machen, unerwünschte Projektionen zu vermeiden und weder die eigene Perspektive noch begangene Irrtümer zu verschleiern.
- Es darf *nur einer zur Zeit* reden. Wenn mehrere Akteure gleichzeitig sprechen wollen, muß eine Lösung für diese Situation gefunden werden. Seitengespräche sind zu unterlassen oder das Thema ist als Störung in den Diskurs mit einzubringen.
- Es muß für jeden Akteur möglich sein, ein *Verständnis für das gerade behandelte Thema* zu entwickeln.
- Wenn *ein Akteur eine Frage stellt,* soll er sagen, *warum er sie stellt.* Authentische Informationsfragen werden durch die Gründe für den Informationsbedarf persönlicher und klarer. Außerdem können Fragen, die kein Verlangen nach Information ausdrücken, oft für inquisi-

torische Machtspiele mißbraucht werden, um einen Akteur in die Enge zu treiben. Wenn der Sprecher zu seiner Frage seine Motivation hinzufügt, wird seine Handlungsorientierung klarer erkennbar, und echte Dialoge werden begünstigt.

- *Alle vorgetragenen Argumente sind legitim.* Es soll kein Argument zurückgewiesen werden, weil man den Sprecher für nicht kompetent hält.
- Jeder Teilnehmer am Dialog muß akzeptieren, *daß die anderen möglicherweise bessere Argumente haben* und daß es abweichende Meinungen gibt.
- Der Dialog muß zur *Verständigung* führen.
- Jeder Teilnehmer hat das Recht, *ein Blitzlicht zu verlangen*, wenn er es für notwendig hält, damit die Gruppe erfährt, wo sie gerade »steht«.
- Jeder Teilnehmer hat das Recht, *die Regeln des kontrollierten Dialoges zu verlangen*, sofern sein Verständnis für das Thema gerade leidet oder sich in der Gruppe ein Konflikt anbahnt.

Wichtig ist, daß die Regeln taktvoll und nicht diktatorisch angewendet werden; die Akteure können die Regeln auch ad absurdum führen. Die Projektgruppe muß darüber reflektieren, wie sie mit diesen Regeln klarkommt. Wenn die oberste Regel die ist, daß keine neuen Regeln mehr eingeführt werden dürfen oder bestimmte Regeln unwirksam werden sollen, ist Entwicklung nicht mehr möglich. Für einen demokratischen Dialog sind diese Regeln jedoch eine nützliche Hilfestellung.

7.3.6 Die Gruppenprozeßanalyse

Die Gruppenprozeßanalyse ist die Voraussetzung für jede Veränderung der Zusammenarbeit in der Projektgruppe. Die Ausarbeitung von *Ursachenkarten* nach Weick scheint mir das sinnvollste Verfahren zur Analyse der Dynamik des Prozeßgeschehens einer Gruppendiskussion aus der Perspektive eines Teilnehmers zu sein. Sie dienen dazu, Kausalstrukturen in Gruppendiskussionen zu diagnostizieren. Eine ausgefüllte Ursachenkarte ist in Abb. 45 dargestellt.

Jedes Kästchen in der Ursachenkarte stellt eine numerierte Variable des argumentativen Dialoges dar, die eine Vielzahl von Werten annehmen kann. Die grundlegende Frage, die sich der Teilnehmer nach einem argumentativen Dialog in seiner Analyse stellen muß, ist, wie die Variablen sich im Dialog gegenseitig beeinflußt haben. Dazu arbeitet man die Variablen — beginnend mit 1. »Zahl derer, die Argumente einbringen« — systematisch durch.

Der Analysierende muß sich jetzt fragen, ob die Veränderung dieser Zahl sich auf die Variablen 2, 3 usw. auswirkt. Wenn eine Interdependenz festgestellt wird, zieht der Analysierende einen Pfeil von Variable 1 zu der betreffenden Variablen und läßt die Pfeilspitze auf die beeinflußte Variable zeigen.

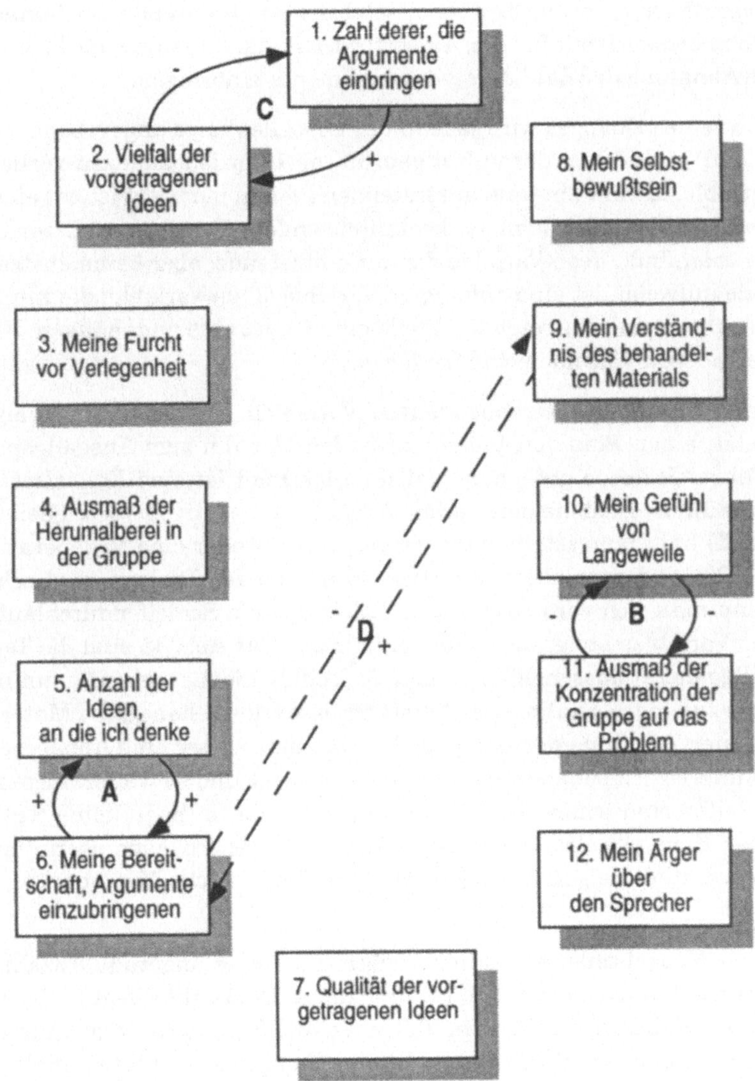

Abb. 45: Eine Ursachenkarte für die Gruppenprozeßanalyse

Die Pfeile sollen zusätzlich noch mit einer Plus- oder Minus-Kennzeichnung versehen werden, die festlegt, was für eine Art von Einfluß vorliegt. Wenn sich die beeinflussenden Variablen in der *gleichen* Richtung bewegen, wird der Pfeil mit einem Pluszeichen markiert. In der Abb. 45 ist z.B. ein Pfeil von Variable 1 zu der Variablen 2: »Vielfalt der vorgetragenen Ideen« eingetragen und mit einem Pluszeichen markiert worden. Das bedeutet, wenn die Zahl derer, die Argumente einbringen, zunimmt, bewirkt dies eine Zunahme der Ideenvielfalt. Wenn zwei mit einem Pfeil verbundene Variablen sich in *entgegengesetzter* Richtung bewegen, setzt der Analysierende ein Minuszeichen neben diesen Pfeil. In Abb. 45 bewirkt z.B. die Zunahme der Ideenvielfalt eine Abnahme der Zahl derer, die Argumente einbringen.

Zur Analyse des Dialoges wird jede in der Ursachenkarte angegebene Variable mit den 11 anderen daraufhin geprüft, ob Interdependenzen vorliegen. Jede Variable, die mit ein- und austretenden Pfeilen markiert ist, ist eine *interdependente* Variable, denn sie beeinflußt andere Variablen und wird von anderen beeinflußt. Jede Variable die nur eintretende, aber keine austretenden Pfeile aufweist, ist eine *abhängige* Variable. Jede Variable, die nur austretende, aber keine eintretenden Pfeile enthält, ist eine *unabhängige* Variable. Alle anderen Variablen sind *irrelevant*.

Beginnend bei einer interdependenten Variablen, versucht der Analysierende jetzt, einen Pfad von Pfeilen zu finden, der ihn zum Ausgangspunkt zurückführt. Jeder so gefundene vollständige Pfad ist eine *Kausalschleife*. Wenn eine Kausalschleife eine gerade Anzahl von negativen Vorzeichen (z.B. 0, 2, 4 usf.) hat, dann ist sie ein *Circulus vitiosus* oder eine Regenerationsschleife. Die Bedeutsamkeit derartiger Schleifen für Dialoge wird schnell klar, wenn man sich vor Augen führt, daß bei jedem Schleifendurchlauf der Wert der Variablen steigt, aber nie abnimmt. In der Abb. 45 sind die Teile A und B Regenerationsschleifen. Wenn in Teil B die Langeweile zunimmt, führt dies zu einer Abnahme des Verständnisses des behandelten Materials, was zu einer Zunahme der Langeweile führt und weiter eine Abnahme des Verständnisses des behandelten Materials bewirkt und so weiter. Regenerationsschleifen sind wahre Teufelskreise und es gibt in ihnen keine Regulierung oder Kontrolle. Der Wert der Variablen wird sich nach oben (Teil A) oder nach unten (Teil B) bewegen, bis eine dramatische Veränderung eintritt.

In einigen Kausalschleifen können jedoch auch eine ungerade Anzahl von Vorzeichen gefunden werden (Teil C und Teil A+D+B). Hier liegt Selbstregulierung vor. Nehmen wir für den Teil C an, die Zahl derer, die Argumente einbringen, nimmt zu. Dies verursacht eine Zunahme der Ideenvielfalt, welche ihrerseits eine Abnahme der Zahl der Argumentierenden bewirkt, weil diese überlastet sind. Das führt zu einer Abnahme der Vielfalt, was wiederum mehr Teilnehmer veranlaßt, Argumente einzubringen. Diese selbstregulierenden Kausalschleifen sind kontrolliert und verleihen dem Dialog Stabilität.

Die individuellen Ergebnisse der Gruppenprozeßanalyse mit den ausgefüllten Ursachenkarte sollten in der Gruppe diskutiert werden. Möglicherweise existieren identische Regenerationsschleifen. Die Gruppe kann natürlich auch eigene Ursachenkarten ausarbeiten, folgende Fragen bezüglich der Gruppendynamik sind dabei von Interesse:

- Wie habe ich mich heute in der Gruppe gefühlt?
- Wie klar waren die Gruppenziele?
- War der Dialog sachfremd oder sachbezogen?
- Wurden abweichende Meinungen genügend gehört?
- Fühlte ich mich der Mehrzahl der Teilnehmer gegenüber frei oder unfrei?
- Welche Entfaltungsmöglichkeiten hatte ich heute in der Gruppe?
- Konnte ich mich mit der Gruppe identifizieren?
- Bekam ich Hilfe, als ich sie benötigte?
- Welche Mitwirkung bei dem Erreichen von Gruppenzielen war mir heute möglich?
- Was halte ich im Augenblick von dieser Gruppe?
- Was halte ich von dem Moderator heute?
- Was hält der Moderator heute von der Gruppe?
- Haben die in der Gruppe herrschenden Bedingungen mir geholfen, etwas über mich zu lernen?
- Haben die in der Gruppe herrschenden Bedingungen mir geholfen, etwas über die Gruppendynamik zu lernen?
- Wieviele Teilnehmer etwa übten in dieser Gruppe führende Funktionen aus?
- War die Gruppe erfolgreich im diagnostizieren ihrer Probleme?
- Hat sich die Gruppe an die Regeln der Situationsdefinition gehalten?

Die Durchführung einer Gruppenprozeßanalyse stellt selbst schon eine bedeutende Intervention in der Projektgruppe dar. Wenn die Gruppe erst einmal die Bedeutung von Interdependenz und Kausalschleifen erkannt hat, erscheinen viele Dinge und Verhaltensweisen in einem anderem Licht. Die gemeinsame Besprechung von Kausalstrukturen kann der Anstoß sein, daß sich die Gruppe aus Stagnation befreit und selbst ihre Konfliktherde diagnostiziert und sich der stabilisierenden Wirkung von selbstregulierenden Kausalschleifen bewußt wird.

7.4 Dialogische Konfliktbewältigung

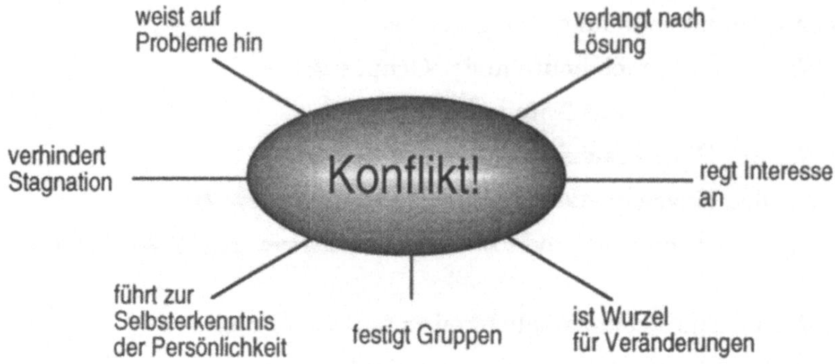

Abb. 46: Konflikte haben auch ihr Positives

In Kapitel 5 habe ich definiert, daß ein Konflikt vorliegt, wenn die individuellen Handlungsorientierungen von wenigstens zwei Akteuren unvereinbar sind. Ein Konflikt liegt ganz klar vor, wenn die aktive Verwirklichung von Zielen des einen mit der Zielverwirklichung des anderen nicht im Einklang steht.

> Es ist nicht bedenklich, wenn es Konflikte gibt, es ist aber *sehr* bedenklich, wenn Konflikte nicht ausgetragen werden.

Konflikte haben auch ihr Positives (vgl. Abb. 46): Sie machen Probleme deutlich und verhindern die Stagnation der Gruppe; sie verändern wegen ihrer Rückkopplungsfunktion Charaktere, sie schreien nach Aussprache und neuen Lösungen und festigen bei ihrer Bewältigung die Gruppe gegenüber sich selbst und ihrer Umwelt.

7.4.1 Einübung in den Konfliktdialog

Diese Übung ist besonders geeignet für die Gruppenbildungsphase, man kann sie aber auch sehr gut regelmäßig zum Orten von Konflikten benutzen. Die Gruppe beginnt die Übung mit einem Anfangsblitzlicht, d.h. jedes Gruppenmitglied nimmt der Reihe nach Stellung zu der Frage: »Wie fühle ich mich und was erwarte ich von der Sitzung?«. Dieses Anfangsblitzlicht hat die Funktion, die Gruppe zusammenzuführen und deutlich den Anfang der Gruppensitzung zu markieren.

Jeder Akteur schreibt dann auf eine Karte ein Problem, das er mit oder in der Gruppe hat. Es genügen wenige Stichworte, um das Problem zu verdeutlichen. Die Karten werden eingesammelt und gemischt. Jeder Akteur zieht nun aus dem gemischten Kartenhaufen eine Karte, die ein von einem anderen Mitglied der Gruppe beschriebenes Problem enthält.

Jedes Gruppenmitglied schildert nun dieses Problem der Gruppe mit »Ich-Botschaften«, so als ob es sein eigenes Problem wäre. Derjenige, der dieses Problem wirklich hat, gibt sich nicht zu erkennen, danach soll im Dialog auch nicht geforscht werden, das kann im Anschluß an die Übung geschehen.

Wenn nun ein Akteur »sein« Problem darstellt, sind die anderen gefordert, Fragen zu stellen und das Mitglied der Gruppe zu weiteren Ausführungen des Problems und der Interdependenzen mit der Gruppe oder einzelnen zu bewegen. Der Akteur muß sich also in das Problem des anonymen Gruppenmitgliedes einfühlen, d.h. sich in seine Perspektive hineinversetzen und seine Handlungsorientierung bezüglich des Problems mit der Gruppe rekonstruieren. Das Gruppenmitglied, welches tatsächlich dieses Problem mit der Gruppe hat, kann sehr genau prüfen, inwieweit der Akteur sich in seine Perspektive hineinversetzen kann, das Problem verstanden hat und wie die anderen Teilnehmer wiederum diese (rekonstruierte) Perspektive übernehmen können.

Bei dieser Übung lernen die Teilnehmer eindrucksvoll die Perspektivität und Verschiedenartigkeit der Handlungsorientierungen der anderen kennen und welche Barrieren in Form von offenbarten Konflikten zu bewältigen sind, damit ein gemeinschaftliches Handeln möglich wird.

Die Gruppe führt im Anschluß an die Übung eine Gruppenprozeßanalyse durch, damit das Erlebte des einzelnen für die Gruppe transparent wird. Sind echte Konflikte in der Gruppe offenbar geworden, verabredet die Gruppe ein Konfliktgespräch, das auch im Anschluß an diese Übung stattfinden kann. Die Vorgehensweise in einem Konfliktgespräch ist im nächsten Abschnitt beschrieben.

7.4.2 Die Jeder-gewinnt-Methode

Gordon, ein Schüler von Rogers, hat eine strukturierte Methode entwickelt, nach der Konflikte auf menschliche und für alle Beteiligte gewinnbringende Weise ausgetragen werden. Es wird eine kooperative Problemlösung angestrebt, die für alle Parteien annehmbar ist. Diese Methode kann nicht nur bei zwei Personen angewendet werden, sondern auch als ein Konfliktdialog in Gruppen.

Wem macht es schon Spaß, bei einem Konflikt besiegt zu werden und zu den Verlierern zu gehören? Diese Situation ist in Abb. 47 dargestellt. Hier haben die Akteure in der Regel eine fest umrissene Lösung vor Augen. Sie sehen ihre Aufgabe darin, sich mittels ihrer Macht die Willfährigkeit der anderen Partei zu erkämpfen. Leicht können solche Machtkämpfe zu wahren Teufelskreisen werden, wo die Ausübung von Macht und Widerstand für die Akteure wichtiger ist als die Ausarbeitung möglicher Lösungen. Und Verlierer sind bekanntlich nicht so produktiv wie Gewinner.

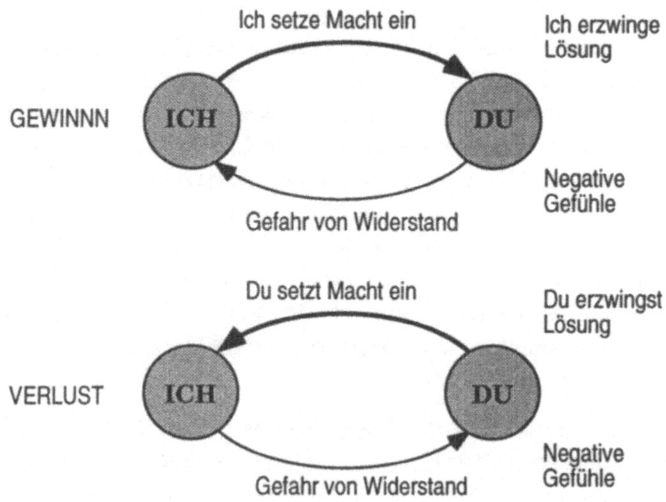

Abb. 47: Gewinner und Verlierer bei einem Konflikt.

Bei der Jeder-gewinnt-Methode wird der Konflikt durch ein dialogisches Verfahren gelöst. Die Parteien verhalten sich vornehmlich problemorientiert. Zur Lösung des Konfliktes ist nicht Macht, sondern schöpferisches Denken erforderlich, denn der Konflikt wird als ein Problem gesehen, welches die Akteure zu lösen haben. Es ist eine offene Konfliktlösung, denn keine der Parteien weiß mit Sicherheit, was sich als endgültige Lösung herausstellen wird. Gordon unterscheidet sechs Schritte, durch die die Akteure zu gegenseitigem Gewinn kommen:

1. *Das Problem wird erkannt und definiert.* Dies ist ein sehr entscheidender Schritt des Problemlösungsprozesses. Der Konflikt muß von den Akteuren erkannt und seine Ursache geortet werden. Das Problem soll durch Ich-Botschaften aus der Perspektive der Akteure formuliert werden und weder Vorwurf noch Wertung zum Ausdruck bringen. Wenn der Akteur A seinen Standpunkt erläutert hat, soll er versuchen zu verbalisieren, wie B diesen aus seiner Perspektive sieht. Danach

muß der Akteur A aktiv zuhören, wenn B so fortfährt, wie A begonnen hat. Falls das Konfliktgespräch in der Gruppe stattfindet, kann die Gruppe die Regeln des »kontrollierten Dialoges« einführen. Alle Parteien müssen sich ihrer Gefühle bewußt werden und diese auch aussprechen und sich Luft machen, sonst sieht eine Partei möglicherweise keine Notwendigkeit, in den dialogischen Problemlösungsprozeß überhaupt einzutreten. Abschließend müssen sich die Parteien klar werden, ob dies auch das Problem ist, das alle lösen wollen. Erst dann kann zum zweiten Schritt übergegangen werden.

2. *Lösungen werden erarbeitet.* Hier handelt es sich um den kreativen Teil der Lösung. Die Akteure müssen nach neuen Alternativen suchen. Die Akteure sollen ihren Lösungen gegenseitig Raum lassen und diese unter keinen Umständen bewerten. Es sollen gemeinsam Lösungen gesammelt werden. Liegt dann eine Anzahl von vernünftigen und praktikablen Lösungsvorschlägen vor oder ist eine Lösung den anderen Vorschlägen überlegen, können die Akteure zur Bewertung übergehen.
3. *Die alternativen Lösungen werden bewertet.* Die Akteure durchleuchten die gesammelten Lösungen kritisch, ergeben sich dabei neue Lösungen, werden diese in die Sammlung mit aufgenommen. Auch in dieser Phase ist das aktive Zuhören bei der Bewertung der Lösungen wichtig.
4. *Eine gemeinsame Entscheidung wird getroffen.* Alle Parteien müssen die Entscheidung tragen, daher sind Überredung und Nötigung bei der Entscheidungsfindung fehl am Platze, sie lassen den Konflikt nur wieder neu entstehen.
5. *Die Entscheidung wird ausgeführt.* Zwischen den Beteiligten wird festgelegt, wer welche Teile der Lösung als Aufgabe bis wann operativ auszuführen hat. Die Beteiligten sollen bei diesem Schritt nicht etwaige Sanktionsmaßnahmen gegen die anderen im Hinterkopf haben, falls diese sich nicht an ihre Teile der Abmachung halten sollten. Ist dieses trotzdem der Fall, sollen die Akteure sich mit Ich-Botschaften konfrontieren.
6. *Anschließende Bewertung der Lösung.* Nicht alle Lösungen stellen sich nach einiger Zeit als ideal heraus. Deshalb sollten die Parteien nach einiger Zeit noch einmal in den Dialog treten und eine gemeinsame Bewertung vornehmen (vgl. Abb. 48). Falls nötig, kann dann die Lösung revidiert werden, indem der Problemlösungsprozeß erneut mit Schritt 1 begonnen wird.

Ein Konflikt der nach der Jeder-gewinnt-Methode ausgetragen wird, taucht so schnell nicht wieder auf, denn die Parteien verpflichten sich gegenseitig zur Ausführung und die Entscheidungen werden von allen getragen.

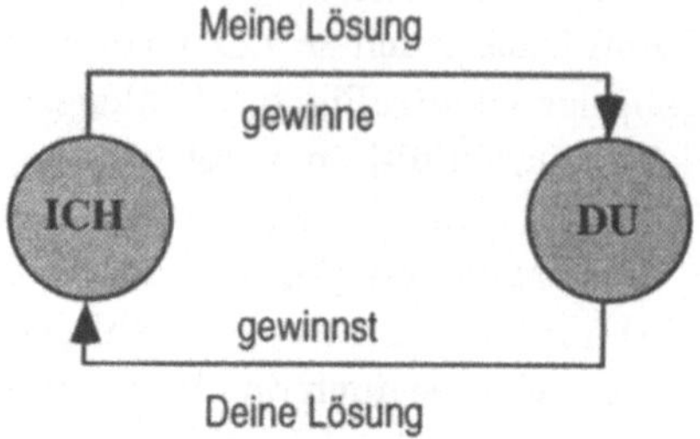

Abb. 48: Jeder gewinnt

Führen wir uns noch einmal die Lösung der Gestaltungskonflikte der Studentengruppen aus Kapitel 6 vor Augen: Offensichtlich haben viele der Gruppen, die einen symmetrischen Entwurfsdialog geführt haben, unbewußt die Jeder-gewinnt-Methode angewendet (vgl. 6.4).

Nach meiner Erfahrung sind die deutlichsten, dauerhaftesten und heftigsten Konflikte diejenigen mit Karrieristen, da diese ihre Karriereziele mit den gemeinsamen Zielen der Gruppe nur solange verheiraten, wie es ihnen für ihre Karrierewünsche nützlich ist. Häufig ist ihre Handlungsorientierung mehr auf die Umgebung der Gruppe (oder den Projektleiter) zum Zwecke des Wohlgefallens und der Anerkennung der eigenen Person ausgerichtet als auf die Erledigung von Aufgaben wofür normalerweise kein Lob zu erhalten ist; Symbiosen mit nützlichen Personen (ich stärke deine Position und du belohnst mich mit Weiterkommen) sind keine Seltenheit. Diese Konflikte sind schwer zu lösen, wenn die Umgebung der Gruppe miteinbezogen ist, oder der Projektleiter Konflikte mit derartigen Projektmitgliedern bewußt oder unbewußt tabuisiert. Der Projektleiter bemerkt möglicherweise gar nicht, daß er um den Preis der Schmeicheleien eines einzelnen Projektmitgliedes das Vertrauen der anderen auf Dauer verspielt hat. Auf diese Weise entsteht dann meist ein »Dauerbrenner« von einem Konflikt zwischen dem Projektleiter und den anderen Projektmitgliedern, der sich ständig unterschwellig auswirkt. Für solche Probleme braucht die Gruppe die professionelle Hilfe eines außenstehenden Supervisors, wenn sie nicht irgendwann vor dem Problem, den Projektleiter zu stürzen, stehen will.

7.4.3 Supervision

Der Begriff »Supervision« ist dem Englischen entnommen und kann nur schwer eingedeutscht werden. Damit ist die Aufarbeitung beruflicher und natürlich auch persönlicher Probleme unter der Anleitung eines in Gesprächspsychotherapie praktisch erfahrenen Supervisors gemeint.

Der Supervisor versucht zuerst immer einen Zugang *zu allen Beteiligten zu finden,* d.h. er konzentriert sich zunächst auf die vorhandenen Strukturen in der Gruppe; denn es ist aus der Familientherapie bekannt, daß eine erfolgreiche Neustrukturierung nur zustande kommt, wenn die Strukturen, die eigentlich verändert werden sollen, zunächst einmal gestützt werden.

Die meisten Supervisoren fühlen sich der partnerzentrierten Dialogführung verpflichtet, d.h. einem Supervisor ist es per definitionem auferlegt, sein eigenes Erleben und Handeln, sowie seine Vorstellungen von Problemlösung und idealen Strategien in einer Supervision hintanzustellen. Falls kein Supervisor zur Verfügung steht, kann der Beauftragte für Gruppendynamik als Moderator einer Selbsterfahrungsgruppe eine *kollegiale Supervision* durchführen.

Die Mitglieder der Projektgruppe sollen mit dem Supervisor eigene Probleme aufarbeiten. Münch beschreibt den Lernprozeß, den die Teilnehmer bei einer Supervision folgendermaßen erleben:

»1. Er besteht aus dem Wiederaufführen von beruflichen Interaktionsereignissen, die der Supervisionssitzung möglichst kurz zurückliegend vorausgegangen sind. Sie sollen die Eigenschaft der räumlich-zeitlichen Begrenzung und der konkreten Erlebbarkeit besitzen. - Diese Wiederaufführung wird durch den Bericht des Gruppenmitgliedes, das in den zu berichtenden Interaktionsfall einbezogen war, eingeleitet.

2. Alle Gruppenmitglieder unternehmen daran anschließend den gemeinsamen Versuch, das Dargestellte aufgrund ihrer gemeinsamen Sprache und beruflichen Kompetenz zu verstehen.
3. Bei diesem gemeinsamen Versuch wird das Unverstandene hinterfragt, das Verstandene in neuen Formulierungen benannt.
4. Der Supervisand erlebt die Untersuchung als Betroffener. Folglich ist er an ihr nicht nur intellektuell, sondern auch emotional beteiligt. Er hört neue Sichtweisen, erfährt ihm bislang unbekannte Sinnzusammenhänge und leitet daraus möglicherweise neue Handlungsperspektiven ab.« (Münch (1979); S. 156)

Im Mittelpunkt von Supervisionssitzungen stehen also immer konstruktive Fallbesprechungen, die auch zu einer offenen Konfliktbearbeitung führen können. Der Supervisor versucht dann zu erreichen, daß die Konfliktparteien ihren Konflikt beschreiben und aus anderen Perspektiven kennenlernen und sich aufeinander zubewegen. Doch damit ist nicht alleine der Verlauf einer Supervision beschrieben. Der Ablauf der Supervision bleibt offen für dynamische Prozesse, die sich aus den Interaktionen der Teilnehmer ergeben. Zwischen der Themenzentrierung (dem Fall) und der Prozeßorientierung (Was geschieht mit den interpersonalen Beziehungen der Teilnehmer bei der Fallbesprechung?) muß ein Mittelweg gefunden werden, der allen Erwartungen und Interessen gerecht wird. Auf diese Weise können dann die Teilnehmer erweiterte Interaktionskompetenzen erwerben.

Den Einstieg in die Supervision kann die Projektgruppe in der Anfangsphase der Gruppenbildung finden, wenn diese von einem Supervisor moderiert wird. Regelmäßige Treffen zur Supervision sind jedoch notwendig, weil sonst bei zu großem zeitlichem Abstand Inhalte vergessen werden, das Engagement zu wenig unterstützt wird und die so wichtige wechselseitige Beziehungsklärung der Teilnehmer immer mehr in den Hintergrund rückt. Von einem größeren Abstand als vier Wochen ist daher abzuraten.

Der unschätzbare Vorteil von Supervision liegt für den einzelnen darin, daß er Handlungsalternativen kennenlernt, sein eigenes Verhalten korrigieren kann und die Erfahrung macht, daß er mit der Bewältigung von Konflikten, die sich bei der Software-Entwicklung ergeben, nicht alleine steht,.

7.5 Eine zusammenfassende Bemerkung

Kooperative Argumentationsprozesse lassen sich nicht durch Methoden, Werkzeuge oder Vorschriften erzwingen, formalisieren oder kontrollieren, aber durch unser Handeln im Kontext sozialer Verständigung erreichen. Die konventionellen Methoden und Werkzeuge zur Software-Entwicklung haben ihren Wert, sollten aber an die kommunikativen Verhältnisse des dialogischen Gestaltens angepaßt werden. Nicht die Anwendung von Methoden bestimmt die Qualität von Software, sondern die Beteiligten lassen die Qualität als Ergebnis des kollektiv Geltenden im Argumentationsprozeß entstehen. Fundamentale Voraussetzungen für den kooperativen Dialog sind die Interaktionskompetenz der Beteiligten, ihr gegenseitiges Vertrauen und eine organisatorische Eingebundenheit, die ihnen als Projektgruppe eine möglichst große Autonomie verleiht, wie es in der sich selbst organisierenden interaktiven Projektgruppe der Fall ist. Partnerzentrierte Dialogführung, die Techniken des aktiven Zuhörens, das Aussenden von Ich-Botschaften und eine darauf basierende Konfliktbewältigung ohne Niederlagen sollten in jeder Projektgruppe die Grundlage des täglichen Umgehens miteinander sein.

> **Bewußt gemachte Erfahrungen mit regelmäßigen gruppendynamischen Übungen mit und ohne Supervisor können den Projektmitgliedern die Chance bieten, die Perspektive und Handlungsorientierung der anderen und die eigene Handlungsorientierung vermittelt durch die anderen in neuen Verhaltensweisen zu erfahren. Im Sinne des sozialen Lernens kann die soziale Handlungsorientierung verbessert werden und der einzelne kann sein eigenes Verhalten kognitiv verarbeiten und möglicherweise verändern.**

So kann Software-Entwicklung als Prozeß der Konfliktverarbeitung für die Projektgruppe und den einzelnen nicht unterschwellig und intrigant, sondern bewußt und mit menschlicher Würde verlaufen.

7.6 Weiterführende Literatur

Gudjons, H.: *Spielbuch Interaktionserziehung.* Dieses einmalige Buch bietet 185 Spiele und Übungen zur Förderung des Gruppengeschehens, zur Erhöhung der Verständigung, zur Verbesserung der Interaktion und zur günstigen Beeinflussung des Gruppenklimas. Klinkhardt, 1992.

Koch, G.: *Die erfolgreiche Moderation von Lern- und Arbeitsgruppen. Praktische Tips für jeden, der mit Teams mehr erreichen will.* In diesem leicht zu lesenden Buch findet der Leser ein Fülle von Anregungen und Empfehlungen für einen Moderator mitsamt der erforderlichen technischen Hilfsmittel wie Flip-charts, Pinnwand etc. Verlag moderne Industrie, 1989.

Fisher, R.; Brown, S.: *Gute Beziehungen. Die Kunst der Konfliktvermeidung, Konfliktlösung und Kooperation.* Roger Fisher und Scott Brown haben alle möglichen Beziehungsprobleme untersucht. Die Techniken und Strategien, die sie daraus entwickeln, lassen sich in jeder Situation anwenden. Das Buch ist sehr leicht lesbar und kommt mit einer Fülle von praktischen Ratschlägen daher. Campus, 1989.

Was über den Verstand geht,
geht durch den Computer.
Helmut Lamprecht

8 Die Hoffnung: Kooperative Projektarbeit und Computerunterstützung

8.1 Elektronische Postsysteme

8.2 Koordinationsunterstützungssysteme

8.3 Autorenunterstützungssysteme

8.4 Sitzungsunterstützungssysteme

8.5 Abschließende Bemerkungen

In diesem Kapitel wird untersucht, ob die interaktive und sich selbst organisierende Projektgruppe von den Werkzeugen eines neuen Anwendungsgebietes der Informatik technisch unterstützt werden kann, das unter den Schlagworten *computergestützte kooperative Arbeit* (»computer-supported cooperative work« CSCW) und »Groupware« bekannt geworden ist. Dieses interdisziplinäre Fachgebiet hat besonders in Amerika zwischen Software-Ergonomie, Büroautomation, Telekommunikation, Künstlicher Intelligenz und Sozialwissenschaft Furore gemacht und hat nun auch Europa erreicht. Jonathan Grudin geht sogar soweit, die Beschäftigung mit CSCW als »Reifezeichen« der Informatik anzusehen. Seit das Kurzwort 1984 von Paul Cashman und Irene Greif geprägt wurde, haben eine Reihe von Konferenzen in den USA, Europa und auch in Deutschland stattgefunden. Entsprechende Werkzeuge sind auch in Deutschland erhältlich. Oberquelle, der sich der Schwierigkeit der Definition der Ergebnisse dieses sich rasant entwickelnden Fachgebietes wohl bewußt ist, definiert die obigen Begriffe wie folgt:

»*Groupware* ist Mehrbenutzer-Software, die zur Unterstützung von kooperativer Arbeit entworfen und genutzt wird und die es erlaubt, Information und (sonstige) Materialien auf elektronischem Wege zwischen den Mitgliedern einer Gruppe koordiniert auszutauschen oder gemeinsame Materialien in gemeinsamen Speichern koordiniert zu bearbeiten. (...) *Computergestützte kooperative Arbeit (CSCW)* ist kooperative Arbeit, für deren Erledigung Groupware zur Verfügung steht.« (Oberquelle (1991a); S. 5).

Folgende Arten von Systemen zielen direkt auf die Unterstützung von Projektgruppen bei der Software-Erstellung ab oder können dazu benutzt werden:

- *Elektronische Postsysteme* sind mittlerweile weit verbreitet und dienen dazu, alle möglichen Arten von Informationen zu versenden und zu verwalten;
- *Koordinationsunterstützungssysteme* sollen das Projektmanagement vorantreiben;
- *Autorenunterstützungssysteme* sollen für die Prozeß- und Produktdokumentation benutzt werden;
- *Sitzungsunterstützungssysteme* strukturieren alle Abläufe, wenn die Entwickler in einem Raum tätig sind.

Videokonferenzsysteme betrachte ich nicht. In Abschnitt 8.5 gebe ich eine kritische Einschätzung dieser Systeme in Hinblick auf die Belange der interaktiven und sich selbst organisierenden Projektgruppe.

Die Werkzeuge, die in den letzten Jahren unter dem Schlagwort »Computer **A**ided **S**oftware **E**ngineering, (CASE)« vermehrt auf den Markt gekommen sind, werden in diesem Kapitel bewußt ausgelassen, weil sie kooperative Arbeit mit gemeinsamen Material *überhaupt nicht* oder nur völlig unzureichend unterstützen.

8.1 Elektronische Postsysteme

Nachrichtensysteme wie elektronische Post (»E-mail«), sogenannten »bulletin boards« und *Konferenzsysteme* erlauben es den Benutzern oder Benutzergruppen, textuelle Nachrichten wie Briefe elektronisch an einzelne oder an Gruppen zu verschicken und mehr oder minder geordnet abzulegen. Simple Strukturierungshilfen wie »Adresse«, »Absender«, »Betreff«, »Dringlichkeit«, »Kopien an« und »Antwort auf« erleichtern den Benutzern den Umgang mit der elektronischen Post. Die eingegangenen Nachrichten werden normalerweise in Postkästen gespeichert oder in zentralen Datenbanken von Konferenzsystemen.

Die großen Vorteile der elektronischen Post bestehen darin, auch mit räumlich weit entfernten Teilnehmern schnell korrespondieren zu können und der Möglichkeit viele Adressaten mittels großer Verteilerlisten unkompliziert zu erreichen, so daß nicht unnötig viel telefoniert werden muß. Aus diesen Gründen ist die elektronische Post mittlerweile weit verbreitet und trotz einiger Mängel als Medium akzeptiert.Ein Mangel ist beispielsweise, wenn man eine Nachricht als einer von vielen aus einer Verteilerliste erhalten hat, dies nicht bemerkt und mit der Funktion »Rückantwort« — was sich schließlich anbietet —, den Brief dann nicht an einen einzelnen, wie beabsichtigt, sondern an den ganzen Adressatenkreis der Verteilerliste schickt. Ebenfalls unangenehm ist die zwanghafte Beantwortung von Briefen, dadurch daß andere häufig ihre Briefe mit »Antwort erforderlich« markieren und man auch bei nichtigen Anlässen nicht darum herumkommt, dies zu tun.

Der Vorteil der großen Adressatenkreise über das Mittel der Verteilerlisten führte dazu, daß die Idee der asynchronen *Computer-Konferenzen* geboren wurde. Computer-Konferenzen sind mehr oder minder selbstorganisierte und thematisch ausgerichtete Benutzergruppen, deren Mitglieder Beiträge zu einem bestimmten Thema einsenden oder lesen. Diese sind dann später entweder automatisch für alle verfügbar oder werden von dem Konferenzinitiator — der die Rolle des Moderators einnimmt — redigiert und dann zur Verfügung gestellt.

Im Internet heißen diese gewissermaßen öffentlichen Diskussionsforen »Newsgroups«. Insgesamt gibt es weit über 2500 Newsgroups mit einem Themenspektrum, das von Software-Entwicklung über Wissenschaft, Hobby, politische Diskussion bis hin zum bloßen Jux reicht. In sechs bis zehn Stunden sind die Nachrichten um die Erde verteilt und tausende von Malen kopiert worden. Selbst bei exotischen Fragestellungen ist es sehr wahrscheinlich, innerhalb weniger Tage jemanden zu finden, der ein ähnliches Problem — etwa aus der Programmierung — schon einmal hatte und dann weiterhilft.

Diese Datenflut der Newsgroups zeigt aber auch das größte Problem der elektronischen Post auf: Bei der Leichtigkeit, mit der Nachrichten versendet werden können, steigt natürlich die Komplexität des Problems der Bewältigung der eingegangenen Briefe, und jeder muß Strategien entwickeln, wie er seine eingegangene Post sortiert und sichtet und dadurch die Spreu vom Weizen trennt.

Dieser Umstand führte zur Neuentwicklung derartiger Systeme; **Information Lens** bzw. sein Nachfolger **Object Lens** sind ein Beispiel dafür. Die Benutzer von Information Lens beschreiben mit Hilfe einfacher Regeln wie ihre eingehende Post gefiltert, abgelegt, weitergesendet und geordnet wird. Deshalb müssen die Briefe, die in diesem System kursieren, aus einem sogenannten strukturierten und einem unstrukturierten Teil bestehen. Der strukturierte Teil enthält Felder für Informationen über den Sender, den Typ der Nachricht, ihre Überschrift usw., während der unstrukturierte Teil die eigentlich Nachricht beinhaltet. Der Benutzer kann sich in einem Editor Vorschlagswerte für diese Felder anzeigen lassen (»alternatives«), diese übernehmen oder verändern, oder die schon eingetragenen Standardwerte akzeptieren.

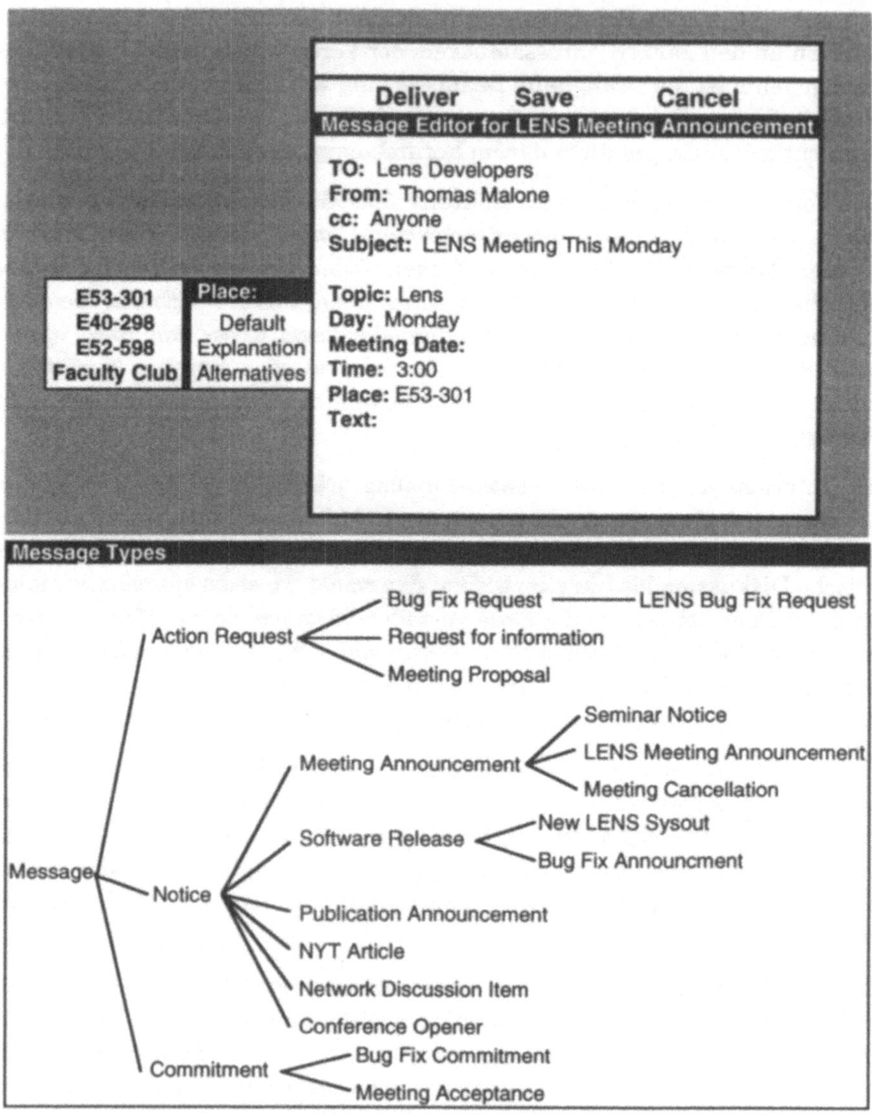

Abb. 49: Halbstrukturierte Nachricht (oben) und Nachrichtentypen (unten)

Zahlreiche Nachrichtentypen sind als vordefinierte Schablonen vorgegeben; darüber hinaus kann sich eine Benutzergruppe von Information Lens mit einem Editor Nachrichtentypen selber definieren. Abb. 49 zeigt eine Auswahl hierarchisch gegliederter Nachrichtentypen, die sich im Einsatzkontext von Information Lens bewährt haben.

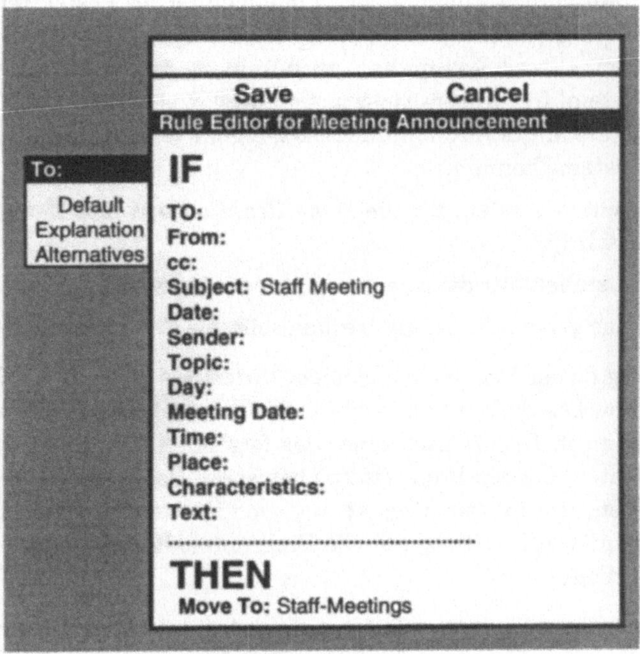

Abb. 50: Bearbeitungsregel in Information Lens

Die Formulierung von Regeln geschieht ebenfalls mit einem Editor. Die Regeln helfen dabei, die Post zu sortieren und beziehen sich immer auf Nachrichten eines bestimmten Typs und dessen untergeordnete Typen. Das setzt aber voraus, daß sich die Mitglieder von Benutzergruppen auf gemeinsam zu nutzende Nachrichtentypen einigen, ansonsten sind die Regeln sinnlos.

Briefe können auch an »anyone« geschickt werden, das ist praktisch eine thematisch nicht benannte Konferenz bzw. ein »Informationsbecken« der Benutzergruppe. Mit Hilfe der Regeln kann jeder individuell die ihn interessierenden Nachrichten auswählen, die an »anyone« gesendet wurden.

Mackay et al. berichten, daß Information Lens extensiv benutzt wird und daß sogar Benutzer mit wenig Rechnererfahrung die Regeln formulieren, gebrauchen und sie sehr schätzen. An anderer Stelle erwähnt Mackay, die Lens-Benutzer wenden auch manuell zu handhabende Regeln an, d.h. sie umgehen explizit die im System dafür vorgesehenen Filterfunktionen. Für Bannon ist dies ein Indiz dafür, daß es in Situationen des Zeitdrucks eben schwierig für die Benutzer ist, anzugeben, welche Regeln gelten sollen. Andererseits deutet dies aber auch darauf hin, daß die Benutzer die Auswahl der eingehenden Post nicht gänzlich an den Computer delegieren wollen.

Ein anderes System, das ich hier erwähnen möchte, beläßt die Kontrolle völlig bei den Benutzern. Es handelt sich um ein einfaches Postsystem für Software-Entwicklungsprojekte, von deren Gebrauchswert Dzida, Spittel und Sylla berichten. Dieses System basiert auf einem ganz normalen elektronischen Postsystem, für dessen Einsatz sind drei Typen von Nachrichten vorgesehen sind, die mit drei Kommunikationsregeln verknüpft werden. Die Benutzer des Systems können:

- Nachrichten senden, für die *keine Reaktion* von den Empfängern erwartet wird;
- Fragen stellen, für die *eine Antwort* erwartet wird;
- Hinweise geben, *die befolgt* werden sollten.

Die Befolgung dieser Regeln erfolgt nicht durch das System, sondern durch seine Benutzer. Die Sender von Nachrichten der drei oben erwähnten Typen können diese nach Bedarf noch einer der folgenden drei Kategorien zuordnen: Nachrichten, die den *Projektstatus* betreffen; Nachrichten, die die *Werkzeuge* betreffen, die in dem Projekt angewendet werden; Nachrichten, die sich auf bestimmte *Arbeitsobjekte* wie Programmodule beziehen, mit denen der Sender arbeitet.

Die Benutzer dieses Systems schätzten diese Art der Unterstützung, weil jeder besser über den Projektverlauf, den Projektstatus und die Historie des Projektes Bescheid wußte. Allerdings möchten Dzida, Spittel und Sylla ihre Erfahrungen nicht verallgemeinern, weil das Projekt in einer Umgebung ohne Konkurrenzdruck durchgeführt wurde und deshalb relativ große Autonomie besaß.

Das Beispiel verdeutlicht, wie wichtig es ist, daß das Projektteam die Art und den Umfang derartiger Systemunterstützung selbst reguliert, weil elektronische Post die Kommunikation unter Projektmitgliedern auf ein rigides und mechanistisches Niveau heben kann, welches nicht gewünscht wird.

Das in der Industrie derzeit erfolgreichste (Groupware-)System, das sich elektronischer Post bedient, ist zweifellos **Lotus Notes**. Notes besteht im wesentlichen aus einer offenen verteilten Dokumentendatenbank und leistungsstarker elektronischer Post. Dokumente können aus Text, Graphik und beliebigen anderen Objekten (z.B. anderen Dateien) bestehen. Die Besonderheit von Notes ist die dokumentenorientierte Unterstützung des unternehmensinternen »*workflow*«. Ein Benutzer kann z.B. ein Formular (hinter der sich ganze Datenbanken verstecken können) mit einem Geheimcode versehen und per Doppelklick an den nächsten Bearbeiter (weltweit) weiterreichen. Die »workflow-Steuerung« kann einzelne Formularfelder auswerten und die Daten durch das ganze Unternehmen — von Sachbearbeiter zu Sachbearbeiter — lenken. Wie bei Lens können Informationen gezielt gefiltert werden. Ein typisches Anwendungsbeispiel für Notes ist die Unterstützung der Hotline eines Software-Herstellers: In Notes sind alle bisher bekannten Problemmeldungen und technische Dokumentation gespeichert, die dann bei einem Anruf mit dem Voll-Text-Index nach dem Fehler durchsucht werden. Kann der Fehler nicht gefunden werden, wird die neu eingegebene Problemmeldung an den zuständigen Programmierer weitergereicht.

Ein besonderes Einsatzgebiet von elektronischer Post ist die Koordination von Teams, wie der nächste Abschnitt zeigt.

8.2 Koordinationsunterstützungssysteme

Zentrale Aspekte von Koordinationssystemen wie **Coordinator, CHAOS** oder **ConversationBuilder** sind die Verteilung, Steuerung und Kontrolle von Arbeitsaufgaben unter den Projektmitgliedern wie Absprachen über die Verteilung von Arbeit, das Abgeben der Ergebnisse und die Vereinbarung von Terminen.

Das System beruht auf der Annahme, daß kommunikatives Handeln in Teams auf einem Geflecht von sich bedingenden Absprachen beruht. Winograd versteht das kommunikative Handeln in Organisationen generell als ein dynamisch sich entwickelndes Netzwerk von Konversationen, wobei er dabei auf die linguistische *Sprechakttheorie* von Austin und Searle zurückgreift, in der Sprechen und Handeln synonym sind. Aus dieser Sicht bringt Sprache Handlungen hervor und dient weniger der Übermittlung von Informationen und Gedanken. Typische Sprechakte sind ein Versprechen, die Zurücknahme eines Versprechens, eine Feststellung, eine Frage, eine Antwort, eine Bitte, eine Anweisung usw. Ein »übliches Beispiel« ist die Äußerung des Satzes »Ich werde den Fehler beseitigen«, bei dem der Sprecher sich selbst verpflichtet, den Fehler zu beseitigen und gleichzeitig den Hörer davon zu überzeugen versucht, daß der Fehler beseitigt wird. Die Sprechakttheorie kann und braucht hier nicht weiter im Detail dargestellt zu werden, um die folgenden Ausführungen zu verstehen.

Sprechakte lassen sich nach dieser Theorie begrenzt typisieren und besitzen jeweils Ein- und Ausgangsbedingungen für die Interaktion und können somit netzartig miteinander verknüpft werden. Dadurch bilden sie *Konversationen* bzw.»*Konversationsmuster*« und führen im Falle erfolgreicher Kommunikation zu einer Art Schlußstadium, in der die Eingangsbedingungen des eröffnenden Sprechaktes der Konversation zufriedenstellend erfüllt sind oder durch einen Akteur zurückgewiesen worden sind. Eine Konversation ist kein mentales Modell der Beteiligten, sondern eine generische Struktur von typisierten Sprechakten.

Diese Sicht der Sprechakte ist direkt auf das Medium elektronische Post abgebildet worden. Der neue, verbesserte **Coordinator II** sieht dazu sieben typisierte elektronische Konversationen vor, die nach dem sie jeweils einleitenden Sprechakt benannt sind: Bemerkung, Information, Frage, Angebot, Auftrag, Zusage, Spekulation.

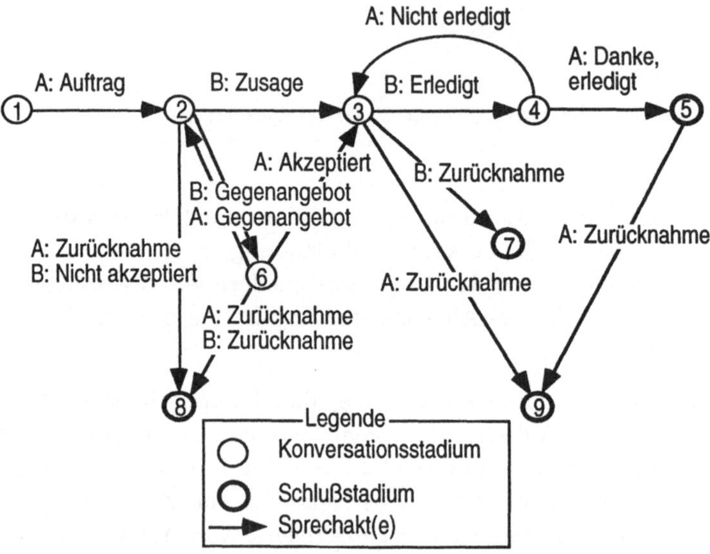

Abb. 51: Konversationsmuster im Konversationsstyp »Auftrag«

Ein Beispiel für eine Konversation die mit »Auftrag« beginnt, zeigt Abb. 51. Das Werkzeug ist menügesteuert. Zu jedem Zeitpunkt stellt der Coordinator sowohl dem Sender als auch dem Empfänger während einer elektronischen Konversation alle unbeantworteten und unerledigten Aufgaben zur Wahl und bietet die möglichen Antworten an. Dazu müssen in verschiedenen Menüs Nachrichtenfelder ausgefüllt werden.

Neben den üblichen Angaben klassischer Postsysteme (Adresse, Kopfzeile, Text) müssen der Sprechakttyp, der Bezug, die maximal akzeptierte Anwortzeit, die akzeptierte Ausführungszeit und die Nachfragezeit eingetragen werden. Der Coordinator protokolliert die Konversation, macht Einträge in den elektronischen Terminkalendern des Senders und des Empfängers und erinnert an unerfüllte Verpflichtungen. Auf diese Weise lassen sich mit Hilfe des Coordinators die Konversationen strukturieren n vor und er versucht sie zu effektivieren; durch die Auswahl des Sprechakttyps soll der Benutzer zur *Eindeutigkeit gezwungen* werden. Der Coordinator versucht aber nicht, den Gehalt der *ausgetauschten Nachrichten zu interpretieren*.

Es gibt erst einige empirische Studien über den Coordinator im industriellen Einsatz. Robinson führt an, daß der Haupteinwand gegen den Coordinator der ist, daß er *soziales Aushandeln* ausschließt. Bullen und Bennet stellten in ihren Befragungen fest, daß viele Benutzer gar nicht alle Nachrichtentypen verwendeten, sondern den Coordinator lediglich als »verbesserte« elektronische Post benutzten. Bannon zitiert eine Reihe von in ihren Befunden differierenden Studien und kommt zu der Schlußfolgerung, daß das System in hierarchischen Firmen gut funktioniert, aber in Unternehmen mit einer flachen Hierarchie und losen strukturellen Zusammenhängen nicht akzeptabel ist.

Der Grund hierfür mag darin liegen, daß in hierarchischen Organisationen Vorgesetzte von ihren Sekretärinnen die Projektgruppentreffen — als ein Beispiel — mit dem Coordinator organisieren lassen, während die anderen Beteiligten dies selber erledigen müssen und keinen Einfluß darauf haben, wie aufwendig das angewendete Verfahren ist. Wer es gewohnt ist, von seiner Sekretärin seine Termine verwalten zu lassen, wird die Umstellung auf den Coordinator wahrscheinlich nicht so bewußt wahrnehmen wie andere. So erleichtern mehrere Personen einer einzelnen die Arbeit. Damit wird ein Ungleichgewicht von Aufwand und Nutzen deutlich, der zu einer rollenspezifischen Bewertung des Coordinators führen muß. Dasselbe gilt für die sogenannten *elektronischen Terminkalender*, die industriell eingesetzt werden und traditionelle Terminplanungssysteme bisher nicht ersetzen konnten. Es ist nicht jedermanns Sache, daß Termine automatisch ohne direkte kommunikative Beteiligung vergeben werden und der Anlaß und die Beteiligten durch das System öffentlich werden oder für einzelne einsehbar sind.

Mein erster Eindruck war, daß durch den Coordinator der schon beschriebene Effekt der zwanghaften Beantwortung von elektronischer Post verstärkt wird, indem er versucht, die Koordination zwischen Projektmitgliedern zu automatisieren. Daran hat auch der verbesserte Coordinator II nichts wesentlich verändert. Der Trend zur Formalisierung und Strukturierung von Kommunikation ist unübersehbar. Aus diesem Grunde war der Coordinator von Anfang an in der Forschungsgemeinde umstritten.

Was Formalisierung und Strukturierung von Kommunikation betrifft, geht das System **CHAOS** (Commitments **H**andling **A**ctive **O**ffice **S**ystem) sogar noch weiter. Dieses System, das ebenfalls auf der Sprechakttheorie aufbaut, *versucht den Inhalt von Nachrichten und die Organisationsstruktur zu verstehen*, indem es Wissensbasen über deren Benutzer, ihre Rolle in der aktuellen Organisation und ihre Konversationen aufbaut (»office language«) und z.B. vor Mißverständnissen warnt. Es ist möglich, Konversationen nicht nur mit Namen, sondern mit Rollen zu eröffnen (Manager, Senior, Junior) und das Konversationsmuster folgt dann der aktuellen Organisationsstruktur des Einsatzkontextes.

Sowohl der Coordinator wie CHAOS sind auch wegen ihrer theoretischen Fundierung kritisiert worden, weil sie auf eine verkürzte Sicht der Sprechakttheorie aufsetzen.

8.3 Autorenunterstützungssysteme

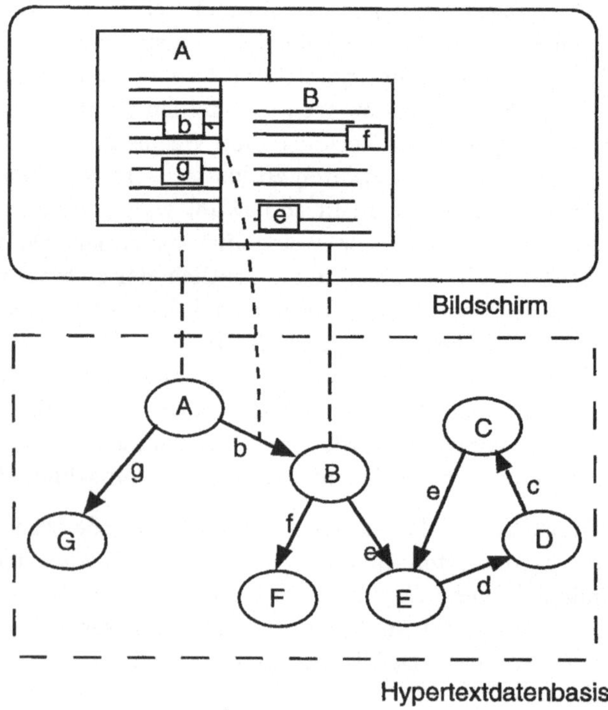

Abb. 52: Nicht-sequentielle Textverarbeitung

Für die kooperative Bearbeitung von gemeinsamem Material, das unterschiedliche Autoren asynchron (wie auch synchron) als Dokumente bei der Software-Entwicklung erstellen, ist derzeit die Hypertexttechnologie im Mittelpunkt der wissenschaftlichen Diskussion.

Das gemeinsame Material besteht hier aus Texten, Graphiken, gesprochener Sprache, Video-Sequenzen und ihrer netzwerkartigen Verknüpfung. Die Konzepte von Hypertext sind nicht neu. Der Begriff Hypertext geht auf Nelson zurück, der ihn schon 1965 prägte und mit dem er *nicht-sequentielles Schreiben* meint. Die Grundideen von Hypertext sind noch länger bekannt: Bereits 1945 schlug Bush das Hypertextsystem MEMEX vor, ein Analoggerät, das auf der Mikrofilmtechnolgie basiert und mit Photozellen arbeitet. Doch erst mit der Entwicklung von Arbeitsplatzrechnern mit hochauflösender Graphik sind die Ideen von Bush praktisch überall realisierbar.

Die Nichtlinearität von Hypertext wird erreicht, indem das Material in geeignete *Informationseinheiten* aufgespalten wird, — etwa in die Text—*Blätter* der hierarchischen Gliederung eines Dokumentes oder in Notizkarten, die jeweils mit Verweisen untereinander verbunden sind, wie Abb. 52 verdeutlicht.

Iin einem Text (A) kann z.B. ein Verweis ein besonders markiertes Wort (b) sein, das in einem Fenster auf dem Bildschirm angezeigt wird. Mittels Doppelklicken auf (b) klappt ein weiteres Fenster auf, das den Text (B) enthält, auf den (b) verweist.

Die Verweise in Hypertextsystemen können typisiert oder untypisiert, gerichtet und auch ungerichtet sein. Die Informationseinheiten von Hypertext teilt die Forschungsgemeinde in zwei Lager: Diejenigen, die die Metapher der Notizkarte aus der Bürowelt verwenden, werden im Jargon als »card sharks« bezeichnet, die anderen, die beliebig lange Textbausteine zuerst nach der hierarchischen Gliederung eines Textes in Kapitel und Abschnitte miteinander verknüpfen und danach »freie Verweise« einfügen, als »holy scrollers«. Beispiele für die erste Gattung von Hypertext sind etwa NoteCards von Xerox PARC und HyperCard von Apple. Die zweite Gattung der Systeme sind als Online-Dokumentation von großen Software-Systemen oder kontextsensitive Hilfe- bzw. Lernprogramme von PC-Software bekannt. Prinzipiell können alle bei der Software-Erstellung anfallenden Dokumente z.B. nach den definierten Systemfunktionen miteinander verknüpft werden.

Hypertext eignet sich wegen der Verweistechnik zur redundanzfreien Darstellung von Dokumenten, die auch linearisiert gedruckt werden können.

Die Verweise werden mit speziellen Editoren erzeugt. Das *Navigieren* in Hypertextsystemen ist deren Stärke und Schwäche zugleich: Der Benutzer kann nach dem Fischaugenprinzip (»fish-eye«) den unmittelbaren Kontext einer Informationseinheit erkunden und die enfernteren Einheiten nur vage sehen; oder er stöbert schnell (»browsing«) in Inhaltsverzeichnissen, graphischen Übersichten oder auch in Verzeichnissen der bereits erfolgten Navigationsschritte; er kann sich aber auch thematisch strukturierten und vom Autor vorgegebenen Pfaden (»guided tours«) anvertrauen und noch vieles mehr, auf das hier nicht näher eingegangen werden kann. Verliert sich der Benutzer in der Verweisstruktur, tritt ein sehr ernstes *Phänomen der Desorientierung* auf, was als »getting lost in hyperspace« bezeichnet wurde.

Hypertextsysteme sind nach der Auffassung von Trigg nicht nur geeignet, *Inhalte* darzustellen, sondern auch darauf bezogene *Anmerkungen*, *Beschreibungen* und *Metadiskussionen*. Dazu wurde **NoteCards** bei Xerox PARC benutzt. Es wird als »Idea Structuring System« bezeichnet, das *einzelnen* Benutzern dabei helfen soll, mit Ideen zu arbeiten. Daraus ergeben sich nach Trigg, Suchman und Halasz drei Arten von Aktivitäten:

- die eigentliche Arbeit der Beteiligten am gemeinsamen Text, am Entwurf bzw. der Vorlage;
- die Kommentierung der eigenen Arbeit oder die der anderen mit Anmerkungen und Fragen;
- Absprachen, die notwendig sind, um das weitere Vorgehen festzulegen und das Medium NoteCards zu benutzen.

In ihrem Projekt zur Untersuchung der Zusammenarbeit an gemeinsamem Material haben die Forscher das Hypertextsystem NoteCards als Projektnotizbuch eingesetzt; Abb. 53 zeigt einen Schnappschuß aus dem Projektnotizbuch von Trigg und Suchman.

NoteCards ist konzeptionell ein sehr ausgereiftes und innovatives Hypertextsystem, das die Kartenmetapher implementiert, von denen es ca. 50 verschiedene Typen gibt. Verweise werden in Abb. 53 als Text mit Umrahmung dargestellt, können aber auch graphisch repräsentiert werden. Jede Karte muß in einem Ordner (»FileBox«) enthalten sein, der eine hierarchisch verschachtelte Ansammlung thematisch zusammengehöriger Karten darstellt. Möglichkeiten für Vermerke gibt es in NoteCards viele, z.B. können von Autoren Kommentare zu Karteninhalten als Notizkarten hinzugefügt werden.

Weiterhin können Absprachen über die gemeinsame Arbeit mit elektronischer Post oder mit »message cards« getroffen werden. Trigg und Suchman haben auch damit experimentiert, ihre unterschiedlichen Beiträge durch verschiedene Schrifttypen voneinander abzusetzen. NoteCards ist nicht mehrbenutzerfähig, deswegen erfolgt die gemeinsame Bearbeitung von Material asynchron, d.h. es findet eine abwechselnde Arbeit an dem Dokument statt. Für jede Sitzung haben sie (R:andy Trigg und L:ucy Suchman) eine Geschichtskarte (»NoteFile use history«) angelegt, die protokolliert, welche Karten neu erzeugt oder modifiziert wurden. Auf diese Weise soll die Arbeit der jeweils anderen nachvollziehbar werden.

Da NoteCards geführte Unterweisungen (»guided tours«) mit reichhaltiger Funktionalität unterstützt, können für die Co-Autoren Online-Präsentationen angelegt werden, die sie bei der Navigation unterstützen. Der Autor baut die geführte Unterweisung als einen Graphen auf, der an bestimmten Haltepunkten einen Arbeitszustand von NoteCards zeigt. Die Haltepunkte werden vom Autor durch Überschriften (»tabletops«) gekennzeichnet. Geführte Anweisungen werden nicht abgespult, sondern der Benutzer navigiert in ihnen. Weitere Möglichkeiten für den Autor sind z.B. Tour-Übersichten, Leseanweisungen oder kurze Inhaltsangaben, was der nächste Haltepunkt bringen kann.

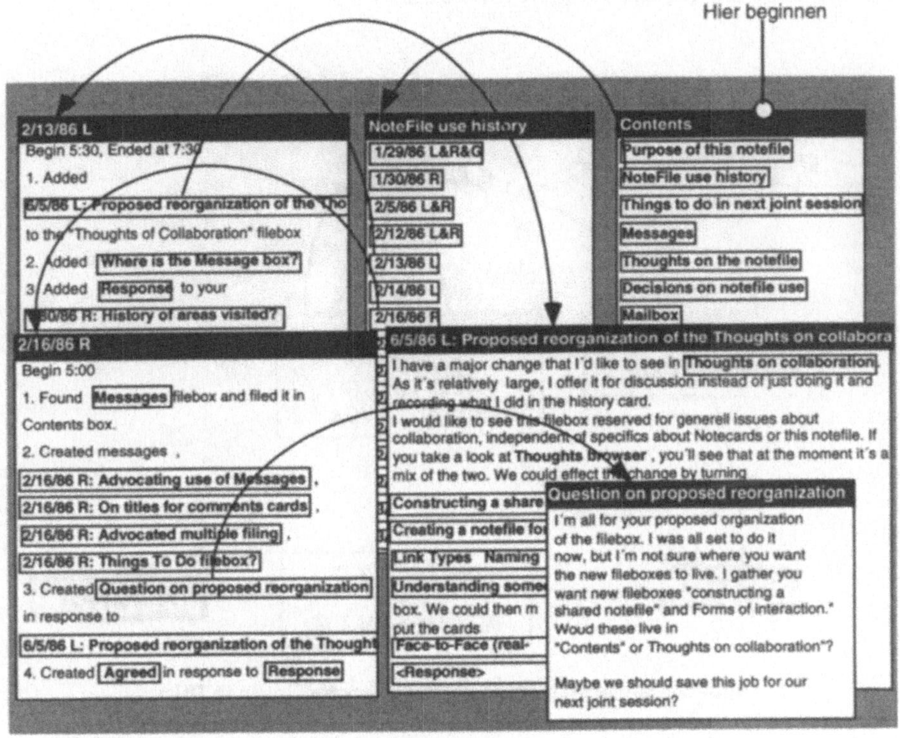

Abb. 53: Das Projektnotizbuch von Randy Trigg und Lucy Suchman in NoteCards

Während NoteCards völlig offen läßt, wie Ideen und Material gesammelt und mittels Kommentaren argumentiert wird, setzen andere Hypertextsysteme genau hier an. Das von Conklin und Begeman vorgeschlagene **graphical Issue-Based Information System (gIBIS)** dient der Speicherung, Strukturierung und der Darstellung argumentativer Dialoge. Dieses System beruht auf der von Rittel entwickelten IBIS-Methode, die von der Annahme ausgeht, daß komplexe Design-Probleme nur durch Argumentation gelöst werden können. Da dialogischer Software-Entwurf auf derselben

Annahme beruht, drängt sich hier die Frage auf, ob gIBIS als externes Entwurfsgedächtnis benutzt werden kann.

IBIS beschäftigt sich mit den entscheidenden Punkten des Diskurses, d.h. den offenen Streitfragen (»issues«) bzw. Gestaltungskonflikten nach meiner Terminologie (vgl. 6.4). Diesen können Positionen (»positions«) zugeordnet werden, die wiederum durch Argumente gestützt werden. Diese Zuordnungen im Netz erfolgen in gIBIS mit typisierten Verknüpfungen, wobei anzugeben ist, in welcher Beziehung ein neuer Eintrag zu den bisherigen steht. Abb. 54 zeigt die Verknüpfungen von IBIS.

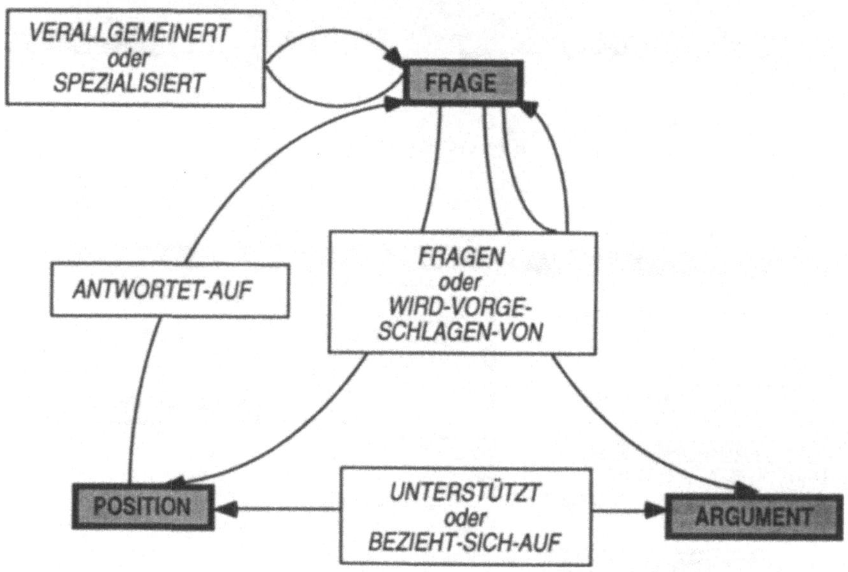

Abb. 54: Einige erlaubte rhetorische Verknüpfungen in IBIS

IBIS sieht neun Arten von Verknüpfungen vor:

- Eine Position reagiert auf eine Streitfrage;
- ein Argument stützt seine zugeordnete Position;
- ein Argument widerspricht seiner zugeordneten Position;
- Streitfragen verallgemeinern andere Streitfragen;
- Streitfragen spezialisieren andere Streitfragen;
- Streitfragen stellen andere Streitfragen in Frage ;
- Streitfragen werden von anderen Streitfragen vorgeschlagen ;
- Streitfragen, Positionen, Argumente ersetzen einander;
- Streitfragen, Positionen, Argumente ergänzen einander.

gIBIS enthält noch einige andere Verknüpfungen, die hier aber nicht weiter erwähnt werden. Knoten im Netz beschreibt der Benutzer über vorgegebene Schablonen mit freien und formatierten Textfeldern; Verknüpfungen werden mit Menüs hergestellt. Die graphische Repräsentation nutzt auch Farbe, um die Stärke und die personelle Identifikation von Positionen hervorzuheben. gIBIS wertet die Argumente aber nicht inhaltlich aus, der Benutzer behält also die alleinige Kontrolle über die argumentativen Zusammenhänge und die semantische Integrität des Netzes. gIBIS kann also als *Argumentations-Verwaltungssystem für Entwurfsdialoge* bezeichnet werden.

Rodden führt als Einschränkung des Systems auf, daß es nur die Perspektive des Entwurfdialoges von demjenigen unterstützt, der die Argumentation eingibt. Yakemovic und Conklin berichten von einer Projektgruppe, die nicht zur Entwicklergruppe von gIBIS gehörte und die IBIS als Verhandlungsmethode und gIBIS als Werkzeug erfolgreich angewendet haben. Das System konnte aber nur *nach* und *nicht während* der Entwurfssitzungen eingesetzt werden. Der Änderungsaufwand an der sich ergebenden Argumentationsstruktur während des Entwurfsprozesses wäre nicht machbar gewesen. Es bleiben Zweifel, ob *alle Argumente* des dialogischen Entwurfes schriftlich aufgeführt und verknüpft werden können (vgl. Kapitel 5). Allein für ein Beispiel der Größenordnung aus Kapitel 6 müßten Hunderte von Argumenten miteinander verknüpft werden. Der Ansatz scheint mir sehr reizvoll zu sein, die Zukunft wird entscheiden, ob er auch praktikabel ist.

Andere Systeme wie **CoAuthor**, **Quilt**, **Grove** und **Collaborative Annotator** sind dazu gedacht, das kooperative (und auch gleichzeitige) Edieren und Kommentieren von Papieren zu unterstützen. Ellis, Gibbs und Rein bezeichnen Systeme, wie sie in diesem Abschnitt dargestellt wurden — mehr technisch — als Gruppeneditoren (»multi-user editors«). Im nächsten Abschnitt geht es um Systeme, die direkt in den Sitzungen (in Anwesenheit aller Beteiligten) eingesetzt werden sollen.

8.4 Sitzungsunterstützungssysteme

Zahlreiche Versuche sind unternommen worden, Sitzungen, insbesondere Entscheidungs- und Entwurfssitzungen, computerisiert zu unterstützen. Derartige Systeme sind typischerweise in ein Sitzungszimmer »eingebaut«. Sie bestehen aus in Tischen versenkt eingelassenen vernetzten Workstations für jeden Teilnehmer und zusätzlich einem Großbildschirm, der Text und Graphik nach Art der Tafel visualisiert. In der Regel bedient ein Sitzungsleiter den Großbildschirm. Systeme vom **Colab** des NICK-Projekts aus dem

Forschungslabor Xerox PARC sind typische Vertreter für derartige Sitzungsunterstützungssysteme, die teilweise auch industriell eingesetzt werden.

Diese Systeme sollen helfen, Entscheidungs- und Entwurfssitzungen zu *strukturieren* und zu *versachlichen*, *alle Vorschläge* zu bearbeiten und *mehr Alternativen* einzubeziehen, indem die *Beziehungsebene* in der Kommunikation sozusagen *technisch ausgeblendet* wird. Dies geschieht dadurch, daß die Beiträge *anonym* eingebracht und bearbeitet werden. Sitzungsunterstützungssysteme geben rudimentäre Sitzungsverläufe und Spielregeln vor: Ideen sammeln, ordnen, bewerten und entscheiden. Sie dienen auch als *externes Gruppengedächtnis* über eine Sitzung hinweg. Eine ursprünglich verfolgte, aber nicht einzuhaltende wesentliche Eigenschaft dieser Systeme ist die *ständige gemeinsame Sicht* auf das individuell eingebrachte und bearbeitete *Material*. Dieses Konzept heißt WYSIWIS — **W**hat **Y**ou **S**ee **I**s **W**hat **I** **S**ee.

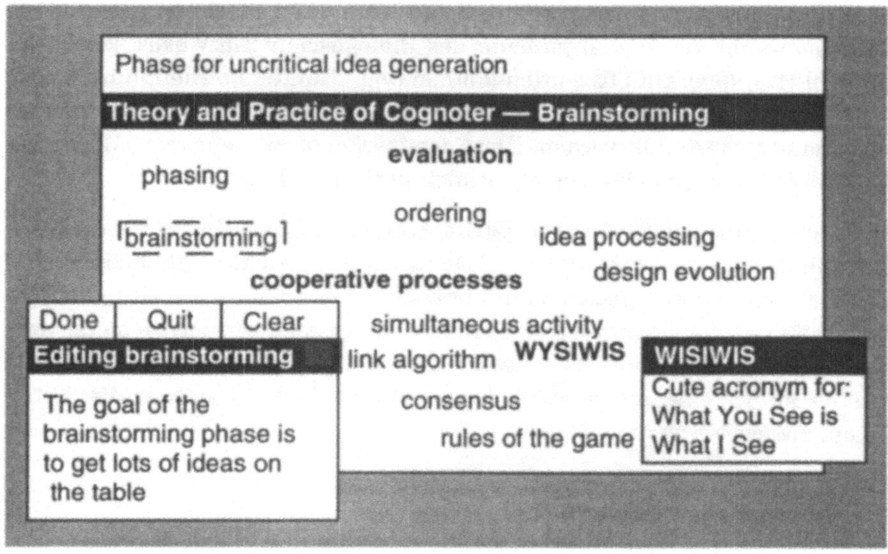

Abb. 55: Ideen sammeln (»brainstorming«) im Cognoter

Im Colab wurden drei Systeme erarbeitet und erprobt, von denen hier der **Cognoter** und der **Argnoter** behandelt werden sollen. Das dritte System, der **Boardnoter**, simuliert lediglich eine Tafel auf den Bildschirmen. Alle Systeme setzen auf Hypertext auf und arbeiten nach dem WYSIWIS-Prinzip, das aber so eingeschränkt wurde, daß den Sitzungsteilnehmern eine gewisse Privatsphäre beim Editieren von Objekten gegönnt wird.

Als Teilnehmer sieht man die öffentlichen Fenster, aber nicht die offenen privaten Fenster der anderen. Die öffentlichen Fenster können privat beliebig in ihrer Größe und Plazierung manipuliert werden, zusätzlich kann jeder auf seinem Schirm ausschließlich private Fenster öffnen. Werden öffentliche Objekte privat verändert, dann sind diese für die anderen als »gesperrt« visualisiert und können in dieser Zeit von anderen Teilnehmern nicht erreich werden. Anschließend sind die privat manipulierten öffentlichen Objekte durch Veröffentlichen wieder für alle sicht- und erreichbar. Hat sich die Position eines öffentlichen Objektes privat geändert, erscheint es dann an dem neuen Platz. In der Abb. 55 wird gerade das »brainstorming-Objekt« editiert.

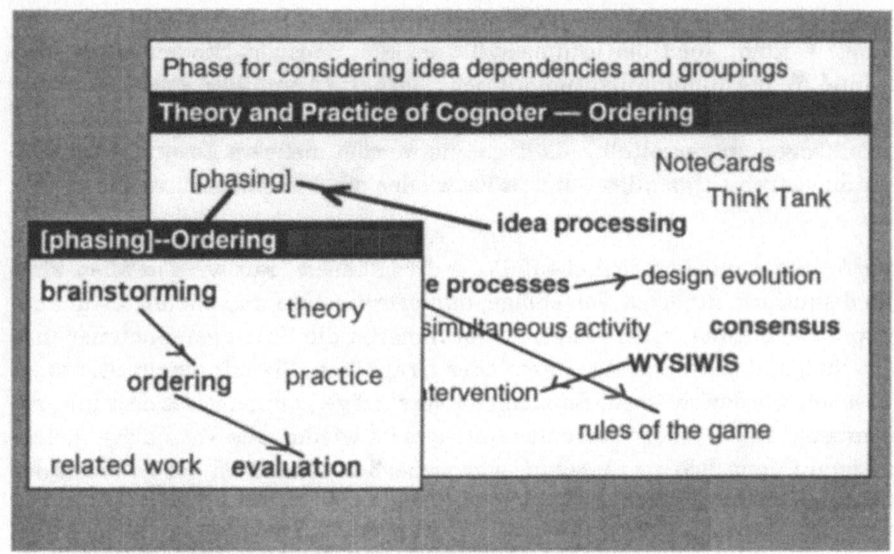

Abb. 56: Sortierphase in Cognoter

Der Cognoter ist für die gemeinsame Ausarbeitung von Vorträgen oder Papieren gedacht. Der unterstützte Sitzungsverlauf gliedert sich in drei aufeinander folgende Phasen. Zunächst werden Ideen (»brainstorming«) gesammelt, die alle Beteiligten eintippen und gegenseitig ergänzen. Dabei kann gemäß den üblichen Regeln des »brainstorming« in Cognoter kein Teilnehmer die Beiträge eines anderen zurückweisen. Wie in Abb. 55 sichtbar, erscheinen die Beiträge stichwortartig und durcheinander als Textpiktogramme auf dem Schirm. Klickt man ein Stichwortpiktogramm an, so wird es hervorgehoben (fett) dargestellt und klappt als Fenster auf, dadurch kann es zusätzlich mit einer Erläuterung versehen werden (siehe WYSIWIS in Abb. 55).

In der darauffolgenden Sortierphase (vgl. Abb. 56) werden zusammengehörende Stichpunkte mittels Mausaktionen durch gerichtete Pfeile miteinander verbunden und in eine gewünschte Reihenfolge gebracht. Teilgraphen können auch zu einem Namen zusammengefaßt werden. In der abschließenden Evaluationsphase ergänzen und löschen die Teilnehmer die Stichpunkte und eine Gliederung des Vortrages oder des Papieres wird erstellt.

Als Vorteile des Cognoters werden die anonymen Beiträge gesehen, das Arbeiten der Gruppe in kleinen Schritten und daß stets der gesamte Diskussionsstand zu sehen ist.

Der **Argnoter** arbeitet prinzipiell ähnlich, nur sind sein Anwendungsbereich Entscheidungssitzungen wie z.B. Entwurfssitzungen, wo unterschiedliche Vorschläge wechselseitig beurteilt werden müssen. Die Teilnehmer sollen befähigt werden, auch bei grundsätzlichen Meinungsverschiedenheiten (vgl. Kapitel 5) die Kommunikation aufrechtzuerhalten und ihre Prioritäten und wirklichen Interessen zu formulieren, ohne sich heillos zu zerstreiten oder in Detailfragen zu verzetteln. Als Ergebnis werden mehrere Lösungsalternativen angestrebt. Das Mittel hierzu ist wieder die Strukturierung des Ablaufes.

Der Argnoter gliedert sich ebenfalls in drei Phasen , nur wird in allen Phasen diskutiert: zunächst Vorschläge, dann Argumente und als letztes unausgesprochene Annahmen. Als erstes formulieren die Sitzungsteilnehmer ihre Vorschläge, dieses sind Kurztexte oder Graphiken, die mit einem Stichwort versehen werden müssen. Bestehende Vorschläge können verändert und zusammengefaßt werden. Zentrales Anliegen ist wieder, alle Vorschläge gleichzeitig auf dem Schirm zu sehen, was sicherlich schnell an die Grenzen des Mediums stößt, schließlich ist es keine Tafel.

In der mittleren Phase werden Argumente für und gegen jeden Vorschlag gesammelt, wobei man nicht nur für seine eigenen und gegen alle anderen Vorschläge sein kann. Modifikationen sind erlaubt. Dieses Verfahren soll die Diskussion auf der Sachebene halten und die Kreativität fördern. Die Argumente sind für alle sichtbar nach Vorschlägen geordnet.

Abschließend wendet man sich den in der bisherigen Diskussion »unausgesprochenen« Annahmen zu, die in jeder Diskussion mitschwingen und die ebenfalls erfaßt werden sollen. Mit denen geht man nochmals die Argumente durch, um einen Vorschlag herauszufischen, der sich als der erfolgversprechendste Weg erweist. Eine gewisse Ähnlichkeit mit gIBIS ist unverkennbar. Empirische Untersuchungen über entscheidungsunterstützende Systeme wie den Argnoter berichten positiv über solche Sitzungen: Die Teilnehmer bringen qualitativ bessere Entscheidungen zustande, es fließen mehr Meinungen ein, es wird sorgfältiger argumentiert, die Gruppe identifiziert sich mit dem Ergebnis und es gibt einen tragfähigen Konsens. Allerdings muß man sich fragen, ob diese Ergebnisse allein auf den Technikeinsatz zurückzuführen sind, denn mit Hilfe der Technik wird ein strukturiertes *Verfahren* durchgesetzt.

Den positiven empirischen Berichten steht eine eigene Veröffentlichung der Colab-Gruppe entgegen: Diese ließ andere Designer mit dem Cognoter arbeiten und mußte feststellen, daß die anderen Gruppen ernsthafte Probleme mit dem System hatten und sich schwer enttäuscht über den Umgang mit dem System äußerten.

Die Analyse der Probleme durch die Forschungsgruppe ergab, daß dem Cognoter wohl ein *falsches Modell der Kommunikation* innewohnt: Kommunizieren mit dem Cognoter bedeutet wegen des privaten Editierens der Objekte ja tatsächlich *korrespondieren*. Schriftliche Kommunikation ist natürlich viel reduzierter gefaßt als z.B. mein Kommunikationsbegriff, den ich in Abschnitt 5.2.2 wie folgt eingeführt habe:

»Mit **Kommunikation** sei hier die sprachliche Mitteilung über Inhalte von Handlungsorientierungen (Ziele, Mittel, Absichten, Konzepte, Handlungen) gemeint, die als ein Mittel zur Realisierung, Gestaltung und Lenkung der Interaktion selbst nötig ist. Eine Interaktion ohne ein Minimum an Kommunikation ist kaum vorstellbar.«

Sprachliche Kommunikation ist direkter und leichter lenkbar. Der Cognoter ist aber kein reines Korrespondenzmedium; Äußerungen sind erlaubt und müssen mit den Schreibaktivitäten koordiniert werden. Hier drängt sich die Frage auf, ob dadurch nicht grundsätzlich die gewünschte Anonymität der Beiträge gefährdet ist.

Andere Schwierigkeiten ergeben sich daraus, so Tatar, Foster und Bobrow, daß das WYSIWIS-Prinzip durch das private Editieren nicht vollständig eingehalten wird. Da alle Beteiligten öffentliche Objekte privatisieren können und diese dann *plötzlich* und insbesondere an *anderen Positionen* verändert wieder auftauchen, entsteht dauerhafte Verwirrung über die Lage des Gegenstandes des Diskurses und damit über den Diskurs selbst. Zusätzlich erschwert die Möglichkeit der privaten Darstellung der öffentlichen Fenster die Lokalisierung der öffentlichen Objekte: Es sehen eben nicht immer alle dasselbe!

Würde man mit einer Tafel oder einem Flip-chart arbeiten, wäre zumindest die Blickrichtung des Sprechers ein schnell wahrnehmbares und gewohntes Indiz dafür, auf welches Objekt er sich gerade bezieht.

Nach diesen Erfahrungen sah sich die Colab-Gruppe gezwungen, ihre Systeme einem gründlichen Redesign zu unterziehen.

8.5 Abschließende Bemerkungen

Der Computerunterstützung für kooperative Arbeit ist der Erfolg in der betrieblichen Praxis bis jetzt versagt geblieben. Lediglich elektronische Postsysteme mit normaler Funktionalität haben sich durchsetzen können. Es gibt inzwischen auch eine Menge kritischer Beiträge, z.B. von Grudin, Markus und Connolly, Maaß und Oberquelle, die mit »Why CSCW Systems failed: ...« oder ähnlich beginnen.

Selbstanwendende Forscher, die natürlich in Gruppen arbeiten, erschufen Systeme nach dem *neuesten Stand der Technologie*, um ihre eigene Situation zu verbessern. Eine *theoretische Fundierung von Kommunikation und Kooperation hat dagegen überhaupt nicht stattgefunden*, stattdessen wurden eigene — zum Teil naive — Anschauungen und Überlegungen zugrundegelegt. Diese Vorgehensweise kann zu interessanten Systemen führen, die aber nicht immer eine erfolgreiche Unterstützung von Kommunikation und Kooperation leisten. Im Falle des Cognoters fragt man sich doch unwillkürlich, ob man den Forschern mit einem Metaplan- bzw. einem Moderationskurs nicht noch etwas richtig Gutes tun kann. Es ist überhaupt nicht einzusehen, warum virtuelles Material dem realen (Wandtafel, Flip-chart) vorzuziehen ist.

Konzepte, die im kooperativen Arbeitskontext von Forschern greifen, müssen in anderen Kontexten mit unterschiedlicher Organisationstrukturen, Interessen, Aufgaben usw. überhaupt nicht passen oder mögen sogar — im Sinne der Entwickler — kuriose Effekte erzielen. Der Coordinator z.B. war zunächst für die Koordination von relativ gleichberechtigten Akteuren geplant, ist aber in hierarchischen Organisationen besonders erfolgreich und dient damit dem Schließen von Formalisierungslücken in solchen Organisationen. Damit sind hier die wichtige informelle Kommunikation und die informellen Strukturen gemeint, die häufig dazu beitragen, daß hierarchische Organisationen überhaupt funktionieren (vgl. Kapitel 3). Dieses war aber von den Entwicklern nicht beabsichtigt.

Technisch vermittelte Kommunikation stellt die Akteure generell vor das Problem, daß sie nur ein *unzureichendes gemeinsames Wissen* (vgl. Kapitel 5) über den Diskursbereich aufbauen können. Dieses verstärkt die Interpretationsvielfalt der Akteure und verzerrt somit die Kommunikation. Sproull und Kiesler kommen bei ihren Untersuchungen von E-mail-Benutzern zu dem Ergebnis, daß diese ihr Kommunikationsverhalten ändern. Sie berichten von verringertem Eingehen auf den Kommunikationspartner, häufiger Übermittlung negativer Nachrichten sowie Nachrichten an Vorgesetzte und generell einem weniger verantwortlichen Verhalten.

Das Forschungsgebiet CSCW wird aus ganz unterschiedlichen Bereichen gespeist und könnte davon profitieren, wenn eine theoretische Fundierung und ernstzunehmendere Ausrichtung des Forschungsgebietes einsetzen würde. Bis dahin kann die interaktive und sich selbst organisierende Projektgruppe gut mit den im vorigen Kapitel beschriebenen — realen — Materialien und dem dialogischem Prinzip (von Angesicht zu Angesicht) auskommen.

8.6 Weiterführende Literatur

Wer sich längerfristig mit diesem Fachgebiet auseinandersetzen will, für den ist diese erste Fachzeitschrift von Interesse: *Computer Supported Cooperative Work. An International Journal.* Kluwer Academic Publishers: Dordrecht Boston, London, ISSN 0925-9724.

Greif, I. (Hrsg.): *Computer-Supported Cooperative Work: A book of Readings.* In diesem Buch — es ist das meist zitierte in diesem Bereich — sind Konferenzberichte über wichtige Systeme zusammengefaßt, die auf amerikanischen CSCW-Tagungen vorgestellt wurden. Somit vermittelt das Buch einen guten, wenn auch leicht veralteten Überblick. Kaufman Pub. Inc., 1988.

Oberquelle, H. (Hrsg.): *Kooperative Arbeit und Computerunterstützung. Stand und Perspektiven.* Wissenschaftler aus unterschiedlichen Disziplinen beleuchten in diesem Buch CSCW aus verschiedenen Blickwinkeln. So bekommt man in kompakter Form technische, praktische, theoretische und kritische Artikel zu diesem Fachgebiet geboten, die einen sehr guten und aktuellen Überblick über dies sonst diffus wirkende Fachgebiet geben. Verlag für Angewandte Psychologie, 1991.

Greenberg, S. (Hrsg.): *An Annotated Bibliography of Computer Supported Cooperative Work.* ACM SIGCHI Bulletin, 23 (3); Special Issue on Computer Supported Cooperative Work; S. 29-62, Juli 1991. Diese Übersicht von Saul Greenberg über die wissenschaftliche Literatur zu CSCW in Tagungsbänden, Büchern und Zeitschriften ist eine große Hilfe, wenn man sich tiefgehend mit dem Thema auseinandersetzen will.

Die Anhänge

Anhang A: Aufgabenbeschreibung für das Programmierpraktikum: Werkzeuge für Modula-2

1 Einführung

Im diesjährigen Programmierpraktikum soll ein Werkzeug erarbeitet werden, das das Arbeiten mit Modula-2 erleichtern soll. Da bei dem Umgang mit Modula-2 dem Erstellen von Modula-2-Programmen eine zentrale Bedeutung zugemessen werden muß, handelt es sich bei diesem Werkzeug um einen *bildschirmorientierten* Editor. Handelsübliche Werkzeuge zur Programmentwicklung wie Editoren, Übersetzer und Binder werden pro Arbeitsgang immer wieder neu in den Speicher geladen und gestartet, was als Nachteile nicht nur die damit verbundenen Wartezeiten mit sich bringt, sondern es müssen auch alle Eingabeobjekte der Werkzeuge wieder eingelesen und bearbeitet werden und anfallende Zwischenergebnisse können nicht erneut ausgenutzt werden. Um diese Unbill etwas abzumildern, soll der zu erstellende Editor die »Arbeitsumgebung« des Programmierers bilden, d.h. aus ihm heraus kann der Übersetzer und der Binder aufgerufen werden. Zusätzlich können Dateien gedruckt, Fehler, die der Übersetzer angezeigt hat, geeignet markiert und gemeldet werden. Als besonderes Bonbon kann ein integriertes »make« angesehen werden, das für ein Programmsystem alle erforderlichen (Neu-) Übersetzungen in der richtigen Reihenfolge veranlaßt.

Diese Aufgabenbeschreibung enthält nur die Anforderungen, die an den Editor gestellt werden, d.h. »was« er leisten soll. Die Umsetzung dieser Anforderungen (das »Wie«) in einen Entwurf der Benutzerschnittstelle und einen Entwurf der Architektur des Programmsystems gehören zu den Lernzielen der Lehrveranstaltung.

2 Anforderungen an den Editor

Anforderungen werden unterschieden in Handhabungsanforderungen, funktionelle Anforderungen und Leistungsanforderungen. *Funktionelle Anforderungen* legen fest, für welche Eingabe das System welche Ausgabe liefern soll; *Leistungsanforderungen* beziehen sich auf die optimale Ausnutzung der Betriebsmittel. *Handhabungsanforderungen* beziehen sich dagegen auf die Einbettung des Systems in Arbeitsaufgaben der Benutzer des Systems.

2.1 Handhabungsanforderungen

2.1.1 Bildschirmaufteilung

Der Bildschirm soll sichtbar in drei Bereiche aufgeteilt sein:

- einem Bereich, der über Bearbeitungszustände, Dateinamen, Zeilennummern u.ä. informiert;
- einem Bereich, der einen zusammenhängenden Ausschnitt des zu editierenden Textes zeigt oder ein Menü,
- sowie einen Bereich zur Ausgabe von Systemmeldungen und zur Eingabe von Editorkommandos bzw. deren Parametern.

2.1.2 Funktionsselektion

Es werden folgende Klassen von Kommandos unterschieden: Editierkommandos, Systemkommandos (z.B. Übersetze Datei) und Kommandos zur Dialogsteuerung (z.B. Gehe zum Menü). Die Auswahl von Kommandos kann über Funktionstasten erfolgen (es stehen zwölf zur Verfügung), durch Markieren in einem Menü oder durch textuelle Kommandoeingabe. Eine sinnvolle Aufgabenteilung ist vorzunehmen.

2.1.3 Reaktion des Systems bei Bedienungsfehlern

Bei allen Bedienungsfehlern sind verständliche, problembezogene und neutral formulierte Fehlermeldungen auf dem Bildschirm auszugeben. Die Behandlung eines Fehlers soll durch das System so erfolgen, daß der Benutzer in seinem Arbeitsablauf nicht unnötig unterbrochen wird. Eingabefehler sollen so detaillierte Fehlermeldungen nach sich ziehen, daß der Benutzer seine Eingabe unmittelbar danach korrekt wiederholen kann, ohne daß der jeweilige Arbeitsmodus verlassen werden muß. Fehler durch systembedingte Einschränkungen (Speicher voll etc.) sollen eine Angabe nach sich ziehen, ob und wie danach weitergearbeitet werden kann.

2.2 Leistungsanforderungen

Der (Wieder-) Aufbau des Bildschirms soll im Sekundenbereich liegen. Das Ein- und Auslesen von Dateien soll möglichst schnell gehen. Die Anzahl der im Speicher gehaltenen Dateien soll nur durch den zur Verfügung stehenden Speicherplatz beschränkt werden.

2.3 Robustheit

Falsche Eingaben dürfen nicht zum Systemzusammenbruch führen. Aus Sicherheitsgründen ist von jeder Datei, die neu eingelesen wird, eine »backup«-Version zu erzeugen.

3 Funktionelle Anforderungen

Folgende Editorkommandos sollen realisiert werden:

Positionierungskommandos

- *Gehe in der Zeile nach links / rechts*
- *Gehe eine Zeile nach oben / unten*
- *Blättere eine Seite vor / zurück.* Es sollen die vorherigen / nächsten n Zeilen des korrespondierenden Textausschnitts auf dem Bildschirm dargestellt werden. Der Cursor soll dabei seine relative Zeilen-Spalten- Position zur ersten Bildschirmzeile beibehalten.
- *Blättere eine halbe Seite vor / zurück.* Es werden die vorherigen / nächsten n/2 Zeilen des korrespondierenden Textausschnitts auf dem Bildschirm dargestellt. Der Cursor wird solange es geht auf seiner ursprünglichen *Textposition* belassen. Rückt diese aus dem Bildschirmbereich, dann steht er links oben oder unten.
- *Gehe zur Zeile n.* Die Zeile mit der Zeilennummer n wird mittig auf dem Bildschirm plaziert, es sei denn, die Datei hat weniger Zeilen als auf dem Bildschirm dargestellt werden können. Der Cursor soll am Anfang der Zeile n stehen.
- *Gehe zum Anfang / Ende der Datei.* Als erste Zeile auf dem Bildschirm erscheint die erste Zeile der Datei, oder die letzte Zeile der Datei wird auf der letzten Bildschirmzeile ausgegeben, es sei denn, die Datei enthält weniger Zeilen, als auf einem Bildschirm dargestellt werden können. Dann wird die erste Zeile der Datei auf der ersten Bildschirmzeile ausgegeben. Der Cursor steht links oben / unten.
- *Gehe zum nächsten Fehler.* Der Cursor wird *geeignet* auf den nächsten Modula-2-Fehler positioniert und die entsprechende Meldung wird ausgegeben. Ist der nächste Fehler nicht auf dem dargestellten Text-

ausschnitt, so wird die entsprechende Fehlerzeile mittig auf dem Bildschirm plaziert.

Zeilenkommandos

- *Lösche Zeile.* Die Zeile, auf der der Cursor steht, wird gelöscht und die nachfolgenden Zeilen rücken auf. Der Cursor behält seine Zeilenposition und rückt nach links.
- *Füge Zeile ein.* Hinter der Zeile, wo der Cursor steht, wird eine neue Zeile eingefügt, die linksbündig mit dem Rest der vorherigen Zeile ab der alten Spaltenposition aufgefüllt wird. Die zerspaltene Zeile wird ab der alten Spaltenposition mit Leerzeichen aufgefüllt. Der Cursor steht links in der neuen Zeile.
- *Verbinde Zeilen.* Hinter der aktuellen Cursorposition wird die nächste Zeile von links beginnend kopiert. Überzählige Zeichen werden nicht betrachtet. Die nächste Zeile wird gelöscht. Der Cursor behält seine Position.

Zeichenkettenkommandos

- *Suchen / Ersetzen von Zeichenketten.* Die Zeile, die die gesuchte Zeichenkette enthält, wird immer mittig auf dem Bildschirm plaziert, es sei denn, die Zeichenkette befindet sich auf dem gerade sichtbaren Textausschnitt. Es soll möglich sein, vorwärts und rückwärts zu suchen. Es soll bestätigt werden, ob weiter gesucht werden soll. Falls auch ersetzt werden soll, muß es möglich sein, alle gefundenen Zeichenketten zu ersetzen oder jede gefundene Zeichenkette nur bei Bestätigung zu ersetzen oder auch den ganzen Vorgang zu quittieren. Die Zeichenkette, nach der gesucht wird, darf sogenannte »wildcards« enthalten. Dies sind zwei Zeichen, wobei das eine Zeichen für jedes beliebige Zeichen und das andere Zeichen für jede beliebige Zeichenkette (innerhalb eines Wortes!) steht.

Blockkommandos

- *Markiere Block.* Die Position eines Blockanfangs oder -endes wird vermerkt. Wurde die erste Blockmarke gesetzt, wird deren Position, die sich aus der Cursorposition ergibt, durch eine Meldung bestätigt. Falls die zweite Blockmarke gesetzt wurde, wird der Block auf dem Bildschirm visuell hervorgehoben. Die Hervorhebung existiert solange, bis ein neuer Block definiert wird. Ein Block kann auch innerhalb einer Zeile liegen! Blockoperationen dürfen nicht innerhalb von definierten Blöcken stattfinden.
- *Lösche Block.* Ein definierter Block wird gelöscht, indem die erste Blockzeile und die letzte Blockzeile rechts bzw. links ab Blockanfang oder -ende mit Leerzeichen aufgefüllt und die anderen Blockzeilen ge-

löscht werden. Der Cursor steht danach auf der letzten Zeile des vorherigen Blockes, falls das Blockende nicht das Zeilenende war, dann ist es die folgende Zeile. Wenn der Block nicht auf dem Bildschirm sichtbar war, wird diese Zeile mittig auf dem Bildschirm plaziert.

- *Kopiere Block.* Ein definierter Block wird hinter der Zeile, wo der Cursor steht, eingefügt. Die Cursorposition und die Blockdefinition bleiben erhalten. Es soll nicht in Blöcke kopiert werden. (Warum?)
- *Lösche Block und füge ein.* Ein definierter Block wird gelöscht und der Blockinhalt hinter der Zeile, wo der Cursor steht, eingefügt.
- *Kopiere Block in Klemmbrett.* Ein definierter Block wird *gespeichert,* ein vorher gespeicherter Block wird dabei überschrieben.
- *Kopiere Block aus dem Klemmbrett.* Funktioniert analog zu kopiere Block, nur wird der Block aus dem Klemmbrett kopiert.

Systemkommandos

- *Übersetze Datei*
- *Binde System*
- *Übersetze System*
- *Lösche Datei*
- *Sichere Datei*
- *Storniere Datei*
- *Ediere Datei*

4 Vorgehensweise

Das Vorgehen in der Zeit läßt sich grob in vier aufeinanderfolgende Schritte charakterisieren:

1. *Entwurf der Benutzerschnittstelle.* Dazu muß eine kleine Durchführbarkeitsstudie erstellt werden, d.h. es muß geprüft werden, ob und wie mit den zur Verfügung gestellten Betriebsmitteln die Anforderungen erfüllt werden können. Hier empfiehlt sich eine eingehende Diskussion der Anforderungen und Experimente mit dem Modul ScreenIO. Der Entwurf der Benutzerschnittstelle umfaßt den Bildschirmaufbau, die Ausgestaltung der Menüs, die Repräsentation der verschiedenen Kommandos, die Art der Funktionsselektion, Meldungen etc.
2. *Entwurf des Programmsystems.* Es wird eine Modularisierung des Programmsystems erstellt, d.h. es liegt ein Moduldiagramm und eine Menge konsistenter Definitionsmodule vor.

3. *Ausbaustufenplanung.* Größere Programme werden in aufeinander aufbauenden Schritten realisiert, die Ausbaustufen des Programmsystems. Bei ihrer Planung müssen für sie auch Arbeitsteilung, gemeinsame Testtermine und eine ökonomische Problemverteilung berücksichtigt werden.
4. *Programmieren und Testen der Ausbaustufen.*

Alles weitere erfahrt ihr in der Vorlesung und in den Tutorien.

Anhang B: Konventionen zu den Transskripten

Odin: Äußerung.	Die Namen der Interviewpartner sind mit Namen aus den Sagen der Germanen anonymisiert.
Äußerung.	Normale Äußerung.
~~Äußerung.~~	Leise, betroffene Äußerung.
<u>Äußerung</u>.	Betonte Äußerung.
<u>Äußerung.</u>	Laute Äußerung.
Äußerung ↵	Unterbrochene, abgebrochene Äußerung.
→ Äußerung	Unterbrechende Äußerung.
[Text]	Mit dem Text wird eine stichwortartige Kontexterläuterung gegeben, die sich auf nonverbale Handlungen, Lachen, Durcheinanderreden, Störungen, die Blickrichtung des Akteurs und auf Merkmale der folgenden Äußerung beziehen.
...	Auslassung im Protokoll.

Anhang C: Das Interview mit Ymir, Odin, Vili und Ve

Ich: Wer seid Ihr? [Ich notiere mir ihre Namen]
Odin: Wir sind zwei Hacker und zwei Müslis. [Gelächter]
[Sie nennen mir ihre Namen]
Ich: Wieviele Entwürfe habt ihr gemacht?
Odin: <u>Entwürfe</u>?

Ich: Bis zu dem Jetzigem ↵
Ve [lacht]: Einmal haben wir es umgeschmissen ↵
Odin: → Wollen wir mal so sagen, wir sind relativ geradlinig durchgegangen, wenn man mal davon absieht, daß wir ein etwas anderes Konzept drauf hatten als die [Tonfall ironisch] Tutorin uns so unbedingt ↵ na ja, die Meinung ist nicht ganz in Übereinstimmung gebracht worden, aber wir sind eigentlich geradlinig durchgegangen, wir haben mehrere Ausbaustufen gehabt ↵ ...
Ich: Seid ihr die Gruppe, wo aus mehreren Module auf den Zeilenspeicher zugegriffen wird?
Ve: Nein! Doch ↵ die A-Version ↵ [Alle durcheinander] → das wollten wir tun ↵
Ich: Das geht übrigens, wenn man die Zeilen ↵
Odin [lacht]: → Ja sicher geht das, das wissen wir auch.
Ich: Wir können uns ja später darüber unterhalten, wie man das sauber machen kann ↵ [Alles lacht].
Odin: → Sauber ist richtig, das ist sauber.
Ich: Wieviele Entwürfe habt ihr denn jetzt gebraucht?
Vili: Zwei haben wir gebraucht, bis es das erstemal stand, dann haben wir es einmal umgeschmissen, also drei eigentlich.
Ich: Wieviele Versionen pro Entwurf waren dazwischen?
Ve: Ich meine, das hat die Embla auch nicht so recht begriffen ↵ wir hatten kein Ausbauschema gemacht, sondern einfach gesagt, das machen wir, und [betont langsam] dann haben wir es gemacht.
Vili: Im Prinzip: wer was braucht schreibt ein Definitionsmodul und danach wird es implementiert.
Odin: Das lag aber auch daran, daß wir in den ersten Wochen sehr viel gearbeitet haben. Wir haben die größte Arbeit in den ersten zwei, drei Wochen gemacht und jetzt hinterher so gut wie gar nichts; da hatten wir so einen Schwung Elan drin, daß wir nicht darauf geachtet haben, daß wir nur bis zu diesem Punkt programmieren durften; wie jeder wollte, haben wir dann weiterprogrammiert.
Ich: Und wieviele Sitzungen habt ihr gebraucht?
Ve [ironisch]: Sitzungen?
Ich: Ich meine Gruppensitzungen ↵
Ymir: Wir haben eigentlich immer zusammen am Rechner gesessen, d.h. groß überlegt ohne den Rechner haben wir nicht allzuviel ↵
Ich: Oh.
Ymir: Doch, am Anfang, ganz am Anfang haben wir das gemacht.
Ve: Ja, da haben die drei überlegt und haben gleich angefangen zu programmieren, und dann kam ich dazu [großes Gelächter].
Ymir: Und dann hast du gesagt bekommen, das machst du ↵
Vili: Ja, Ja ↵

Ve: Und dann wurde die dritte Version gemacht [Gelächter].
Ich: Versucht doch einmal, mir euren Entwurf zu erklären ↲
Odin: → Man sollte vorher vielleicht noch was sagen: Da wir nun keine große Vorbereitung hatten, ist uns sehr zu Gute gekommen, daß der Rechner noch nicht allzu voll war; wir konnten also zu viert an vier Terminals sitzen, da war auch die Verständigung relativ gut, wir haben also sehr viel miteinander gesprochen, auch während des Programmierens, da konnten wir uns sehr gut aufeinander abstimmen. Es war also nicht so, daß jemand dann etwas programmiert hat und keiner wußte etwas davon; die Kommunikation in der Gruppe war sehr stark.
[Ve beginnt, einen Moduldiagramm zu zeichnen]
Odin: Ist sowieso falsch.
Ich: Könnt ihr das nicht gemeinsam hinkriegen?
Ve: Na gut, dann nehme ich ein neues Blatt. Ganz oben war der Mainloop. Sehe ich das richtig? Einer kann ja mal sagen, was der macht.
Odin: Mainloop ruft nur die ScreenIO auf, gibt Text auf dem Bildschirm aus und liest denselben wieder rein und dann wird das Textmanagement aufgerufen und es wird gefragt, ob ein Kommando oder eine Funktionstaste anliegt.
Ve: Moment, Command Interpreter und Function Keys waren gleichberechtigt [zeichnet weiter].
Odin: Kannst einen großen Block Textmanagement schreiben, weil die anderen drei auch darauf zugreifen.
Ve: Dann hatten wir ↲ der Kommandointerpreter ruft Textmanagement auf.
Odin: Screen InOut aber auch.
Ve: ScreenInOut ruft Textmanagement auf?
Odin: Ja, zweimal.
Ymir: Ja.
Ve: Nicht umgekehrt?
Odin: Nein!
Ymir: Nein! Der liegt ganz unten!
Ich: Zusammen werdet ihr das doch wohl hinkriegen. Ihr müßt doch wissen, wen ihr benutzt.
[Ve zeichnet eifrig weiter]
Odin: Function Keys aber auch ↲
Ymir: Und auf die Errors dann auch ↲
Ve: Na gut, so sieht es doch schon ganz gut aus oder? Ach so, da kann man hier noch sagen, hier [in Textmanagement] sind zwei lokale Module drin.
Ich: Lokale Module?
Odin: [Lacht] Ja, es ging nicht anders.
Ve: Doch bestimmt! Aber die wollten nicht mehr machen.

Wie heißt das andere Modul?
Ymir: Weiß ich nicht.
Ve: Da stehen doch die ganzen Storage-Dinger drin.
Odin: Storage Management.
Ve: Ach ja.
Ymir: Stimmt.
Ve: So, ok. Ach so, natürlich — die Types and Errors: das sind ganz elementare Typen wie der C80-Typ, also ein String ohne Null-Char.
Vili: Und die ganzen Fehlertypen.
Ve: Ach so, wir haben einen Aufzählungstyp von Fehlern für Fehler, der ist auch hier drin und eine Prozedur, die zu jedem Fehler einen Klartext zuordnet, daß wir das also zentral haben.
Ich: Nun erklärt doch einmal, was da passiert.
Ve: Der Mainloop — ach so, das ist zwar noch nicht implementiert, das soll wohl noch kommen, holt sich erst einmal aus der Kommandozeile den Parameter, das ist aber nur theoretisch, das ist noch nicht implementiert.
Odin: Ja, das macht nicht vielmehr, nicht mehr, als ich schon gesagt habe, er ruft die Bildschirmausgabe auf, dann wird Text angezeigt, der jetzt im Speicher wäre, oder auch gar kein Text, dann kann man dort editieren, kommt aus dieser Funktion zurück, was ScreenInOut macht, kann man ja später sagen, wie es mit dem Textmanagement zusammenarbeitet, also in zwei Richtungen zusammenarbeitet, von oben nach unten. Und dann wird einfach nur gefragt, ob ein Kommando ansteht. Oder soll ich unseren Bildschirmaufbau mal erklären, das ist ganz wichtig, wir haben nämlich keine Menüs oder sowas, das geht bei uns über Funktionstasten oder kommandogesteuert über Klartexteingabe. Es wird also erst einmal festgestellt, ob ein Kommando anliegt, wenn ja, dann wird dies ausgeführt.
Vili: Kommando heißt, ob ein String auf der Kommandointerpretereingabezeile unten steht, dann verzweigt sich die Sache in die Function Keys rein oder in den Interpreter.
Ve: Wobei Kommando den Vorrang hat.
Odin: Das ist inzwischen etwas komplizierter, ich habe so eine kleine History eingebaut, wie man sie aus der Unix-Shell kennt, daß man dann alte Kommandos zurückholen kann. Die Vorrangsregeln sind etwas diffus.
Ymir: Das hängt davon ab, wo der Cursor steht.
Odin: Ja, das hängt davon ab, wo der Cursor steht. Wenn der Cursor in der Kommandozeile steht, dann haben erst einmal die Funktionstasten Vorrang, wenn er irgendwo anders steht, dann hat Kommando Vorrang.

Ymir: Zu den Function Keys ist eigentlich nicht mehr viel zu sagen, der ruft die Funktionen von Textmanagement direkt auf: Block markieren, Zeile einfügen, Zeile löschen.

Ich: In dem Textmanagement sind also auch Editieroperationen wie Zeile zerspalten usw.?

Ymir: Das ist da alles drin.

Ich: Wo haltet ihr die Cursorposition und die Blockmarken?

Ymir: Wenn der Block noch nicht vollständig markiert ist, dann wird er noch in Function Keys gehalten, wenn er ganz markiert ist, dann wird er in das Textmanagement runtergegeben und der hat dann intern ein Pinboard ↵

Ich: Das ist wahrscheinlich ein ziemlich großes Modul?

Ymir: Ja.

Ve: 1200 Zeilen.

Ymir: Zeilen ↵ [Gelächter] 1140 Zeilen.↵

Ich: Wo finden sich eigentlich eure Ideen wieder?

Ve: ~~Ideen haben wir keine~~ [Gelächter].

Odin: Ich hab' das da [Main] geschrieben, das ist ein total simples Teil, dann hab' ich ScreenInOut geschrieben, das ist etwas länger — 450 Zeilen ungefähr —, dann hab' ich noch bei ihm im Textmanagement rumgepfuscht und das war es denn auch eigentlich.

Vili: Kommandointerpreter hab' ich gemacht, was so 700 Zeilen hat.

Odin: Vielleicht bist du ja auch ein Hacker ↵ [Gelächter] Es sagt ja keiner was.

Ymir: Ich habe einen groben Teil vom Textmanagement geschrieben, bis dann die beiden lokalen Module bei mir mit reingekommen sind.

Ve: Die Idee dazu stammt von mir [Gelächter].

Ich: Habt ihr euch denn auch einmal gestritten?

Odin: Eigentlich nur, weil das alles Müslis hier sind [Gelächter]. Nur er nicht [Ymir], er ist ein richtiger Programmierer.

Ich: Um was habt ihr denn gestritten?

Ymir: Zuerst haben alle auf den Text zugegriffen, so wie sie es wollten.

Ve: Das war ja eine globale Variable!

Ich: Nein!

Odin: Doch.

Ve: Dann kam ich.

Ich: Dann kamst du ↵

Ve: Ich fand' das auch nicht so gut und wollte es etwas trennen. Und zwar ging es erst einmal darum, um auch die Arbeit zu teilen, wir verwalten verschiedene Texte im Speicher in einer Textliste. Jeder Text wird wieder verwaltet, das geschah alles in einem Modul und jetzt wollten wir einmal die Verwaltung der Textliste getrennt machen von der

Verwaltung der Textliste selbst. Und so kam das Modul Textlists rein. Als kleinen Ansatz zur Strukturierung.

Ich: Wo werden die die Informationen bzgl. des Bildschirms, z.B. daß die Editierfläche 20 Zeilen lang ist und die Cursorposition, verwaltet?

Ve: Im Textmanagement.

Odin: Nee, nicht bei mir [ScreenInOut]. Während der Ein- /Ausgabe natürlich bei mir. Aber nicht während des Bearbeitens, wenn man also ein Kommando aufruft. ↵

Ich: Man muß doch wissen, welche Zeile bezüglich des aktuellen Ausschnittes des Textes, in dem man gerade navigiert, jetzt zu sehen ist?

Ymir: Das wird alles in einem Wahnsinnsrecord, der bei uns einen Text beschreibt und da ist das alles drin. Und der wird bei uns im Textmanagement verwaltet. ↵

Ve: Wenn der Bildschirm aufgebaut wird, wird nicht direkt auf das Textmanagement ↵

Ich: Aber ScreenInOut liegt doch höher?

Ve: Textmanagement? Der holt sich einen Puffer, von 22 Zeilen ↵

Odin: → das ist ein Kommunikationstyp, der Typ ist extra dafür geschaffen worden, um zwischen diesen beiden Modulen zu kommunizieren. Also, laß mich das mal machen, weil ich das geschrieben hab'. Das ist ein Puffer mit 21 Zeilen, den übergebe ich an das Textmanagement als Var-Parameter, das Textmanagement schreibt mir die aktuellen Zeilen da rein, gleichzeitig kann ich mir noch diesen Textrecord über eine Prozedur holen. Nee, geht auch nicht mehr, aber ich kann mir bestimmte Informationen herausholen.

Ich: Verstehe.

Odin: Außerdem muß der Text noch zurückgegeben werden, wenn Enter oder eine Funktionstaste gedrückt worden sind. ...

Ich: Wie würdet ihr denn eure Arbeitsgruppensituation beschreiben?

Ve: Na ja, wie er [Gemeint ist Odin] hier sagt, Müslis und richtige Programmierer [großes Gelächter].

Ymir: Es gab eigentlich nur ein, zwei herbe Diskussionen und zwar, als wir das alles in ein Modul gepackt haben, da gab es einen Haufen Argumente für und gegen.

Vili: Wobei der Ve auch noch ein gewisses Argument war.

Ve: Nun —, zum Entstehen dieser Gruppe vielleicht mal: Die Drei waren immer zusammen, am Dienstag habe ich immer gearbeitet und war nicht da. Da haben die sich erst einmal zusammengesetzt und hatten was überlegt und mir ein, zwei Module zugeschanzt. Und da konnte ich nicht mehr ganz gut auf den Entwurf einwirken, und wenn ich was machen wollte ↵

Odin [lacht]: → Du brauchst gar nicht versuchen dich zu retten oder so was ↵

Ve: → es macht zuviel Arbeit und so fort; ich finde die Lösung auch nicht ideal ↵
Ymir: Ne, ne, der Hauptdiskussionspunkt war halt, daß ich mich streng geweigert habe, das Textmanagement aufzusplitten, weil ich nicht eingesehen habe, daß der Typ Zeile, der den Vorteil hat, daß er eine doppelt verkettete Liste ist und die beiden Pointer auf Vorgänger und Nachfolger hat, daß man das jetzt wieder vergißt und sagt, man macht das über Prozeduren. Blöcke umhängen kann man unheimlich leicht machen, wenn man weiß, wie [die Datenstruktur direkt aufgebaut] ist.
Ich: Ich danke euch.

Anhang D: Das Interview mit Heid, Hanglöm und Fridthjof

Ich: Wieviele Entwürfe habt ihr gemacht, bis ihr zu dem gekommen seid, den ihr jetzt habt?
Heid: Oh,Gott!
Hanglöm: Oh,Gott! [Gelächter]
Heid: Sehr, sehr viele würde ich sagen.
Ich: Ungefähr ↵
Fridthjof: Sechs?
Heid: Also ganz bestimmt, wenn nicht noch mehr ↵
Ich: Wieviele total unterschiedliche Entwürfe habt ihr gehabt?
Heid: Das war ↵ [Zeigt mir einen älteres Moduldiagramm]
Fridthjof: Nee, das war schon viel eher, da hatten wir die Verarbeitung noch oben ↵
Heid: Auf jeden Fall war der erste sehr detailliert gewesen und die ganzen Funktionen waren auch schon sehr unterteilt. Das sah noch schlimmer aus wie das Bild hier.
Ich: Hatte der viele Moduln?
Heid: Sehr viele.
Fridthjof: Wir haben dann immer gedacht, wo ungefähr eins [gemeint ist ein Modul] hinkommen könnte, da machen wir noch eins, wenn dann da nichts passiert, streichen wir es weg. Irgendwie sind wir so vorgegangen.
Ich: Und dann hat euch das nicht gefallen? Oder hat es Embla nicht gefallen?
Heid: Embla hat das teilweise auch nicht gefallen.

Ich: Seid ihr die Gruppe, die aus mehreren Modulen direkt auf die Textliste zugegriffen hat?
Fridthjof: Nee, ganz so übel ist das nicht, was wir gemacht haben.
Ich: Wann habt ihr denn das Gefühl gehabt, daß sich für euch da etwas stabilisiert hat? Oder habt ihr immer noch kein sicheres Gefühl?
Heid: Doch.
Fridthjof: Er [der Editor] hat schon einmal geblättert. [Gelächter] Seitdem hat sich das etwas gesetzt.
Ich: Wann hattet ihr denn das sichere Gefühl?
Fridthjof: Seit zwei Wochen oder sowas, seit dem fünften Entwurf ungefähr, oder seit dem sechsten. Seitdem ist nichts, was sich prinzipiell geändert hat. Wir hatten zu Anfang hier so ein Modul, das hieß einfach Verarbeitung. Und dann haben wir zusammen mit der Embla festgestellt, daß das eigentlich überflüssig ist.
Heid: Überflüssig eigentlich nicht, aber daß es aus zwei Zeilen besteht und in Main drinstehen könnte.
Ich: Dann erklärt mir doch mit euren eigenen Worten, was ihr da gemacht habt.
Fridthjof: Wir haben ein Main, was ein Modul aufruft, der Init heißt, wo auch nicht viel drinsteht, was wir aber auch noch nicht wegstreichen wollten. Dann haben wir die beiden Module Editor und System, die auf einer Ebene stehen, das sind diese beiden Module, die Module Liste und File untereinander. Wir haben ein Modul Felddefinitionen, das ist hier getrennt: Einmal diese Felddefinitionen, die sich auf die Liste beziehen, wo praktisch das File gezeigt wird mit den zwanzig Zeilen und ein Modul für die Statusanzeige und die Fehleranzeige. Hier ist noch ein Modul Kommandoerkennung. Was wir noch gar nicht betrachtet haben, ist dieses Modul Help, das haben wir erst einmal ganz weggelassen und ein Modul Fehlermeldungen haben wir auch noch nicht gemacht. Das ist im wesentlichen der Kern, mit dem wir jetzt arbeiten.
Ich: Da habt ihr ja wahrscheinlich eine doppelt verkettete Liste drin. Und was für Arten von Objekten gehen hier hin und her?
Hanglöm: In dem Editor ist die Kommandoerkennung drin und auf Grund von dem Kommando ruft er die Liste auf, so daß in der Liste die Elemente entsprechend verändert werden. Als Parameter geht hier z.B. bei manchen Kommandos die Zeilennummer runter. Auf welche Zeile sich bezogen auf das Bild in der Liste sich das ändern müßte.
Ich: Wo werden denn Zeilen zerspalten?
Hanglöm: Da haben wir noch ein Modul, das heißt Line, das haben wir jetzt hier zwischen, so wie wir das schon einmal vorhatten, nur daß wir nicht mehr vier Module haben, sondern Line und Blockkommandos. Blockkommandos haben wir noch gar nicht. Wir haben erst einmal mit diesem Line angefangen und beim Splitten geht ein Kommando an Line

mit der Nummer, auf welche Zeile sich das bezieht und Line läßt sich das entsprechende Element hochgeben, eine Zeile, diesen String, nicht der Pointer und Line nimmt dann die Verarbeitung auf dieser Zeile dann vor.
Ich: Wo werden die Cursorposition und die Blockmarken gehalten?
Hanglöm: In Editor. Die ganzen Blätterfunktionen haben wir mit in den Editor reingenommen und keinen extra Modul dafür gemacht.
Fridthjof: In Editor wird auch die Funktion UpdateScreenAndRead aufgerufen. Hier [FieldIO] befinden sich die ganzen Felddefinitionen und der Aufruf erfolgt dann vom Editor aus, so daß er die Cursorposition davon kriegt und die letzte sich immer merkt.
Hanglöm: Wo wir eigentlich immer hin- und hergehopst sind und laufend das Modulkonzept dann umgeworfen haben, da ging es um diese Maske, diese Schnittstelle zu ScreenIO. Erst hatten wir das einzeln gehabt, dann wollten wir das wieder reintun, weil wir dazu die entsprechende Literatur durchgelesen hatten, und dann dachten wir, man muß es direkt jetzt von der Liste aufrufen, weil man die Elemente ja direkt angeben muß und dann hat uns Embla gesagt, daß man das als Adresse rübergeben muß und wir doch unser extra Modul haben könnten. Da war also praktisch laufend ein hin und her, wo diese Schnittstelle hin soll.
Ich: Da ist leider in ScreenIO eine Macke drin. Aus Effizienzgründen kann man sich ja für die Pufferadressen [von ScreenIO verlangte Adressen von Textobjekten] die Zeilenadressen mit ADR geben lassen und die dann direkt übergeben. Dann braucht man von seiner Textverwaltung keine Zeilen zu kopieren und diese Kopien [als Parameter einer Prozedur] an die Bildschirmverwaltung zu übergeben. Das Modul ScreenIO kann dann aber nicht den Bildschirm aktualisieren. Das haben wir bei unseren Experimenten mit ScreenIO herausgefunden ↵
...
Hanglöm: Das wollten wir uns eigentlich ersparen, weil dieses ScreenIO, das kopiert ja, das hält sich ja eine Kopie [der Textobjekte] im Speicher und führt dann die Kommandos [des realen Terminals] aus. Da ist also praktisch immer eine Kopie im Speicher, so daß man also immer den Inhalt hat, worauf sich dieser neue Bildschirm wiederum bezieht. Deswegen wollten wir das eigentlich nicht mit kopieren, denn dann hätten wir hier [gemeint ist FieldIO] nocheinmal ein Array mit zwanzig Zeilen. Und was hätte das dann für diesen mittleren Teil für einen Sinn ↵
Und die Kopie wäre dann praktisch dreimal vorhanden: in ScreenIO zweimal und wir halten dann das auch noch einmal.
...
Ich: Könnt ihr mir sagen, wer welche Ideen eingebracht hat?
Fridthjof: Wir haben nicht damit begonnen aufzuteilen.

Ich: Diskutiert ihr alles durch oder hat einer eine Idee oder entwickelt ihr eine gemeinsame Idee?
Heid: Irgendwie hat sich das ergeben ↲ nicht daß einer mit fertigen Sachen ankam, darauf haben wir verzichtet. Wir haben gesagt, wir fangen gemeinsam an und teilen das dann später auf. Wir haben uns immer nur zusammengesetzt und darüber geredet, da hat keiner vorgearbeitet oder so.
Ich: Wieviele Entwürfe habt ihr gebraucht?
Heid: Viele ↲
Hanglöm: Oh, viele ↲
Fridthjof: Wir waren einmal pro Woche bei Embla und wir haben uns zweimal die Woche zusammengesetzt, also ohne Rechner.
Ich: Seid ihr euch denn immer einig gewesen? [Gelächter] [durcheinander] : Nee, nee ↲
Fridthjof: → [ironisch] Das kommt mir nicht in den Modul rein! ...
Ich: Wenn ihr euch uneinig wart, hat sich dann am Ende jemand durchgesetzt?
Hanglöm: Nee, wir haben darüber geredet, sehr lange ↲
Ich: Wie seid ihr denn mit inhaltlichen Konflikten umgegangen?
Heid: Erst einmal liegen lassen und dann darüber reden.
Fridthjof: Dieses Siegerbedürfnis ist nicht so ausgeprägt. Mir geht es so, wenn Hanglöm oder Heid eine Prozedur geschrieben hat und ich find' daran irgend etwas nicht ok und wir reden dann darüber, dann kann es sein, daß ich hinterher immer noch der Meinung bin, oder nicht ↲, aber selbst wenn ich dann immer noch der Meinung bin, dann würde ich mir nicht denken, daß es auf Grund dessen nun anders geschrieben werden sollte, vorausgesetzt, es funktioniert.
Ich: Wo seid ihr euch denn uneinig gewesen? Gebt mir mal Beispiele.
Fridthjof: Ein Punkt ist immer, wenn man über Bezeichner redet, wie man mit Namen umgeht. Ich finde, das ist immer so eine Sache, bis man da zu einer einheitlichen Namensgebung kommt. Wir sind eigentlich so rangegangen und haben uns gedacht, wir besprechen das halt möglichst lange, bis das für uns klar ist und dann fangen wir mit der Geschichte an. Das hat aber doch so lange gedauert, das vor allem bei der Hanglöm der Wunsch ↲
Heid: → Das hat vor allem auch Embla gesagt.
Hanglöm: [redet gleichzeitig] Ja, genau.
Fridthjof: [redet gleichzeitig] da war, das erst einmal irgendwo auch mal was zu sehen ist, das man mal sieht, ob man die ganze Zeit überhaupt in der richtigen Richtung war.
Hanglöm: Und das war eigentlich der einzige Punkt, wo wir dann einfach losgelegt haben und festgestellt haben, daß wir verschiedener Meinung waren. Ansonsten haben wir immer solange darüber geredet, bis

dann irgend wann irgend jemand mehr Argumente bringen konnte, weil es echt überzeugender war.
Fridthjof: Aber man muß sagen, an dem Punkt, wo wir uns dann hingesetzt haben und es dann implementiert haben, ist es dann relativ schnell gelaufen, wenn man von Syntaxfehlern und so Zeug absieht.
Ich: Vielen Dank für das Gespräch.

Anhang E: Das Interview mit Fenja und Menja

Ich: Der wievielte Entwurf ist das jetzt?
Menja: Oh,Gott.
Fenja: Oh, Gott.
Menja: Das ist bestimmt der zehnte oder der elfte.
Ich: Wann hat sich denn grundsätzlich etwas in eurem Entwurf geändert?
Menja: Grundsätzlich hat sich etwas geändert, wenn wir versucht haben, Prozeduren oder Funktionen, die nun unser Editor erfüllen soll, nachzuvollziehen und wir dann gemerkt haben, daß es irgendwo nicht mehr weitergeht, weil z.B. ein Modul fehlt.
Ich: Wieviele Sitzungen habt ihr denn gebraucht?
Menja: Wir haben uns ein-, zweimal die Woche getroffen.
Ich: und wie lange habt ihr euch getroffen?
Fenja: [fröhlich] Es lag immer an der Lust und Laune. Manchmal sehr kurz, manchmal sehr lang — bis in die nächste Kneipe sozusagen. Und wenn wir hier an der Uni rumhängen und zwei Stunden Zeit haben, dann quatschen wir auch noch einmal über das ganze Zeug.
Menja: Das längste waren einmal sechs oder sieben Stunden, wo wir bei dir [bei Fenja] waren. Sonst waren die anderen Termine nicht so lang; so drei Stunden im Durchschnitt.
Ich: Könnt ihr mir mit euren eigenen Worten den Entwurf erklären? [Menja holt ein riesiges Papier hervor, auf dem der gemeinsame Entwurf dargestellt ist: ein Modulabhängigkeitsgraph mit allen Prozedurköpfen, Typen, Konstanten und wie sie in den Schnittstellen benutzt werden, sowie die modulinternen Prozeduren und Variablen. [Vgl. Anhang G]
Menja: Hier geht's los [Oberguru]. Das ist unsere Anfangsmaske [Maskenguru] und das ist mehr oder weniger der Systemkreislauf, der Schwerpunkt liegt hier drauf [Umgebungsguru] und es gibt nur eine Schnittstelle von hier nach da [Edit-Steuer] und das ist der Aufruf vom

Editor. Wir haben versucht, dieses Konzept — was wir uns aus dem Tutorium erarbeitet haben — von Daten- und Steuerfluß ein bißchen einzuhalten, d.h. Datenfluß und Steuerfluß findet hier unten statt und Steuerfluß hier oben, die Prozeduren werden ohne Parameter aufgerufen. Hier wird eine Liste der bereits übersetzten oder geholten Dateien und Bibliotheken gespeichert ↵ hier unten in der Dateiliste. D.h. wenn ich hier [Edit-Steuer] anfangen will eine Datei zu editieren, habe ich hier [Edit-Datenstruktur] einen Typ Dateiobjekt, in dem alle nötigen Informationen drinstehen, d.h. Länge ↵ Gott, was haben wir da noch alles drin?

Fenja: Blockanfang und -endedefinitionen, ob überhaupt ein Block definiert wurde ↵

Ich: Das ist also die Textliste?

Fenja: Ja, die doppelt verkettete Liste ist auch da drin.

Ich: Cursorposition und Blockmarken?

Fenja: Ja, so was ist auch da drin.

Ich: Und was für Objekte gehen hier [zwischen Edit-Steuer und Edit-Datenstruktur] hin und her?

Menja: Da gehen eigentlich überhaupt keine Objekte hin und her.

Ich: Wo wird denn die Bildschirmposition aufbewahrt? Ich meine das in Hinsicht auf die Problematik mit dem Blättern.

Fenja: Also letztendlich — alle Sachen, die von innen [Edit-Datenstruktur] auf den virtuellen Bildschirm zugreifen und die von außen über Edit-Ein-Ausgabe zugreifen, die werden hier unten [Edit-Mailbox] erstmal zwischengespeichert und können hier denn auch immer abgefragt werden.

Ich: Legt ihr hier 20 Zeilen auf einmal ab?

Menja: Ja, hier ist ein Puffer, den haben wir Typ Schreibfeld genannt .

...

Ich: Ihr braucht nicht mit Direct-Files zu arbeiten. Wir haben doch InOut, das ist viel bequemer für euch.

[Ich sehe auf dem Entwurf, daß sie mit Direct-Files arbeiten.]

Menja: Warum haben wir denn Direct-Files genommen und nicht InOut?

Fenja: Weil wir in <u>Algo III</u> in der sechsten Aufgabe [die letzte Aufgabe] mit Direct-Files gearbeitet haben. ...

Ich: Wo findet ihr euch denn wieder in eurem Entwurf? Wer hat sich was ausgedacht?

Fenja: [irritiert] Wie meinst du denn das?

Menja: [ebenfalls irritiert] <u>Puuh</u> ↵ , na was du hier siehst ist doch das Gemeinschaftsprodukt! Ich verstehe trotzdem die Frage nicht.

Ich: Es kann doch sein, daß du eine Idee gehabt hast oder sie oder ihr eine gemeinsame Idee entwickelt habt.

Menja: Das ist echt schwer zu beantworten.
Ich: Wie laufen denn eure Gruppenprozesse ab?
Fenja: Moment mal, man kann vielleicht grundsätzlich sagen, wir haben so ein Modell mit einem Steuermodul, einen Modul, der die Datenobjekte intern verwaltet, eine Mailbox und ein I/O. Das kam von Frodi, der hat das im Tutorium gehört und vorgeschlagen das so zu machen. Und dann haben wir versucht, uns insgesamt daran zu halten.
Ich: Das habt ihr einfach so akzeptiert?
Fenja: [entrüstet] Ja, was heißt einfach ↵ erst einmal fand ich die Idee, den Steuer- und Datenfluß zu trennen schon einmal nicht schlecht, nachdem ich kapiert hatte, um was es da geht und dachte mir, das könnte man ja einmal probieren.
Menja: Das war vor allem auch so ein Aspekt, den wir sonst nicht so berücksichtigt haben.
Oder hier: Das ist so ein Ding. Wenn jemand einen Dateinamen eingibt und eine Datei anlegen oder holen will, dann muß erst einmal eine Syntaxüberprüfung stattfinden. Also haben wir uns überlegt — ich glaube sogar, das war meine Idee, da finde ich mich wieder [Gelächter]. Da ging es darum, wenn er sich vertippt hat oder einen unzulässigen Dateinamen eingegeben hat, an welcher Stelle soll nun die Möglichkeit bestehen, diesen Namen zu korrigieren. Hier oben [Maskenguru] wird er ja eingegeben. Der Gedanke war erst, da erscheint eine Meldung "Der Name ist falsch und du mußt wieder Dateianlegen aufrufen". Wir haben uns überlegt, daß man den Namen sofort korrigieren kann und aus Gründen der Benutzerfreundlichkeit möglichst schnell Fehler revidieren kann, ohne erst den Modus zu verlassen.
Das was wir unter Maskierung stehen haben — d.h. man sollte ja diesen Editor so programmieren und konstruieren, daß man ihn selber benutzen und verkaufen kann, d.h. daß ich das nehme und herausnehme; ich weiß nicht, ob es das so bringt. Das war eine Idee, die wir übernommen haben.
...
Menja: Das funktioniert von der Idee auch deshalb ganz gut, weil wir hier nur eine Schnittstelle haben [zwischen Umgebungsguru und Edit-Steuer], nämlich den Aufruf vom Editor.
Es funktioniert aber deshalb wiederum nicht so gut, weil man hier nachträglich doch noch ein paar Änderungen ↵ [machen muß], obwohl, das ist ein winziges Modul, das wäre kein Problem, das noch einmal extra zu schreiben. Und Maskierung von ScreenIO könnte man zur Not auch noch einmal quasi portieren.
Ich: Worüber wart ihr euch denn uneinig?
Fenja: Der größte Streit überhaupt. Ich habe mich einmal mit Frodi um etwas gestritten. Da ging es um einen Meldungstypen, so einen Return-

code. Das war hier oben in dem Kreislauf Systemsteuerung. Der Meldungstyp konnte sowohl hier belegt werden als auch hier. Hier gab es einen Fall, wo der Meldungstyp einen Wert bekam und hier sehr, sehr viele Fälle. Dann meinte ich, dann wäre es doch das geschickteste, wenn man den hier 'reintun würde, dann können das und das den beschreiben und SysIO sich den nachher hier herausholen, anstatt daß man den immer hier oben herumschickt und auch noch den Meldungstyp importiert bis nach oben. Das fand Frodi nicht so gut; er wollte ihn bis hier oben importieren und so haben wir uns dann geeinigt.

Ich: Wie läuft es denn ab, wenn ihr euch uneinig seid? Wie kommt ihr zu einem Ergebnis?

Fenja: Jeder sagt, dann machen wir doch deine Sache.

Menja: Na ja, um einmal ehrlich zu sein, kann man ja ruhig sagen, das ist schon ein gewisses Problem, daß ich am schlechtesten programmieren kann und daß bei Kompetenzstreitigkeiten zu dritt ich dann am ehesten Schwierigkeiten hab' mich durchzusetzen. Ich weiß nicht, ob du sowas meinst ↵

Ich: → genau das meine ich ↵

Menja: → und zwar, daß ich eine Idee im Kopf habe und auch so ungefähr weiß wie, aber daß oft die ↵

Ich: Sagst du das dann nicht, oder akzeptieren die anderen das nicht?

Menja: Was sage ich da nicht?

Ich: Deine Idee.

Menja: Doch, in der letzten Zeit habe ich auch das Gefühl, daß es wesentlich besser wird.

Fenja: Natürlich!

Menja: Wir machen seit dem ersten Semester Arbeitsgruppe zusammen, was ein Vorteil aber auch ein Nachteil sein kann. Ein Vorteil insofern, daß du dich eben kennst und weißt, wie du miteinander umzugehen hast, ein bißchen auch die Arbeitsweise des anderen kennengelernt hast. Der Nachteil ist eben, daß du anfängst, dich auf den anderen zu verlassen.

Ich: Kennt ihr euch schon lange?

Fenja: Seit dem ersten Semester.

Ich: Seit dem ersten Semester ↵ ihr mögt euch wahrscheinlich auch?

Menja: Nee, wir hassen uns. [Gelächter] Wir haben allerdings immer mit Freyja und den anderen Arbeitsgruppe zusammen gehabt und dieses Semester ist die Revolution eingetreten und wir haben uns aufgeteilt.

Ich: Wie kommt ihr denn mit eurem männlichen Partner zurecht?

Menja: Also, die Schwierigkeiten mit Frodi hast eigentlich du am ehesten.

Fenja: ~~Ich weiß es nicht~~ ↵

Menja: Weil ihr euch beide mehr durchsetzen wollt; ich fühl' mich da immer ein bißchen unwohl.
Fenja: ~~Ich will mich nicht durchsetzen.~~
Menja: Aber die Situation war doch ein paarmal, daß Frodi da anderer Meinung war.
Ich: Wie kommt ihr denn zu einem Ergebnis? Wenn ein Konflikt da ist, sagt ihr dann, na gut, nehmen wir deinen Vorschlag, oder diskutiert ihr das aus, oder erkennt ihr an, daß da ein guter Vorschlag war?
Menja: Wenn wir Arbeitsgruppe machen, und wir haben uns vorher überlegt, wir wollen zu dem Problem heute Arbeitsgruppe machen; so — wenn dann einer sich schon sehr viel überlegt hat und das quasi in seinem Kopf fertig ausformuliert ist, und die anderen haben sich relativ wenig bis gar keine Gedanken gemacht ↲
Ich: → Habt ihr damit schlechte Erfahrungen gemacht?.
Menja: Na klar!
Fenja: Deswegen machen wir das in letzter Zeit auch nicht mehr, weil wir das halt gemerkt haben, einfach weil ↲ früher war das öfter so, als wir noch mit Freyja zusammen Arbeitsgruppe gemacht haben, einer hatte dann schon was gemacht und den anderen versucht das zu erklären, aber irgendwie ist es dann aber immer schwierig, sich in die Denkweise des anderen hineinzuversetzen.
Menja: Am besten war es eigentlich, wenn man es sich durchgelesen hat, sich gedanklich mit dem Problem befaßt hat, aber versucht hat, das zu diskutieren und das auch gemeinsam schriftlich festzuhalten. Einmal fand' ich es richtig gut, als wir solange bei dir Arbeitsgruppe gemacht haben, da habe ich das Gefühl gehabt, es ist richtig was passiert, das haben wir auch zusammen aufgeschrieben.
Ich: Streitet ihr euch, oder kommt ihr zu einem Kompromiß?
Fenja: Das kommt auch immer darauf an, was für ein Problem das ist. Wenn ich z.B. sehe, es ist im Grunde egal, was man da jetzt macht, dann bestehe ich auch meistens nicht auf meinen Vorschlag — fertig —, dann soll es derjenige oder diejenige machen, oder dann einigen wir uns halt meistens auf irgendwas. Aber wenn ich halt merke, davon hängt mein ganzes Gedankengut ab, dann streite ich mich schon ganz gerne darüber.
Menja: Wo war es denn, wo es egal war?
Fenja: Letztendlich war es total egal, ob dieser Meldungscode jetzt da oben rübergeleitet wird oder da unten abgespeichert wird.
Menja: Obwohl, da ging es doch auch schon wieder los: ist das jetzt Datenfluß, wenn dieser Returncode da oben rübergeleitet wird oder nicht, das war dein Argument. Das war doch auch so eine Situation.
Fenja: Nee, das war sein Argument. Aber ich fand das dann schon etwas blödsinnig.
Ich: Ich danke euch für das Interview.

Anhang F: Der Originalentwurf von Fenja, Menja und Frodi

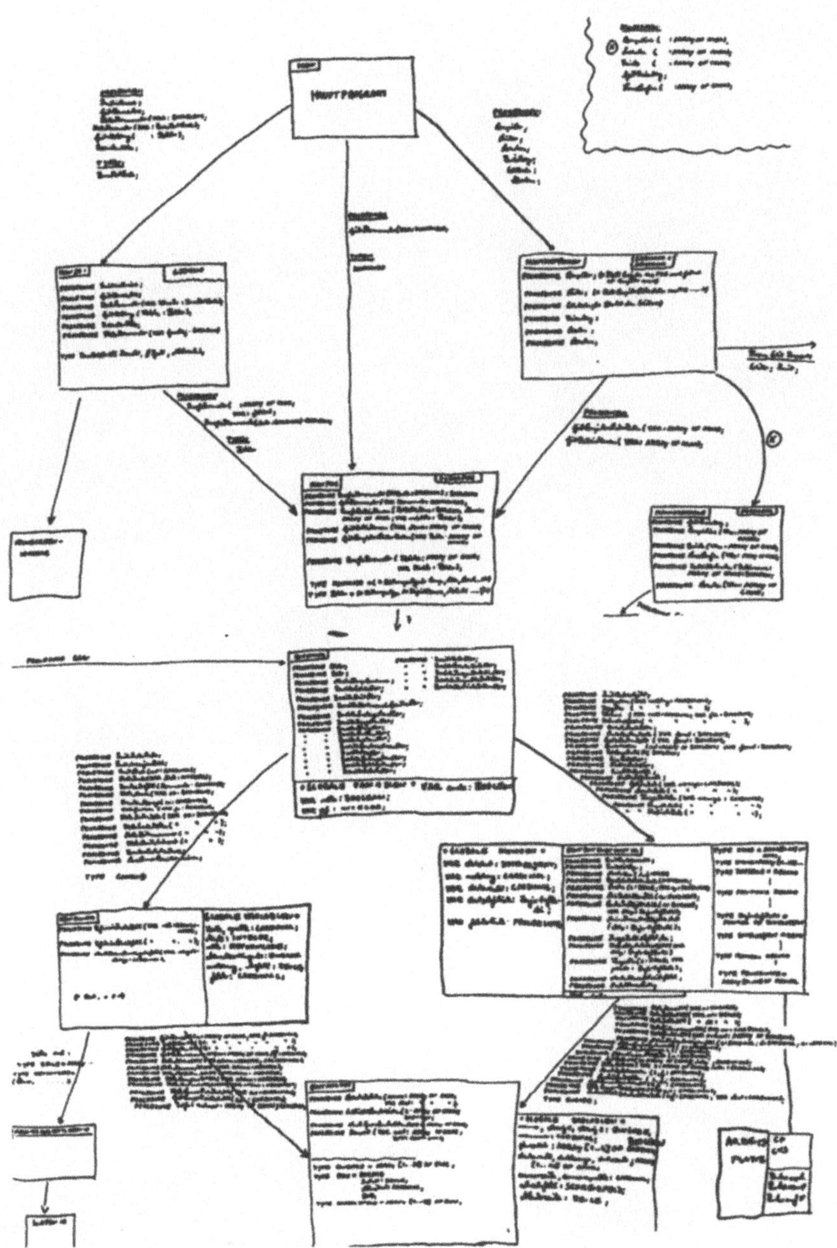

Das Literaturverzeichnis

Aron, J.: *The Program Development Process, Part II: The Programming Team.* Addison-Wesley: Reading, MA, 1983.

Alexander, C.: *Notes on the Synthesis of Form.* Harvard University Press: Cambridge, MA, 1964.

Alexander, C.: *A Pattern Language.* Oxford University Press: New York, 1977.

Alexander, C.: *The Timeless Way of Building.* Oxford University Press: New York, 1979.

Alexander, T.: *Computers Can't Solve Everything.* Fortune; May 1969.

Andersen, N. E.; Kensing, F.; Lundin, J.; Mathiassen, L.; Munk-Madsen, A.; Rasbech, M.; Sørgaard, P.: *Professional systems development: experience, ideas, and action.* Prentice Hall: New York, London, Toronto, Sydney , Tokyo, 1990.

Antons, K.: *Praxis der Gruppendynamik.* Hofgrefe: Göttingen, 1974.

Argyris, C.; Schön, D. A.: *Organizational Learning: A Theory of Action Perspective.* Addison-Wesley: New York, 1978.

Austin, J. L.: *How to Do Things with Words.* Havard University Press, Cambridge, MA, USA, 1962.

Bachmair, S.; Faber, J.; Hennig, C.; Kolb, R.; Willig, W.: *Beraten will gelernt sein.* 4., überarbeitete Auflage. Psychologie Verlags Union: München, 1989.

Baker, F.T.: *Chief programmer team management of production Programming.* IBM Systems Journal; No.1; 1972 ; S. 56-73.

Baker, F. T.; Mills, H. D.: *Chief Programmer Teams.* Datamation; December; 1973; S. 58-61.

Bannon, L: *Discovering CSCW.* In: Bjerknes, G.; Bratteteig, T.; Kautz, K. (Hrsg.): Procedings of the 15th IRIS Conference, University of Oslo, Larkollen Norway, 1992; S. 507-520.

Bauer, F. L.: *Software-Engineering — wie es begann.* Informatik-Spektrum, 16, (5), 1993; S. 257-260.

Bateson, G.: *Ökologie des Geistes. Anthropologische, psychologische, biologische und epistemologische Perspektiven.* Suhrkamp: Frankfurt, 1981.

Bateson, G.: *Geist und Natur. Eine notwendige Einheit.* Suhrkamp: Frankfurt, 1982.

Bendifallah, S.; Scacchi, W.: *Work Structures and Shifts: An Empirical Analysis of Software Specification Teamwork.* In: Proceedings 11th International Conference on Software Engineering; May 15-18; Pittsburgh; 1989; S. 260-270.

Bergstrøm, W.: *Culture Clashes in Software Project Management.* In:Elzer (1987); S. 9-13.

Boehm, B.: *Software Engineering.* IEEE Transactions on Computers; Vol. C-25; No. 12; December 1976; S. 1226-1241.

Boehm, B.: *A Spiral model of software development and maintenance.* IEEE Computer; Vol: 21, No. 5; May 1988; S. 61-72.

Bowers, J. M.; Churcher, J.: *Local and Global Structuring of Computer Mediated Communication: Developing Linguistic Perspectives on CSCW in Cosmos.* In: CSCW'1988; S. 125-139.

Bråten, S.: *Asymmetric Discourse and Cognitive Autonomy: Resolving Model Monopoly through boundary shifts.* In:Pedretti, A. (Hrsg.): Problems of Levels and Boundaries; Princelet Editions: London Zürich, 1983; S. 7-28.

Bråten, S.: *The Third Position — Beyond Artificial and Autopoietic Reduction.* Kybernetes, Vol. 13; 1984; S. 157-163.

Brooks, F.P.: *The Mythical Man-Month. Essays on Software Engineering.* Addison-Wesley: Reading, Menlo Park, London, Amsterdam, Don Mills, Sydney, 1975.

Brooks, F..P.: *No Silver Bullet. Essence and Accidents of Software Engineering.* IEEE Computer, April 1987; S. 10-19.

Brooks, F. P.: *Vom Mythos des Mann-Monats. Essays über Software-Engineering.* Addison-Wesley: Bonn, 1987. Original: Brooks (1975).

Bullen, C. V.; Bennet, J. L.: *Learning from user experience with groupware.* In: CSCW '1990; S. 291-302.

Bush, V.: *As we may think.* Atlantic Monthly 176, July 1945; S. 101-108.

Buxton, J.N.; Randell, B. (Hrsg.): *Software Engineering Techniques.* Scientific Affairs Division; NATO: Brüssel, 1970.

Carasik, R. P.; Grantham, C. E.: *A case study of computer-supported cooperative work in a dispersed organization.* In: Solloway, E.; Frye, D.; Shepperd, S. B.(Hrsg): CHI'88. Human Factors in Computing Systems, Conference Proceedings. ACM SIGCHI Bulletin, Special Issue, 1988; S. 61-65.

Clark, H. H.: *Language use and language users.* In: Lindzey, G.; Aronson, E. (Hrsg.): Handbook of social psychology. Random House: New York, 1985; S. 179-231.

Clark, H. H.; Carlson, T. B.: *Speech acts and hearers' beliefs.* In: Smith, N. V. (Hrsg.): Mutual knowledge. Academic Press: New York, 1982; S. 1-36.

Clark, H. H.; Schaefer, E. F.: *Definite reference and mutual knowledge.* In: Joshi, A. K.; Sag, I.; Webber, B. (Hrsg.): Elements of discourse understanding. Cambridge University Press: New York, 1981; S. 10-63.

Cohn, R.: *Von der Psychoanalyse zur themenzentrierten Interaktion.* Klett-Cotta: Stuttgart, 1979.

Conklin, J.: *Hypertext: An introduction and survey.* IEEE Computer, 20 (9), 1987; S. 17-41.

Conklin, J.; Begeman M. L.: gIBIS: A Hypertext Tool for Exploratory Policy Discussion. In: CSCW '1988.

Cook, P.; Ellis, C.; Graf, M.; Rein, G.; Smith, T.: Project Nick: *Meeting Augmentation and Analysis.* ACM Transactions on Office Information Systems, 5(2); 1987; S. 132-146.

Crowston, K.; Malone, T. W.: *Intelligent Software Agents.* Byte, Special Issue on Groupware, December 1988; S. 267-271.

CSCW '1988: *Proceedings ACM Conference of Computer Supported Cooperative Work.* September 26-29, Portland, Oregon. ACM: New York, 1988.

CSCW'1989: *Proceedings ACM Conference of Computer Supported Cooperative Work.* December 3-5, Austin, Texas. ACM: New York, 1986.

CSCW'1990: *Proceedings ACM Conference of Computer Supported Cooperative Work.* October 7-10, Los Angeles, CA, ACM: New York, 1990.

Curtis, B.; Krasner, H.; Iscoe, N.: *A Field Study of the Software Design Process for Large Systems.* Communications of the ACM; Vol. 31; No. 11; November 1988; S. 1268 - 1287.

De Cindio, F.; De Michelis, C.; Simone, C.; Vassallo, R.; Zanboni, A. M. : *CHAOS as a Coordination technology.* In: CSCW'1986; S. 325-342.

Denert, E.: *Dokumentenorientierte Software-Entwicklung.* Informatik-Spektrum, 16, (3) 1993; S. 159-164.

Denert, E.: *Software-Engineering in Wissenschaft und Wirtschaft: Wie breit ist die Kluft?* Informatik-Spektrum, 16, (5), 1993; S. 295-299.

Denning, P. J.: *A hard look at structured programming.* In: Infotech (1976); S. 183-202.

Dijkstra, E. W.: *The Structure of »THE«-Multiprogramming System.* Communications of the ACM; Vol. 11; No. 5, 1968.

Dijkstra, E. W.: *Complexity Controlled by hierarchical ordering of function and variability.* In: Naur, Randell (1969); S. 181-185.

Dijkstra, E. W.:*Structured Programming.* In: Buxton, Randell (1970); S. 84-88.

Dijkstra, E. W.: *Notes on Structured Programming.* In: Dahl, O. J.; Dijkstra, E.W.; Hoare, C.A.R.: Structured Programming. Academic Press: London, New York, 1972; S. 1-72.

Distaso, J. R.: *Software Management — A Survey of the Practice in 1980.* Proceedings of the IEEE; Vol. 68; No. 9; September 1980; S.1103-1119.

Dunham, R.; Johnson, B. M.; McGonagill, G.; Olson, M.; Weaver, G. M.: *Using a Computer Based Tool to Support Collaboration: A Field Experiment.* In: CSCW'1986.

Dzida, W.; Spittel, A.; Sylla, K.-H.: *Einsatz eines »Message System« bei der Software-Entwicklung — Ein Erfahrungsbericht.* In: Schauer, H.; Tauber, M. J. (Hrsg.): Psychologie des Programmierens. Oldenbourg Verlag: Wien, München, 1983.

Ellis, C. A.; Gibbs, S. J.: *Concurrency Control in Groupware Systems.* ACM SIGMOD RECORD, 18(2), June 1989; S. 399-407.

Ellis, C. A.; Gibbs, S. J.; Rein, G. L.: *Groupware: Some Issues and Experiences.* Communications of the ACM; Vol. 34; No. 1;1991; S. 38 - 58.

Elzer, P. (Hrsg.): *Experience with the Management of Software Projects.* Proceedings of the IFAC/IFIP Workshop, Heidelberg, 1986; Pergamon Press: Oxford, 1987.

Everett, R. R.: *Whirlwind.* In: Metropolis, N.;Hawlett,J.;Rota, G.-C. (Hrsg.): A History of Computing in the Twentieth Century; New York, London, Toronto, Sydney, San Franzisco, 1980; S. 365-384.

Everett, R. R.; Zraket, C. A.; Benington, H.D.: *SAGE — A data processing system for air defense.* In: Proceedings of the East Joint Computer Conference; AFIPS Press; 1957; S. 148-155.

Fallows, J.: *National Defense.* New York, 1983.

Fisher, R.; Brown, S.: *Gute Beziehungen. Die Kunst der Konfliktvermeidung, Konfliktlösung und Kooperation.* Campus: Frankfurt am Main, 1989.

Floyd, C.: *A Process-Oriented Approach to Software Development.* In: Systems Architecture. Proc. of the 6th European ACM Regional Conference, Westbury House, 1981; S 285-294.

Floyd, C.: *A Systematic Look at Prototyping.* In: Budde, R.; Kuhlenkamp, K.; Mathiassen, L.; Züllighoven, H. (Hrsg.): Approaches to Prototyping. Springer-Verlag: Berlin, Heidelberg, New York, Tokyo, 1984; S. 1-18.

Floyd, C.: *Eine Untersuchung von Software Entwicklungsmethoden.* In: Morgenbrod, H.; Sammler, W. (Hrsg.): Programmierumgebungen und Compiler. Berichte des German Chapter of the ACM 18, Teubner: Stuttgart, 1984.

Floyd, C.: *Outline of a Paradigm Change in Software Engineering.* In: Bjerknes,G.; Ehn, P.; Kyng, M. (Hrsg.): Computers and Democracy — a Scandinavian Challenge; Gower Publishing Company Ltd.; Aldershot; England, 1987; S.191-210.

Floyd, C.: *Softwareentwicklung als Realitätskonstruktion.* In: Lippe, W. M. (Hrsg.): Software-Entwicklung: Konzepte, Erfahrungen, Perspektiven; Proc. GI-Fachtagung; Springer-Verlag; New York, Berlin; Juni 1989; S. 1-20.

Floyd, C.: *Software Engineering — und dann?* Informatik-Spektrum, 17, (1), 1994.

Floyd, C.; Castner, M.; Keil-Slawik, R.; Pasch, J.; Reisin, F.-M.; Schmidt, G.: *Einführung in Software Engineering: STEPS.* Arbeitsunterlagen zur Lehrveranstaltung, TU Berlin, Fachbereich Informatik, 1991.

Floyd, C.; Keil, R.; Pasch, J.: *Abdruck von zwei Arbeitsunterlagen der Lehrveranstaltung — Einführung in Software Engineering an der TU Berlin in den »Trends« — »Einführung in den Softwareentwurf« »Die wichtigsten Entwurfskriterien«.* Softwaretechnik-Trends; Heft 4-1; Juni 1984, S. 39-80.

Floyd, C.; Mehl, W.-M.; Reisin, F.-M.; Schmidt, G.; Wolf, G: *Out of Scandinavia: Alternative Approaches to Software Design and System Development.* HUMAN COMPUTER INTERACTION; Vol. 4, 1989; S. 253-350.

Floyd, C.; Pasch, J.: *Methoden für den Entwurf großer Softwaresysteme.* In: Morgenbrod, H.; Remmele,W. (Hrsg.): *Entwurf großer Software-Systeme.* Teubner: Stuttgart, 1985; S. 12-37.

Floyd, C.; Reisin, F.-M.; Schmidt, G.: *STEPS to Software Development with Users.* In: Ghezzi, C.; McDermid, J. A. (Hrsg.): *ESEC '89. 2nd European Software Engineering Conference.* University of Warwick; Coventry; Lecture Notes in Computer Science; 387; Springer-Verlag: New York, Berlin; 1989; S. 48-64.

Floyd, C.; Züllighoven, H.; Budde,R.; Keil-Slawik, R.: *Software Development and Reality Construction.* Springer-Verlag: Berlin, 1992.

Foerster, H. von: *Das Konstruieren einer Wirklichkeit.* In: Watzlawik (1981); S. 39-60.

Foerster, H. von: *Sicht und Einsicht, Versuche zu einer operativen Erkenntnistheorie.* Vieweg: Braunschweig, Wiesbaden, 1985.

Foster, G.; Stefik, M.: *Cognoter, Theory and Practice of a Colab-orative Tool.* In: CSCW'1986; S. 7-15.

Galegher, J.; Kraut, R.; Carmen, E. (Hrsg.): *Intellectual teamwork: social and technological foundations of cooperative work.* Lawrence Erlbaum: Hillsdale New Jersey, 1990.

Geulen, D.(Hrsg.): *Perspektivenübernahme und soziales Handeln. Texte zur sozial-kognitiven Entwicklung.* Suhrkamp: Frankfurt, 1982

Gordon, T.: *Managerkonferenz. Effektives Führungstraining.* Hoffmann & Campe: Hamburg, 1979.

Greenberg, S. (Hrsg.): *An Annotated Bibliography of Computer Supported Cooperative Work.* ACM SIGCHI Bulletin, 23 (3); Special Issue on Computer Supported Cooperative Work; S. 29-62, Juli 1991.

Greif, I. (Hrsg.): *Computer-Supported Cooperative Work: A book of Readings.* Kaufman Pub. Inc.: San Mateo, CA., 1988.

Grudin, J.: *Why CSCW Applications fail: Problems in the Design and Evaluation of Organizational Interfaces.* In: CSCW'1988; S. 83-93.

Grudin, J.: *Why groupware applications fail: problems in design and evaluation.* Office: Technology and People, 4:3; 1989; S. 245-264.

Gudjons, H.: *Spielbuch Interaktionserziehung.* Klinkhardt: Bad Heilbronn, 1992.

Gutte, R.: *Gruppenarbeit: Theorie und Praxis des sozialen Lernens.* Diesterweg: Frankfurt, Berlin, München, 1976.

Haferkamp, H.: *Mead und das Problem des gemeinsamen Wissens.* Zeitschrift für Soziologie; Jg. 14; Heft 3; 1985; S. 175-187.

Hahn, U.; Jarke, M.; Eherer, S.; Kreplin, K.: CoAUTHOR — *A Hypermedia Group Authoring Environment.* In:Bowers, J. M.; Benford, S. D. (Hrsg.): Studies in Computer Supported Cooperative Work. Theory, Practice and Design. North- Holland: Amsterdam, 1991; S. 79-100.

Halasz, F.; Moran, T. P.; Trigg, R.: *NoteCards in a Nutshell.* In: Carrol, J. M.; Tanner, P. P.: (Hrsg.): CHI'87 Conference Proceedings. Human Factors in Computing Systems. ACM SIGCHI Bulletin, Special Issue, 1987; S: 45-52.

Hansel, J.; Lomnitz, G.: *Projektleiter-Praxis. Erfolgreiche Projektabwicklung durch verbesserte Kommunikation und Kooperation.* Springer-Verlag: Berlin, Heidelberg, New York, Tokyo, 1987.

Harrigton, J.: *Organizational Structure and Information Technology.* Simon & Schuster: Hempstead, England, 1991

Heintel, P.; Krainz,E: *Projekt Management. Eine Antwort auf die Hierarchiekrise?.* Gabler: Wiesbaden, 1990.

Hofstetter, H.: *Organisationspsychologische Aspekte der Software Entwicklung.* In: Schelle, H.; Molzberger, P. (Hrsg.): *Psychologische Aspekte der Software-Entwicklung.* Oldenbourg: München, Wien, 1983; S. 25-62.

Holton, J. B.: *Are the New Programming Techniques Being Used?* Datamation; July; 1977; S. 97-103.

Hosier, W. A.: *Pitfalls and Safeguards in Real-Time Digital Systems with Emphasis on Programming.* IRE Transactions on Engineering Management; Vol. EM-8; June 1961; S. 99-115.

Huber, G. L.: *Kooperatives Lernen: Theoretische und praktische Herausforderung für die Pädagogische Psychologie.* Zeitschrift für Entwicklungspsychologie und Pädagogische Psychologie; Band XIX, Heft 4; 1987; S. 340-362.

Infotech (1976): *Structured Programming: Analysis.* Maidenhead, 1976.

Infotech (1977): *Infotech State of the Art Report; Software Engineering Techniques.* Band 1 : Analysis and Bibliography; Band 2: Invited Papers; Maidenhead, 1977.

Jacobson, I.; Christeroson, M.; Jonsson, P.; Övergaard, G.: *Object-Oriented Software Engineering. A Use Case Driven Approach.* Addison Wesley: Reading, MA, 1992.

James, G.: *The Tao of Programming.* InfoBooks: Santa Monica, 1987.

Joas, H.: *Praktische Intersubjektivität. Die Entwicklung des Werkes von G.H. Mead.*Suhrkamp: Frankfurt, 1989. Zuerst: 1980.

Johnson, D. W.; Johnson, R. T.: *Classroom conflict: Controversy versus debate in learning groups.* American Educational Research Journal, No. 22; 1985; S. 237-256.

Kaplan, S. M.: *Conversation Builder: An Open Architecture for Collaborative Work.* In: Diaper, D.; Gilmore, D.; Cockton, G.; Shackel, B. (Hrsg.): Human Computer Interaction - INTERACT ´90. Elsevier: Amsterdam, 1990; S. 917-922.

Keil-Slawik, R.: *Konstruktives Design. Ein ökologischer Ansatz zur Gestaltung interaktiver Systeme.* Habilitationsschrift, TU Berlin, 1990.

Keil-Slawik, R., Pasch, J.: *Methodisches Vorgehen bei der Entwicklung von Dialogschnittstellen.* 8. Int. Kongreß Datenverarbeitung im europäischen Raum; Wien, 1987; S. 105-117.

Key, M.: *The Reasons why Software has a Bad Name.* In: Elzer (1987); S.97-102.

Kling, R.; Scacchi, W.: *Computing as social Action: The social dynamics of Computing in Complex Organizations.* In: Yovits, M. C. (Hrsg.): Advances in Computers, 19; 1980; S. 249-327.

Koch, G.: *Die erfolgreiche Moderation von Lern- und Arbeitsgruppen. Praktische Tips für jeden, der mit Teams mehr erreichen will.* Verlag moderne Industrie: Landsberg, 1989.

Koster, C. H. A: *Visibility and Types.* Proceedings, Conference on Data; SIGPLAN 11, Special Issue, 1976; S. 179-190.

Koszarek, J. L. ; Lindstrom, J. R.; Ensor, J. R.; Ahuja, S. R.: *A Multi-User Document Review Tool.* In: Gibbs, Verrijn-Stuart (Hrsg.): Multi-User Interfaces and Applications. North-Holland: Amsterdam, 1990; S. 207-214.

Kraemer, K.; King, J.: *Computer-Based Systems for Group Decision Support: Status of Use and Problems in Development.* In: CSCW'1986; S. 353-375.

Kraemer, K.; King, J.: *Computer-based systems for cooperation work and group decision making.* Computing Surveys, 20, 1988, S. 115-146.

Kraft, P. K.: *Programmers and Managers. The Routinization of Computer Programming in the United States.* Springer-Verlag: New York, Heidelberg, Berlin, 1977.

Krauss, R. M.; Fussel, S.R.: *Mutual Knowledge and Communicative Effectiveness.* In: Galegher et al. (1990).

Kuhlen, R.: *Hypertext. Ein nichtlineares Medium zwischen Buch und Wissensbank.* Springer-Verlag: Berlin, Heidelberg, New York, Paris Tokyo, Hong Kong, 1991.

Kunz, W.; Rittel, H.: *Issues as elements of information systems (Working paper 131).* Berkley, CA: University of California, 1979.

Lai, K.-Y.; Malone, T. W.; Yu, K.-C.: *Object-Lens: A 'Spreadsheet for Cooperative Work'.* ACM Transactions on Office Information Systems, 6(4); October 1988; S. 332-353.

Leland, M. D. P.; Fish, R. S.; Kraut, R. E.: *Collaborative Document Production Using Quilt.* In: CSCW'1988; S. 229-245.

Levine, J. M.; Moreland, R. L.: *Progress in small group research.* Annual Review Psychology, No. 40, 1990; S. 585-634.

Likert, R.: *New patterns of management.* McGraw-Hill: New York, 1961.

Likert, R.: *Neue Ansätze der Unternehmensführung.* Haupt: Bern, 1972. Original: Likert (1961).

Liskov, B.; Zilles, S. N.: *Programming with Abstract Data Types.* ACM SIGPLAN Conference on Very High Level Languages, ACM SIGPLAN Notices 9, 4, 1974; S. 50-59.

Maaß, S.: *Computerunterstützte Kommunikation und Kooperation.* In: Oberquelle (1991); S. 11-36.

Mackay, W. E.: *Users and Customizable Software: A Co-Adaptive Phenomenon.* PfD thesis, Sloan School of Management, MA, USA, 1990.

Mackay, W. E.; Malone, T.; Crowston, K.; Rao, R.; Rosenblitt, D.; Card, S.: *How Do Experienced Information Lens Users Use Rules?* In: Bice, K.; Lewis, C. (Hrsg.): Wings for the Mind. CHI ´89 Conference Proceedings. Human Factors in Computing Systems. ACM SIGCHI Bulletin, Special Issue; 1989; S. 211-216.

Malone, T. W.; Grant, K. W.; Turbank, F. A. Brobst, S. A.; Cohen, M. D.: *Intelligent Information Sharing Systems.* Communication of the ACM; Vol. 30; No. 5; 1987; S. 390-402.

Mantei, M.: *The Effect of Programming Team Structures on Programming Tasks.* Communications of the ACM; Vol. 24; Number 3; March 1981; S. 106-113.

Markus, M. L.; Connolly, T.: *Why CSCW Applications Fail: Problems in the Adoption of Interdependent Work Tools.* In: CSCW´1990; S. 371-380.

Mead, G. H.: *Geist, Identität und Gesellschaft.* Suhrkamp: Frankfurt, 1973.

Mead, G. H.: *Gesammelte Aufsätze.* 2 Bände. Suhrkamp: Frankfurt, 1980.

Metzger, P. W.: *Managing a Programming Project.* Prentice Hall: Englewodd Cliffs, New Jersey, 1973.

Miller, M.: *Kollektive Lernprozesse. Studien zur Grundlegung einer soziologischen Lerntheorie.* Suhrkamp: Frankfurt, 1986.

Mills, H. D.: *Chief programmer teams: Principles and procedures.* Report No. FSC 71-5108, IBM Federal Systems Division: Gaithersburg Maryland, 1971.

Mintzberg, H.: *The nature of managerial work.* Harper & Row: London, 1973.

Mintzberg, H.: *The managers job: Folklore or fact.* In: Havards Business Review, 7/8; 1975; S. 49-61.

Münch, W.: *Supervision von Lehrergruppen.* In: Geissler, K.A (Hrsg.): Gruppendynamik für Lehrer. Rowohlt: Reinbek bei Hamburg, 1979.

Myers, G.: *The Art of Software Testing.* John Wiley & Sons: New York, 1979.

Nagl, M.: *Softwaretechnik: Methodisches Programmieren im Großen.* Springer-Verlag: Berlin, Heidelberg, New York, Paris, Tokyo, Hong Kong, 1990.

Naur, P., Randell, B. (Eds): *Software Engineering.* Scientific Affairs Division; NATO: Brüssel, 1969.

Naur, P.: *Concise Survey of Computer Methods.* Studentlitteratur: Lund, 1974.

Naur, P.: *Computing: A Human Activity.* Addison-Wesley: Reading, MA, 1992.

Neisser, U.: *Kognition und Wirklichkeit. Prinzipien und Implikationen der kognitiven Pschologie.* Klett-Cotta: Stuttgart, 1979.

Nelson, T. H.: *Replacing the Printed Word: A Complete Literary System.* In: Proceedings IFIP Congress 1980. North-Holland: Amsterdam; 1980; S. 1013-1023.

Oberquelle, H. (Hrsg.): *Kooperative Arbeit und Computerunterstützung. Stand und Perspektiven.* Verlag für Angewandte Psychologie: Göttingen Stuttgart, 1991.

Parnas, D. L.: *A Technique for Software Module Specification with Examples.* CACM; Vol. 15, No. 5, 1972; S. 330-336 (a).

Parnas, D. L.: *On the Criteria to be Used in Decomposing Systems into Modules.* CACM; Vol. 15, No. 12, 1972 (b).

Parnas, D. L.: *On a »Buzzword« : Hierarchical Structure.* Information Processing 74; North Holland; 1974; S.336-339.

Parnas, D. L.; Siewiorek, D. P.: *Use of the Concept of Transparency in the Design of Hierarchically Structured Systems.* Communications of the ACM; Vol. 18; No. 7; July 1975; S. 401-408.

Parnas, D. L.; Weiss, D. M.: *Active Design Reviews: Principles and Practices.* The Journal of Systems and Software 7, 1987; S. 259-165.

Pasch, J.: *Mehr Selbstorganisation in Softwareentwicklungsprojekten.* In: Workshop-Beiträge zur Tagung »Software-Entwicklung«, Marburg, 1989, Workshop: Soziale und arbeitspsychologische Aspekte der Software-Entwicklung; Softwaretechnik-Trends; Band 9, Heft 2; September 1989; S. 42-55.

Pasch, J.: *Dialogical Software Design.* In: Bullinger, H.J. (Hrsg.): Proceedings of the 4th International Conference on Human-Computer Interaction. Stuttgart, September 1991. Elsevier: Amsterdam, London, New York, Tokyo, 1991; S. 556 - 560.

Pasch, J.: *Dialogischer Software-Entwurf.* Forschungsberichte des Fachbereichs Informatik, TU Berlin, Bericht Nr. 92-4 : Berlin, 1992.

Piaget, J.: *Language and thought of child.* Routledge & Kegan Paul: London, 1959. Zuerst frzs.: 1923.

Pinsonneault, A.; Kraemer, K. L.: *The Impact of Technological Support on Groups: An Assessment of the Empirical Research.* In: Decision Support Systems, Special Issue on Group Decision Support Systems 5, 1989; S. 115-253.

Reisin, F.-M.: *Kooperative Gestaltung in partizipativen Software-Projekten.* Dissertation. Peter Lang: Frankfurt, 1992.

Robinson, M.: *Computer Supported Cooperative Work and Informatics for Development.* Paper presented at Informatica ´90, Havana, Cuba, 1990.

Rodden, T.: *A Survey of CSCW systems.* Interacting with Computers: the Interdisziplinary Journal of Human-Computer Interaction, 3(3); 1991; S. 319-353.

Rogers, C.: *Die klientenzentrierte Gesprächspsychotherapie.* Fischer-Verlag: Frankfurt, 1983.

Ryle, G.: *The concept of mind.* Hutchinson: London, 1949.

Scacchi, W.: *Managing Software Engineering Projects: A Social Analysis.* IEEE Transactions on Software Engineering; Vol. SE-10; No.1; January 1984; S. 49-59.

Schnupp, P.; Floyd, C.: *Software. Programmentwicklung und Projektorganisation.* Walter de Gruyter: Berlin, New York, 1979.

Schwäbisch, L.; Siems, M.: *Anleitung zum sozialen Lernen für Paare, Gruppen und Erzieher. Kommunikations- und Verhaltenstraining.* Rowohlt: Reinbek bei Hamburg, 1974.

Schwartz, J. I.: *Analyzing large-scale system development.* In: Buxton, Randell (1970); S. 122-137.

Searle, J. R.: *Speech Acts.* Cambridge University Press: Cambridge, MA, 1969.

Shneiderman, B.: *Software Psychology.* Winthrop: Cambridge, MA., 1981.

Shneiderman, B.; Kearsley, G.: *Hypertext Hands On! An introduction to a new way of organizing and accesssing information.* Addison-Wesley: Reading, MA, 1989.

Sproull, L.; Kiesler, S.: *Reducing Social Context Cues: Electronic Mail in Organizational Communication.* In: Greif (1988); S. 683-712.

Stefik, M.; Foster, G.; Bobrow, D.; Kahn, K.; Lanning, S.; Suchman, L.: *Beyond the Chalkboard: Computer Support for Collaboration and Problem Solving in Meetings.* Communications of the ACM; Vol. 30; No. 1;1987; S. 32 - 47.

Tatar, D. G.; Foster, G.; Bobrow, D. G.: *Design for Conversations: lessons from cognoter.* International Journal of Man-Machine Studies; 34, 1991; S. 185-209.

Trigg, R.: *Guided Tours and Tabletops: Tools for Communicating in a Hypertext Environment.* In: CSCW'1988; S. 216-226.

Trigg, R.; Suchman, L.; Halasz, F.: *Supporting Collaboration in NoteCards.* In: CSCW'1986.

Watzlawick, P. (Hrsg.) : *Die erfundene Wirklichkeit. Wie wissen wir, was wir zu wissen glauben? Beiträge zum Konstruktivismus.* Piper: München, 1981.

Watzlawick, P.; Beavin, J. H.; Jackson, D. D. (Hrsg.): *Menschliche Kommunikation. Formen, Störungen, Paradoxien.* Hans Huber: Bern, Stuttgart, Wien, 1969.

Weick, K. E.: *Der Prozeß des Organisierens.* Suhrkamp: Frankfurt, 1985.

Weinberg, G.: *The Psychology of Computer Programming.* Van Nostrand Reinhold: London, Toronto, Melbourne, 1971.

Weinberg, G.: *Becoming a Technical Leader.* Dorset House Publising: New York, 1986.

Weinberg, G.; Freedman, D. P.: *Reviews, Walkthroughs, and Inspections.* IEEE Transactions in Software Engineering; Vol. SE-10; No.1; January 1984; S. 68-72.

Weltz, F.; Ortmann, R. G.: *Das Software-Projekt. Projektmanagement in der Praxis.* Campus: Frankfurt, New York, 1992.

Westerlund, G.; Sjöstrand, S.-E.: *Organsationsmythen.* Klett-Cotta: Stuttgart, 1981.

Winograd, T.: *A Language Perspective on the Design of Cooperative Work.* In: CSCW '86 .

Winograd, T; Flores, F.: *Erkenntnis Maschinen Verstehen. Zur Neugestaltung von Computersystemen.* Rotbuch: Berlin, 1989.

Wirth, N.: *Program Development by Stepwise Refinement.* Communications of the ACM; Vol. 14; No. 4; 1971; S. 221-227.

Wirth, N.: *Programming in Modula-2.* Springer-Verlag: Berlin, Heidelberg, New York, Tokyo, 1982.

Womack, J. P. ; Jones, D. T.; Roos, D.: *Die zweite Revolution in der Automobilindustrie.* Campus: Frankfurt, New York, 1991.

Yakemovic, K. C. B.; Conklin, J.: *Report on a Development Project Use of an Issue-Based Information System.* In: CSCW'1990; S. 105-118.

Yourdon, E.: *Managing the Structured Technique.* Prentice Hall: Englewodd Cliffs, New Jersey, 1976.

Yourdon, E.: *Structured Walkthroughs.* Prentice Hall: Englewodd Cliffs, New Jersey, 1978.

Yourdon, E.: *Die westliche Programmierkunst am Scheideweg. Die Schlüsseltechniken der Softwareentwicklung für das 21. Jahrhundert.* Carl Hanser: München, Wien, 1993.

Zurcher, F.; Randell, B.: *Iterative Multi-Level Modelling — A Methodology for Computer System Design.* Proc. IFIP Congress; 1968; S. D138-D142.

Das Autorenverzeichnis

A

Ahuja 252
Alexander, C. 164, 245
Alexander, T. 245
Andersen 69, 77, 245
Andrews 77, 245
Antons 245
Argyris 245
Aron 32, 36, 245
Austin 207, 245

B

Bachmair 245
Baker 30, 40, 44, 245
Bannon 205, 209, 245
Bateson 169, 245, 246
Bauer V, 32, 245
Beavin 256
Begeman 213, 247
Bendifallah 246
Benington 248
Bennet 209, 246
Bergstrøm 246
Bobrow 219, 255, 256
Boehm 37, 246
Bowers 246
Bråten 92, 93, 94, 95, 246
Brobst 253
Brooks 7, 30, 37, 38, 39, 51, 246
Brown 199, 248
Budde 108, 249
Bullen 209, 246
Bush 211, 246
Buxton 32, 35, 246

C

Carasik 246
Card 253
Carlson 247
Castner 249
Christeroson 78, 251
Churcher 246
Clark 247
Cohen 253
Cohn 167, 187, 247
Conklin 213, 215, 247, 256
Connolly 220, 253
Cook 247
Crowston 247, 253
Curtis 52, 247

D

De Cindio 247
De Michelis 247
Denert VI, 51, 247
Denning 37, 247
DeVries 248
Dijkstra 32, 33, 35, 36, 74, 248
Distaso 37, 248
Dunham 248
Dzida 206, 248

E

Eherer 250
Ellis 215, 247, 248
Elzer 248
Ensor 252

Everett 248

F

Faber 245
Fallows 248
Fish 252
Fisher 199, 248
Flores 107, 256
Floyd X, 38, 42, 55, 58, 108, 111, 248, 249, 255
Foerster 55, 250
Foster 219, 250, 255, 256
Freedman 256
Fussel 252

G

Geulen 80, 86, 108, 250
Gibbs 215, 248
Gordon 193, 194, 250
Graf 247
Grant 253
Grantham 246
Greenberg 221, 250
Greif 201, 221, 250
Grudin 220, 250
Gudjons 199, 250
Gutte 250

H

Haferkamp 250
Hahn 250
Halasz 212, 250, 256
Hansel 20, 53, 251
Harrigton 251
Heintel 251
Hennig 245
Hoare 32
Hofstetter 176, 251
Holton 44, 251
Hosier 31, 251
Huber 251

I

Iscoe 52, 247

J

Jackson 256
Jacobson 78, 251
James 167, 251
Jarke 250
Joas 80, 108, 251
Johnson 105, 248, 251
Jones 27, 256
Jonsson 78, 251

K

Kahn 255
Kaplan 251
Kearsley 255
Keil 56
Keil-Slawik 1, 56, 108, 164, 249, 251, 252
Kensing 77, 245
Key 252
Kiesler 220, 255
King 252
Kling 252
Koch 199, 252
Kolb 245
Koster 146, 252
Koszarek 252
Kraemer 252, 255
Kraft 252
Krainz 251

Krasner 52, 247
Krauss 252
Kraut 252
Kreplin 250
Kuhlen 252
Kunz 252

L

Lai 252
Lanning 255
Leland 252
Levine 252
Likert 9, 25, 252, 253
Lindstrom 252
Liskov 253
Lomnitz 20, 53, 251
Lundin 77, 245

M

Maaß 220, 253
Mackay 205, 253
Malone 247, 252, 253
Mantei 44, 50, 253
Markus 220, 253
Mathiassen 77, 245
McGonagill 248
Mead 80, 100, 101, 102, 253
Mehl 249
Metzger 44, 253
Miller 80, 103, 108, 253
Mills 30, 40, 42, 245, 253
Mintzberg 253
Moran 250
Moreland 252
Münch 197, 253
Munk–Madsen 77, 245
Myers 47, 253

N

Nagl 164, 254
Naur 32, 37, 55, 59, 76, 78, 91, 248, 254
Neisser 254
Nelson 211, 254

O

Oberquelle 201, 220, 221, 254
Olson 248
Ortmann 52, 256
Övergaard 78, 251

P

Parnas 37, 254
Pasch 249, 252, 254
Piaget 80, 255
Pinsonneault 255

R

Randell 32, 36, 246, 248, 254
Rao 253
Rasbech 77, 245
Rein 215, 247, 248
Reisin 56, 249, 255
Rittel 213, 252
Robinson 209, 255
Rodden 215, 255
Rogers 167, 182, 193, 255
Roos 27, 256
Rosenblitt 253
Ryle 75, 255

S

Scacchi 50, 246, 252, 255
Schaefer 247
Schmidt 249
Schnupp 38, 42, 255
Schön 245
Schwäbisch 177, 255
Schwartz 30, 32, 255
Searle 207, 255
Shneiderman 44, 50, 255
Siems 177, 255
Siewiorek 254
Simone 247
Sjöstrand 26, 256
Smith 247
Sørgaard 77, 245
Spittel 206, 248
Sproull 220, 255
Stefik 250, 255
Suchman 212, 213, 255, 256
Sylla 206, 248

T

Tatar 219, 256
Trigg 212, 213, 250, 256
Turbank 253

V

Vassallo 247

W

Watzlawick 256
Weaver 248
Weick 27, 97, 188, 256
Weinberg 30, 45, 46, 47, 48, 49, 50, 256
Weltz 52, 256
Westerlund 26, 256
Willig 245
Winograd 107, 256
Wirth 74, 256
Wolf 249
Womack 27, 256

Y

Yakemovic 215, 256
Yourdon 43, 44, 50, 51, 257
Yu 252

Z

Zanboni 247
Zilles 253
Zraket 248
Züllighoven 108, 249
Zurcher 257

Das Stichwortverzeichnis

A

abstrakte Maschine 15, 143
- Chaos in den Schichten 146
- Definition 33

Acht-Damen-Problem 74
aktives Zuhören 183
ant army approach 29
Apple 211
arbeitsteilige Projektarbeit 37
Architektur 66
Argumentationsprozeß 90, 198
Aufgabennetze 1
Ausbaustufe 72, 73, 151
außergewöhnlicher Entwerfer 52
autonomes Lernen 103
Autonomie 26, 198
Autorenunterstützungssystem
- CoAuthor 215
- Collaborative Annotator 215
- gIBIS 213, 215
- Grove 215
- NoteCards 212
- Quilt 215

Autoritätsproblematik 178
Autor-Kritiker-Zyklus 173

B

Basismaschine 72
Benutzer 181
Benutzermaschine 72
boundary spanner 19, 163
- Definition 52

C

card sharks 211
CASE 202
CHAOS 207, 209
Chef-Programmierer 41, 43
Chef-Programmierer-Team 30, 40
- aufgeweicht 44

CoAuthor 215
Cognoter 216, 220
Collaborative Annotator 215
Computergestützte kooperative Arbeit (CSCW)
- Definition 201

ConversationBuilder 207
Coordinator 207, 208
CSCW 201, 221
CTSS 32

D

Definitionsmodul 113
demokratische Programmierergruppe 48
Design
- hermeneutische Fundierung 107

Design-Begriff 59
Designkonflikt 164
Dialogische Konfliktbewältigung 192
- Jeder-gewinnt-Methode 193
- Konfliktdialog 192
- Supervision 196

Dialogischer Entwurf
- Definition 102

Die interaktive und sich selbst organisierende Projektgruppe 8, 175
- Etablieren der Projektumgebung 179

Gruppenbildungsanfangsphase
Autoritätsproblematik 176
gruppendynamische Übungen 177
Identitätsproblematik 176
Intimitätsproblematik 176
Interaktionskompetenz 182
Aktives Zuhören 183
Blitzlicht 186
Dialogstörer 184
Du-Botschaften 184
Gruppenprozeßanalyse 188
Ich-Botschaften 184
kontrollierter Dialog 185
Situationsdefinition 187
Ursachenkarte 189
Plenum 175
Projektetablierung 176
Projektvertrag 176
Rollen 180
Advocatus Diaboli 181
Beauftragte für Gruppendynamik 181
Editor 181
Entwerfer 181
Facilitator 181
Konfigurationsverwalter 182
Moderator 181
Programmierer 181
Projektleiter 180
Qualitätssicherer 181
Tester 181
Tagesordnung 175
Übergeordnete Gruppe 180
Differenzerfahrung 102

E

egoless programming 30, 46
Definition 47
Einbezüglichkeit 172
elektronischer Terminkalender 209
Elektronisches Postsystem
Computer-Konferenzen 203
Information/Object Lens 203
Lotus Notes 206
Nachrichtentypen 204
Entwurfsdialog 215
argumentativer 81
asymmetrischer
Beispiel 124
Definition 94
Bedingungen 96
symmetrischer 96, 103, 138
Beispiel 131, 137
Definition 95
Entwurfskriterien
Definition
Benutzt-Hierarchie 115
Lokalität 114
Ökonomie des Steuer- und Datenflusses 115
Prozedurale Schnittstellen 114
Stufenweise Abstraktion 115
Lokalität
Beispiel 126
Ökonomie des Steuer- und Datenflusses
Beispiel 14, 130, 140, 142
Stufenweise Abstraktion
Beispiel 134, 146, 153
Entwurfsmuster 11, 82, 142, 164
Beispiel
abstrakte Maschinen (Schichtenkonzept) 144
Funktionsstruktur (Gliederung der Aufgabenbeschreibung) 151
Gruppenstruktur 125
Menüstruktur 149
rekursive Zerlegung (Subsystembildung) 139
stufenweise Abstraktion 135, 154

Entwurfs-Reviews 173
Entwurfssituation 5, 11, 84
  Definition 82
Etablieren der Projektgruppe 70
Etablierung der Projektumgebung 69
evolutionäre Software-Entwicklung 51

F

Flip-chart 84, 219, 220
Funktionalität 66
funktionelle Rolle 178, 180, 182
  Definition 171

G

Geheimnisprinzip 83, 114, 172
Geist 169
gemeinsame Mittel 97
gemeinsame Sprache 171
gemeinsame Ziele 98
gemeinsames Wissen 83, 90, 101, 102, 220
Gestaltungskonflikt 116, 133, 138, 156, 158, 159, 161, 196
  gIBIS 214
gIBIS 214, 218
Gleichberechtigung 168, 176
Groupware 107
  Definition 201
Grove 215
Gruppenbildungsanfangsphase 178
Gruppendynamik 177, 191
  Einführung in den Konfliktdialog 178
  Gruppenprozeßanalyse 178
  Ich bin mein Partner... 177
  Paarinterview 177
  Selbstdarstellungsdreiergruppe 178
Gruppenprozeßanalyse 188, 189, 191, 193
Gruppentherapie 167

H

Handhabung 66
Handlungskoordination 88, 102
Handlungsorientierung 90, 137, 176, 177, 193, 199
  Definition 86
  soziale
    Definition 100
  Ziele-Mittel 88
hermeneutisches Dauergespräch 107
Hierarchie 20, 22, 45
holy scrollers 211
Hypertext 210
  Definition 211
  getting lost in hyperspace 212
  Kartenmetapher 212
  Navigieren 211
    browsing 211
    fish-eye 211
    guided tours 211
  System
    gIBIS 213
    HyperCard 211
    MEMEX 211
    NoteCards 211

I

IBIS 214
IBIS-Methode 213
Idea Structuring System 212
Identitätsproblematik 178
Integrationstest 180, 181
Interaktion 89
  Definition 90
  -sform 89, 90
Interaktionskompetenz 168, 178

Definition 106
intermentaler Reflexionsprozeß 91, 102
Intersubjektivität
Definition 88
Intimitätsproblematik 178
IPAS 52

J

Jeder-gewinnt-Methode 194, 195

K

Kausalschleife 190, 191
Kommunikation V, 7, 25, 174, 177, 206, 218, 219, 220
arbeitsteilige Projektarbeit 37
Arbeitsteilung 38
Definition 88
falsches Modell (Cognoter) 219
Formalisierung 209
informelle 220
Management 24
NATO-Konferenz 34
Projektfortschritt 38
Reduktion der 37
-saufwand 38, 39
Gesetz 38
Brooks 38
-sbeziehungen 35
-sfertigkeiten 187
-slücke 36
Software-Entwickler 35
-störung 137
technisch vermittelte 220
kommunikatives Handeln 89, 207
Kompromiß
Definition 90
Konflikt 137, 192, 194
ungelöste 128
Konflikt zwischen Theoretikern und Praktikern 36
Konfliktaustragung 89
Definition 90
Konfliktbewältigung 192, 198
Konfliktdialog 193
Konfliktlösung 194
Konfliktverarbeitung 24, 167, 199
Konventionen 170
Konversationen 207
Konversationsmuster 207
Kooperation 70, 89, 174, 177, 220
Definition 90
kooperatives Lernen 102
Koordination 69
Koordinationsunterstützungssyste m
CHAOS 207
Coordinator 207
koordinierter Dissens 129

L

Lotus Notes 206

M

mäeutische Methode (Sokrates) 92
man-month 37
Mauer der Selbstverständlichkeiten 3
menschenzentrierter Qualitätsbegriff 56
Mensch-Monat 37
Metaplantechnik 220
Milieu zur Zusammenarbeit 173
Mittel 87
Mitteleinsatz 90
Mittel-Übereinstimmung 97
Modellmonopol 93, 137, 138
Beispiel 125
Definition 94
Untersuchung
Beispiel 124
Modulabhängigkeitsgraph 11, 84

Modularisierung 72
Modularität 172
Moduldiagramm
  Definition 116
MULTICS 32
Musterarchitektur 10, 83

N

Nachrichtentypen 204, 209
Newsgroups 203
NICK-Projekt 215
NoteCards 212

O

Object Lens 203
objektive Problemsituation 128
Ökonomie des Steuer- und Datenflusses
  Stufenweisen Abstraktion
    Beispiel 130
Organisation
  hierarchisch
    Groupware 209
  hierarchische 24, 220
  informelle Strukturen 220
Organisationsform 170
Organisationsstruktur 19, 35
  autokratische 40
  demokratische 30, 45
  informelle 24
  Matrixorganisation 23
  Stab-/ Linienorganisation 20
  übergeordnete Gruppen 170, 175
  überlappende Gruppen 25
OS/360 32
Ostinato 106, 138
  Definition 102
  Untersuchung
    Beispiel 156

P

Partizipation 53, 61
  Projektmodell 63
partizipative Systementwicklung 1
personenzentrierter Ansatz der Dialogführung 182
Perspektive 3, 5, 60, 62, 82, 83, 86, 87, 90, 92, 93, 94, 102, 105, 164, 171, 176, 177, 193, 199
  Definition
    Bråten 95
    Pasch 86
    STEPS 60
  kreuzen 95
  Multiperspektive 169
Phasenmodell 59
Plenum 9, 175, 179
Produktionssicht 57
Programmieren als Theoriebildung 73
Programmqualität 55, 161
Projektabwicklung 169
Projektarbeit
  ganzheitlich-situative 53
Projektbibliothek 41, 181
Projektetablierung 176, 179
Projektfortschritt 38
Projektgestaltung 7, 29, 34, 36, 65
Projektgruppe 175, 198
Projektleiter 53, 175
Projektmanagement 50, 202
Projektmodell,zyklisches
  Definition 62
Projektordner 71, 171
Projektorganisation
  ganzheitlich 26
Projektplan 66
Projektteam 206
Projekttechniken 56
Projektvertrag 70, 176, 179
  Definition 69
Prototyping 31, 67, 72, 173

Definition
Evolutionäres 72
Experimentelles 72
Exploratives 72
Prototypingstrategie 4, 5
Prozeß-/ Produktkomplementarität 56, 77
Prozeßmanagement 50
prozeßorientierte Sichtweise 55, 56

Q

Qualität 198
Qualitätsmerkmale 66
Quilt 215

R

Referenzlinie 65, 66, 69, 179
Definition 65
Rollen 171
Rollenaustausch 171
Rollenplan 179, 180
rollenspezifische Sichten 169

S

SABRE 32
SAGE 31, 32
Selbstorganisation 22, 26
Selbstregulierung 190
Selbststeuerung 51
Selbststeuerungsfähigkeit 164
Situationsdefinition 3, 5, 89, 90, 100, 106, 129, 131, 138, 187, 191
Definition 88, 90
situationsspezifische Vorgehensweise 56
Sitzungsunterstützungssystem
Argnoter 216, 218
Boardnoter 216
Colab 215
Software-Bürokratie 19, 52
Software-Entwicklung als Design 59
Software-Entwurf 112
abstrakte Datenstruktur 112
abstrakter Datentyp 113
Analyse 116
Ausbaustufen 118
Exportschnittstelle 112
Hauptmodul 113
Implementationsmodul 113
Importschnittstelle 112
innerer Modul 113
Konstante 112
Modul 112
Objekt 112
Operation 112
Programm-Modul 113
Revision 117
Schnittstellen 112
Synthese 117
Typ 112
Typmodul 113
Überprüfung 117
Software-Krise 7, 29, 32, 34, 51, 52
Soziale Kognition 90
soziales Aushandeln 84, 209
Spezialsprache 86
Sprechakttheorie 207
Stab-/ Linienorganisation 20, 22
STEPS 9, 55, 56
Dialogisches Design 60
Projektetablierung 64
Projektmodell 62
Projektplan 64
Referenzlinie 69
Revisionsetablierung 64, 69
Situationsspezifische Strategien 68
Software-Realisierung 68
Systemgestaltung 65
Systemkonzept 64
Systemversion 68
Strukturbildung

Gliederung der Aufgabenbeschreibung 150
Menükonzept 147
Schichtenkonzept 143
Supervision 196
Supervisor 180
Systemarchitektur 172
Systembenutzung 66
Systemspezifikation 67

T

Tafel 84
Tagebuch (Naur) 74
Tagesordnung 175
Tao of Programming 167
Technik des Paraphrasierens 184
Teufelskreis 137
Teufelskreis der Spezialisierung 99
THE-Betriebssystem 33
Themenzentrierte Interaktionsmethode 167
Theorie der Perspektivenübernahme 80
Theoriebildungssicht 76
Top-down 7, 30, 34, 37, 40, 74, 75
TZI 167

U

übergeordnete Gruppe 9, 26, 73, 170, 172, 175
überlappende Gruppen 25
Untersuchung
Zahlen 12, 123
Ursachenkarte 188

V

Vernetzung 172
Verschiedenartigkeit der Mittel 98
Versionskonzept 62
Versionspflege 68
Vierstadienmodell der Gruppenentwicklung 97

W

Wandtafel 220
Wasserfall-Lebenszyklus 57
What You See Is What I See 216
Wir-Bewußtsein 98
workflow 206

X

Xerox PARC 211, 212, 216

Z

Ziel 87, 90
Zielverwirklichung 192
Zusammenarbeit 170
zyklisches Projektmodell 56

Springer-Verlag und Umwelt

Als internationaler wissenschaftlicher Verlag sind wir uns unserer besonderen Verpflichtung der Umwelt gegenüber bewußt und beziehen umweltorientierte Grundsätze in Unternehmensentscheidungen mit ein.

Von unseren Geschäftspartnern (Druckereien, Papierfabriken, Verpackungsherstellern usw.) verlangen wir, daß sie sowohl beim Herstellungsprozeß selbst als auch beim Einsatz der zur Verwendung kommenden Materialien ökologische Gesichtspunkte berücksichtigen.

Das für dieses Buch verwendete Papier ist aus chlorfrei bzw. chlorarm hergestelltem Zellstoff gefertigt und im pH-Wert neutral.